本书研究获

"贵州省2017年一流专业建设项目
——旅游管理"项目资金资助

不断拓展的保护视野

——西南地区线性文化遗产保护研究

吴晓秋　陈顺祥　娄　清　著

ZHEJIANG UNIVERSITY PRESS
浙江大学出版社

前　言

　　近十年以来，跨区域和跨国家的线性文化遗产作为一种较新的遗产概念正受到国际社会的普遍关注，它拓展了世界各国对文化遗产保护的视野，沿着某一条遗产线路，保护范围可以界定在不同的文化区间、区域内部、地区之间，甚至跨国界等线性区域内。线性文化遗产家族中的文化线路、遗产廊道、文化景观、线路遗产、遗产运河、历史路径、文化廊道等遗产概念，在保护上均呈现出整体性保护的趋势。所谓整体性保护，即是不仅仅要考虑线路承载的因不同地区长期交往，在多维度的货物、思想、知识、观念互惠中所沉淀的物质和非物质文化的保护，还要考虑保护这些文化赖以生存的生态环境，同时关注生活在沿线区域范围内不同群体之愿望。事实上，早在1964年《威尼斯章程》提出保护城市和乡村的环境开始，保护范围就已经从单体文物转向区域地段，甚至串联起多个城镇或农村的方向发展。

　　2014年丝绸之路和大运河申遗成功，给中国的线性文化遗产保护注入了新的活力。申遗固然能使文化遗产得到最好的保护，至少能在法律法规和保护资金上得到相应的保障，但申遗的条件是苛刻的，毕竟只有少数的大型的线性文化遗产才能获此殊荣。中国其他地区还有许多时空尺度、文化因子、历史积淀等要素达不到申遗条件的中、小型线性文化遗产，科学选择适合于它们的保护方法和手段是当前的一个重要命题。西南地区线性文化遗产跨越了川、滇、黔、藏、渝多个不同的地区范围，遗产资源涵盖了历史文化古迹、历史名城与古村落、自然遗产与风景名胜区，以及蕴含其中众多的非物质文化遗产元素，展示出西南地区线性文化遗产复合型遗产资源的优势。如何保护并利用好这些优势遗产资源，维护地区文化遗产的多样性，同时兼顾文化遗产在社会经济发展中的可持续性，在旅游业、商业活动快速发展的今天，利用文化遗产资源，有针对性地采取灵活多样的保护形式是本研究的主要目的，要在文化遗产的保护与开发之间找到一个平衡点，大力发展文化旅游产业，使自然风光与人文景观有机整合，既能增加地方财政收入，又使保护的成果能真正惠及民众，产生良好的社会效益和经济效益，帮助公众提高对文化遗产价值的认识和法律保护的意识，激发他们参与保护的积极性，帮助他们树立社会责任感，并根据西南地区线性文化遗产的特性，以及国家资源管控法规、国家行政管理体制等因素，联动线路所经过的区域，建立起一整套遗产价值评估体系、遗产保护和利用现状体系、法律保障体系和保护管理体系，探索一个真正适用于西南地区线性文化遗产的科学保护模式，以寻求更合理、更有效的保护途径。

本研究试图在挖掘整理西南地区线性文化遗产的基础上，参照国际社会相关概念，分析研究各线性遗产线路的生存特点、判别标准，并对沿途的文化遗存、特色建筑及古镇、名村等遗产资源的价值构成和保护现状进行评估，并引入欧洲文化线路及美国遗产廊道保护理论与实践经验，试图建构一条集自然与文化资源、物质与非物质遗产于一体的跨区域屯军遗产廊道，以此推动廊道内的旅游、休闲、健康、文化等产业的发展。为的是重新阐释西南线性区域范围内文化遗产的整体价值内涵在推动西南地区政治、经济、文化发展中的共同作用和在未来社会和经济发展中所产生的重要影响。本书第一次较为全面、系统地梳理了西南地区具有代表性的线性文化遗产保存现状，以"西南"的大视野，整体性地对蜀道、茶马古道、明代滇黔屯军线路、川盐入黔线路、红军长征西南之路保护现状进行了全面的摸底和统计，并将五条线性文化遗产放在同一平台上进行研究，一并关照其他类型的遗产资源保护和利用，为深层次的保护研究工作，统筹和制定整个区域的保护规划提供较为完整的基础性研究。一直以来，西南地区部分线性文化遗产的类型和分类并不清晰，如红军长征在线性文化遗产的类型上究竟是文化线路，还是线路遗产，至今专家学者争论不休。为此，本书探索式地对西南地区线性文化遗产的类型和分类做出了科学的判别、划分和解释，提出"同一条遗产线路的线性文化遗产可适应于两种，甚至两种以上的不同分类法"，为线性文化遗产的判别标准作了必要的补充。西南地区是国内线性文化遗产分布较为集中的区域，但文化遗产保护观念和经济发展水平相对滞后，研究以"一带一路"和谐包容、和平发展、共建共享、互利共赢的战略思想为指导，借鉴国外遗产廊道的实践经验，并以构建屯军遗产廊道为研究案例，提出"廊道式"保护理念，目的不仅是使沿线的文化遗产得到有效的保护和宣传，同时注重线性区域范围内的文化产业经济效益，以实现文化的可持续发展。研究中涉及历史学、考古学、统计学、文化学、地理学、遗产学、管理学、规划学、生态学、旅游学等学科，体现了交叉学科在研究中的广泛运用，整体性研究的理念始终贯穿其中，契合了当今世界遗产保护领域中倡导的跨区域、整体保护的指导思想，契合了"一带一路"互利共赢"利益共同体"和共同发展繁荣"命运共同体"的战略精髓。

西南地区线性文化遗产保护研究的意义在于：（1）能推进线性文化遗产理论研究的深入开展。单霁翔在《大型线性文化遗产保护初论：突破与压力》中认为，文化线路、遗产廊道、文化廊道、历史路径、线状遗迹等遗产概念是线性文化遗产保护理念形成的基石。而这些遗产概念，不仅强调空间、时间和文化的交流，且注重"各个遗产节点共同构成的文化功能和价值以及至今对人类社会、经济可持续发展产生的影响"[1]，而线性文化遗产亦然，这就造成线性文化遗产定义上与之界线模糊的错觉。本研究将进一步明确线性文化遗产的内涵和外延，不但使遗产的判别和分类变得清晰，更着力为西南地区线性文化遗产的价值评估和分级保护提供可靠的依据。某种意义上来说推进了线性文化遗产的理论研究，具有学术理论意义。（2）能助推遗产保护交叉学科发展。线性文化遗产是具有历史与现实、物质和非物质双重意义的遗产种类，保护工作的内容包括遗产地的田野调查、申报登录、勘测绘图、规划设计、环境整治、法规制定、宣传教育等，势必涉及多个部门和多种学科。对西南地区线性文化遗产保护的研究，将推动文化遗产保护中相关领域的学科建设和发展，同时为充分发挥交叉学科的研究优势提供了良好的展示平台。（3）能提升线性文化遗产的价值内涵，推动西南各区域文化产业经济快速发展。线性遗产线路，在功能、性质和线路本身意义上既有共同之处，也有因为时空关系而存在的差异性。比如历史时期它们有可能最初只是民间小小的通道，以后逐渐演变成重要区间的驿道，或为战争、商贸、宗教等服务。对西南地区线性文化遗产形成的空间、时间和带来不同区域之间的文化交流，以及因此而遗存下来的各个遗产节点和对区域历史进步、社会生产力发展产生重要影响的研究，已超越了对其线路本体的研究而提升了它的历史、文化意义，其内涵早已经上升到具有统一版图、兴邦治国、民族融合、繁荣经济、传播文化等方面的重大价值涵义。而探索合理利用和科学管理文化遗产的模式，将有利于带动区域文化产业经济，特别是文化旅游和与之相关的产业可持续发展，有利于

---

[1]　单霁翔.《大型线性文化遗产保护初论：突破与压力》《南方文物》，2006 年第 3 期.

提升沿线区域范围内社区居民生活水平，有利于实现线性文化遗产在促进西南地区社会、经济发展中的价值。（4）能整合优势资源，构建跨区域合作保护机制，为其他地区线性遗产的保护提供参考和借鉴。近几年来，虽然国内学者基于线性遗产保护理念，在丝绸之路、大运河、茶马古道、长征等遗产线路上的研究已取得丰硕的成果，但还有许多方面，如概念的界定、判别标准、分类分级等，需要进一步研究和明确，有的甚至处于起步阶段，特别是针对那些还没有受到保护界关注的中、小型线性遗产。通过结合国外的管理经验和国内大型线性遗产目前已取得的成效，探索一条既适合西南地区实际情况，又可推动社会经济发展，切实可行的线性遗产保护管理之路。

著者

2018 年 3 月 15 日

目　录

图　目　录

表　目　录

第一章 绪论

第一节 保护线性文化遗产的新视野

国际社会对世界文化遗产保护的认识即是保留其价值，使价值得到合理的利用，朝着服务于社会的可持续方向发展。文化遗产的价值不仅仅是它本身的历史文化价值，它还具有巨大的潜在经济价值，主要表现在因遗产区域丰富的历史文明信息和文化内涵而带动的文化旅游消费，包括增加当地政府财税收入和区域内居民的其他收入，以及相关产业发展所产生的经济效益。因此，文化遗产保护的理念已经超越了遗产的本体，上升为遗产区域的整体保护，并与遗产所在区域社会的发展紧密结合在一起，更多注入了通过文化的复兴，促进文化产业的联动，为当地居民提供直接和间接就业机会，改善民生，推动地区社会、文化、经济可持续发展的新内容。

一、保护理念的新共识

当今社会世界各地激烈竞争中，文化是综合实力的重要标志之一，它不仅构成和显示着一个国家综合国力，而且推动和影响着政治、经济、军事和外交的发展，故从某种意义上讲，国力的较量既是以经济为主要内容的硬实力的较量，也是以文化为核心的软实力的较量。因此，如何保护和合理利用一个国家或一个地区的文化遗产，使之形成良性循环，并直接反映在社会的政治、经济等领域已不是一个新的话题。早在 20 世纪中叶，欧美一些国家就开始注重文化遗产保护与社会发展的关系，比如让整个社会参与文化遗产的保护；尝试用新方法、新手段对文化遗产进行阐释与展示；实现利益相关者的合作共赢；将单纯的文物实体转化成文化景观，利用文化遗产发展旅游，增加当地居民和地方财政收入等。美国在解决这些问题上具有一定的前瞻性，实际工作也开展得比较早。为了使文化遗产保护与社会发展结合得更加紧密，美国通过精心设计绿色游道，把自然和文化资源串联起来发展形成遗产廊道，并使之承担起城市生态、经济、社会文化复兴的功能。由于视遗产廊道为一项重大经济产业，在建设上十分注重城市与乡村的联系问题、环境社会和经济效益平衡问题、土地资源管理与合理利用关系问题，同时又兼顾生态与历史遗产保护问题。这种廊道式的保护，为文化遗产保护和经济社会共同发展探索出了颇具世界影响力的可持续发展模式。被国际社会遗产保护界广泛认可的还有欧洲（亚太地区、拉丁美洲和北美洲也存在）的文化线路，在经历文化遗产保护的区域化和整体化转变后，文化线路保护也强调社会的参与程度，表现在教育、宣传、监督、接待等方面，同时认为它与旅游的结合更能体现出遗产在文化和社会上的整体意义，只不过在保护理念和管理工作上更严谨化、规范化和科学化，并被赋予了更多传统保护意义的分量。文化线路的保护在内容上虽然不像遗产廊道那样倾向于无形遗产与地方经济的结合，注重在经济上有一定的收获比例，却十分强调社会效益。激发公众对文化线路相关地域的广泛关注，是文化线路申报世界遗产的条件之一，也是文化线路保护理念提倡的重要目标之一。由此可见，无论是美国的遗产廊道的保护模式，还是欧洲的文化线路保护理念都包含着整体保护的概念，在内涵和外延已不是单纯的文物的保护，而是与遗产区域社会的政治、经济、文化发展有着千丝万缕的联系。

　　中国是拥有五千年历史的文明古国，悠久的历史积淀了深厚的文化底蕴，赋予了中华民族丰富的文化遗产。然而不可否认的是中国的文化遗产保护研究与实践活动与欧美经济发达国家相比，还存在着巨大的差距。无论从观念上、法律制度建设上，还是研究和管理上都远不及国际社会文化遗产保护的总体水平。新中国成立以来，在相当长的时间内，文物保护体系一直建立在不同级别的文物保护单位制度上，人们对文物保护的观念被限定在只注重文物本身的物质存在，以后又尝试建立起整体保护历史文化名城保护制度和历史文化街区、历史文化村镇保护制度，最终构建起了单体文物、历史地段、历史性城市的多层次保护体系。近十年以来，随着经济社会的迅速发展，中国文化遗产的保护在理论上、方法上、管理上均得到大幅度的提高，由此带动了遗产区域经济社会全面发展。人们一方面对文化遗产价值内涵有了深层次的认识，另一方面则更加关注文化遗产在社会发展中的影响。因此，以什么样的尺度合理利用历史沉积下来的文化遗产和它赖以生存的自然环境；如何让简单的文物景点过渡为集展示、利用、保护为一体的遗产保护区，并使它们充分发挥出社会、经济效益，成为当今社会可持续发展的动力之一，这无疑是目前中国文化遗产保护领域重要的命题。当然，基于不同的国家、地区背景和经济发展水平文化遗产的保护和区域合作化的方式肯定有所不同，比如中国的线性文化遗产保护就可能根据遗产区域的实际情况，选择适合地区社会发展的保护模式进行。

二、面临的机遇与挑战

进入 21 世纪以来，中国的文化遗产保护工作收获了前所未有的硕果。一是表现在十余年来，通过第三次全国文物普查，全国各地进一步查清了文物家底。据国家文物局统计，已登记的不可移动文物数量从 2000 年前的 30 余万处增加到 76 万处；全国重点文物保护单位的数量也从 750 处增长到 4296 处，各省、市、县级文物保护单位的数量也有了大幅度增长。[1] 为下一步分期分批、分层次、有重点的保护工作奠定了坚实的基础。二是表现在一批重点文物保护单位、大遗址、新型文化遗产（包括线性文化遗产、20 世纪遗产、乡土建筑、工业遗产等）、名城名镇名村，以及非物质文化遗产得到妥善的保护和管理，积累了大量丰富的实践经验。特别值得一提的是 2014 年 6 月，在卡塔尔首都多哈举行的第 38 届世界遗产大会上，丝绸之路、大运河申遗工作取得突破性进展，二者相继获准进入世界遗产名录，说明在中国的世界文化遗产保护上已经建立起一整套行之有效的、较为完善的工作机制。三是文化遗产保护意识深入人心，2005 年 12 月，国务院印发了《关于加强文化遗产保护的通知》，明确提出了加强文化遗产保护的指导思想、基本方针、总体目标和主要措施。[2]2008 年 7 月 1 日国务院颁布施行《历史文化名城名镇名村保护条例》，条例在历史文化名城名镇名村的报批程序、保护措施和原则、监督管理等方面给以科学严谨的指导。[3]2011 年 2 月 25 日《中华人民共和国非物质文化遗产法》公布，明确非物质文化遗产的内涵和范围，强调非物质文化遗产保护、保存工作每年要纳入县级以上国民经济和社会发展规划；要"加强对非物质文化遗产保护工作的宣传，提高全社会保护非物质文化遗产的意识"；要"鼓励和支持公民、法人和其他组织参与非物质文化遗产保护工作"。[4]2015 年由中国

---

[1]　国际古迹遗址理事会中国国家委员会.《中国文物古迹保护准则》，2015 年修订版.北京：文物出版社，2015 年 10 月.

[2]　国务院《关于加强文化遗产保护的通知》.国发〔2005〕42 号，2005 年 12 月 22 日.

[3]　国务院《历史文化名城名镇名村保护条例》第 524 号.国务院第 3 次常务会议通过，2008 年 4 月 2 日.

[4]　全国人民代表大会常务委员会.《中华人民共和国非物质文化遗产法》第四十二条.中华人民共和国第十一届全国人民代表大会常务委员会第十九次会议通过，2011 年 2 月 25 日.

国家文物局推荐，国际古迹遗址理事会中国国家委员会（中国古迹遗址保护协会）与美国盖蒂保护所、澳大利亚遗产委员会合作编制的新版《中国文物古迹保护准则》（下简称《准则》）印发颁行（2002 年发行第一版，2004 年修改和发行第二版，2015 年再次修改发行），《准则》在"文化遗产价值认识、保护原则、新型文化遗产保护、合理利用等方面""更具针对性、前瞻性、指导性和权威性"。《准则》在遗产分类上还特别提出了关于线性文化遗产保护的基本准则。可见，文化遗产保护工作无论从文物部门实际操作的层面上，还是国家颁布法律条文的层面上，都已经进入一个快速发展时期。

然而，随着国际社会对文化遗产价值认识的不断深化，新型遗产的种类越来越多，保护的范围越来越广，文化遗产保护与区域社会可持续发展关联度越来越大。在这样的一种形式下，借鉴先进的保护的理念，准确把握发展的趋势显得尤其重要。而全球气候变暖、各种资源枯竭、人口激增、环境污染、稀有生物灭绝和局部战争等危机，以及大规模的城镇化建设，使文化遗产的独特性、完整性和传承性遭到灭顶之灾。因此，无论对于一个国家，还是对于这个国家的公民来说，保护和珍惜祖先留下的文化遗产，应对危机的到来，都责无旁贷。

三、"一带一路"建设的启示

"一带一路"是"丝绸之路经济带"和"21 世纪海上丝绸之路"的简称。"一带"指中国到中亚、中东再到欧洲的带状陆上"丝绸之路"；"一路"指中国与东南亚、南亚等国家进行贸易往来的海上"丝绸之路"。"一带一路"是跨越时空的宏伟构想，它推崇的是在平等的文化认同框架下谈合作，体现的是和平、交流、理解、包容、合作、共赢的精神。

2013 年 9 月和 10 月，国家主席习近平在访问哈萨克斯坦和印度尼西亚时首次提出了共建"丝绸之路经济带"和"21 世纪海上丝绸之路"的倡议，强调相关各国要打造互利共赢的"利益共同体"和共同发展繁荣的"命运共同体"，引起沿线国家的广泛共鸣。"一带一路"是建立在历史文化基础上的地区文化交流和经济合作倡议，其构想不仅是中国自身内政外交战略发展的需要，也是沿线各国和地区文化、经济自身发展的需要。因为它顺应了当今世界和平发展、合作共赢的时代潮流，承载着丝绸之路沿途各国发展繁荣的梦想，赋予古老丝绸之路以崭新的时代内涵。[1]"一带一路"建设的提出，从某种意义上来说赋予了线路类文化遗产保护研究工作深刻的寓意和新的历史使命。在全球化时代的今天，加强各个国家之间的交流和合作势在必行。现阶段中国的国际竞争力和整体实力在逐步增强。"一带一路"和谐包容、和平发展、共建共享、互利共赢的精髓，不仅可以统筹国内国际两个大局，顺应地区和全球合作潮流，契合沿线国家和地区发展需要，同时也可以给国内的文化建设提供借鉴，特别是借鉴到国内其他跨区域线性文化遗产保护的战略构想中，以整合各地区优势资源配置，并与沿线各级地方政府制定的方针政策进行无缝对接，统筹和完善各个区域内的文化遗产保护和发展规划，逐步引导地方政府、私企、公众的参与，使之建立起多方合作关系和合作机制，让沿线区域范围内的人民都能享受到保护和发展文化遗产资源的成果。这不仅是对中华民族上千年文化的传承，而且还能增加沿线民族的认同感、归属感和凝聚力，促进边疆少数民族地区社会的稳定，同时维护各地区各民族文化的多样性，促进人类的和平共处、和谐发展。

西南地区是中国线性文化遗产最集中和类型最复杂的地区，既有跨境连接南亚、西亚、东南亚的茶马古道（国内部分路段与藏彝走廊重复）、南方丝绸之路、滇缅公路、滇越铁路，又有往来于川、黔、滇、陕之间的蜀道、盐道、明代滇黔屯军线路（有专家也称之为"苗疆走廊"），还有徐霞客旅游线路、红军长征西南之路、抗战大西南迁徙之路、晴隆二十四道拐抗战公路等。它们相互交织于西南地区的崇山峻岭之间，在历史时期的民间通道、驿道基础上，逐渐形成了遍布西南各地的文化线路、遗产廊道、线路遗产、线形遗产、文化景观等线性文化遗产网路。随着城镇一体化建设的快速推进，统筹沿线文物古迹的保护与新型城镇化的关系越发凸显，"保留"与"新建"的矛盾十分尖锐。同时，保护工作与线性遗产区域范围民众的生活也越来越靠近。而保护研究的内容不仅仅是文化遗产资源的调查、梳理、价值的评估，更迫切的是如何借鉴先进的保护经验，根据线路所在区域的实际情况，构建文化遗产保护与社会经济发展相互促进和补充的可持续发展模式，使遗产地能转化成为社区的标志和象征，并为大众的文化生活服务，这在当今西部大开发的战略决策中显得十分必要。

---

[1] http://www.gkstk.com/article/1422688498007.html.

第二节 相关概念的回顾

1993 年圣地亚哥朝圣之路西班牙境内路段申遗成功，使国际社会对线性遗产的保护理念有了前所未有突破，它"标志着以交流和对话为特征的跨地区或跨国家的文化线路，作为新型遗产理念为国际文化遗产保护界所认同"[1]。线性文化遗产正是在文化线路和与之相近的遗产廊道、文化景观、线路遗产、运河遗产、历史路径、线状遗迹等概念基础上形成的。虽然这些遗产概念极大地丰富和拓展了线路类遗产的保护内涵，但在判别的界限上却十分模糊，不少学者在研究中往往混为一谈，故有必要在此对线性文化遗产概念和与之相近的其他线路类遗产概念进行解释，以便于研究。

一、线性文化遗产

按前任国家文物局局长单霁翔的话来说，线性文化遗产是由文化线路衍生而来。它不仅拓展了文化线路的基本理论，而且丰富了文化线路的内容。线性文化遗产主要指"拥有特殊文化资源集合的线状或带状区域内的物质和非物质的文化遗产族群，其形成往往与历史上人们某一特定目的或特殊事件相关，它将沿线区域范围之内的一些原本不关联的城镇或村庄串联起来，构成链状的文化遗存状态，真实再现了历史上人类活动的移动、物质和非物质文化的交流互动，并赋予作为重要文化遗产载体的人文意义和文化内涵。河流峡谷、运河、道路以及铁路线等都是它重要表现形式，大多代表了早期人类的运动路线，并体现着地区文化的发展历程"[2]。

这一概念在扩展文化遗产类型的同时，也增加了界定线路类文化遗产类别的难度，原因是线性文化遗产在概念上或多或少的包含或部分包含了与之相近的遗产廊道、运河遗产、线路遗产、文化景观、文化线路等概念。尽管它在《世界文化和自然遗产公约实施指南》（以下简称《实施指南》）和已经被世界遗产名录收录的相关线路类遗产中还没有被正式得到认可，理论构架也缺乏坚实的基础，目前尚无成熟的实践历程，还需要在它动态的发展过程中进一步研究和做出评判，但它的提出，给线状和带状类别遗产的整体保护思路带来了宽阔的视野，能帮助

---

[1] 单霁翔.《大型线性文化遗产保护初论：突破与压力》.《南方文物》，2006 年第 3 期.

[2] 单霁翔.《大型线性文化遗产保护初论：突破与压力》.《南方文物》，2006 年第 3 期.

人们深刻理解和科学地划定线路类文化遗产保护范围，同时对丰富遗产类型的多样性，进一步补充、完善线路类世界遗产定义有着重要的促进作用和较大启发意义。总之，线性文化遗产的包容性极其强大，它囊括了纷繁复杂的"线状""线型""线形"及"带状"的文化遗产。或许这就是联合国教科文组织世界遗产委员会一直没有用"文化线路"取代"遗产线路"的原因之一。

二、文化线路

文化线路是目前国际社会遗产保护运动中既有成功实践案例，又有较为成熟理论论证的线路类遗产保护概念。在《文化线路宪章》里其定义被描述为："文化线路是陆路、水路或其他类型的交流线路，有明确地理界限，为实现既定目标而拥有动态的特定历史功能，其形成源于人类的迁徙和与之相伴的民族、国家、地区或洲际间商品、思想、知识和价值观等多维度的持续交流，在特定的时空范围内促进了相关文化的相互滋养并通过物质和非物质文化遗产得以体现，文化线路把相关的历史联系和文化遗产整合为统一的动态系统。"[1]具体包括具有漕运、邮驿、商贸、宗教、迁徙等特定功能的线路主体及其附属设施，以及相关历史环境和景观、物质和非物质文化遗产等。

文化线路成为国际性的文化遗产保护概念，最大推动者是联合国教科文组织。1972 年，联合国教科文组织第十七届巴黎大会召开，通过了《保护世界文化和自然遗产公约》，并组建了专门负责世界遗产申报管理的政府间委员会——"世界遗产委员会"。1987 年，中国的"长城"和英国、德国、苏格兰的"罗马防线"被列入世界文化遗产，开启了线路类文化遗产保护的新篇章。但真正的揭幕者则是圣地亚哥朝圣之路被列入世界文化遗产。之后，文化线路概念迅速引起了世界遗产委员会（WHC）和国际古迹遗址理事会（ICOMOS）等相关国际组织的高度关注，并逐渐从欧洲走向世界。2008 年 10 月 4 日，在加拿大魁北克召开的第 16 届国际古迹遗址理事会上，文化线路被正式确认为"遗产保护领域的前沿概念"。会议通过的《文化线路宪章》，详尽地对文化线路的定义、要素、指标、类型、辨识、完整性和真实性，以及方法论进行了阐释。标志着文化线路成为了国际社会普遍认同的成熟与定型的文化遗产概念。事实上，文化线路理论

---

[1]　CIIC. The ICOMOS Charter on Culture Route[EB/OL]. http://interna-tional.icomos.org/quebec2008/charters/ cultural_routes. 2008-10-04.

内涵的一些关键词，早在 1994 年 11 月马德里举行的"线路：作为文化遗产的一部分"国际会议所形成的《马德里专家报告》中就已经出现，如文化线路是建立在动态迁移和交流基础上的文化景观；在空间和时间上具有一定的连续性；整体价值大于各个部分的价值总和；具有多维度的，除其主要方面之外多种发展与附加的功能与价值；强调不同国家和地区之间的交流和对话等等。[1] 由此不难看出，文化线路凸显和揭示的是线路上曾经因为一些大事件，或不同地区、不同民族之间的流动和物资的互换而沉淀下来的历史文化现象，它们通过区域范围内线性分布的人文环境、自然景观、物质和非物质遗产体现，反映出一种跨时空、多维度，具有持续性的不同群体间的文化互惠和影响。

总之，从概念上讲"文化线路"更接近线性文化遗产。目前，收入《世界遗产名录》的西班牙圣地亚哥朝圣之路（1993 年，宗教线路）、法国米迪运河（1996 年，水利工程）、奥地利塞默林铁路（1998 年，交通线路）、印度大吉岭铁路（1999 年，交通线路）、阿曼乳香之路（2000 年，商业线路）、阿根廷科布拉达山谷（2003 年，文化景观）、日本纪伊山脉圣地和朝圣之路（2004 年，宗教线路）、以色列香料之路——内盖夫地区的沙漠城市（2005 年，商业线路）等文化线路已得到多国遗产保护专家的认同。[2] 当然，其中也包含了 2014 年 6 月 22 日上午在卡塔尔多哈召开的联合国教科文组织第 38 届世界遗产委员会会议审议通过的中国大运河项目和中国、哈萨克斯坦、吉尔吉斯斯坦跨国联合申报的丝绸之路项目。

三、遗产廊道

遗产廊道概念是美国 20 世纪 60 年代以后成熟的绿色廊道和历史文化遗产区域保护综合概念的产物，为美国遗产保护界首创概念，保护自成体系。其概念内涵是"拥有特殊文化资源集合的线性景观，通常带有明显的经济中心、蓬勃发展的旅游、老建筑的适应性再利用、娱乐及环境改善[3]"。内部包括多处遗产区域和多种不同的文化、自然景观，某种程度上也可以理解为一种线性的遗产区域。

---

[1] CIIC.Reports of Experre. Madrid,Spain, 1994[EB/OL]. [2007-05-08]. http://www. international. icomos.org.

[2] 在《实施指南》里，2005 年前收录到世界遗产里的线路类遗产被定性为"线形遗产"，2005 年以后新版《实施指南》修改为"遗产线路"，并与当时已有的文化景观、历史城镇与中心，以及遗产运河等其他三种特殊类型并列。

[3] 王志芳，孙鹏 .《遗产廊道——一种较新的遗产保护方法》.《中国园林》，2001 年第 5 期 .

表现形式为河流、峡谷、道路、运河，以及工业走廊、农业走廊等。遗产廊道是美国盛行的一种集遗产与生态、经济发展、休闲旅游等于一体的保护与发展思路。其内容涵盖自然、经济、历史文化，同时强调经济价值和自然生态系统的平衡。

尽管遗产廊道概念的理论背景是景观生态学和城市规划学，但它仍然把文化意义提到了首位。因而在衡量的标准上，遗产廊道注重历史事件对国家和地区的影响要素；注重遗产区域内单体文物（建筑或建筑群，特殊工程）的独特性；注重自然对文化资源的重要性、真实性和完整性；注重廊道遗产保护带来的经济收益。在保护的观点上，采用区域整体性保护，而非某一个节点，通过对廊道沿线和相关区域内历史文化遗产节点的保护，并与恢复生态和开发旅游相熔接，为当地居民和文化造访者提供关注地区、国家历史的教育机会和游憩、娱乐、休闲的场所。甚至有学者认为遗产廊道概念的形成为线性遗产的保护提供了新的思路，它所带来的启示是遗产保护呈现区域化发展趋势，表现在文化遗产和自然合二为一，不仅强调遗产保护的文化意义——代表了早期人类的运动路线、体现着一地文化的发展历程，而且强调其生态的价值——自然对文化资源的影响，倡导人与自然和谐共存。

1984 年，伊利诺伊和密歇根运河 (The Illinois and Michigan Canal) 被美国议会指定为第一条国家遗产廊道以来，经过短短 30 年的实践保护经验的积累，目前美国已拥有了近 50 个国家遗产廊道（或遗产区域）类项目。如马萨诸塞州至罗德岛州的黑石河峡谷国家遗产廊道、宾西法尼亚州的特拉华和莱海运河国家遗产廊道、德拉瓦和里海运河国家遗产廊道、昆博格与谢它科河河谷国家遗产廊道、俄亥俄州和伊利运河国家遗产廊道、南卡罗莱纳州国家遗产廊道、伊利运河之路国家遗产廊道等，以及一些工业、农业遗产区域和战争遗产区域等。

四、文化景观

19 世纪中后期，在德、法历史及地理学者的论著中文化景观已初见端倪，如德国地理学者奥托·施吕特尔（Otto Schlüter）就极力倡导文化在景观建构中的决定地位和重要作用。20 世纪早期，美国文化地理先驱索尔（Sauer）受德国哲学思潮及地理研究视野的影响，率先提出了文化景观定义：“文化景观是由特定的文化族群在自然景观中创建的样式，文化是动因，自然是载体，而文化景观则是呈现的结果。"[1] 这显然是西方文化地理研究在反思人与自然、文化与自然关系中的一种新认识，也是聚焦"文化"概念本身，以及探讨"文化与人"的关系引发激烈的"新旧"之争的结果。[2] 可见，它使世界遗产领域在重大价值认知上发生了变革，为文化景观跻身世界遗产家族打下了坚实的基础。20 世纪 80 年代以前，对于文化与自然而言两者几乎没有太大联系，自然遗产强调自然本身的生物或美学价值；而文化遗产则更多关注"人类刻意创造"的人文现象外部表征，比如历史建筑物、重要遗址、构造物等，而完全忽略整体环境与景观形态。自 20 世纪 80 年代起，美国国家公园管理局等机构通过一系列的公告、导则等形式对文化景观的基本概念，以及遗产认定的具体工作程式进行了规定与阐释，并于 1988 年正式把文化景观纳入了美国国家文化资产类型，规定只有历史性景观才能被视为文化景观，其特征要有五十年以上的历史，要与美国历史上重要的人物、事件、设计倾向或是考古遗址有重要关联。[3]

　　1992 年，在美国圣达菲召开的第 16 届世界遗产大会，世界遗产组织修改了《实施〈世界文化遗产公约〉操作指南》（以下简称《操作指南》），将文化景观作为世界遗产的一个类别纳入世界遗产实践体系，并指出：文化景观表征了人与自然的相互作用，是人类与自然环境的共同作品，揭示了人类社会及其所依存的聚居环境的有机演进过程，体现了社会、经济和文化因素在与人类演进中的相互作用和影响；文化景观因其杰出普遍价值、特定地域及文化族群的代表性，以及阐释特定地域文化精髓的能力而成为世界遗产。因而，作为世界遗产的文化景观将景观的象征意义与人类活动所创设的景观形态高度整合。[4] 在文化景观的辨析上，

---

[1]　Sauer, Carl. The Morphology of Landscape[J].University of California Publications in Geography, 1925, 2(2): 19 — 53.

[2]　Duncan J S. The super-organic in American cultural geography［J］.Annals of the Association of American Geographers，1980，70(2):181 — 198.

[3]　Cheryl S. Preserving Cultural Landscapes: A Design Issue[EB/OL].2003.
资料来源（http://www.nps.gov/nero/princeton/landscape.htm.）

[4]　Taylor, Ken.Landscape and Memory:Cultural Landscapes,Intangible Values and Some Thoughts on Asia[C/OL].16th ICOMOS General Assembly and International Symposium:Finding the spirit of place– between the tangible and the intangible, Canada, Quebec, 2008. [2015-07-23]. http://openarchive.icomos.org/139/1/77-wrVW-272.pdf.

国际古迹遗址理事会文化线路国际科学委员会（CIIC）在 2002 年《关注和推荐》中认为，文化景观尽管也具有穿越时间的很多特点，但是其本质特点更多的是在于静态性和规定性。这就为文化景观的判别标准提供了较为可靠的理论依据。文化景观类型分为人类有意设计和建筑的景观、有机进化的景观和关联性文化景观。它第一次把人类活动和自然环境联系在一起，代表了《世界遗产公约》第一条所表述的"人类与自然的共同作品"，真正意义上弥补了世界遗产《操作指南》中文化与自然之间的缝隙。

　　对世界遗产的发展来说文化景观的设立具有里程碑式的重要意义。自新西兰汤加里罗国家公园 1993 年被认定为世界第一处文化景观，至 2014 年 12 月，列入《世界遗产名录》中的文化景观遗产已达 97 处，显示了文化景观遗产在协调人地关系、整合自然与文化、关联人类社会与自然生态系统方面的强大生命力。

　　中国作为著名的文明古国，自 1985 年加入世界遗产公约，至 2014 年 5 月，共有世界文化景观遗产 4 处。他们分别是江西省九江市的庐山、山西省忻州市五台山、浙江省杭州市的西湖和云南省红河哈尼族彝族自治州元阳县的哈尼梯田。

五、线路遗产

　　线路遗产是一个在内涵、外延和特征上相对单纯的遗产类型，它的概念比起线性文化遗产家族中的其他类别的遗产类要小得多，因此它较少受到关注。线路遗产即是因历史上某种原因或某件历史事件，随着人类的活动或移动过程遗留下的不可移动物质文化遗产在视觉或空间上呈现连续的线状形态的文化遗产，它的物理界限和线路的功能较为清晰，有持续的社会影响力，在空间和时间上有一定的尺度和连续性，比如古代交通线路、军旅线路、历史边界线、军事防御线、铁路线等。虽然它们也涉及一个整体，大多数都跨区域，但在基于两地文化意义、相互理解和补充，以及多维度的、动态的对话交流上明显不够活跃。因此，在它的组成要素上，自然不能像文化线路那样获得更多的价值总和。

　　由于线路遗产在判别的标准上相对的单纯和宽松，中国的各个地区有许多符合线路遗产标准的遗产，古驿道、长征线路、滇越铁路、滇缅公路、徐霞客旅行考察线、晴隆二十四道拐抗战公路，都应在此范围。

第三节 研究思路、框架和方法

一、范围界定

2000 年，中央部署西部大开发战略之前，我国习惯上的西南地区包括了四川省、云南省、贵州省、重庆市及西藏自治区，共 3 省 1 市 1 自治区，总面积达250 万平方公里，称之为"大西南"。据史料记载，从最早始于战国时期连接黔滇的庄蹻入滇线路，到之后形成于各个朝代连接滇黔、湘黔、川黔、川陕、川黔滇、川藏、滇藏等跨区域的交通线路，在西南这个地区范围内，编织成了一个蜘蛛网似的交通网路。西南地区线性文化遗产之所以如此丰富，应归功于这个巨大的网路，无论是邮驿线、商贸线、运输线、军旅线和文化、宗教传播线，还是主题指向较为明确的线路都不过是庞大网路中的某一条或多条线路，在一定的时间和空间范围内持续地为某个特定的目标和某件特殊的历史事件提供功能性服务，并在这一过程中产生因为连接不同群体而带来的跨文化交流和跨文化的影响。如前所述，西南地区线性遗产纷繁复杂，线路的尺度有大有小，持续的时间有长有短，绝大多数都跨越多个省区，有的甚至跨境。在中国提名的 19 个线性文化遗产，约 25 万公里线性要素所构成的国家线性文化遗产网络中，[1]西南地区占了 7 个，几乎占总数的 36.84%。除了这 7 个尺度不等的国家线性文化遗产之外，西南地区还保存着其他未被重视的线性文化遗产。

由于受人力物力的限制，研究工作不可能面面俱到，因此，研究范围总的界定在西南地区的范围内，以蜀道、茶马古道、明代滇黔屯军线路、川盐入黔线路、红军长征西南之路沿线具有代表性的遗产资源所涉及的区域为准，而不一定完全以线性遗产涉及的行政区划为准。其中：

◆蜀道以汉中以南，大部分在四川境内的主干线为主。

学界对于蜀道提法有很多种，如秦蜀古道、古蜀道、川陕蜀道等。且在概念上蜀道有广义和狭义之分，广义指古代关中翻越秦岭、巴山到达成都的多条道路；狭义则指以汉中为秦蜀古道的中点，以南干道多在四川境内的蜀道（以北在陕西境内的道路称秦道）。本书涉及蜀道研究取狭义之说。

---

[1] 俞孔坚 奚雪松.《中国国家线性文化遗产网络构建》.《人文地理》，2009 年第 3 期.

◆茶马古道以登录第七批茶马古道全国重点文物保护单位所在行政区划为准。

茶马古道既是一个有着特定含义的历史概念，也是一个非常特殊的地域称谓，它以茶马互市为主要内容，以马帮为主要运输方式，主要穿行于今滇、川、藏横断山脉地区以及金沙江、怒江、澜沧江三江流域，外延至南亚、西亚、东南亚等地区。本书涉及茶马古道研究仅限国内西南地区主要路段，并以登录第七批茶马古道全国重点文物保护单位所在行政区划为准。

◆明代滇黔屯军线路以明洪武年间，为实施"调北镇南""调北填南"大政方针而沿湖广通云南驿道（南线）屯军线路贵州境内路段为主，云南境内路段为辅。

明初，朝廷因"调北镇南"和"调北填南"将屯军的线路分为"一主一辅"南北两线。主线（南线）基本与湖广至云南的省际驿道主干线吻合，同时屯军线路文化节点绝大部分在今贵州省境内。辅线（北线）由四川进入贵州，再到达云南。本书涉及滇黔屯军线路研究主要以湖广通云南驿道（南线）屯军线路贵州境内路段为主，云南境内路段为辅。

◆川盐入黔线路以清丁宝桢《四川盐法志》中永岸、仁岸、綦岸和涪岸四大边岸及其转运进入贵州境内的线路为主。

川盐入黔的运输线路大多利用长江主干流与支流乌江、赤水、綦江、永宁河及其以下的陆路组成的水、陆综合运输网络线，最有名的即是清丁宝桢《四川盐法志》提及的永岸、仁岸、綦岸和涪岸四大边岸。本书涉及川盐入黔研究即以通过四大口岸转运入黔的线路为主。

◆红军长征之路以 1934 年—1936 年中国工农红军红一方面军和红二、六军团转战贵州、云南、四川等地所经过的主要路线为主。

1934 年 10 月至 1936 年 10 月，以毛泽东为首的党中央和红军被迫实行跨越多个省区的战略大转移，并完成了中国历史上前所未有的震惊世界的二万五千里长征。长征中，在贵州、四川、云南发生了许多著名的战役、召开了系列重要的会议，留下了众多的红色文化节点。本书涉及红军长征西南之路研究以红一方面军和红二、六军团转战贵州、云南、四川等地所经过的主要路线为主。

其次，还需要明确的是西南地区线性文化遗产保护研究重点以物质文化遗产保护研究为主，非物质文化遗产保护研究有待在另外的研究计划中进行。

二、阶段性研究目标预设

第一阶段：把握国内外有关线性文化遗产最新研究动态

查阅近五年以来国际社会遗产保护组织（机构）制定保护世界遗产相关文件、公约、宪章等；关注和参与国内（包括西南地区）有关保护文化遗产的大型研讨会，研究国内外与线性文化遗产保护相关的文献资料、研究成果。

目标：

拓展研究视野，借鉴新理念、新思路、新方法用以研究西南地区线性文化遗产的保护。

第二阶段：掌握西南地区具有代表性的线性文化遗产保存现状

查阅《中国文物地图集》，利用第三次文物普查，收集、整理西南地区蜀道、茶马古道、明代滇黔屯军线路、川盐入黔线路、红军长征西南之路沿线历史文化城镇、村落、街区，以及国家级、省级、县（市）级文物保护单位和利用文物保护单位开办的博物馆、纪念馆。

查阅贵州、云南、四川、重庆等省直辖市区文化厅、国土资源厅相关网站，收集分布在个省区境内线性遗产中的非物质文化遗产、自然资源（自然保护区、森林公园、地质公园、湿地公园）的相关资料。

根据研究需要进行田野调查，在此基础上，梳理和筛选出各条线性遗产线路保存现状较好、具有重要性、唯一性和代表性，且与线路有关联的文化遗产资源。

目标：

（1）为研究西南地区线性文化遗产的类型、类别的判别和遗产资源构成要素的分类做准备；

（2）为研究西南地区线性文化遗产价值的评估、保护现状的评估提供真实可靠的基础数据；

（3）完成辅助本课题研究的《明代滇黔屯军线路遗产资源调查报告》《川盐入黔线路遗产资源调查报告》。

第三阶段：研究阶段

辨析西南地区线性文化遗产的类型、资源构成要素、生存的特征，为遗产资挖掘蜀道、茶马古道、明代滇黔屯军线路、川盐入黔线路、红军长征西南之路沿线遗产资源的价值，采用层次分析法定性分析和整体评估 5 条线性文化遗产的价值构成、保存现状。

借鉴美国遗产廊道概念，以滇黔屯军遗产线路贵州境内具有代表性的路段为例，通过对不同区段遗产资源的分析、对比、判别、优选和评估，研究用构建屯军遗产廊道的模式，保护沿线的人文景观、自然景观，试图践行跨区域的文化、生态、经济整体性保护、发展理念，为研究西南地区中、小型线性文化遗产的保护提供借鉴。

目标：

（1）实现对西南地区线性文化遗产资源进行分类和判别的目的；

（2）获取蜀道、茶马古道、明代滇黔屯军线路、川盐入黔线路、红军长征西南之路综合评估最终结果，达到深层次挖掘线性遗产价值的目的。为进一步研究协调遗产资源保护与合理利用的关系，提供基础研究；

（3）研究西南地区中、小型线性文化遗产的保护问题，并在研究构建屯军遗产廊道的基础上，提出可供当地政府相关部门参考借鉴的跨区域整体保护、可持续发展的战略构想；

（4）综观研究，向西南西区线性文化遗产涉及的行政区政府相关部门，从政策、操作和拓展三个层面分别提出研究对策。

三、研究主体框架

1. 线性文化遗产理论与保护运动的再研究

线性文化遗产比其他类型的文化遗产要显得复杂，因为它包罗了"线状""线型""线形"的文化线路、遗产廊道、文化景观、遗产运河、线路遗产等新型的文化遗产。其构成要素既有物质文化遗产，也有非物质文化遗产，其遗产对象既有传统的建筑、建筑群、遗址类文物古迹。研究的开篇应首先对线性文化遗产的缘起、概念和判别等进行再研究和再解读，要对国内外与线性文化遗产相关的保护理念进行系统的对比研究和深入分析，从文化遗产保护运动发展的总结中，寻找当前我国线性文化遗产保护存在的问题。

2. 西南地区线性文化遗产保存现状研究

对西南地区线性文化遗产保存现状的梳理和研究是本书研究的基础和前提。按说沿线文化遗产应包括物质文化遗产和非物质文化遗产两大部分，由于非物质文化遗产牵涉面较广，故暂不作为研究的主要内容纳入本研究。该部分研究内容涉及文化遗产本体保存现状和文化遗产保护管理现状两个部分。

文化遗产本体保存现状研究，首先是要对线性文化遗产中保留着一定传统自然格局和地理风貌，能够部分反映本地区建筑文化特色和民族特色的城市、乡镇、村落和具有代表性的不可移动文物进行系统梳理，其中包括已获准的国家级、省级的名城名镇名村和尚未申报的城镇和村落，以及已核定级别的国家级、省级、县（市）级文物保护单位和尚未核定的不可移动文物；其次是研究这些城镇、村落和不可移动文物受外部和内部因素影响的生存现状，分析使它们遭受严峻挑战的原因。

文化遗产保护管理现状研究，主要是针对有级别的名城名镇名村、文物保护单位保护管理状况和线性文化遗产作为一个整体加以保护与管理的现状研究。研究要建立在大量田野调查和资料查阅上，了解并掌握线性遗产保护管理现状，才能与国外文化线路和遗产廊道等先进的保护管理经验进行对比，探索适合于西南地区线性文化遗产管理的方法和模式，使文化遗产得到最大限度的保护和合理的开发利用。

3. 线性文化遗产判别和分类研究

西南地区至少存在三个线性文化遗产类型。但目前除文化线路、遗产廊道有较为清晰的判别标准可供参考之外，其余遗产的判别含混不清。特别是线性文化遗产把文化线路、遗产廊道、文化景观、文化廊道、遗产运河、线路遗产、线状遗迹、历史路径等"线状""线型""线形"及"带状"遗产类型纳入旗下，使判别难度加大。因此，判别标准的研究显得十分重要，是否可以互相借鉴、相互结合；是否可以突破固定的模式，不一定完全满足所有条件，具有一定的灵活性；是否可以容忍部分的重叠、关联和差异等等，都是研究中的主要节点，这些节点如能在研究中得到合理的解释，辨析、判断西南地区线性文化遗产的类型将在学术上具有重大意义。

关于线性文化遗产的分类国内专家众说纷纭，有根据遗产本身的意义划分的，也有根据线路功能划分的，还有根据线路的物质形态进行划分的。事实上，每一个线性文化遗产在它形成、发展和衰败的过程中，其线路本身的意义、功能都会或多或少地发生变化，有时同一条遗产线路甚至会同时具有两个以上的功能和意义。故在线性遗产的分类研究上需要更多的考虑线路角色的转变。

4. 线性文化遗产价值构成和资源评估研究

首先，我们认为，物质文化遗产是线性文化遗产形成的基础，除此之外，它还是非物质文化遗产的载体，因此我们要更多地关注线性遗产中的物质构成要素，研究物质遗产的特征、价值，分析它在整个西南地区的政治、军事、经济、文化、科学、艺术等领域中产生的重大影响，特别是在统一边疆、稳定政局、治国安邦方面；在促成和繁荣沿线城镇、活跃商贸活动方面；在传播先进的知识和文化、促进各民族的团结互助方面做出的巨大贡献。

其次，研究构建一个较为科学的遗产资源评估体系，寻找适合评估文化遗产的方法，对西南地区线性文化遗产进行综合评估也是本书研究的重点之一。目前，国内外对于文化遗产定性评估方法主要有层次分析法、因子分析法和模糊综合评判法三种。比较这些方法的优、缺点，拟从中选取一种，并参照《中华人民共和国文物保护法》《中国文物古迹保护准则》和《历史文化名城名镇名村保护条例》，对文化遗产在历史、艺术、科学、文化等方面的价值认同，以及《世界文化与自然遗产公约操作指南》中评估世界遗产的 6 条规定，对西南地区线性文化遗产资源的价值、保护现状和管理现状进行科学的综合评估，为制定西南地区线性文化遗产的分类、分级保护提供理论支撑和科学依据。

5. 线性文化遗产保护研究

该问题的研究事实上是要寻求适合于西南地区线性文化遗产可持续发展的一种模式，这是本书研究的核心问题。

该部分研究内容首先涉及线性遗产保护理念、保护原则和保护方法的研究。20 世纪中叶，文化遗产保护的区域化和文化遗产保护的整体化，在欧洲的文化线路和美国的遗产廊道中得到较好的体现和运用。上百年的理论研究和实践经验，已经能够较好地处理以遗产保护促进社会稳定发展，以社会发展确保遗产得到有效保护的关系，尤其在将遗产保护与文化旅游紧密结合，促进地方社会、经济、文化的协调发展方面。西南地区线性文化遗产在时间、空间、体量、主题上均存在不同程度的差异，在保护和利用问题上，并不一定要照搬硬套，但需要研究如何引入欧洲的文化线路和美国的遗产廊道跨区域、整体性保护的理念，如何结合当地的实际情况，探索可持续发展的保护方法和手段。事实上，保护文化遗产就是要让其价值得到进一步的延伸和体现，在欧美一些发达国家，向世人开放遗产地和到遗产地休闲度假，享用遗产带来的文化盛宴已经是很普及的事。虽然近几年随着中国经济的稳步上升，人们出行选择旅游的机会比较多，遗产地也开始注重社会效益和经济效益，但文化遗产保护和社会发展之间的协调并不十分尽人意。

目前，西南地区线性遗产都不同程度地与旅游进行了结合，但管理、监督是否到位，利用是否把握有尺度，文化遗产的经营是否可以持续，都是值得深入研究和探讨的问题。

西南地区有丰富的历史文化遗存、多姿多彩的民族文化、奇特典型的喀斯特景观、最完好的三叠纪古生物化石群、众多的自然保护区和森林公园，以及历史悠久的古城镇、古村落、古建筑，且线路清晰，主题文化既明确又富于地域特色。如何评估、选取、整合跨区域的遗产资源，使文化遗产的保护在政府的引导和大众的参与下能与区域社会发展协调起来，互惠互利，实现共赢。本书拟通过案例分析的形式，尝试借鉴美国遗产廊道概念对具有代表性的西南地区中、小型线性遗产进行研究，使历史文化遗产、自然生态的保护与增加地方财政收入、提高居民生活质量能够相得益彰。

四、研究方法

主要采取以下几种研究方法。

1. 文献资料法

通过图书馆和数字图书馆查阅有关历史文献和地方史志；预备到云、贵、川三省和重庆市文物博物、城乡规划、资源环保、住房建设等相关部门收集相关实证资料，重点查阅西南地区文物地图集和第三次文物普查资料，掌握西南地区线性文化遗产资源状况，为梳理工作打下坚实的基础。

2. 田野调查法

对具有代表性的西南地区线性遗产线路进行田野调查和补充调查，特别是明代滇黔屯军线路、川盐入黔线路、茶马古道贵州境内路段、红军长征在贵州线路等。通过与地方文物管理部门的座谈、个人访谈和实地考察，对线性文化遗产的保存现状、管理现状进行深入了解，为遗产资源价值的挖掘、评判、选取提供珍贵的实证资料。

3. 图表分析法

通过查阅文物地图集、第三次文物普查资料和进行田野调查，筛选具有代表性的线性文化遗产资源，通过整理、分类制作了多项反映遗产现状和特点的图表，为线性遗产性质、功能的判别，遗产资源保存现状、管理现状分析研究，提供科学、严谨的数据支撑。

4. 定性与定量结合分析法

采用定性和定量结合分析法针对线性遗产价值评估。定性分析法以尊重历史对西南地区线性文化遗产价值内涵的客观评价，定量分析法则运用层次分析法（AHP），通过评估指数来评判西南地区多个线性遗产的相对优劣性，最终达到对线性遗产的分类、排序和整体评价。为决策者提供科学的保护方法和合理的利用理由。

5. 点面结合研究法

除对具有代表性的线性遗产，在"面"上作出必要的分析以外，另选择构建明代屯军遗产廊道这个"点"进行案例解剖，并将"点"和"面"有机结合起来，对西南地区线性文化遗产资源整体性保护和合理利用作深入的分析研究。

第二章

线性文化遗产理论研究与保护实践

在从"文物保护"到"文化遗产保护"概念不断演变和扩大的今天，国际社会在理论研究与实践探索的基础上，产生出一系列反映自然与人文景观整体性与延续性、体现人类在各个历史时期的社会、经济与文化发展动态特征的跨区域遗产种类，[1]其中包括了呈线状或带状的遗产保护概念。它们相互之间既有部分相似之处，又存在一定差异，有的概念短时间存在然后迅速销声匿迹，有的概念却历经岁月的洗礼而愈渐成熟，成为广泛认可的区域性或国际性理念，但总的说来其理论仍处于动态的发展中，需要在保护的实践过程中得到进一步拓展、完善和归并。这些概念的出现代表了世界文化遗产保护运动的一种新的发展方向，这个方向的总体思路不是孤立地去对某一项遗存进行保护，而是在保护文物实体的同时，还要考虑保护文物赖以生存的人文背景和自然环境，将周边原本看似无关联的文物古迹、优秀建筑、传统聚居地、历史名城等串联起来，把它们放在文化体系、历史链条中去认识其价值，深入挖掘相互之间存在的历史与文化的内在联系，并注重不同文化群体的交流现象，以及文化交流对社会、经济、文化的发展曾起过的至关重要的作用，这就是所谓的整体性保护理念，它是当今国际社会遗产保护领域新的发展趋势。

第一节 线性文化遗产理论构建

一、线性文化遗产的缘起

19世纪，英国通过工业革命率先进入工业化社会，并引领世界各国向现代工业社会转变，现代化潮流在全球范围内迅猛推进。到20世纪，欧美一些国家已基本完成工业化过程。而因现代化带来的问题或冲突开始显现，其中之一便是人类居住的自然环境和祖先遗留下来的历史文化遗产承受着巨大的压力，遭到了不同程度的破坏，文化遗产保护问题已然成为全世界重要的聚焦点。为使这些不可再生的文化遗产能在人类的文明进步中得到有效的保护，人们越来越清醒地认识到需要在国际上汇集一种保护力量，通过制定永久性的公约，在遗产面临损毁

---

[1]　Flink C A, Searns R M. Greenways: *a Guide to Planning, Design, and Development*[M]. Washington:Island Press,1993.1-365.

和破坏的威胁时，能够提供整个国际社会有责任的集体援助。1972 年联合国教科文组织成员国签订了《保护世界文化和自然遗产公约》，旨在将那些不论属于哪个国家和人民的、具有突出普遍价值的文化和自然遗产，视为全人类世界遗产的一部分来加以保护，使之免受新的规模性和严重性的破坏威胁，并倡导整个国际社会来参与这项伟大的保护行动，[1] 这部国际法律文本在遗产保护领域具有划时代意义。根据公约中第一款之第一、二条（《公约》对文化遗产和自然遗产的定义）缔约国可对本国符合条件的遗产进行申报，经世界遗产委员会组织权威专家考察、评估、审议和缔约国大会投票，最后列入《世界遗产名录》，并接受"世界遗产基金"提供的援助。世界文化遗产的诞生为以后国际社会文化遗产保护工作的深入开展探明了方向，借助这个概念的平台，人类文化遗产的内涵和外延得到不断的深化和延伸，保护领域和视野更加广阔。迄今，全世界大约有近一千处遗产被列入《世界遗产名录》，它们分散在一百多个国家和地区。从最初的自然遗产、文化遗产、自然与文化双重遗产、文化景观遗产、非物质文化遗产，发展到后来的工业遗产、农业遗产、遗产线路、城市遗产、20 世纪遗产等新型文化遗产类别，这些层出不穷的遗产新概念，代表了国际社会遗产保护领域的一种新的发展方向和保护理念，即从以前较为单纯的"文物保护"概念演变和扩大为注重自然与人文环境的综合性"文化遗产保护"，并由此引导和构建起相应的区域之间、国家之间，乃至全世界范围内人类遗产的整体性保护思路和框架。值得一提的是从 19 世纪 60 年代到 20 世纪 90 年代，欧美一些国家从自然与历史文化遗产保护实践中，衍生出区域范围内具有代表性的线形或带状的遗产廊道、遗产运河、遗产线路、文化线路等遗产种类，这无疑是对线性文化遗产概念的再一次补充和拓展，越来越多的交通线路、商贸线路、宗教线路、水利工程和军事防御工程等出现在《世界遗产名录》中，表明国际社会一直以来关注、探索的文化遗产理论研究和保护实践仍然在不断的深化，并引领着世界范围的遗产保护运动方向和发展思路向更加广阔的空间迈进。由此看来，线性文化遗产的概念便是在这样一系列线状或带状的遗产概念背景下应运而生，并不断在演变和趋于完善。

---

[1] 联合国教科文组织.《保护世界文化和自然遗产公约》.联合国教科文组织第十七届巴黎会议通过，1972 年 11 月 16 日.转引彭跃辉编译.《世界文化遗产保护管理法律文件选编》.北京：文物出版社，2014 年 3 月.

二、线性文化遗产概念的再认识

作为一种推陈出新的遗产保护概念，它的产生和形成，汲取了被世界遗产保护领域认可的文化线路和遗产廊道保护概念的养分，对比研究中不难发现线性文化遗产与它们之间存在许多共同之处，其基本理论，对线性文化遗产在概念上的兼容并蓄做出了巨大贡献。但直至今日我们认为，线性文化遗产的概念仍然处于动态的发展中。国内曾有学者在探讨线性文化遗产概念时，认为线性文化遗产包括客观存在的文化线路、遗产廊道、文化廊道、历史路径、线状遗迹等遗产种类。[1]但这一结论在遗产保护界并没有得到一致的认同，需要进一步论证。

线性文化遗产是文化线路的扩展，是"拥有一定长度和宽度的线状或带状的文化遗产区域，涵盖的范围更大"，[2] 其特点可以归纳为以下几个方面：

◆体量大，范围广，涉及的遗产种类较多。线性文化遗产是一种文化资源的集合或文化遗产体系，按内容可分为邮驿传递、交通要道、贸易运输、军事防御、宗教传播、水利工程、历史事件等不同主题。

◆遗产保存期长，尺度有跨国界的，也有跨地区的，且有一定的连续性。指遗产具备的地域特色和有交流、交融的历史文化积淀，以及它所拥有的长度和宽度，如中国的丝绸之路、大运河、茶马古道等。

◆沿线不同聚落中物质与非物质文化遗产的联系与演变，反映出不同地区间文化交流互动的共性。即便物质形态的线路因历史或人为因素消失，那些因线路迁移、流动的族群所创造的至今犹存的文化，往往通过物质和非物质遗存的形式，揭示出不同地域和民族之间文化的共生共融。

◆无论哪种类型的线性文化遗产都涉及赖以存在的自然生态系统。如它的主要表现形式——河流峡谷、运河、道路已经不自觉地将自然生态环境与历史人文景观融合在一起。

为此，单霁翔在《从"文物保护"走向"文化遗产保护"》中举证了长城、大运河、丝绸之路、茶马古道、秦直道、蜀道、金界壕、豫晋朝拜之路。在这些线性文化遗产中包含了文化线路、历史廊道、线状遗迹、线形遗产、遗产线路等

---

[1]　童明康.《丝绸之路：走向世界遗产的历史旅途》.《建筑与文化》，2007 年第 12 期.

[2]　单霁翔.《从"文物保护"走向"文化遗产保护"》."探索线型（性）文化遗产保护的科学路径". 天津：天津大学出版社，2008 年 6 月.

遗产类型。有的遗产类型甚至兼有两个或两个以上的遗产概念。大运河、丝绸之路、茶马古道、蜀道（或遗产线路）属文化线路，因它们产生了文化交流和对话；长城属于线形遗产，因是单独的遗产单体本身，物理形状界定清晰；秦直道、金界壕属于线状遗迹（或线形遗产），它们或因军事战略的需要而形成，呈现断断续续片段遗址；豫晋朝拜之路属于历史廊道（或遗产线路），因历史上带动了沿线寺庙的兴建和佛教信仰的传播。

也就是说，线性文化遗产虽然收编了"线状""线形""线型""带状"类型的文化遗产，但它并不能够强硬地以某一种标准来框定所有的遗产概念。原因很简单，这些遗产概念存在着内涵上的共性和个性，文化线路更强调在文化层面上的意义和所产生的交流和对话；遗产廊道注重生态、文化、经济的并重；历史廊道、线形遗产、线状遗迹则关注遗产的文化功能和对区域社会的影响。它们之间既有关联，又不可完全重叠。故国内著名遗产保护专家孙华认为："线状遗产是构成线性遗产的基础，而线性遗产如果满足一定的条件，就可以成为文化线路。其逻辑关系是：线状遗产→线性遗产→文化线路。"[1] 如中国的丝绸之路、茶马古道、京杭大运河等线性文化遗产就满足了文化线路的判别标准，所以称为文化线路；而长城、长征线路虽然也归属于线性文化遗产，但如果划在文化线路之列却大为不妥。

三、线性文化遗产的识别

探讨中我们认为线性文化遗产在概念上努力地兼顾着空间、时间和文化因素，各个遗产节点整体的文化功能和价值总和，以及延续至今对线性区域范围内社会的进步、经济发展所产生的持续影响力。所以在线性文化遗产的判别标准上应该作出适当的调整。

根据《保护世界文化和自然遗产公约》第三条规定：本公约之缔约国均可自行确定和划分本国领土内的文化遗产和自然遗产的定义（中国为缔约国之一），[2] 也就是说线性文化遗产的判别不一定受限于符合公约严格规定的遗产线路标准项

---

[1] 孙华. 《"线状遗产""线性遗产""文化线路"关系说》. 《世界遗产》，2015 年第 8 期.

[2] 联合国教科文组织《保护世界文化和自然遗产公约》，第一款第三条. 转引彭跃辉编译《世界文化遗产保护管理法律文件选编》. 北京：文物出版社，2014 年 3 月.

目。[1] 这种宽容使中国国土上凡承载有重大影响的历史事件、人口的迁移和流动、货物的持续交换、文化的交流和融合，并在时间和空间有一定的连续性，尺度上有一定的长度和宽度的呈线状或链状形态的文化遗产均有了划定在线性文化遗产范畴之内的可能。因此，我们可否在单霁翔对线性文化遗产的生存特征解释基础上，制定较为灵活的动态识别标准，以适合于中、小型及一些特殊的线性文化遗产。当然，即便是对某一线性遗产作出了适当的调整，判别时依然要坚持四个基本准则：线路划时代的重要意义、遗产在可考的时间范畴内具有的历史文化积淀、遗产线路的文化体量、线路承载有重大历史事件发生。也就是说，对于线性文化遗产的识别，可以首先针对最普遍的遗产线路，制定一个统一的、基本的判别标准，然后再根据遗产线路的具体情况，在可控的范围内进行适当调整。但对于文化线路的判别则有所不同，因为国际社会公认的《国际古迹遗址理事会文化线路宪章》已经提供了统一参考标准，故判别时应严格按照其中条款进行。

四、线性文化遗产价值评估体系

线性文化遗产保护研究关键不仅是要对其价值有较为正确的认知，更要对其价值进行较为准确地评估，只有做到这两点，才能明确文化遗产的地位和作用，解决现代化进程中，文化遗产遭遇破坏、消失的问题，才能为决策者提供科学的保护方法和合理利用的理由，因此具有重要的理论和现实意义。

2005 年 10 月 13 日，欧洲理事会 [2] 通过《为了社会的文化遗产价值的框架公约》，文中称文化遗产既作为一种人类发展的资源，对文化多样性的增加、文化间对话的促进，也作为经济发展模式的一部分，给予可持续资源利用的原则。[3]

---

[1]　联合国教科文组织世界文化和自然遗产政府间委员会在《实施〈保护世界文化和自然遗产公约〉操作指南》附录 3 "针对各类遗产列入《世界遗产名录》的指南" 这样描述遗产线路：1）基于运动动力学、交流的概念、空间和时间上的连续性；2）涉及到一个整体线路的位置比它的组成要素的总和更有价值和通过什么获得其文化意义；3）国家间或地区间交流和对话的集萃；4）应是多维的具有不同方面的发展多于它的最初目标其中可能包括宗教、商业、行政管理或其他方面. 转引彭跃辉编译.《世界文化遗产保护管理法律文件选编》. 北京：文物出版社，2014 年 3 月.

[2]　1974 年，欧洲理事会在法国前总统德斯坦的提议下成立，是欧盟最高决策机构。理事会每年召开两次会议，成员由欧盟成员国国家元首或政府首脑及欧洲理事会主席、欧盟委员会主席组成。特殊情况下，轮值主席国有权在本国召开欧盟领导人非正式会议。

[3]　http://conventions.coe.int/Treaty/EN/Summaries/Html/199.htm.

可见，文化遗产的价值是一种具有抽象意义的综合价值，评估涉及的内容复杂，需要运用到管理学、社会学、经济学、统计学等多种学科的理念和方法。线性文化遗产价值的综合性评估，除考虑以文化显著性为主导的必备价值评估之外，还应将遗产的保存现状和管理现状（包括开发利用情况）纳入评估中。

首先是线性文化遗产必备价值的评估，也可以说是自身价值的评估。根据《中华人民共和国文物保护法》《中国文物古迹保护准则》和《历史文化名城名镇名村保护条例》，对文化遗产在历史、艺术、科学、文化等方面的价值认同，并参照《世界文化与自然遗产公约操作指南》中评估世界遗产的 6 条规定（但针对本研究，并不一定苛刻地要求遗产的突出性、杰出性），线性文化遗产必备价值评估主要包括了历史价值、艺术价值、科学价值、社会价值和文化价值五个方面，其目的是为了进一步证实线性遗产形成过程中，文化的意义和文化的重要性对于人类历史曾经的影响和对于未来文化发展的启发。其中历史价值包含时间、空间、历史人物和事件、时代特征等评价要素；艺术价值包含创作水准、审美情趣、时代风格、技艺精湛等评价要素；科学价值包含规划布局、造型建构、设计施工、材料使用等评价要素；社会价值包含情感、教育、传播、记录等评价要素；文化价值包含文化的多样性、延续性及非物质文化遗产等评价要素。

其次是线性文化遗产保存现状的评估。评价指标包括遗产的真实性、完整性和延续性三个部分。其中遗产真实性的评估可参照 1994 年 11 月《奈良真实性文件》、2013 年版的《操作指南》和 2015 年版的《中国文物古迹保护准则》中关于遗产真实性的条款制定评价要素。《奈良真实性文件》提出的"形式与设计、材料与物质、用途与功能、传统与技术、地点与背景、精神与感情以及其他内在或外在因素"等 7 个评价因子，[1] 迄今是世界文化遗产申报、管理、监测中关于真实性的最核心评价内容。对于遗产完整性的评价，《操作指南》第 88 条之审查遗产完整性所需满足条件，为评价要素的构成提供了指导性意见，即："1）包括所有表现其突出的普遍价值的必要因素；2）面积足够大，确保能完整地代表体现遗产价值的特色和过程；3）受到发展的负面影响和 / 或被忽视。"[2] 共三

---

[1] 《关于原真性的奈良文件》. 1994 年 11 月 1 至 6 日日本奈良"与世界遗产公约相关的奈良真实性会议"起草. 转引：张松.《城市文化遗产保护国际宪章与国内法规选编》. 上海：同济大学出版社，2007 年 1 月.

[2] http://www.shanzhuang.gov.cn/news/index.php?c=show&id=288.

方面指标。对于遗产延续性的评价，主要指遗产的价值使用和维系时间的延续性，其评价要素不仅要考虑到线性遗产外观和功能的延续，还要考虑遗产资源的可持续性。

最后是线性文化遗产管理现状的评估。评估指标概括起来指遗产的被管理程度和遗产的安全程度。前者的评价因子包含管理机构对遗产的认识和保护能力；法律法规保障和规章制度的建立健全；遗产的展示和利用现状，以及监测和监督等。后者的评价因子包含遗产及其生境受到自然、社会影响的因素；过度开发遗产受到的威胁程度等。

第二节 国外线性文化遗产保护实践

一、欧洲文化线路保护经验——以圣地亚哥朝圣之路为例

1. 历史的过往

在线性遗产的保护上，欧洲涉足比较早。1987 年，欧盟委员会便提出了"欧洲文化线路"的概念，并于当年确认了首条文化线路——圣地亚哥朝圣之路。欧洲文化线路的提出的背景实际上是欧洲一体化进程在文化遗产保护上的体现，目的是为了展现欧洲记忆、历史和遗产的多样性。1993 年，"圣地亚哥·德·孔波斯特拉朝圣之路——西班牙段"作为欧洲首条文化线路，被列入世界文化遗产，使文化线路成为世界关注的一种遗产保护新理念。1997 年，"欧洲文化线路委员会"成立，总部设于卢森堡，委员会对"欧洲文化线路"的定义，在 2010 年版《扩大"文化线路"的部分协议的规定》和 2013 年版《"欧洲文化线路"授予条件修订》中被描述为：无论是任何形式的水、陆交流线路，只要它服务的目标明确而特殊，有自身清晰的物理界限及特殊的动态和历史功能，并且能满足以下条件的线路类遗产，都可称为文化线路：a）必须来自并反映人类的互动和跨越较长历史时期的民族、国家、地区或大陆间的多维、持续、互惠的货物、思想、知识和价值观的交流；b）必须在时空上促进涉及的所有文化间的交流互惠，并反映在其物质和非物质遗产中；c）必须将相关联的历史关系与文化遗产有机融入一个动态系统中。[1] 截至 2015 年，已经有 33 条不同主题的"欧洲文化线路"被确认。

---

[1]　丁援.《国际古迹遗址理事会（ICOMOS）文化线路宪章》.《中国名城》，2009 年第五期.

圣地亚哥朝圣之路起源于 900 多年前，传说耶稣十二门徒之一圣雅各去世时埋葬在西班牙的圣地亚哥。由于战争原因，人们无法到耶路撒冷或是罗马朝圣，于是，从 12、13 世纪开始，圣地亚哥成为全欧洲朝圣之地，每年都有大批朝拜者前往，直到 17 世纪西班牙帝国没落。圣地亚哥朝圣之路穿越了西班牙、法国两个国家上千公里的路途，沿线自然、文化遗产被公认为综合了多种艺术的"活"的遗产。1987 年西班牙政府决定重新恢复这条朝圣之路，直至它被列入世界文化遗产。作为开启欧洲文化线路遗产保护新里程碑的圣地亚哥朝圣之路，目前它不仅是世界文化遗产，也是欧洲的一条显著的文化旅游线路，每年除来自世界各地的朝拜者外，更有大量的旅游者被西班牙北部美丽的自然风光和朝圣者虔诚之心而吸引至此。据圣地亚哥大教堂枢密院统计，1987 年到达圣地的朝圣者不足3000 人，1994 年达到了 15863 人，2004 年这一数据达到了 180000 人。[1] 为了向全世界推出该线路，西班牙政府和法国政府联手在沿线的七个大片区组成城市联盟，统一设计旅游标志，联合宣传这一文化旅游线。可见，朝圣之路存在的意义已远远超越了宗教本身的含义。

2. 线路的保护与利用

在西班牙境内，朝圣之路跨越了阿拉贡自治省、纳瓦拉省、里奥哈省、卡斯蒂利亚 – 莱昂，以及加得西来 5 个省区。沿线的建筑物包括为宗教服务的建筑设施和为朝拜者服务的建筑设施，共有百余处文化线路遗产体系。其中有遗存下来的道路遗迹及与交通系统相关的桥梁遗址；军事建筑遗址，包括瞭望塔、城堡遗址和城墙；商业建筑旧址和遗址，包括客栈、餐饮店、小卖部；宗教建筑，包括教堂、修道院及附属医院；受保护的城镇，包括历史村落、历史街区和历史地段，以及市场、库房、办公场所等其他类型建筑物。

这些文化遗产体系分属于政府各个行政级别的管理局，以及私人和研究机构。由于遗产归属的不统一，给单体遗产和整体遗产的管理增加了难度。为了实现线路的有效管理，1992 年，西班牙政府成立了圣詹姆斯委员会（Council of St James）（1997 年委员会的设置作了新一轮调整）。委员会下设常设理事会和执行委员会。常设理事会主席由文化部部长担任，副主席由遗产地方政府文化体育局的负责人担任。理事会的成员中有来自外事局、商贸旅游局、文化局、公共

---

[1] 舒展.《圣地亚哥朝圣之路考察》.中国美术学院博士论文，2009 年.

事务局、财政部、教育部等中央政府部门的主要负责人和各州政府职能部门的主要负责人。委员会主要职责是负责整条线路遗产的管理、宣传、利用政策和措施的制定。其中常设理事会的职能包括对遗产线路实施必要的维护，如界定并公布遗产保护范围、树立保护牌等；对遗产采取必要的保护管理措施；策划国内外的宣传策略；组织圣詹姆斯委员会的年庆典活动；线路遗产沿线的环境整治工程。执行委员会隶属于理事会，其主要职能包括协调各研究单位和政府部门之间的关系，确保理事会诸多功能的实现；实施理事会各项决议；审批不同管理机构和政府职能部门提交的文化保护项目、法规；收集、汇总、整理出版与朝圣之路管理、保护、利用相关的各类信息、资料；负责制定和宣传文化线路；吸纳社会及公众资金用于文化线路保护；制定应急措施等。

在法国境内，朝圣之路也汇集了大量的道路、桥梁等交通体系相关遗址、宗教相关建筑和遗址，以及少量保护道路的军事建筑物和为接待旅行者而建造的客栈。它们是人类交流和对话的无形资产，见证了成千上万的欧洲朝拜者怀揣着忏悔和赎罪之心，通过比利牛斯山口，前往西班牙圣地亚哥朝拜的过程。

法国境内朝圣之路文化遗产拥有者包括政府机构，国家、地区、部门和社区及政府派出机构、教堂管理者、研究机构和个人。朝圣之路由文化部下设的建筑与遗产司管理。建筑与遗产司由交流档案处、建筑遗产总监、总秘书长、建筑与生活品质分司、建筑教育培训和研究分司、考古人类学普查和信息系统分司及文物建筑和保护空间分司7个机构组成。建筑与遗产司主要负责文化遗产保护规划的编制和遗产保护管理决策的制定工作，同时还监管法国国立古迹建筑物协会、古迹信托、信息收集及其他文化遗产研究机构。古迹信托受中央政府的委托，负责古迹的管理与营运，财务有自主权利，国家不予干涉。此外，遗产所在地的每个行政区都设置有文化事务部（DRAC），专门负责行政区内文化遗产的保护和管理工作。

如何展示和利用好这条著名的朝圣之路、文旅之路和探险之路？朝圣之路由所经国家联手整体打造。每年在近1000公里的朝圣路上都有几十万人在徒步前行，历史时期，通常朝圣者返回家乡时都要带回一个贝壳，以证实他们曾到达过目的地。遗产保护委员会利用朝拜者的这一传统习惯，将贝壳作为引导人们通向朝拜圣地的统一标志，无论从哪里出发，都可找到指向圣地的贝壳标志，只要沿着标志所指的方向走就不会迷路。这一统一的标志系统是圣地亚哥文化线路旅游的最大亮点。另外，"繁地之星"荣誉证书的颁发也是极具特色，荣誉证书上用拉丁文写着朝圣者名字，要想获取荣誉证书必须徒步行走 100 公里以上，并出示由沿途不同教区、旅客执行所、安全场所或乡村代表的签名或盖章的旅游证件。除此之外，对外宣传也十分贴心、到位，人们只要进入圣地亚哥朝圣路线的门户网站，就能快速获取关于这条线路的所有信息，包括该路线不同主题的自助旅游项目，比如从某地到达某地自主旅游的地理信息、主要景点、天气情况、旅游的形式、距离时长；沿途住宿、餐饮服务设施和花费相关信息等。西班牙、法国正是通过这种旅游组织形式，串联起了人们对线路沿线遗产的记忆，同时实现了文化遗产整体利用的效果。

二、美国遗产廊道保护模式——以黑石河峡谷遗产廊道为例

1. 美国遗产廊道的形成

美国是对线性文化遗产实施保护较早的国家，主要表现在自身国家体系内，对遗产廊道的保护理念和保护方法进行不断地完善，并对世界遗产社会产生了一定的影响。19 世纪初，美国便开启了对具有"爱国主义教育价值的建筑物或遗址，如名人故居或战场遗址"的保护；随后经历了文物建筑到历史街区、历史城镇，及"整个乡村以及其未受破坏的环境"进行保护的过程。[1]20 世纪 60 年代，绿色通道概念逐渐成熟，并向以遗产价值为核心的多目标保护靠拢。20 世纪 70 年代末期，美国开始对文化景观进行保护，不久文化景观成为美国国家公园体系中的一员。20 世纪 80 年代，绿色通道功能由单一的游憩向游憩、生态和历史文化保护的综合方向发展，并与以区域协作保护思想为主导的遗产区域保护概念综合，一种新的遗产保护形式——遗产廊道诞生，并催生了 1984 年第一个国家遗产区域——伊利诺伊和密歇根运河遗产廊道。美国的遗产廊道是一种综合自然与文化环境的线性文化景观，不只是一个区域尺度上的遗产概念，更传递了一种价值多元化、多方参与的保护理念，它把文化意义提到首位，对于遗产的保护主要采取区域而非局部的观点，同时又是自然、经济、历史文化等多目标的综合体系。[2]其保护管理隶属于国家公园体系，整个指定、规划及管理过程都依法进行；遗产

---

[1] 朱强、李伟.《遗产区域：一种大尺度文化景观保护的新方法》.《中国人口·资源与环境》，2007 年第 1 期.

[2] 奚雪松.《构建遗产廊道线性文化遗产的整体化保护》.《世界遗产》，2013 年第 6 期.

廊道的指定，由专门组织或政府机构提名，国家公园局负责评估，最后由议会审议通过。在经历了上百年时间的努力之后，美国最终拥有了49个国家遗产区域，其中包括8条遗产廊道。

2. 黑石河峡谷遗产廊道的保护

黑石河峡谷遗产廊道起于美国马萨诸塞州的伍斯特市，终于罗德岛州的普罗维登斯市，沿途串联了黑石河、密尔维尔、尤斯桥、北桥、格拉弗顿、萨顿、密尔巴瑞和马萨诸塞等24个城镇和地区，全长74公里。沿线遗产资源富集，当地已经登记注册的文献资料显示，黑石河地区既有历史厚重不可移动的文物资源，又有可考古的早期工业、农场遗址，还有遗产赖以生存的丰富的自然环境资源和可利用的潜在旅游经济资源。为了整合上述历史、文化和自然资源，向民众、来访者宣传廊道的重要价值，同时合理开发文化遗产项目，以此带动廊道周边地区的经济发展，黑石河峡谷国家遗产廊道委员会专门就遗产廊道的保护和利用作出一整套详尽的规划。

首先，保护和利用黑石河峡谷遗产廊道的管理目标十分明确，且保障机制运行稳定。管理目标概括起来就是保护历史文化和自然资源；丰富廊道内文化娱乐活动，提高休闲、游憩的品质；通过对遗产资源的解说和宣传，开展提高民众保护遗产意识和行动的各类教育项目；努力促进和赢取廊道可持续的经济发展机会。为确保管理目标的顺利实现，美国内政部每年大约划拨100万美元用于遗产廊道内遗产资源的保护和基础设施的改善和建设。此外，地方配套资金和参与管理的其他机构、组织等融资也不少。项目实施过程中，不仅黑石河峡谷国家遗产廊道委员会要全程参与资金的预算和使用，大众参与规划、监督也占不少比例。更值得一提的是美国国家遗产廊道一旦被指定和确认后，立即受到相关法律制度的保护，特别是专门针对遗产廊道（区域）的《国家遗产区域政策法》和就某个遗产廊道专门立的保护法。

其次，黑石河峡谷国家遗产廊道委员会内部有多种组织和多方人士的参与，如国家公园管理局NPS (the National Park Service)、州（地方）政府机构、非营利组织、企业单位、遗产研究中心、大学，甚至公民个体。其中NPS是委员会最高的监督和管理支持机构，它不仅在遗产廊道指定评审的坐席上有较大的话语权，而且能为遗产廊道提供技术和资金支持。黑石河峡谷国家遗产廊道正是用NPS支持的1200万美元，建设了统一的标识和宣传系统、游客接待中心、野餐露营地、自行车线路和水上道路。委员会内部其他管理机构或个人组织则具体负责廊道的解说、保护、开发、教育等建设，并通过自身行业的特点在宣传教育、法律保护、遗产保护、环境规划、旅游投资等方面提供相应服务。

再次，制定黑石河峡谷遗产廊道短期、中期和长期的保护目标。[1] 短期目标是制定对廊道的保存和保护的方案。主要内容包括调查、梳理、登记廊道内的历史遗产资源，筛选和划定出能反映廊道特色的关联性历史区域，制定保护和利用的先后秩序，并通过法律规章制度，分区段或分区域制定保护计划。中期目标是加固和维护管理。主要内容包括对廊道内河段、地段环境的恢复、整治，以及计划和研究资源节点的长远规划。长期目标是复原、重建和宣传。主要内容是复原和重建廊道内的重点资源节点或区域，通过各种有效的宣传方式，让人们充分了解廊道的历史，认识其价值和保护意义，并推动文化旅游业的同步开展。

三、保护实践的借鉴之处

欧洲和美国作为文化线路和遗产廊道的发源地，有着十分丰富的线性遗产保护、展示和利用实践经验。随着大运河和丝绸之路的申遗成功，中国的线性文化遗产保护迎来了新的机遇和挑战。我国有不少具有区域特征的大型线性文化遗产资源，目前对这类遗产的保护工作处于起步阶段，保护措施很不到位，尤其在当今大规模的城市化建设过程中，跨区域的文化遗产正濒临消亡的危险。如何将文化、自然、生态纳入到一个整体的保护管理体系中，需要全社会的共同努力，同时也需要借鉴西方发达国家先进的保护理念。欧美保护和利用线性遗产的经验教训，对于中国的线性遗产保护体系的构建具有现实指导意义。

（1）线性遗产的指定和保护，在价值取向上更偏重于文化的传播性、社会的公益性和发展的可持续性。保护方案具有明确的、实质性的目标和中长期规划，并能获得相关法律制度保护和政府资金的大力支持。

（2）设置有专门的文化遗产管理机构和多样化的辅助管理机构。管理体系自上而下，以政府为主导，鼓励遗产地公众参与，并寻求各利益群体的合作，共同对保护项目的进展、资金的使用进行监督等。体现出组织管理的多样性、明确性和利益相关者的参与性。

---

[1] 王肖宇 陈伯超.《美国国家遗产廊道的保护——以黑石河峡谷为例》.《世界建筑》，2007 年 7 月.

（3）注重构建利益相关者多方合作与参与的机制，遗产地保护管理者（也是利益相关者）参与层面广、参与程度高、参与机会多，群体间关系规范，权利与义务明确，体现出一种强烈的社会契约精神，从而有效地遏制"重申报、轻管理"的问题。

（4）制定相对完备的法律法规体系，欧美国家几乎都是通过强制性的手段来确保文化遗产的安全，特别是美国，针对遗产廊道就有专门的法律制度和相关的法律制度进行保障，如《国家遗产区域政策法》《伊利诺伊和密歇根运河国家遗产廊道法》等。

（5）将保护文化遗产、宣传地区历史发展轨迹，与启智教育、游憩休闲、提高人们生活质量和增加地方财政收入结合在一起，注重多重的社会、经济效益，在遵循遗产资源保护与合理利用相统一的原则下，为跨区域的线性文化遗产价值的阐释和合理利用找到了可行的方法，实现了文化的可持续发展。

（6）有良好的对外宣传、组织解说手段，如图片的展览、展示，多媒体的报道宣传，丰富多彩的体验活动，以及电影、幻灯片的放映等多种形式，较好地达到保护、宣传线性文化遗产和吸引游客自愿接受教育的目的。

第三节 国内线性文化遗产保护探索

一、国内线性文化遗产理论研究

国内对线性遗产的研究始于 20 世纪初，最初主要集中于对文化线路和遗产廊道的研究，之后加入线性文化遗产的研究。在 CNKI 学术期刊网上对线性遗产家族类型进行检索，发现截至 2016 年 6 月，以"文化线路"关键词篇名出现的文章约有 135 篇；以"遗产廊道"关键词篇名出现的文章约有 128 篇；以"线性文化遗产"关键词篇名出现的文章约有 40 篇，其余类型 20 余篇（暂忽略）。这些在欧洲、美国和中国不同文化背景下称谓有所不同，概念相近而又有差异的线性遗产的研究历程共同经历了两个阶段：第一个阶段大多是对其发展历程、保护理念、价值评估、遗产判别、管理体制、经验借鉴等方面进行阐释；第二个阶段更多的是以案例分析的形式，引入以上保护概念，结合具体的线路和遗产区域，在生存特征、价值内涵、选取标准、保护方法、开发利用、可持续发展等方面进行深入研究。

　　从文章发表的时间来看，遗产廊道似乎早于文化线路。2001 年，王志芳、孙鹏在《中国园林》第 5 期上发表了《遗产廊道——一种较新的遗产保护方法》，首次将遗产廊道概念引入中国的遗产保护界，提出用遗产廊道概念来保护有一定尺度的、能使自然、经济和历史文化功能并举的线性遗产，并认为剑门蜀道、北京的长城、京杭大运河和古丝绸之路均可以用遗产廊道概念加以保护。[1]2005 年《西安宣言》是国内线性遗产研究的一个里程碑（19 世纪 50 年代长城的保护可以认为是国内探索线性遗产保护的一个开端）。同年，李伟和俞孔坚在《城市问题》第四期上首次发表了国内有关文化线路学术论文《世界文化遗产保护的新动向——文化线路》，文中阐释了文化线路在欧洲的发展历程、概念、特征、保护中的问题，并将廊道遗产与之进行比较，结合中国文化遗产的保护提出思考并探讨。自此之后，有关线路类遗产的研究成为中国遗产保护界竞相讨论的话题，遗产廊道、文化线路、文化景观、线路研究成果不断攀升。尤其是文化线路的研究，已成为 2006 年文化遗产研究中的关键词。单霁翔、孙华、李伟、俞孔坚、丁援、吕舟、刘小方、王丽萍、王景慧、孙漪娜、姚雅欣、王志芳、孙鹏、李春波、朱强、王肖宇、龚道德等学者从不同的角度剖析文化线路和遗产廊道，介绍国际社会与之有关的最新成果，使线性遗产相关概念为中国遗产保护领域接受。

　　线性文化遗产概念在这些遗产线路的动态研究基础上不断得到升华和提炼，成为中国遗产保护领域一个期待深入研究的课题。最有话语权的莫过于这个概念的提出者——前任国家文物局局长单霁翔，他在 2006 年《南方文物》上发表了题为"大型线性文化遗产保护初论：突破与压力"一文，对线性文化遗产的理论来源和遗产概念的界定作了阐释，文中还分析了中国大型线性文化遗产的特点及保护现状，提出了七项具体的保护措施，首开探索和研究线性文化遗产的先河。[2]随后又在 2008 年的专著《从"文物保护"走向"文化遗产保护"》下篇第五章"探索线型文化遗产保护的科学途径"中，对线性文化遗产概念内涵的拓展，国内具有代表性线性文化遗产的历史、现状和特征，以及所面临的机遇、挑战和保护措施、保护意义做了全面的补充和说明。[3]

　　线性文化遗产概念一经提出，便得到遗产保护界专家的广泛关注和研究。童

---

[1]　王志芳，孙鹏.《遗产廊道——一种较新的遗产保护方法》《中国园林》，2001 年第 5 期.

[2]　单霁翔.《大型线性文化遗产保护初论：突破与压力》.《南方文物》，2006 年第 3 期.

[3]　单霁翔.《从"文物保护"走向"文化遗产保护"》.天津：天津大学出版社，2008 年 11 月.

明康在探讨线性文化遗产概念时，很明确地将其他线路类遗产归在线性文化遗产旗下，认为线性文化遗产包括客观存在的文化线路、遗产廊道、文化廊道、历史路径、线状遗迹等遗产种类。并指出中国的一些大型线性文化遗产同时也是文化线路，比如丝绸之路。[1] 韩宾娜认为线性文化遗产是历史时期有重大影响的历史事件、人口迁徙、商品交换、文化交流的载体。线性文化遗产着眼于线性区域，注重整体文化意义，自然与文化保护相结合，物质与非物质资源相结合，时间和空间有一定的连续性。[2] 邹统钎在探索中国线性文化遗产开发与保护的模式时，比较了线性文化遗产、文化线路和遗产廊道之间的异同，认为三者除了代表地区、兴起时间、实践历程方面有较大差异外，在遗产尺度、理论基础、概念特点、遗产内容、遗产特征上呈现多处相似和重叠之处。[3] 俞孔坚、奚雪松等人在构建国家线性文化遗产网络的研究上，通过文献研究与专家问卷德尔菲法相结合，判别出了由 19 个线性文化遗产约 250000 公里线性要素所构成的国家线性文化遗产网络。[4] 通过研究的结果显示，在交通线路、军事工程、自然河流与水利工程以及历史主题事件四大类型的 19 个线性文化遗产提名中，交通线路类型的线性文化遗产占一半以上。王金伟等人认为线性文化遗产具有较高的旅游价值，利用线性文化遗产开展旅游活动是有效保护和合理开发利用文化遗产资源的重要手段，线性文化遗产要引入旅游活动，应首先构建线性文化遗产旅游发展潜力评价体系，同时充分考虑供给、需求和发展环境等诸多因素。[5]

　　随着线性文化遗产保护研究的不断深入，中国遗产保护界专家和学者发现，遗产廊道的保护理论和方法似乎也适合于中国那些中等尺度的线性遗产。俞孔坚、李迪华提出应将大运河建设成为集生态与环境、休闲与教育、文化遗产保护功能

[1]　童明康.《丝绸之路：走向世界遗产的历史旅途》.《建筑与文化》，2007 年第 12 期.

[2]　韩宾娜.《"文化线路"的启示与古都旅游》.《中国古都文化与现代旅游发展研讨会论文集》.杭州：中国古都协会，2005 年.

[3]　邹统钎，万志勇等.《中国线性文化遗产开发与保护模式初探》.《世界遗产》，2010年第 4 期.

[4]　俞孔坚，奚雪松.《中国国家线性文化遗产网络构建》.《人文地理》，2009 年第 3 期.

[5]　王金伟等.《线性文化遗产旅游发展潜力评价及实证研究》.《云南师范大学学报》，2008 年第 5 期.

为一体的"绿色文化遗产廊道"[1]。朱强、李伟从运河遗产廊道的战略意义及存在的问题进行了分析，认为借用遗产廊道实施整体保护的方法是解决线性文化遗产整体性保护的主要途径。[2]遗产廊道研究对象迅速扩展开来，剑门蜀道、藏彝走廊、川盐古道、苗疆走廊、滇越铁路等都可以借助遗产廊道的概念加以保护。

总之，无论是引入线性文化遗产家族的哪一种保护概念和保护方法，中国的遗产保护界在线性文化遗产的理论研究和保护实践上不遗余力，同时也取得了不俗的业绩。大运河、丝绸之路、茶马古道、南方丝绸之路、西南丝绸之路、海上丝绸之路、蜀道、川盐古道、长征线路等关于线性遗产的研究一时成为显学。

二、国内大型线性文化遗产的保护行动

1. 长城的保护历程

长城是中国绵延了两千多年的华夏文明遗产，是我国悠久历史文化的见证和象征，也是我国最为典型的线型遗产。从 1950 年开始，长城在中央人民政府和相关部门所发布的文物保护命令、指示、条例中，均被列入国家重点项目。1961年国务院公布第一批全国重点文物保护单位，山海关、居庸关、八达岭、嘉峪关榜上有名。随后在 1982 年和 1988 年第二批和第三批全国重点文物保护单位中，玉门关长城烽燧、居延遗址（烽燧、塞墙）、金山岭长城、兴城城墙（宁远卫城）等重点地段、关城、卫城再次被列入其中。1984 年 9 月，《北京晚报》《北京日报》《经济日报》等单位联合发起了维修长城的社会赞助活动，邓小平同志为之题词"爱我中华，修我长城"，把长城的保护维修推向一个新的高潮。在这一题词的号召下，国家对长城许多重点地段进行了维修，如北京的居庸关、八达岭、慕田峪、司马台等处长城，天津的黄崖关长城，河北的山海关老龙头、金山岭、马兰关长城，辽宁的九门口、虎山长城，山西的雁门关，陕西的镇北台，甘肃的嘉峪关、玉门关、阳关等等，使长城重现当年雄风。[3]1987 年，长城列入世界文化遗产名录。

2003 年 4 月，文化部、国家文物局等 7 个部局联合下发了《关于进一步加

---

[1] 俞孔坚、李迪华等.《京杭大运河国家遗产与生态廊道》.北京：北京大学出版社，.2012年 3 月 .

[2] 朱强、李伟.《遗产区域：一种大尺度文化景观保护的新方法》.《中国人口资源与环境》，2007 年第 1 期 .

[3] 罗哲文.《万历长城的历史兴衰和辉煌再创》.《新湘评论》，2010 年第 3 期 .

强长城保护管理工作的通知》，提出"保护长城是各级政府、各有关部门和全体公民义不容辞的责任和义务"，要求"建立健全保护长城领导责任制，加强对长城保护工作的领导"。2005 年 11 月，国家文物局又下发了《长城保护工程（2005—2014）总体工作方案》，提出了"争取用较短的时间摸清长城家底、建立健全相关法规制度、理顺管理体制，在统一规划的指导下，科学安排长城保护维修、合理利用等工作，并依法加强监管，从根本上遏制对长城的破坏，为长城保护管理工作的良性发展打下坚实基础"的目标，[1]并就保护长城的系列工作进行部署和安排，包括沿长城线的资源调查，建立健全保护管理机制，编写保护规划、条例，开展长城保护宣传教育，落实保护经费等，体现了在中国践行线性遗产保护的具体行动。2006 年 10 月，国务院颁布《长城保护条例》，提出了"科学规划、原状保护"的原则和"整体保护，分段管理"的保护模式，该条例是我国第一部与线性遗产保护相关的国家法规。

2006 年 10 月，国家文物局与国家测绘局就开展长城地理信息资源调查达成协议，并于 2007 年 4 月联合组建调查机构开展长城资源调查。2009 年 4 月，两局联合发布了明长城调查相关数据。虽然国家层面十分重视长城保护工作，但由于区域协调、管理体制、经费投入、资源利用等存在的难题，长城的保护状况却一直不容乐观。在全球 100 处濒危遗址名单中，万里长城榜上有名。为此，2015 年 8 月，国家文物局依据《中华人民共和国文物保护法》《长城保护条例》和联合国教科文组织《实施〈世界遗产公约〉操作指南》（2015）的规定，结合我国文化线路遗产/线性文化遗产保护规划实践经验和长城资源调查认定成果，编制了《长城保护规划编制指导意见（征求意见稿）》，旨在"为长城保护规划体系建立提供技术指导"。并从文化线路遗产/线性文化遗产的角度，提出在 2015 年年内，制定并完成《长城保护规划大纲》；在 2016 年年内，制定并完成国家和省（自治区、直辖市）两级长城保护规划；在"十三五"期间启动并逐步完成长城重要点段保护详细规划的体系建设目标，其主要任务包括建立规划资源平台、划定保护区划、保护长城本体、改善相关环境、健全管理机制、建立监测体系、合理利用遗产和衔接相关规划等工作。可以看出，这份文件是在结合了我国近年线性文化遗产理论研究及保护实践经验的基础上提出的，不仅对长城保护规划体

---

[1]　转引李长城.《长城文物保护实践的回顾与思考》.《中国文物科学研究》,2015 年 12 月 .

系的完善具有指导意义，而且提出了可供其他线性文化遗产借鉴的保护方法。

2. 丝绸之路内涵的提升

丝绸之路因源于中国"古丝绸之路"而闻名遐迩，它是亚欧大陆不同国家、不同民族、不同文明之间在商贸、宗教、文化等方面相互交流与融合的重要文化线路。自 19 世纪末德国人李希霍芬将这条东西方交流的通道命名为"丝绸之路"之后，100 多年以来，有关这条文化线路的研究从未停止过。1988 年，联合国教科文组织启动了"对话之路：丝绸之路整体性研究"项目，丝绸之路一时间成为全世界关注的话题。1990 年至 1995 年，联合国教科文组织组织开展了包括西安到喀什的沙漠丝绸之路、威尼斯到日本的海上丝绸之路、中亚草原丝绸之路、蒙古游牧丝绸之路、尼泊尔的佛教丝绸之路国际性考察，其结果轰动了中外业内人士。[1]

中国政府十分重视丝绸之路沿线相关遗产保护工作，于 20 世纪 90 年代中期将丝绸之路中国段列入了《世界遗产预备名单》。2006 年—2007 年，中国国家文物局、联合国教科文组织世界遗产中心在吐鲁番召开了"丝绸之路跨国联合申报世界文化遗产国际协商会议"，签署《丝绸之路跨国申报世界遗产吐鲁番初步行动计划》，标志着丝绸之路跨国联合申报世界文化遗产工作正式启动。中国和哈萨克斯坦、吉尔吉斯斯坦、塔吉克斯坦、乌兹别克斯坦等国家通过了丝绸之路概念文件，联合启动了丝绸之路跨国系列申遗项目。2009 年，参与丝绸之路廊道申报的所有缔约国代表又成立了丝绸之路系列世界遗产申报政府间协调委员会。同年，联合国教科文组织世界遗产中心最终确定由中国和哈萨克斯坦、吉尔吉斯斯坦三国联合申遗。2013 年 3 月 4 日，国家文物局和河南省、陕西省、甘肃省、青海省、宁夏回族自治区、新疆维吾尔自治区人民政府签订了《关于保护丝绸之路遗产的联合协定》，国家文物局将丝绸之路遗产保护和申遗作为一项关系全局的重点工作，全力支持相关地方人民政府做好相关工作，切实维护丝绸之路遗产价值和真实性、完整性，体现了国家文物局和各相关省、自治区人民政府保护丝绸之路遗产的共识和决心，为丝绸之路申遗成功做好准备。[2] 同年，在中国的推动下，中国、哈萨克斯坦、吉尔吉斯斯坦三国将"丝绸之路：起始段和天山廊道

---

[1] 童明康.《从成功申遗到永续保护：写于丝绸之路成功申遗一周年之际》,《世界遗产》2015 年第 5 期.

[2] 彭雯.《中国丝绸之路首批 22 处申遗名单公布》,《中国艺术报》2013 年 3 月 15 日.

的路网"的申遗文本提交给世界遗产中心，丝绸之路最终于 2014 年 6 月 22 日，被列入世界文化遗产名录。

"丝绸之路：长安—天山廊道的路网"是跨国系列文化遗产，属文化线路类型，线路跨度近 5000 公里，沿线包括中心城镇遗迹、商贸城市、交通遗迹、宗教遗迹和关联遗迹等 5 类代表性遗迹共 33 处，申报遗产区总面积 42680 公顷，遗产区和缓冲区总面积 234464 公顷。中国境内有 22 处考古遗址、古建筑等遗迹，其中包括河南省 4 处、陕西省 7 处、甘肃省 5 处、新疆维吾尔自治区 6 处，遗产区总面积 28421 公顷，遗产区和缓冲区总面积 204011 公顷。哈萨克斯坦、吉尔吉斯斯坦境内各有 8 处和 3 处遗迹。[1] 丝绸之路申遗是我国第一个跨国联合申报的世界遗产项目，它的申遗成功将对大型线性文化遗产保护的方法和理念，遗产价值的评估，跨国、跨区域合作申遗，以及政府主导与大众参与等方面探索一条新路径。

在保护管理方面，新中国成立后，中国境内与丝绸之路相关的文物遗迹逐渐被公布为各级文物保护单位，并得到了妥善的保护。如敦煌莫高窟，1950 年即在原国立敦煌艺术研究所的基础上改建"敦煌文物研究所"，1951 年即开始实施相关文物保护工程，1987 年被列入《世界遗产名录》。其他如大雁塔、小雁塔、乾陵、麦积山石窟、炳灵寺石窟、克孜尔石窟、唐长安大明宫遗址等很早就启动了保护项目。从 2005 年开始，在国家相关部门支持下，新疆陆续实施了交河故城、高昌故城、北庭故城、柏孜克里克石窟、克孜尔石窟、楼兰遗址等遗迹的保护。2010 年、2013 年，大明宫遗址和北庭故城遗址分别被国家文物局命名为国家考古遗址公园。经过了 60 余年的探索，中国丝绸之路沿线文化遗产就单个文化遗产点的保护而言，虽然还有大幅提升的空间和不尽人意的地方，但是总体积累了丰富的文化遗产保护经验。特别是在申遗工作的推动下，丝绸之路沿线地方政府建立了遗产保护管理的协调机制和专项法律保障体系，制定了遗产保护管理规划，加大了经费投入力度，并组织实施了部分遗产的展示利用、监测管理、环境整治、安全防范等工程，改善了相关遗产的保护环境。最早将丝绸之路文化遗产纳入专项法规保护的是西安，2008 年西安市颁布了《西安市丝绸之路历史文化遗产保护管理办法》（下简称《办法》）。其中第十二条："市级相关部门、区县人民

---

[1]　彭雯.《中国丝绸之路首批 22 处申遗名单公布》,《中国艺术报》2013 年 3 月 15 日.

政府及其相关部门应当加强对丝绸之路历史文化遗产周边环境的治理，对不符合保护要求和有碍丝绸之路历史文化遗产环境风貌的单位、村庄及其他建筑物、构筑物，应当进行改造或者拆迁，拆迁时应当按照国家有关规定给予安置补偿。"第十三条："市文物行政管理部门可以根据丝绸之路历史文化遗产抢救、修缮、安全设施建设等需要向市人民政府申请专项经费。"第十四条："经依法批准，尚未对外开放的丝绸之路历史文化遗产可以建立博物馆、遗址公园或者辟为参观游览场所，展示历史和文物风貌。"[1]该《办法》的制定直接来源于《文物保护法》，是我国关于线性文化遗产保护一部重要的规范性文件。或许是丝绸之路太过于复杂和庞大，作为整体性保护与利用的研究与实践，还有很多开创性的工作需要去做，有学者认为，目前丝绸之路的研究内容仅限于对遗产的评估、保护规划编制，以及区域旅游的合作开发等，缺少作为文化线路遗产的系统保护研究，折射出丝绸之路整体性保护与利用的任重道远。

2013 年 9 月和 10 月，中国国家主席习近平在出访中亚和东南亚国家期间，先后提出共建"丝绸之路经济带"和"21 世纪海上丝绸之路"（以下简称"一带一路"）的倡议，赋予古老的丝绸之路崭新的时代内涵，得到国际社会高度关注。2015 年 3 月，经国务院授权，国家发展改革委员会、外交部、商务部发布了《推动共建丝绸之路经济带和 21 世纪海上丝绸之路的愿景与行动》，标志着"一带一路"建设进入了实质推动阶段。行动文件中提出"加强旅游合作，扩大旅游规模，互办旅游推广周、宣传月等活动，联合打造具有丝绸之路特色的国际精品旅游线路和旅游产品，提高沿线各国游客签证便利化水平，以推动 21 世纪海上丝绸之路邮轮旅游合作。积极开展体育交流活动，支持沿线国家申办重大国际体育赛事"。[2]可以预见，"一带一路"建设的实施，"将促进丝绸之路沿线相关国家、地区在文化遗产研究、保护、管理和展示方面的交流与合作，推动沿线各国构建政治互信、经济融合、文化包容的利益共同体、命运共同体和责任共同体，增进不同文明之间的交流互鉴，促进世界和平稳定繁荣等方面，发挥独特的作用

---

[1] 西安市人民政府.《西安市丝绸之路历史文化遗产保护管理办法》.第 53 次常务会议通过.2008 年 8 月 25 日.转引周方.《丝绸之路经济带建设中历史文化遗产的法治保障研究》,《西北大学学报 (哲学社会科学版)》2015 年第 2 期.

[2] 国家发展改革委员会、外交部、商务部.《推动共建丝绸之路经济带和 21 世纪海上丝绸之路的愿景与行动》, 2015 年 3 月 28 日 http://www.mofcom.gov.cn/article/resume/n/201504/20150400929655.shtml.

而重要"。[1]

3. 大运河的联合申遗

中国大运河是中东部地区隋唐大运河、京杭大运河和浙东运河的统称，历史上经历过三次大规模兴建，始于春秋战国，历隋、元二朝而全线贯通。它北起北京，南迄杭州，全长 1794 公里，无论历史之久、里程之长，均居世界运河之首，是与长城交相辉映的线性文化遗产。两千多年以来，大运河沿线城镇随着大运河的兴衰而兴衰，积淀了深厚而独特的历史文化底蕴。

1996 年和 2007 年，法国米迪运河、加拿大里多运河作为特殊的文化遗产类型，先后向联合国教科文组织世界遗产委员会提交了申遗申请，并获得成功。对世界范围内运河遗产的保护产生巨大影响，同时对中国大运河申遗起到重要示范作用。2005 年 12 月，京杭大运河沿岸北京、天津、河北、山东、江苏、浙江等 6 个省市 18 个城市市长同时收到国内知名学者的联名信，提出大运河申遗。2006 年 3 月"两会"期间，58 名政协委员联名提案，呼吁高度重视京杭大运河保护和启动申遗。同年 5 月，70 多名政协委员在全线考察的基础上，通过了《京杭大运河保护与申遗研讨会杭州宣言》，对大运河申遗进入国家文物局的工作序列起到了重要的作用。2006 年，国家文物局"十一五"大遗址保护总体规划将大运河纳入了"100 处重要大遗址"。同年，京杭大运河（春秋至清）被公布为第六批全国重点文物保护单位。12 月，国家文物局将大运河列入《中国世界文化遗产预备名单》。2007 年 9 月，国家文物局宣布江苏省扬州市为大运河申报世界文化遗产的牵头城市，标志着大运河申报世界遗产工作正式启动。[2]2008 年3 月，在国家文物局主导下，运河沿线 8 省（直辖市）33 市在扬州召开联合申遗会议，通过《扬州共识》，确定了运河申遗的计划和时间表，决定分步编制运河保护规划。8 月，中国文化遗产研究院编制完成了《大运河遗产保护规划第一阶段编制要求》（下简称《编制要求》），用以指导和协调大运河遗产市级保护规划工作，统一和规范各级各地规划编制的成果。该《编制要求》提出了大运河遗产保护规划体系，即总体保护规划及（或）保护管理条例—分省保护规划—分市保护规划的纵向三级构成，并就运河遗产构成、遗产评估、保护区划、展示规划、

---

[1] 童明康.《从成功申遗到永续保护——写于丝绸之路申遗一周年之际》.《世界遗产》，2015 年 5 月.

[2] 万书磊，于杭鑫.《京杭运河：一条流动中的千年文化长河》.《科学 24 小时》，2009 年第 4 期.

保护管理要求、考古规划等技术要求进行了明确。由文化部、国家文物局牵头，国务院 13 部门和大运河沿线的 8 省市共同成立了"大运河保护和申遗省部际会商小组"，并于 2009 年 4 月 23 日在北京召开第一次会议。各地也相继成立了省级、地市级大运河保护和申遗会商小组或领导小组以及相应的工作机构，贯彻落实相关工作。[1]2009 年 11 月，国家文物局下发了中国文化遗产研究院、东南大学共同编制的《大运河遗产第二阶段保护规划编制要求》，用以指导省级（即六省，山东、江苏、浙江、河北、河南和安徽；二直辖市，北京、天津）大运河保护规划。《编制要求》提请"考虑到中国大运河遗产的特点，规划应以世界文化遗产的运河遗产类型为主，兼顾线形文化遗产、文化线路、文化遗产廊道等概念[2]"。2010 年，由国家文物局组织，中国文化遗产研究院牵头，中国水利水电科学院、中国城市规划设计研究院等多家科研机构参与开展了《大运河遗产保护与管理总体规划》编制工作，提出了大运河遗产保护和利用的基本原则、管理规定和措施。2012 年 12 月，国家文物局公布了实施的总体规划。[3]

在大运河紧锣密鼓申报世界文化遗产的同时，2011 年 3 月，全国政协十一届三次会议上，21 名政协委员提出了《关于尽快制定〈大运河〉保护条例的提案》，希望能够借鉴《长城保护条例》的经验，出台《大运河保护管理条例》。在此之前，国家文物局已经开展了大运河文化遗产保护管理立法的调研和起草工作，形成了《大运河遗产保护条例（草案稿）》。草案稿提出了统一规划、分级负责、分段管理，坚持真实性、完整性、延续性的保护原则，并明确了相应的管理规定。2012 年 8 月，文化部公布《大运河遗产保护管理办法》。大运河涉及 6 个省、2 个直辖市、25 个地级市，包括大运河河道遗产 27 段，运河水工遗存、运河附属遗存、运河相关遗产共计 58 处遗产点，河道总长 1011 公里。[4]其地域跨度之大，涉及面之广，牵涉部门之多，保护工作之复杂，开创了我国线性文化遗产保护的新篇章。2014 年 6 月 22 日，在多哈召开的第 38 届世界遗产大会上，中国大运河正式列入《世界文化遗产名录》，八年的申遗之路划上了圆满的句号。

---

[1] 《大运河保护和申遗 2009 工作报告》.《中国文物报》，2010 年 5 月 2 日版.

[2] 国家文物局关于印发《大运河遗产第二阶段保护规划编制要求》的通知，文物保函〔2009〕1293 号.

[3] 国家文物局关于印发《大运河遗产保护与管理总体规划》的通知文物保函〔2012〕2286 号.

[4] 崔建利.《2014 年中国大运河研究综述》.《中国史研究动态》，2015 年第 5 期.

三、国内线性文化遗产保护存在的问题

从 2006 年"线性文化遗产"理念正式提出以后，在文物系统的主导下，特别是在世界文化遗产申报工作的推动下，中国文化遗产保护区域化的趋势渐成潮流，线性文化遗产的理论研究与保护实践都取得了长足的进步。虽然长城、丝绸之路、中国大运河都已经成为世界文化遗产，但从它们目前的保护现状，以及茶马古道、蜀道、长征之路等线性遗产保护实践来看，在理论研究、法规体系、管理机制、利用方式、展示阐释、社区参与等方面普遍存在一些问题。主要表现在以下几个方面：

1. 理论研究欠深入

国内关于线性文化遗产的研究，主要分几个方向：其一是线性文化遗产基本概念的研讨，比较集中在"文化线路""遗产廊道""线路遗产""线型遗产""文化景观"等几个关键词上。2008 年，ICOMOS 正式通过《文化线路宪章》后，"文化线路"有逐渐取代"遗产线路"之势，但事实上所有的遗产线路都存在个体的差异，完全取代是不科学的。其二是线性文化遗产保护利用体制、机制及方式方法的研究，主要以包括遗产廊道构建、文化线路保护管理、文化线路申报世界文化遗产、线性文化遗产开发利用，以及一些案例的具体分析研究等方面。

理论研究的不全面将直接影响到我国线性文化遗产的保护与实践。如重申报轻管理，重概念轻实效，重保护轻利用，破坏性建设比比皆是，有的甚至发生保护性破坏，使保护工作流于形式。从国内线性文化遗产理论研究 10 余年来看，目前依然还存在理论研究不深入的问题。主要表现在：

一是概念不清。有的研究还不能明确地将所有线性文化遗产从概念上区别开来，对线性文化遗产的内涵和外延也缺乏深入的探讨。

二是创新不够。研究学科背景主要集中在城市发展规划、景观学、建筑学、旅游学，虽然也涉及不少的文化遗产学，但作为研究的前沿领域，尚未凸显它的学科优势和创新性。

三是缺乏体系。目前的研究仍以"文化线路"为多，而且仍以保护为主题，缺乏对线性文化遗产体制机制创新、综合利用、价值阐释、社区参与、经济支撑与可持续发展等方面的研究，尚未构成线性文化遗产的理论框架体系。

因此，要立足当下，学习欧美国家成熟的理论，借鉴能在国内可操作的实践

经验，平衡理论与应用的关系。特别要弥补在基础理论和方法技术上的薄弱环节，发展符合国情的跨学科、多元化研究格局，[1] 探索出一条符合中国国情的线性文化遗产保护和利用的新思路。

2. 法规体系不健全

目前，国内与文化遗产保护关联的法规体系，除了《文物保护法》《非物质文化遗产法》《历史文化名城名镇名村保护条例》《长城保护条例》等直接相关的法律、法规外，另有《城乡规划法》《土地管理法》《环境保护法》《旅游法》《风景名胜区条例》《自然保护区条例》等间接相关法律、法规。问题就在于这些法律、法规分割比较严重，因为制定者分属不同的级别和部门，难免造成一些空白，甚至出现相互矛盾的方面。在法规的执行上，省、市、县各级政府从各自立场出发，不同部门多有"争权"或"推诿"，造成区域之间协调难度加大，难以形成整体合力状况。跨区域大型线性文化遗产保护与利用面临的最大困难就是这种条块分割管理与整体保护不同步的现象。这也不难解释为什么《长城保护条例》颁布这么多年后依然得不到有效执行。

其他的部门规章制度及地方规范性文件，除了对本部门、本地区有约束之外，根本不具备法律的强制力。如《西安市丝绸之路历史文化遗产保护管理办法》也只能适用于西安市，《大运河保护管理办法》也只能对文化、文物部门有强制作用。因此，对跨区域、跨领域、跨部门线性文化遗产的管理而言，在"执法"和"执规"上必须有统一的国家法律体系才有可能使相关法律责任落到实处。

法规制定迟缓也是法规体系不健全的另一突出表现，特别是像丝绸之路、大运河、茶马古道、蜀道这样的大型线性文化遗产，仅依靠原来的法规体系是很难适应保护和利用需要的，因此，亟需在原有法规基础之上建立专项法规。然而最大的困难在于平衡各地区、各部门之间的利益关系，其结果就是需要比较长的时间。如《大运河保护条例》虽然经政协委员和专家大声疾呼，相关部门也组织人员进行了调研，并提交了草案，但仍然没有结果，原因不得而知。最后才由文化部出台了《大运河保护管理办法》。事实上，相关部门完全可以制定像美国《历史保护法》类似包容性比较强的法规，对各部门、各区域进行有效约束和统筹。

---

[1] 崔卫华，胡玉坤，《我国大型线状文化遗产的研究态势——基于核心期刊的统计分析》，《城市发展研究》，2015 年第 7 期.

3. 管理体制碎片化

法规体系的不健全直接造成了管理体制的碎片化。线性文化遗产保护管理的跨区域性、跨领域性、跨部门性，使其必然面临诸多需要统筹协调的问题。在国内，除了由政府统一安排，由专门机构负责督导落实的情况之外，凡由单一政府部门牵头的工作都会遇到很多协调上的困难，以致很多工作无法推动。线性文化遗产保护不仅要面对不同的省、市、县和乡镇村及不同的民族地区，而且要涉及文化、文物、规划、建设、国土、环保、交通、水运、旅游等部门。由于条块式的法规体系和遗产地负责制的管理体制，使各地区、各部门都有相应的管理职能和管理机构，资金来源渠道又有所不同，如果缺乏沟通协调机制，且没有统一规划的约束，必然造成"多龙治水""多规混行"管理碎片化的局面，最终使保护利用工作流于形式。如《大运河保护管理办法》所确立的"大运河保护和申遗省部际会商小组"自从大运河申遗成功后就基本上失去了统筹协调的功能。同时，一些规划执行评估制度、监测制度等也无法有效实施。因此，应当借鉴美国遗产廊道、欧洲文化线路的先进经验，帮助建立和完善国内线性文化遗产的保护管理体制。

4. 利用方式粗放

利用方式粗放化主要表现在五个方面：一是过度商业化。地方政府片面追求经济效益，将文化遗产作为资产交给或委托企业进行经营管理，紧紧盯着门票收入，为了吸引游客，不惜将文化遗产进行粗放的包装和开发，破坏了文化遗产的公益性和教育性，使其价值受到破坏。二是文化遗产产权部门化和单位化阻碍了文化遗产的合理有效利用。国内文化遗产产权十分复杂，虽然法律规定只有国家、集体、私人所有三种形式，但部门管理、单位管理、私人管理的现象非常普遍，由于缺乏统筹，部门、单位、个人对文化遗产资源价值认识的差异，造成资源闲置、关闭、处置不当乃至拆除的现象时有发生，使文化遗产难以得到合理利用，线性文化遗产整体性保护设想难以实现。三是由于缺乏整体利用规划和统筹，沿线的文化遗产利用呈散点式，各自为政，加上项目规划和项目设计缺乏对遗产资源深入研究和分析，粗放式、重复式、同质化、相互抄袭的利用方式比比皆是，使线路难以形成利用合力。四是缺乏各种资源间的统筹利用和基础设施的配套完善。多年以来，各级各部门都已经习惯于已有文化遗产资源、自然景观资源以及其他旅游资源归属之间的界限，缺乏空间规划角度的统筹，各种资源总是散点分布，各自为政。五是在开发利用上缺乏遗产资源专业性研究和文化创意，使得价值体系阐释、解说系统规划、利用方式、文化产品、标识标志等均显得低级和粗放。

第四节 西南地区线性文化遗产保护研究动态

2005 年西安国际古迹遗址理事会大会及科学研讨会之后，国内学者借助于历史学、人类学、地理学、建筑学、民族学等方面的知识，对中国的线性文化遗产展开多方面、多层次的深入研究，其中也包括西南地区的线性文化遗产。各省区政府相关部门对沿线物质和非物质文化遗产的保护问题给予高度关注，并邀请区域范围内各大高校、国内相关研究机构和国外专门的文化遗产保护机构召开学术研讨会。遗憾的是迄今为止，对于西南地区线性文化遗产保护方面的研究还存在许多空白之处。

一、关于蜀道

关于蜀道的保护研究，目前仅限于西南地区少数省份的部分学者，梳理有付文军的《论剑门蜀道文化线路的保护（上）（下）》（《中国名城》，2009 年，第12 期）；刘煜《剑门蜀道的保护模式审视》（《中国文化遗产》，2010 年，第 6期）；陶喻之《蜀道文化遗产保护纪实》（《中国文化遗产》2010 年，第 6 期）；翟峰《四川蜀道申报世界文化线路遗产浅探》（《中国旅游报》2010 年 3 月 22日）、《关于蜀道文化路线整体保护暨申遗工作的调查与建议》（《旅游调研》，2011 年，第 11 期）；赵静、陆武《浅议蜀道从历史名词到文化遗产的转变》（《文博》2012 年，第 5 期）；林向《蜀道文化线路的保护与申遗中的几个问题》（《中华文化论坛》，2014 年，第 2 期）；王子令的《蜀道文化线路的历史学认知》（《宝鸡文理学院学报：社会科学版》2012 年 10 月第 32 卷第 5 期）；陈韵羽《古蜀道基于线性文化遗产的"三位一体"保护模式再探——以剑门蜀道为中心》；李万涛《从考古遗存看蜀道的保护——以金牛道广元段为例》（《大众文艺》，2016 年，第 1 期）；王倩，李小波，刘艳梅《文化线路旅游开发与保护——以蜀道为例》（《四川旅游学院学报》2016 年，第 1 期）等。

其中付文军的《论剑门蜀道文化线路的保护（上）（下）》文中，以文化线路的视角，分析研究了剑门蜀道文化线路在背景、内容、跨文化整体的重要性、动态特征、环境等方面的构成要素，阐述了剑门蜀道文化遗产的保护现状、亟待解决的保护方法，并提出保护模式设想，为推进蜀道的保护研究提供了借鉴和参考。[1]刘煜在《剑门蜀道的保护模式审视》一文中，对剑门蜀道的形成、演变和遗产的构成进行了深入的研究，提出线路的保护应着重于整体性、动态性，首先要做好前期资料的收集整理及文献、考古的研究，其次要针对现有遗产体系进行有效的保护，最后要加强管理，进行合理利用。[2]林向在《蜀道文化线路的保护与申遗中的几个问题》中特别强调蜀道作为重要的文化线路具有申报世界文化遗产的潜在价值，申报不是终极目标，即便申遗成功也并不代表蜀道保护及研究工作的结束，而是通过申报的方式使蜀道得到有效的保护，并建立起日常保护和监管机制。[3]陈韵羽《古蜀道基于线性文化遗产的"三位一体"保护模式再探——以剑门蜀道为中心》分析了蜀道作为线性文化遗产的主要内涵，探讨了古蜀道在整体保护模式上，应用物质、非物质与文化线路相结合"三位一体"进行保护的可行性，对于蜀道文化线路的保护和开发具有一定的参考价值。[4]

蜀道的学术研讨与考察活动，最早始于 20 世纪 90 年代在古城汉中举行的"第四届蜀道及石门石刻国际学术讨论会"，参加会议的有来自日本及我国国内的 160 余位专家学者。会议交流了蜀道及石门石刻保护研究的信息和动态研究成果，并对蜀道遗迹的保护、开发和利用提出了积极的建设性意见。

2006 年国务院公布剑门蜀道为第六批全国重点文物保护单位。

2008 年，汶川地震后，广元政府在开展对剑门关蜀道旅游业灾后重建的同时，提出了启动蜀道申报世界文化路线遗产工作的设想。2009 年 1 月，应广元市政府邀请，来自北京大学、复旦大学、同济大学等十多所高校的专家教授，组成了 6 个课题小组，深入古蜀道沿线进行田野考察，并提出了古蜀道沿线城市联合申报世界文化遗产的建议。7 月 28 日，国内知名文化遗产专家郑孝燮、罗哲文、阮仪三、刘魁立、谢凝高、舒乙、葛剑雄、郑时龄、王景惠又联合发出《关于中国蜀道文化线路整体保护及联合申遗的公开信》，专家们在公开信中一致认为，中国

---

[1] 付文军.《论剑门蜀道文化线路的保护》(上)(下).《中国名城》,2009.第 12 期.

[2] 刘煜.《剑门蜀道的保护模式审视》.《中国文化遗产》,2010 年.第 6 期.

[3] 林向.《蜀道文化线路的保护与申遗中的几个问题》《地方文化研究辑刊》,2012 年.第 10 期.

[4] 陈韵羽.《古蜀道基于线性文化遗产的"三位一体"保护模式再探——以剑门蜀道为中心》.《中华文化论坛》,2014 年.第 2 期.

古蜀道具有极其特别的世界遗产价值，应通过申报世界文化线路遗产加以保护。

同年，蜀道的研究和保护提升到国家及地方政府层面。时任国家文物局局长单霁翔的重要文章《蜀道文化线路保护没有得到应有重视现状堪忧》和新华网的重要新闻报道《川陕联合开展蜀道保护和申遗》，说明了文化、文物部门对该项工作的重视。2009年11月，中共四川省委宣传部，四川省文化厅、建设厅、旅游局和广元市政府主办了以"中国蜀道文化线路保护与申遗"为主题的"中国蜀道·广元国际论坛"。会议围绕"世界遗产与中国文化线路、蜀道的文化遗产价值、蜀道文化遗产保护与利用、文化线路的保护规划、蜀道文化线路与文化继承、蜀道文化线路总体研究报告"等议题开展研讨，会后，国内外有关专家学者、业内人士与蜀道沿线12个城市联合发表了《中国蜀道文化线路保护与申遗广元宣言》，标志着中国蜀道申报世界文化线路遗产工作正式启动。[1]

2011年9月，蜀道文化线路保护与申遗活动启动仪式在古都西安隆重举行，全国政协副主席张梅颖出席启动仪式并表示，全国政协将通过此次活动，把蜀道文化线路的保护与申遗推向新阶段。随后，由全国政协委员、蜀道研究专家和新闻工作者组成的联合调研组一行60多人，对陕西、四川两省蜀道沿线的7个重要城市展开了为期9天的调研活动。

2012年4月，"广元蜀道文化研究中心"在四川省广元市元坝区昭化古城宣告成立。作为四川省第一家蜀道文化研究机构和一个非营利性社会组织，该中心的主要目的是助推蜀道申遗事业，抢救、挖掘、传承、弘扬蜀道文化。

2013年11月，"中国蜀道学术研讨会"在陕西汉中隆重举行，会议期间展示了近年来蜀道研究的新成果，相关专家学者就蜀道历史、文化、申遗等问题作了深入而广泛的交流。

2014年8月，由成都旅游协会与成都广元商会联合主办的四川省蜀道申遗研讨会在成都举行。会上来自政府相关部门的官员及文博、旅游和商界的嘉宾，对蜀道申遗提出了自己的建议。研讨会还制定了成都—德阳—绵阳—广元的考察线路，重点考察名胜古迹、民俗民风、饮食文化等。

二、关于茶马古道

西南地区线性文化遗产中茶马古道是体量较大的线性遗产，兴于唐宋，盛于

---

[1] 翟峰.《联合申遗：开发古蜀道文化》.《西部大开发》,2010年第5期.

明清，二战中后期达到巅峰，民国后逐渐衰落。茶马古道的研究可分为两个阶段：第一阶段在 20 世纪 90 年代至 21 世纪初；第二阶段从 21 世纪初到现在。涉及保护和利用方面内容的研究主要在第二阶段。

茶马古道研究始于 1990 年 7 月云南大学教师木霁弘、陈保亚及徐涌涛、王晓松、李林、李旭六人的一次考察活动，所考察的这条以马匹为主要运输工具，以茶叶为主要交换商品的古道后被命名为茶马古道。1992 年《思想战线》第一期发表了陈保亚的《茶马古道的历史地位》，同年 4 月木霁弘、陈保亚合著的《滇藏川 "大三角" 文化探秘》问世。自此以后，"茶马古道" 概念在学界被公开使用，这一阶段更多的研究成果集中在线路的分布和文化价值的探索上，几乎不涉及保护方面的内容。进入 21 世纪以来，线性遗产的保护越来越受到人们的关注，茶马古道的保护和利用问题也随之显现，研究成果较为集中的是由国家文物局、云南省文物局主编《茶马古道文化遗产保护论文集》（云南科技出版社，2011 年 3 月）和由雅安市人民政府、四川省文物管理局编《茶马古道文化遗产保护（雅安）研讨会论文集边茶藏马》（文物出版社，2012 年 5 月）。专门谈及茶马古道保护方面的个人成果计有余剑明的《云南茶马古道文化线路的现状与保护》（《中国文化遗产》，2010 年，第 4 期）；王丽萍《文化线路与滇藏茶马古道文化遗产的整体保护》（《西南民族大学学报·人文社科版》2010 年第 7 期）、《滇藏茶马古道线形遗产区域保护研究》（《地理与地理信息科学》2012 年第 3 期）、《试论滇藏茶马古道文化遗产廊道的构建》（《贵州民族研究》2009 年第 4 期）；木基元《茶马古道与线性文化遗产的保护》（《民族文化与文化创意产业研究论丛》2011 年）；杨福泉《茶马古道研究和文化保护的几个问题》（《云南社会科学》2011 年第 4 期）；许凡《茶马古道保护规划的必要性与可行性》（《中国文物科学研究》2013 年第 3 期）；刘绍容《茶马古道文化遗产保护普洱共识》（《普洱》2010 年第 8 期）；黄玉琴、许凡《空间信息技术在茶马古道遗产保护管理中的应用初探》（《中国文物科学研究》2014 年第 4 期）；李炎、艾佳《"茶马古道" 遗产保护中的文化品牌建设》（《中国文化遗产》2011 年第 5 期）等。以案例的形式来分析和探讨茶马古道保护问题的文章还有很多，如童瑞雪、傅玥；[1] 刘大邦、王香丽；[2] 庄春辉；[3] 张新科、樊凯、李芳菊；[4] 幸岭、蒋素梅、王丽萍 [5] 等，在此不一一列举。另外，从旅游开发的角度探讨茶马古道合理利用问题的文章先后有罗仕伟《试论茶马古道的旅游开发价值》（《重庆社会科学》2004 年第 1 期）；叶永新《关于"茶马古道"旅游资源开发的思考》（《学术探索》2005 年第 4 期）；喇明英、徐学书《四川茶马古道路网系统及其文化与旅游价值探讨》（《社会科学研究》2011 年第 4 期）；李飞、马继刚《我国廊道遗产保护与旅游开发研究——以滇、藏、川茶马古道为例》（《西南民族大学学报·人文社科版》2016 年第 2 期）等。

以上成果中，余剑明《云南茶马古道文化线路的现状与保护》是专门针对茶马古道保护较早的文章。该文从文物保护角度出发，不仅介绍了云南省将茶马古道上的古镇、古村落、古建筑、古道、桥梁、碑刻题记等文化遗存申报公布为世界文化（自然）遗产、历史文化名城（村、镇）、旅游小镇、各级文物保护单位和非物质文化遗产保护名录情况，回顾了茶马古道保护的历程，同时介绍了云南文物局对茶马古道进行保护的中长期规划，推动了茶马古道的申遗工作。[6] 王丽萍引入了欧洲文化线路保护理论，对茶马古道滇藏段历史文化遗产的认识与保护进行了较为完整深入的研究，并结合历史学、文化学、地理学、旅游学的知识、理论与方法，围绕着茶马古道滇藏段文化遗产整体性保护展开综合研究。[7] 木基元以茶马古道的历史与变迁为切入点，把茶马古道的历史与线性文化遗产保护研究

[1] 童瑞雪，傅玥.《线性文化遗产保护与利用的初步探索——以"茶马古道"雅安段为例》.《中华文化论坛》,2016 年第 7 期.

[2] 刘大邦，王香丽.《线性文化遗产概念下的茶马古道保护与开发策略思考：以思茅茶马古道为例》.《城市建设理论研究》,2013 年第 15 期.

[3] 庄春辉.《阿坝州"茶马古道"形成的缘由及其保护利用路径》.《西藏艺术研究》,2010 年第 4 期.

[4] 张新科，樊凯，李芳菊.《浅谈云南茶马古道沿途历史文化遗产的保护：以云南剑川县沙溪寺登街为例》.《殷都学刊》,2009 年第 2 期.

[5] 幸岭，蒋素梅，王丽萍.《论旅游开发中滇藏茶马古道的保护格局：以滇西北核心段为研究对象》.《经济问题探索》,2014 年第 7 期.

[6] 余剑明.《云南茶马古道文化线路的现状与保护》.《中国文化遗产》，2010 年第 4 期.

[7] 王丽萍.《滇藏茶马古道：文化遗产廊道视野下的考察》.《西南民族大学学报·人文社科版》，2010 年第 7 期.

结合起来，提出了可供参考的意见。[1] 杨福泉从人类学、民族学研究的角度指出茶马古道研究缺乏文化保护实践性研究，认为茶马古道涉及的各省区应通力合作，在国家文物局的指导下，制定统一的保护与开发的行动计划，用各种卓有成效的措施保护沿线物质和非物质文化遗产。[2] 许凡认为开展对茶马古道的保护规划工作刻不容缓，不仅意义重大，而且是对其最有效的保护。[3] 黄玉琴、许凡分析了茶马古道在保护和规划中对空间信息技术的需求，探讨了空间信息技术在茶马古道文化遗产资源的调查、保护、规划及管理中的应用。[4] 李炎、艾佳提出在茶马古道遗产保护中建立文化品牌是综合性保护、利用和传承茶马古道文化的重要方式。[5]20 世纪初，茶马古道的旅游价值逐渐显现，但如何在保护的前提下把握好开发和利用的分寸一时成为专家、学者竞相讨论的话题。罗仕伟从历史文化、社会经济、生态环境保护、旅游形象塑造等方面阐述了茶马古道的价值和潜在的发展空间，认为川、滇、藏地区应合力通过旅游开发，提升茶马古道的品牌形象，实现整体开发利用的战略思想。[6] 叶永新高度评价茶马古道的旅游资源，提出要处理好保护文化遗产、生态区域与旅游开发之间的关系，平衡好资源优势与经济发展和民族地区脱贫之间的关系。[7] 喇明英、徐学书梳理了川西地区茶马古道川甘青段、川藏段和川滇段的网路，从历史学和旅游学的角度分析了三条线路的旅游价值。[8] 刘婧、张培认为川藏茶马古道虽然是一条热点的旅游线路，但仍然受制于体制、观念、资金、产品和市场的因素，解决的措施与相关法规、建设资金、产品提升、灵活的市场销售和大众参与程度有关。李飞、马继刚以滇、藏、川茶马古道为例，认为保护应在立法、管理、区域联合、民众参与基础上进行，开发则要在编制旅游发展规划、品牌塑造、建立完善旅游产业要素等方面抓落实，才

[1]　木基元.《茶马古道与线性文化遗产的保护》.《民族文化与文化创意产业研究论丛》.2011年.

[2]　杨福泉.《茶马古道研究和文化保护的几个问题》.《中国社会科学报》,2014 年 12 月 5 日. 第 676 期.

[3]　许凡.《茶马古道保护规划的必要性与可行性》.《中国文物科学研究》,2013 年第 3 期.

[4]　黄玉琴，许凡.《空间信息技术在茶马古道遗产保护管理中的应用初探》.《中国文物科学研究》,2014 年第 4 期.

[5]　李炎，艾佳.《"茶马古道"遗产保护中的文化品牌建设》.《中国文化遗产》, 2011 年第 5 期.

[6]　罗仕伟.《试论茶马古道的旅游开发价值》.《重庆社会科学》,2004 年第 1 期.

[7]　叶永新.《关于"茶马古道"旅游资源开发的思考》.《学术探索》,2005 年第 4 期.

[8]　喇明英，徐学书.《四川茶马古道路网系统及其文化与旅游价值探讨》.《社会科学研究》, 2011 年第 4 期.

能实现茶马古道廊道遗产保护与开发的并重、并举、并行。[1]

与此同时，随着普洱茶的热销和伴随而来的"茶马古道"文化旅游的推出、大众媒体的宣传和报道、与茶马古道相关的学术社会团体的成立，以及普洱茶进入国家非物质文化遗产保护名录，茶马古道文化遗产的保护问题越来越受到有关部门的重视。2008 年，在全国政协十一届一次会议上，单霁翔、刘庆柱等 11 位政协委员在第 3040 号提案中重新解读了茶马古道的内涵和外延，认为它不仅是中华民族勤劳智慧的象征，而且是世界文化史上的不朽丰碑；它承载了西南地区在历史时期物质和精神上的互惠和交流，同时它传播了知识和文化，具有十分重要的意义。提案呼吁人们重视茶马古道文化遗产的保护工作。次年，国家文物局委托云南省文物局和云南大学茶马古道研究所对茶马古道进行整体性研究，并对其整体申报世界文化遗产的可行性进行分析。云南大学茶马古道研究所再次实地考察了西南地区的茶马古道，并撰写了《茶马古道文化研究报告》，与此同时，云、贵、川、西等省、区、市先后开展了沿线不可移动文物的普查工作，茶马古道的保护问题在学术界、文化界升温。云南、四川是茶马古道主要的研究地区，从 21 世纪初开始召开过几次较大的学术研讨会。

2002 年，由中国社会科学院组织召开的"茶马古道与丽江古城历史文化研讨会"在云南省丽江举行。来自韩国、日本、美国、澳大利亚和国内共 323 位专家学者相聚丽江，共论茶马古道。与会学者不仅充分肯定了茶马古道的多元价值及其历史和现实意义，同时围绕茶马古道的历史内涵、线路走向、保护与开发，以及研究范围等问题展开了深入探讨。会后结集出版了《活着的茶马古道重镇丽江大研古城——茶马古道与丽江古城历史文化研讨会论文集》，该论文集反映了茶马古道研究领域的拓展与研究内涵的深化，从不同的角度提升了千年古道文化的意蕴。

2010 年 6 月，以茶马古道遗产保护为主旨的中国文化遗产保护普洱论坛在云南普洱市召开，论坛讨论并通过了《关于保护茶马古道文化遗产普洱共识》（下简称《普洱共识》），提出了六大建议，呼吁茶马古道沿线各级政府、有关部门和各界人士积极行动起来，构建茶马古道科学有效的保护机制，加强茶马古道遗产资源调查，积极开展各级重点文物保护单位申报工作，有重点、有步骤地开展

---

[1] 李飞，马继刚.《我国廊道遗产保护与旅游开发研究——以滇、藏、川茶马古道为例》.《西南民族大学学报.人文社科版》，2016 年第 2 期.

茶马古道整体保护，依法开展茶马古道保护与管理，借鉴国内外文化线路遗产保护的成功经验与先进模式，提高茶马古道的国际知名度和保护水平，增强全社会对茶马古道价值与保护工作重要性的认识，提高公众支持和自觉参与茶马古道保护的意识，及时总结研究成果和实践经验，为茶马古道的科学保护和可持续利用提供专业依据和政策支撑。[1]《普洱共识》是我国文化遗产保护领域首次就茶马古道的保护推出的纲领性文件，充分表达了政府部门与学术研究机构在认识上的高度一致，以及行动上的决心和信心，标志着国家层面对茶马古道保护研究工作的开启。

2011 年 3 月 20 日由云南大学、云南省文物局、云南省旅游局主办的茶马古道国际学术研讨会在昆明举行，会议对茶马古道的民族、考古、语言及旅游诸内容进行了学术研讨。同年 4 月 13 日，"雅安茶马古道研究中心"在四川雅安成立，并于 2011 年 8 月在雅安召开了"茶马古道文化遗产保护研讨会"，它是继普洱论坛后又一次茶马古道专题研讨会。会后结集出版的《边茶藏马：茶马古道文化遗产保护（雅安）研讨会论文集》，该论文集是目前研究茶马古道的最新成果。

2013 年 3 月，云南、四川、贵州三省境内的茶马古道被列入国务院第七批文物保护单位。这是学界与政府为保护中国的文化遗产而共同努力的结果，使西南地区第一条线性文化遗产的保护研究工作提升到一个更高的层次和领域。目前，沿线省区政府高度重视茶马古道的保护问题，相关部门依照《实施保护世界文化和自然遗产公约操作指南》的要求，准备联合将这条古道申报列入我国《世界文化遗产预备名单》，最终使之成为世界文化遗产。

三、关于明代滇黔屯军线路

指明洪武十五年朱元璋调北征南平定云南梁王残余势力后，命大军沿滇黔通京驿道次第军事布防，建立卫所，实行屯军，随后又进行民屯和商屯。自此，屯军沿线在历史的长河中沉积了厚重的文化。从 20 世纪末开始，以贵州学者为代表的国内学者开始研究明代调北征南和调北填南的历史成因、事件的经过、卫所的建立、屯堡文化的特征，以及事件对西南地区政治、经济和文化所产生的影响。代表著作有周道祥主编《安顺文史资料 第 15 辑 安顺屯堡文化专辑》（安

---

[1] 国家文物局、云南文物局.《茶马古道文化遗产保护论文集》.《关于保护产马古道文化遗产的普洱共识》.昆明：云南科技出版社，2011 年 3 月.

顺：中国人民政治协商会议贵州省安顺市委员会文史社会联谊委员会，1994 年
8 月）；郑正强《最后的屯堡一个汉移民社区的文化探究》（贵阳：贵州人民
出版社，2001 年 8 月）；翁家烈《夜郎故地上的古汉族群落 屯堡文化》（贵阳：
贵州教育出版社，2002 年 8 月）；孙兆霞等《屯堡乡民社会》（北京：社会科
学文献出版社，2005 年 8 月）；朱伟华等《建构与生成》（桂林：广西师范大
学出版社，2008 年 9 月）；李建军《学术视野下的屯堡文化研究》》（贵阳：
贵州科技出版社，2009 年 6 月），以及中国文物学会世界遗产研究委员会、贵
州省安顺市人民政府《世界遗产在中国——贵州屯堡文化暨西秀鲍家屯遗产保
护研讨会文集》（北京：五洲传播出版社，2014 年 1 月）等。

　　十余年来，多数文章以明代屯军沿线的某一区域范围内，尤其是安顺地区
的某一文化遗产节点，进行挖掘性研究，也有关于开发和利用该区文化遗产方面
的文章出现。如屯堡的戏曲文化、屯堡的建筑文化、屯堡的水利文化、屯堡的服
饰文化等。如庹修明《屯堡地戏的文化变迁与保护开发》（《文化遗产》，2009
年第 1 期）；王欣、余军《屯堡建筑群落的技术性保护研究》（《贵阳学院学报
(社会科学版)》，2012 年第 2 期）；彭瑛《屯堡水利文化遗产的旅游发展》（《贵
州民族研究》，2013 年第 1 期）；李轩宇《试论贵州安顺屯堡文化景观的开发
与保护》（《青年文学家》，2013 年第 14 期）；陈志永、杨爱军《黔中安顺屯
堡文化旅游开发初步研究》（《生态经济》，2006 年第 8 期）；傅斌《谈安顺
屯堡文化遗产的价值、保护与活态利用》（《中国文物报》，2014 年 1 月 24 日
6 版）。梁洁、黎小雪《安顺屯堡文化遗产廊道构建初探》（《多元与包容——
2012 中国城市规划年会论文集》2012 年）是少有的引入线性遗产概念保护研究
屯军文化遗产的文章。该文以遗产廊道保护方法来关照明代屯军较为集中的贵州
安顺地区屯堡文化遗产的整合和保护问题，通过选取安顺屯堡文化遗产廊道的构
成要素，进一步规划，探索出一种既可以对屯堡文化遗产起到保护作用，又可以
推动区域经济的发展，还能兼顾人们的文化旅游和自然环境不遭破坏，集保护、
休闲、教育等为一体的多目标的保护方法。[1]

　　近几年来，为加大对屯堡文化保护和抢救的力度，减少对屯堡的外来介入和
干预，贵州省政府和安顺市政府十分重视对屯堡文化遗产的保护，2011 年 5 月

---

[1]　梁洁、黎小雪.《安顺屯堡文化遗产廊道构建初探》.《多元与包容——2012 中国城市规
划年会论文集》，2012 年.

31 日，贵州省第十一届人民代表大会常务委员会第二十二次会议通过《贵州省安顺屯堡文化遗产保护条例》，并组织相关的学术研讨会。2012 年 11 月，来自中国明史史学会、中国社科院历史所等单位的国内学者近百人，在贵州安顺市召开"中国贵州·安顺首届屯堡高峰论坛暨保护、开发与利用研讨会"。会上专家们对屯堡文化遗产的保护与利用进行了热烈的探讨，一致认为要减少对屯堡的外来介入和干预，加大抢救和保护力度，强化对商业开发的监管，尽量减少人为的破坏活动。2013 年 12 月，"贵州屯堡文化暨西秀鲍家屯遗产保护研讨会"在安顺西秀区开幕。来自国内文物、城市规划等方面的专家学者共同就屯堡文化及鲍家屯明代水利工程的保护与发展建言献策。专家们表示，屯堡文化遗产是研究明朝西南地区政治、经济、文化不可多得的资料，应加大保护和抢救的力度，并注意在文化遗产的保护利用过程中，遵循遗产的原真性、整体性、系统性、活态性等综合性保护原则，将自然要素与人文要素、文物与非物质文化遗产整合，协调保护。2015 年 12 月，"屯堡田野·乡愁旅游"学术研讨会暨 2015 年贵州屯堡研究会年会在安顺市西秀区政务中心隆重开幕。研讨会邀请了云南、四川和贵州省内的相关专家和学者，围绕屯堡现状、文化背景、民情风俗、古建筑、美食等内容进行了深入的研讨。吴忠平、张剑、高守应、吴伟军、朱进彬分别作了"黄果树与屯堡景观申报'世界遗产'的几个问题""屯堡民间工匠艺人的技艺传承保障机制探讨""安顺文化旅游融合发展中屯堡文化保护利用现状""贵州军屯方言有声数据库调查"和"明代保山军屯及其文化"的发言。

以上研讨会的召开，推动了明代滇黔屯军线路整体性保护研究工作，为下一步线路的合理开发和利用提供了指导性意见。

四、关于川盐入黔

贵州由于不产盐，食盐仰给于四川，因此历史上在黔北、黔东北一带形成川盐运输四大口岸，再通过它们将盐运送到贵州各个地区。由此，对贵州社会政治、经济、文化等领域产生了重大影响。

涉及川盐入黔史实的成果资料目前尚未形成完整的体系，古籍文献具有代表性的是清代丁宝帧撰修的《四川盐法制》（四川大学收藏）及民国八年三月赵熙题，宁德、林振瀚编撰的《川盐纪要》，其他明嘉靖谢东山修、张道纂《贵州通志》，民国任可澄、杨恩元编撰的《贵州通志》。

　　20 世纪末至 21 世纪前期的 10 余年里，川盐运销的研究和相关学术活动开始活跃，四川、贵州的学者居多。多数成果涉及川盐古道形成背景、路线的分布、古道的运输、内涵、特征、价值构成和文化遗产现状构成等方面的基础性研究，其中不少成果为后期古盐道的保护提供了科学和理论依据，但专门针对川盐入黔保护方面的研究文章并不多见。

　　比较具有代表性的是 2014 年 10 月在自贡举办的"川盐古道与区域发展"学术研讨会会后结集出版的《川盐古道与区域发展论文集》与华中科技大学建筑与城市规划学院赵逵分别于 2008 年和 2016 年出版的专著《川盐古道——文化线路视野中的聚落与建筑》（南京：东南大学出版社，2008 年 10 月）和《历史尘埃下的川盐古道》（上海：东方出版中心，2016 年 1 月）。另有来自贵州赤水和思南政府组织汇编的内部资料《川盐入黔仁岸赤水》《乌江盐油古道》。专门就川盐古道保护研究方面的文章目前十分稀少，相关的大致有杨雪松、赵逵等人《"川盐古道"文化线路的特征解析》（《华中建筑》，2008 年第 26 卷第 10 期）、《潜在的文化线路——"川盐古道"》（《华中建筑》，2009 年第 27 卷）；邓军《川盐古道文化遗产现状与保护研究》（《四川理工学院学报》社会科学版，2015年第 5 期）、《文化线路视阈下川黔古盐道遗产体系与协同保护》（《盐业史研究》，2015 年第 2 期）；李夏薇、邓军《文化线路保护与大众传播研究——以自贡盐业博物馆对川盐古道的保护与传播为例》（《盐业史研究》，2015 年第 4期）等。此外，涉及川盐入黔古道旅游资源开发的文章时有出现，如刘彦群等人的《川滇黔古盐道与旅游开发研究》（《盐业史研究》，2005 年第 4 期）、《川黔渝生态金三角古盐道与休闲旅游联动开发研究》（《四川理工学院学报（社会科学版）》，2009 年第 6 期）；谢天慧等人的《川黔渝生态区古盐道旅游资源深度开发的 SWOT 分析》（《四川理工学院学报（社会科学版）》，2010 年第 6 期）等。

　　其中《川盐古道与区域发展论文集》是近年来川盐古道研究的最新成果，遗憾的是在 333 篇文章中几乎没有专门研究盐道保护方面的文章。赵逵的两部专著基于 2005 年他对鄂西南、川南、渝东南、渝东北地区古盐道及其沿线聚落所作学术考察后，从"文化线路"视角分析研究川盐古道形成的历史原因，以及在多元文化影响下该区域范围内聚落与建筑的产生、发展和嬗变过程，通过对聚落的研究，寻找历史时期当地盐民的生产方式与生活方式的关联。[1] 虽然著作里没有

---

[1] 赵逵.《川盐古道——文化线路视野中的聚落与建筑》.南京:东南大学出版社,2008 年 10 月.

直接阐述对川盐古道的整体性保护，但书中对四川、贵州川盐古道区域范围内古镇、古村落、古民居的选址、分布和布局的调研、资料的整理和分析研究，为探索沿线聚落及建筑文化的保护具有重要的现实意义。杨雪松、赵逵等人以文化线路的判别标准对川盐古道的时空特征、文化特征，以及功能性和目的性进行了深入的剖析，拟用文化线路的视野保护川盐古道，为后期川盐入黔的研究和保护提供了重要的参考价值。[1] 邓军认为现阶段川盐古道文化遗产存在的缺乏协调保护机制、破坏性开发、文物保护滞后、"非遗"传承面临危机等问题，呼吁沿线各地联合行动、建立保护机制，及时普查抢救和开展合作研究等措施。[2] 李夏薇等人呼吁川盐古道文化遗产的保护，需要大众传媒的参与，沿线各省区应合力共同研讨川盐古道文化遗产整体性传播方案，以推动跨区域的线性文化遗产的有效保护。[3]《川盐入黔仁岸赤水》《乌江盐油古道》均是贵州方面基于对仁岸、涪岸沿线水、陆盐道文化遗产实地考察、研究汇编的内部资料，均为学界探讨川盐入黔仁岸、涪岸的保护研究提供了重要的研究线索。在川盐入黔古道旅游资源开发和利用方面，虽然文章不多见，但刘彦群、谢天慧等人分析了川滇、川黔古盐道旅游开发价值和开发的有利条件，提出了该区古盐道与休闲旅游联动开发策划和建议，期望能为相关区域的旅游开发提供有益的参考。

有关川盐的学术调研活动近几年来日益得到沿线各级政府和相关部门的重视。如 2010 年 4 月，由国家博物馆、四川省文物考古研究院、中央电视台联合组织，四川五粮液集团冠名赞助的"五尺道—石门道—盐道"考古调查活动，考察组对自贡、宜宾、昭通、曲靖部分古盐道进行了田野考察。[4] 2014 年 4 月至 11 月，自贡市盐业历史博物馆组织研究人员开展了历时 76 天的田野调查，对四川自贡、乐山、泸州、宜宾、广元、遂宁、凉山，重庆江津、綦江、黔江、云阳、忠县、开县、巫溪、巫山、酉阳、石柱，贵州铜仁、遵义、毕节，湖北十堰、恩施、神农架林区，湖南张家界、湘西，云南昭通、曲靖、丽江及陕西镇坪等地区的古

[1] 杨雪松、赵逵等.《"川盐古道"文化线路的特征解析》.《华中建筑》，2008 年第 26 卷第 10 期.

[2] 邓军.《川盐古道文化遗产现状与保护研究》.《四川理工学院学报》社会科学版，2015 年第 5 期.

[3] 李夏薇、邓军.《文化线路保护与大众传播研究——以自贡盐业博物馆对川盐古道的保护与传播为例》.《盐业史研究》，2015 年第 4 期.

[4] 王鸿儒等.《五尺道：见证秦朝对云贵高原的开发》.《中国民族报》，2010 年 8 月 27 日.

盐道及盐运文化遗产进行了系统考察，全面地把握了川盐古道的历史和现状、分布和线路、价值和特征及其文化遗产的构成等基本问题，在学术界产生了较大影响。[1]同年 9 月，自贡市文化广播影视新闻出版局邀请了北京大学、中国国家博物馆、故宫博物院及四川省文物考古研究院等单位的 20 余位专家，对自贡境内盐运古道近 100 处文物点进行了合作考察，取得了重要的新发现和考察结论，专家们一致认为自贡盐运古道初步具备进入《世界文化遗产预备名单》的潜力。

同年 10 月，自贡市盐业历史博物馆再次联合中国盐文化研究中心、四川省文物考古研究院、重庆市文化遗产研究院等单位，在盐都自贡成功举办了"川盐古道与区域发展"高端学术研讨会。来自全国各大院校、川黔滇等省区文物管理部门及从事盐文化研究的 116 位专家学者，就川盐古道的线路、川盐的运销、川盐古道与区域社会的变迁，以及古盐道文化遗产的保护等方面的主题展开了广泛的沟通和交流，会上自贡市盐业历史博物馆相关人员汇报了"寻访川盐古道"大型学术考察活动情况，希望用"文化线路"的概念，联合四川、重庆、云南、贵州、湖南、湖北"五省一市"相关部门，将川盐古道整合申报为国家重点文物保护单位，尽快启动川盐古道保护规划，推动跨区域的线性文化遗产的有效保护。这次研讨会是目前唯一一次有关川盐研究的大型学术会议，其意义较为重大。会后除结集出版了《川盐古道与区域发展论文集》之外，自贡市盐业历史博物馆还出版了大型川盐古道图录《寻访川盐古道》，该图录是自贡市盐业历史博物馆组织相关研究人员开展大型学术考察活动的成果，书中选编了川黔、川滇、川鄂、川湘、川渝古盐道沿线大量文物资料、碑刻、拓片、地方文献资料、照片等，对川盐古道上食盐的运输线路、盐运与文化遗产、古镇、古街、古村落及古盐道的保存现状有了整体的把握和认识，为川盐入黔文化遗产的保护研究提供了珍贵的第一手图片资料。

五、关于红军长征西南之路

中国工农红军二万五千里长征在陕北胜利会师后，随着美国著名记者爱德加·斯诺《红星照耀中国》（《西行漫记》）的出版，有关长征方面的书籍和文章逐年增多，涉及内容较为分散，研究成果多数局限于长征的历史背景、长征的

---

[1] 邓军.《寻访川盐古道》.《中国文化报》，2014 年 10 月 18 日.

线路、长征的重要史绩、长征的重要遗迹、长征的影响和历史意义等。20 世纪末以来，有极少数关于红军长征文化遗产保护和利用的文章出现，但基本局限于沿线各省区市的文物普查、调查，可移动文物的征集、整理、修复，长征领导人的旧居，战斗和会议遗址，纪念性建筑，标语等单体文物的修复和保护，以及利用长征文化进行红色旅游线路开发等方面的内容。目前，把长征线路作为一个整体，纳入当今文化遗产保护新视野，用线性遗产的保护概念进行跨区域、整体性保护的代表性文章不多。

最早提出将中国工农红军长征路线列入线性文化遗产研究的是国内著名的文物学家罗哲文先生，他在 2010 年 8 月提出将中国工农红军长征线路列入全国重点文物保护单位和线性文化遗产研究的范畴。这个建议得到中国文物保护基金会理事长马自树先生的大力支持，并多次撰文对长征线路保护的紧迫性进行阐述。2010 年的 10 月，国家文物局专文 (612 号文件) 下达中国文物保护基金会，由该基金会牵头，启动中国长征文化线路保护工作。此项决定得到长征沿线各省区市文物局及国家档案局、国家测绘局等单位的拥护和支持。次年，在罗哲文先生的倡导下，一部分"红二代"的代表向中央递交了关于将长征线路纳入到第七批国保单位的信件，李长春在 2011 年 3 月作了重要批示。

2011 年 11 月，时任四川省社会科学院党委书记刘后强等向四川省委、省政府提交《关于四川省牵头组织"长征路线"申遗和"国际长征文化馆"建设的建议》，该建议提出将红军长征路线作为线路文化遗产，由四川省牵头组织申报中国和世界文化遗产。四川省委主要领导及时批示表示支持，并由四川省委宣传部划拨 40 万元专项资金，用于开展有关长征申遗的调研活动。由此开启了长征线路在西南地区的保护工作。

同年 12 月，四川省社会科学院向长征经过的十余个省的社科院发出倡议"共同参与中国工农红军长征路线申遗、建馆、扶贫"工作，其中包括中国工农红军长征路线申报中国文化遗产和世界文化遗产、建立中国工农红军长征文化馆、实施长征路线扶贫战略等三项工程，长征线路申遗工作向前迈出了第一步。[1]

红军第一、二方面军长征在西南地区历时最长、活动范围最广、发生重要事件最多的省份主要是四川和贵州，两省政府及相关人员为长征线路的保护工作的推进，均投入了极大的热情和努力。2012 年西南地区掀起长征申遗热，长征所

---

[1] 蒋娇龙 .《长征申遗与爱国主义精神》.《中华文化论坛》，2012 年第 7 期 .

经地区均以各种方式为"长征"申遗助力。驻川政协委员将《关于推动"长征路线"申报中国和世界文化遗产的提案》带到北京，希望国家有关部门，组织长征沿线省区市发起以长征路线申报中国和世界文化遗产的活动。

2012年9月，"中国红军节·四渡赤水"论坛在贵州省习水成功举办，论坛以"红军长征（四渡赤水）线性文化遗产保护与申遗"为主题，专家们围绕国内外线性文化遗产的发展趋势、四渡赤水精神、长征（四渡赤水）线性文化遗产的概念、内容、意义以及申报战略等话题进行了研讨和交流，并发布《长征（四渡赤水）文化遗产保护暨申报线性文化遗产倡议书》，本届论坛是国内近年来就长征文化较为集中讨论的一次学术会议。会上四渡赤水纪念馆与北京大学签约合作开展"中国工农红军长征（四渡赤水）申报世界遗产（文化线路）可行性研究"课题，全体嘉宾在"2012·贵州·习水红军长征四渡赤水申遗"红旗上签名，以表示支持长征文化线路申遗工作。

2012年12月，四川省社会科学院、世界遗产杂志社在成都联合主办了中国工农红军长征路线申遗座谈会，与会专家就长征申遗路线图、长征申遗与自然资源的关联性、长征申遗与非物质文化遗产的关联性、长征文化资源调查与课题倡议等问题进行了深入探讨，将长征路线申遗工作推向高潮。

2013年4月，为推进中国工农红军长征路线申请世界文化遗产工作进程，中国邮政以中国工农红军长征路线为脉络，精心选取了以红军长征时期重大历史事件、重要场景等为内容的珍贵图片，限量出版了中英文版大型珍藏纪念邮册《长征》5000册。其中包含明信片200余张、珍贵邮资图片210余幅，并配有"中国工农红军长征路线申报世界文化遗产活动"特制纪念银章一枚及首日封一个，为长征从国内走向国外、红色文化从中国走向世界开启了便捷通道。

2015年4月，由四川省社会科学院和中共泸州市委共同举办的"红军长征过泸州80周年"研讨会在泸州叙永举行。会议上"长征路线申遗"再次成为讨论的焦点话题。来自西南地区的专家学者表示，将继续深度挖掘，大力推进红军长征在西南地区线路的申遗工作，让长征走向世界。

可见，长征作为西南地区线性遗产中的一员，保护工作已进入一个刻不容缓的重要时期。应借此契机，弘扬长征精神，彰显文化软实力，加强社会主义核心价值体系建设，促进长征沿线区域经济文化发展。

第五节 本章小结

无论是遗产廊道、文化线路、文化景观，还是线路遗产，所提供的统一参考识别标准和必要构成要素并不是最终定性的结果，它们有待更加深入细致的研究和积极拓展，因为世界遗产的保护通常处于动态的发展中，是一个不断改进与完善的动态演进过程，当引入新理念、新方法、新学说时，或许会根据情况做出调适。这就给线性文化遗产概念的形成提供了机遇和发展空间，它不仅吸纳了遗产廊道和文化线路创新的遗产保护理念和思想精华，在注重线路的历史文化意义，强调线路上的文化交流和对话，以及因此而带来持续性社会影响的同时，一并注意到了文化景观中线路赖以生存的、与之紧密相关的自然元素，同时它还兼容并蓄了遗产线路在视觉或空间上呈现连续的线状形态，以及线状遗迹、历史路径、遗产运河、文化走廊，甚至大遗址、非物质文化等遗产保护概念，其中虽有一定的重叠，却不矛盾，它仅仅是在一种包容性更大的理念中，将这些范畴纳入其中，使之形成一个联合体系，提升其综合价值的意义，形成起跨区域合作的整体保护思路。

目前，欧美一些国家对宗教、交通、商业等路线的保护理念和保护模式，特别是"文化线路"创新的科学观点，为世界文化遗产提供一种多角度的更完整、更精确的保护视野。无论是欧洲的文化线路，还是美国的遗产廊道，历经了甚至上百年的理论研究和实践总结，已经能够较好地处理以遗产保护促进社会稳定发展，以社会发展确保遗产得到有效保护的关系，尤其是将遗产保护与文化旅游紧密结合，促进地方社会、经济、文化的协调发展方面积累了较为成熟的实践经验。

丝绸之路、中国大运河申遗工作的推进及成功，使线性文化遗产成为中国文化遗产保护中的热门话题，各种研究成果相继推出，跨国、跨区域的文化遗产保护论坛纷纷举办，大大促进了线性文化遗产概念在中国的传播和影响。但是，研究大多还停留在线路概念、线路价值评估、线路的判别、线路管理等思考及建议等层面，尚缺乏可操作的保护与管理经验，如区域联动管理机制问题、遗产开发与旅游问题、保护规划编制及保护技术问题、遗产保护宣传与传播问题等，这不能不说是一个遗憾。

　　西南地区蜀道、茶马古道、川盐古道、明代滇黔屯军线路和红军长征西南之路的保护研究工作任重道远，虽然云南、四川、贵州三省政府与学界的共同努力下，茶马古道被列入国务院第七批文物保护单位，并与蜀道计划申遗，但这仅仅是西南地区线性文化遗产保护的第一步，如何引导人们用科学的态度去审视文化遗产，使西南地区线性文化遗产的保护和开发实践逐步走向科学化和规范化，仍是当今各省区市政府相关部门和学界的重要命题。

第三章　西南地区线性文化遗产概况

第一节 西南地区古代交通要道的形成

西南地区古代交通要道是地方连接历朝历代政治、经济、文化中心的重要交通线。历史上，因为强权政治的称霸、区域之间民间贸易、人口的大规模迁徙、局部战争的冲突等一系列社会历史因素，在今云、贵、川，甚至西藏等省区范围内，先后开通了许多重要的交通线。这些线路都不是毕其功于一役，而是经过长时期的开凿、整治、扩建、补修才逐步稳定下来，其中一些道路设驿置邮，最终发展成为官道。在古代西南交通线路的发展史上，有两个阶段值得注意，以秦汉为分界线，第一个阶段是秦汉以前，该阶段不仅打通了巴蜀与关中之间通道，疏通了巴蜀地区内部交通，还打通了巴蜀通向夜郎、滇国和西南夷区域内部及区域以外的其他通道。经两朝努力，基本上奠定了西南地区的交通格局。[1] 第二阶段是秦汉以后至明清时期，该阶段大多数沿用第一阶段线路的走向和位置，只不过是在原有的基础上进行调整、扩宽、延伸。无论是在第一阶段，还是第二阶段，在它们形成、发展和走向衰落的过程中，其功能几经改变，从单一向多元方向发展，并且呈现出动态的局面。对于多数人来说更熟悉体量较大、持续时间较长、文化积淀厚重的蜀道、茶马古道、川盐古道等线路，一些官方和民间的往来通道却鲜为人知，它们或被改建，或被并线，或被废弃。

一、秦汉至西晋时期军事扩张通道

◆战国庄蹻入滇之道

司马迁在《史记·西南夷列传》曾叙述"楚威王时，使将军庄蹻将兵循江上，略巴、黔中以西……蹻至滇池"[2]。即公元前 278 年，秦楚交战时期，楚王派庄蹻率兵经且兰、夜郎，向西一直进入滇。其线路据史家考证，大致是从今宜都，转沿鄂西清江西行，经恩施、宣恩、咸丰，过川东南酉阳、秀山、黔江、彭水一

---

[1] 李孝聪.《中国区域历史地理》.北京：北京大学出版社.2009 年 9 月.

[2] （西汉）司马迁.《史记·西南夷列传》卷 116，第五十六.北京：中华书局.1959 年.

带，入贵州境，然后顺乌江南岸西行，至且兰（今安顺一带），以当地牵绳而渡的方式横渡豚水（今北盘江），进入滇东。[1] 这是有关滇黔通道的最早记载。

◆ 秦五尺道

公元前 221 年，秦始皇统一中国，为控制西南边疆各部，不仅推行郡县制，而且加强道路交通的整治力度。"秦时，命常頞略通五尺道，诸此国颇置吏焉。"[2] 五尺道迂回在川、黔、滇交界处丛山峻岭中，据向达在《蛮书校注》考订，五尺道起自今川南宜宾，经高县、珙县、筠连，入云南之盐津、大关、彝良、昭通，再入贵州之赫章、威宁，最后过云南宣威达曲靖，全长两千多里。[3] 史载蜀郡太守李冰，征调大量巴蜀、夜郎境内的民工，通过"积薪焚石"修筑了一条始于川南，经贵州北部，最后入滇的线路，此路即为川黔滇互通友好，进行商贸和文化活动的主要通道，并延续至唐以后。

◆ 西汉南夷道

汉武帝建元六年（公元前 135 年），汉朝派遣唐蒙出使南越，受枸酱贩运路线的启发，向汉武帝提出通南夷道，以夷制夷的计策。并亲自率众自巴蜀符关（今四川合江南）入夜郎，胁迫夜郎及旁小邑归附。元光五年（公元前 130 年）又"发巴蜀卒治道，自僰道指牂牁江"[4]，事实上，唐蒙并没有如愿地完成"治道"，两年后被迫放弃。直至元鼎六年（公元前 111 年），南夷道才全线贯通。该道路北段基本与五尺道重合，即是从四川宜宾以南行，经高县、筠连，过云南镇雄，入贵州赫章、威宁，再达六枝、普安一带。

◆ 西汉灵关道

灵关道，东汉称牦牛道。初为汉武帝因扩张王权而贯通于四川和云南之间的军事通道，后多用于民间商道，它与五尺道、博南道、永昌道共同组成通往印度、缅甸等国的蜀身毒道（现代史学称为"南方丝绸之路"）。西汉建元六年（公元前 135 年）司马相如出使西夷，军旅至此，强征当地民工，开凿增修此路。史载："建元六年，司马长卿便略定西夷……除边关，关益斥，西至沫、若水……通零

[1] 《贵州通史》编委会.《贵州通史》第 1 卷，第 2 篇.北京：当代中国出版社.2003 年 1 月.

[2] （西汉）司马迁.《史记·西南夷列传》卷 116，第五十六.北京：中华书局.1959 年.

[3] 向达.《蛮书校注》卷一，《云南界内途程第一》.北京：中华书局.1962 年.

[4] （西汉）司马迁.《史记·西南夷列传》卷 116，第五十六.北京：中华书局.1959 年.

关道，桥孙水以通邛都。"[1] 又："通零关道，桥孙水（今安宁河），以通邛都（今西昌东南）。"[2] 线路于元鼎五年（公元前 112 年），全线贯通，三国时诸葛亮平南中曾借道于此。大致走向为：四川成都（古蜀都）—邛崃（古临邛）—雅安（古青衣）—荥经（古严道）—汉源（古窄都）—西昌（古邛都）—云南大姚（古青岭）—大理（古叶榆）。

◆三国南中道

三国时期的"南中"特指蜀汉以南，今贵州大部分、云南、四川大渡河以南及广西北部边缘地区。刘备死后，四郡豪族举兵反蜀。诸葛亮为稳定南中局势，亲率兵马分三路进军南中，后大军汇合于滇池（今云南普宁），直到建兴三年十二月，才取道滇池、味县（今曲靖），入贵州境，过汉阳（今赫章、威宁一带），再经僰道（今四川宜宾）至成都。建立了以成都为中心通往建宁（益州郡改，汉武帝时治在滇池，蜀汉时迁郡治至味县）、牂牁的大道网路[3]。后又令越巂太守张嶷"开通旧道，千里肃清，复古亭驿"[4]。并注重道路交通的恢复和建设。此外，除继续沿用五尺道、南夷道等步道外，还增辟水道，"自僰道至朱提有水、步道。水道有黑水及羊官水，至险难行"。[5]

二、隋唐至宋时期朝贡贸易通道

◆隋唐石门道

隋开皇六年（公元 585 年），隋文帝遣法曹黄荣领始、益二州石匠，从戎州开石门道以通爨地。因经过石门关（今盐津县豆沙关）地势险要处而得名。此道由川南戎州（今宜宾）取道鲁望（今威宁境内），经昭通、曲靖，至云南腹地。[6]后不断增修，通达隋南宁州，以及唐时南诏所据之大理等地。目前大多数史家认为隋唐时期的石门道是五尺道的延续，五尺道起自今四川宜宾，南仅抵云南曲靖，其下至昆明、大理等路段为增修部分，后被朝廷辟为官道，并服务于唐与南诏两地。

[1] （西汉）司马迁.《史记·西南夷列传》卷 116，第五十六.北京：中华书局.1959 年.

[2] （西汉）司马迁.《史记·司马相如列传》卷 117，第五十七.北京：中华书局.1959 年.

[3] 吴晓秋.《滇黔古代交通要道考》.《贵州大学学报（社会科学版）》，2011 年第 5 期.

[4] （西晋）陈寿.《三国志·蜀志·黄李吕马王张传》卷 43 第十三.北京：中华书局，2005 年.

[5] （晋）常璩.《华阳国志·南中志》卷 4.上海：商务印书馆.1939 年.

[6] （唐）樊绰撰.向达原校.木芹补注.《云南志补注》卷一，《云南界内途程第一》.昆明：云南人民出版社，1995 年 12 月.

◆隋唐清溪关道

四川与云南之间的主要官道，因清溪关而得名，它与灵关道线路基本一致。据考证,清溪关在今大渡河以南的海棠镇。其路线自成都出发，经今天四川的双流、邛崃、雅安、荥经、西昌、会理北，跨金沙江至今天的云南大姚、祥云、大理。樊绰在《云南志》中明确地指出了从成都到云南大理的里程："自西川成都府至云南蛮王府，州、县、馆、驿、江、岭、关、塞，并里数计二千七百二十里。"[1]

◆唐黔中牂牁道

今贵州地域唐时属黔中道，其下与今贵州有关的经制州共有十余个，另在今贵州及黔桂边境，有五十个羁縻州，均属黔州都督府管辖，其治所黔州（今四川彭水）不仅是政治、经济中心，而且是昆明、牂牁诸部落向中央进贡的中转站。《蛮书》载："蛮王蒙异牟寻……遣和使乞释前罪。……缘道遐阻，伏恐和使不达，故三道遣。一道出石山（门），从戎州（今宜宾）路入。一道出牂牁，从黔府（今彭水）路入。一道出夷獠，从安南（今河内）路入。"[2]《唐会要》又云："一曰昆明……武德四年……遣使朝贡，因求内附，自是每岁不绝。其使多由黔南路而至。"[3]以上文献所说的"黔府路"和黔南路实为同一条道路，即黔中牂牁道。从黔中都督府治所在地黔州出发，经沿河、思南、石阡、余庆、黄平、福泉、贵阳、安顺、关岭、普安、盘县，出贵州境，再经南宁州（今曲靖），最后到达昆州（今昆明）。这条东北向西南延展的大道，既是唐代滇黔相互往来及共同朝贡中央的主道，又是南诏与长安保持联系的重要通道。

◆唐滇茶入吐蕃道

滇茶入藏最早时间虽无从考证，但大量的考古和文献资料已经说明滇、藏之间的茶、马、盐互市最迟在唐代，通过一些民间的交通孔道已经存在。唐代樊绰在《蛮书》就提到过由滇茶入吐蕃的道路："大雪山在永昌西北，从腾冲过宝山城，又过金宝城以北大赕，周四百余里，悉皆野蛮，无君长也。……三面皆是大雪山，其高处造天。往往有吐蕃至赕贸易，云此山有路，去赞普牙帐不远。"又"永昌

---

[1] （唐）樊绰撰.向达原校.木芹补注.《云南志补注》卷一，《云南界内途程第一》.昆明：云南人民出版社.1995年12月

[2] （唐）樊绰撰.《蛮书·南蛮疆界接连诸蛮夷国名》卷十.北京：中华书局.1962年.

[3] （宋）王溥.《唐会要·昆弥国》卷98.北京：中华书局.1955年6月.

城古哀牢地，在玷苍山西六日程。西北去广荡城六十日程，广荡城接吐蕃界，隔候雪山西边大洞川。"[1]按方国瑜先生的解释，这条道路连接了南诏与吐蕃两地，为滇茶入藏提供了便利的通道，更应该注意到它还延伸到了缅甸的北部克钦邦。

◆宋买马通道

贵州两宋时期基本上承袭唐旧道，由于长期与北方少数民族对峙，"朝廷以乏马为忧"。初，宋的马源在北方，后因马市开始萎缩，遂先后在四川和广西开设马市。四川马市的马源主要来自播州（今遵义地区）。史载播州土司杨粲分别于宁宗开禧二年（公元1206年）和嘉定十二年（公元1219年），两次向朝廷提供数百匹播州马。广西马市的马源则主要来自大理"南方诸蛮马，皆出自大理国，罗殿、自杞、特磨岁以马来，皆贩之于大理者"[2]。即大理的马通过转运至自杞（今滇东一带）、贵州境内的罗殿（今黔西南一带）等诸国，再南下广西进行交易。具体线路是大理东经今楚雄、昆明、宜良、宗师、罗平入贵州境达黄草坝（今贵州兴义），横渡南盘江后至安龙司（今广西隆林）。该道既是宋的买马通道，又是连接滇、黔、桂的交通要道。[3]

三、元明清时期治边安邦通道

◆元中庆达镇远驿道

元朝建立后，朝廷大建赤站，扩大和修整四通八达的驿路。特别是至元十一年云南行省建立以后，先后开通云南至四川、云南至贵州和云南至南宁等多条重要驿道。其中较为突出的是至元末年起于中庆（今昆明）、经云南曲靖、富源，入贵州普安（盘县）、镇宁、安顺、贵阳、龙里、黄平、施秉达镇远，横贯贵州全境的东西向跨省驿大道。此道是元、明、清云南、贵州进京的通衢，较之绕道清溪道、乌撒乌蒙道赴京的路途要平坦和快捷得多。明洪武年间的调北征南之路正是依托了该道。

◆元乌撒、乌蒙道

元时贵州分属于湖广、云南、四川三行省，除有云南连接湖广，横贯贵州中部地区的东西驿道外，还有连接云南与四川的乌撒、乌蒙道。根据《天启滇志·旅

---

[1]　（唐）樊绰.《蛮书》卷二，《山川江源》第二. 北京：中华书局.1962年.

[2]　周去非.《岭外代答·禽兽·蛮马》卷9. 北京：中华书局.1993年.

[3]　吴晓秋.《滇黔古代交通要道考》，《贵州大学学报（社会科学版）》2011年第5期.

途志》考证，乌撒道南起曲靖，中经云南的交水（今云南沾益）、沾益州（今云南宣威）、达可渡（今云贵交界处），其后经可乌撒（今贵州威宁）、瓦店、黑张（今贵州赫章）、周泥达毕节，再经台层、白崖、达赤水河（今川黔交界处），渡赤水河后，过摩泥、普市，便可直达四川永宁（今四川永叙），[1]最后再进入泸州，此道一直沿用至明清。滇、黔、川、湘的驿道的整治和连通，为西南地区社会经济的发展注入了活力。它为相邻省份之间互动提供了良好的条件，为明清滇黔、川黔滇、湘黔等省际干道最终形成打下了坚实的基础。

◆ 明清川、黔、滇驿大道

明清两代基本沿袭元代西南地区的交通格局，洪武十五年（公元1382年），明军攻克大理后，朱元璋就把驿道的整治和建设视为巩固边疆地区的一项重大措施。先"遣人置邮驿通云南，宜率土人随其疆界远迩，开筑道路，其广十丈，准古法以六十里为一驿"。[2]在元朝原已开通的驿道基础上进行整修，并在滇黔之间、湘黔、川黔之间的省际驿道上屯军把守，不仅控制了云南，同时也加强对贵州的统治。明朝永乐十一年（公元1413年）明廷准建贵州布政使司。至此，滇黔驿道、湘黔驿道、川黔驿道和黔桂驿道及其众多支线，联合建构了明清之际西南地区省际之间稳定的交通网路，为人口的流动及南来北往的经济、文化的互动创造了良好的条件。

以上诸道，从无到有，从雏形到完备，经过历朝历代的整治、扩建和增补，逐渐延续下来。特别是经过元、明、清三代的整治和管理，西南地区的交通无论是省际还是省内都已经十分通畅。历史时期一些线路的功能、名称会随着时间的推移发生变化，如连接川藏、滇藏的茶马互市古道，连接川黔的运盐古道，连接滇黔的省际驿道，到后来都名正言顺地成为茶马古道、川盐古道和屯军线路的一部分，并见证了西南地区古代交通要道的发展历程，为西南地区各个时段政治、经济和文化的交流提供了便利的基础条件，做出了极大贡献。

第二节 西南地区代表性线性遗产

历史时期的西南地区线性遗产，承载了人口的迁徙与活动，为不同的区域在

---

[1] 《贵州通史》编委会.《贵州通史》第1卷，第6篇，北京：当代中国出版社.2002年.

[2] 《明实录·大明太祖高皇帝》卷一百四十二，北京：中华书局影印版.

商品经济、价值观念、知识提升、文化互惠等方面提供交流和互动，并因此而不断地在沿线沉积了这些交流和互动的结果——呈现出众多的物质和非物质文化遗产，它们都是线性文化遗产家族成员，共同推动着西南地区社会的进步。

一、蜀道

蜀道是沟通中国西北与西南两地，至今保存较为完好的人类早期的大型交通遗存，以蜀道命名是因古代四川曾经是蜀国的故地。蜀道就线路来说与其他的线路不同之处是它多处路段以栈道形式建在悬崖绝壁之上，故史书有"栈道千里"之说。学界对于蜀道提法有很多种，如秦蜀古道、古蜀道、川陕蜀道等。在概念上蜀道有广义和狭义之分，广义指古代关中翻越秦岭、巴山到达成都的多条道路；狭义则指以汉中为秦蜀古道的中点，以南干道多在四川境内的蜀道（以北在陕西境内的道路称秦道）。本书研究的蜀道取狭义之说，即汉中以南，大部分在四川境内的主、次干线。

四川与陕西两省自古毗邻，唇齿相依，由于地质时期地壳的运动，使大巴山和秦岭两大山系及其支脉，湍急的嘉陵江、汉江褒、斜二水，以及被江河冲击出来的峡谷沟壑共同组成这一区域复杂的地形地貌，由此而阻隔了两地的往来，导致古代关中与四川盆地之间有着遥不可及的距离，故李白发出"噫吁戏，危乎高哉，蜀道之难，难于上青天"的感叹。历史时期，开辟道路最直接和最重要的动机一是政治、军事的需要，二是区域之间经济、文化沟通和交流的需要。两个需要均受自然地理环境和人类社会活动的制约和影响，其中自然地理环境决定了道路的分布和走向，人类社会活动则影响着道路的性质和功能，蜀道也不例外。在汉武帝开发西南夷的战略部署中，古代四川是最早实行郡县制的地区之一，由于它在西南地区地缘政治中具有的特殊地位，历史时期一向被各朝政治家和军事家视为政治扩张和军事争霸的前沿重地，所谓"蜀者，秦陇之肘腋也……是诚攻取之先资也"[1]。为了保证政令和军令在中央政权所在地与地方控制区之间的顺达，蜀道早在春秋战国时期就得以开辟，并在以后的历朝历代中得以完善。根据《水经注》卷二七的记载，秦惠王为灭蜀国，诱使蜀王命五丁开凿金牛道，使秦国军队在极为短暂的时间内吞并了整个四川盆地，最终秦

---

[1]　李之勤、阎守诚、胡戟.《蜀道话古》.西安：西北大学出版社，1986年3月.

据巴蜀，统一了中原，开启了川陕秦蜀古道形成的格局。随后，蜀道在各朝统治者政治扩张的野心中得到大规模修整和完善，大大便利了中央与地方的交往与联系，同时也加强了中央对四川的控制。隋唐时期，长安的定都使蜀道进入空前的繁荣和发达阶段，成都—汉中—关中成为中央王朝经营西南边疆的重要生命线。与此同时，蜀道的形成也和关中迫切想与素有天府之国的四川盆地连接有关系。由于汉中人口的急剧增加，生活资料一度陷入紧张，蜀道连接了关中平原和成都平原，使"国家富有巴蜀是天府之藏，自陇右及河西诸州，军国所资邮驿所给，商旅莫不皆取于蜀"[1]，总之，蜀道的形成，不可否认地掺杂着政治、军事、经济、文化等诸多因素。

自先秦以来，两地先民为了在庞大的山系之中寻找和打开两地的通道，或取道江河冲刷出来的峡谷，或在悬崖峭壁间凿孔架栈道，或依着山势，通过焚石激水的办法开筑山道，其间的艰难可想而知。宋代祝穆《方舆胜览》记载栈道的修建："石壁陡立，虚凿石窍，架木其上，较它绝险。"[2]古代汉中是大巴山与秦岭之间汉中盆地中心地带重要的中枢站，以北到达长安的称北栈，从西往东分布有陈仓道、褒斜道、傥骆道、子午道，它们的主、次干道主要在陕西境内，个别道路跨入了甘肃省，基本不涉及四川；以南到达成都的称南栈，自西向东排列有金牛道、米仓道，另有通达涪州（今重庆涪陵地区）的荔枝道及其他故道，它们的主、次干道均在四川境内。

汉中以南到达成都的蜀道，学界公认有以下三条：

金牛道：又称"剑阁道"或"石牛道"，指从汉中通往成都的道路，线路起于成都，经广汉、德阳、绵阳、梓潼、剑阁、广元出川，入陕西宁强、勉县而达汉中，途中最为险要的地方是四川广元至陕南宁强路段，著名的诗句"蜀道难，难于上青天"就是指的该路段，全路段长约600余里。南北朝后，勉县至剑门关段，改由从勉县越七盘岭、经朝天、广元、昭化、越牛头山至剑门关。汉时，金牛道沿线设置了不少驿站，故其被史家一致认为是川陕间的官驿大道。到了明代和清初，金牛道出现短暂变化，广元以下为绕开剑门之险，向南经阆中，再折向西南去成都，但广元经剑门去成都仍为川陕间的主道。[3]金牛道开辟的时间大约

[1]　（唐）陈子昂.《全唐文》卷211，《上蜀川军事》.北京：中华书局，1983年11月.

[2]　（宋）祝穆编.《宋本方舆胜览》卷66.上海：上海古籍出版社，2012年11月.

[3]　李之勤《金牛道北段线路的变迁与优化》《中国历史地理论丛》第19卷第2辑，2004年6月.

在春秋战国时期，因西汉杨雄《蜀王本纪》中的石牛粪金、五丁开道的传说故事得名，其后常璩的《华阳国志》、郦道元的《水经注》等文献也略有记载。

米仓道：因翻越陕西、四川交界的米仓山而得名，历史上是汉中与巴中地区经济文化交流的重要交通路线，全长250公里。米仓道比较复杂，有东西南北段，除了主道外，还有旁道、支线和延长线。《辞海》对此解释为"米仓古道自陕西汉中县南，循汉水支流濂水谷道和嘉陵江支流巴江谷道到达四川巴中地区"，明顾祖禹《读史方舆纪要》载，汉中府"米仓道，自南郑而南，循山岭达于四川保宁府之巴州"。[1] 米仓道起于陕西南郑县，循濂水河，然后翻越米仓山，过焦家河、桃园镇、上两，再顺嘉陵江支流南江河南下，途经四川南江县，最后抵达巴中，向南继续延伸，经渠县、广安，在合川沿嘉陵江南下，可到达重庆。巴中既是米仓道终点，同时又是南下重庆水、陆两路重要的枢纽和西至成都的转折点。据考，其在唐宋时期曾经繁荣一时，甚至超过了比它还早的金牛道，是重要的商贾、军旅和川盐走私通道。

荔枝道：因唐天宝年间（公元742—756年）为杨贵妃传送新鲜荔枝而得名，亦称为洋巴道。《新唐书·杨贵妃传》："妃嗜荔枝，必欲生致之，乃置驿传送，走数千里，味未变已至京师。"[2] 唐天宝年间，唐玄宗为满足宠妃杨玉环喜食新鲜荔枝的爱好，特命人修整从四川涪州到都城长安的道路，并从涪州开始设置专驿，快递新鲜荔枝进京。具体路线为涪陵、乐温、邻水、大竹，经达州、宣汉、万源，翻越巴山，中间通过较长的分水岭到达陕西镇巴，再沿洋河出西乡，最后进入子午道，到达长安，途经十余个县市，全程一千多公里。

以上三线中，古代川陕两地发生联系最主要的交通干线是起于成都，经广元出四川的金牛道，以及进入陕西取道褒水、斜水二河谷，翻越秦岭达西安的褒斜道。

二、茶马古道

茶马古道既是一个有着特定含义的历史概念，也是一个非常特殊的地域称谓，它以茶马互市为主要内容，以马帮为主要运输方式，主要穿行于今滇、川、藏横断山脉地区以及金沙江、怒江、澜沧江三江流域，并外延至南亚、东南亚等国。它始于秦汉，兴于唐宋，盛于明清，二战中后期最为辉煌。千百年来，茶马古道

---

[1]　（清）顾祖禹.《读史方舆纪要》卷56. 北京：中华书局，1955年.

[2]　（宋）欧阳修.《新唐书·杨贵妃》卷76. 北京：中华书局，1975年.

不仅是一条古老的商道，更是一条民族融合与促进地区经济发展、文化交流的绿色廊道，是连接汉地与藏区、内陆与边疆、中国与南亚、东南亚的国际大通道。

需要说明的是，茶马古道在西南地区的线路都不是单一的路线，在连通藏区和周围地区的线路上还有其他若干与之平行或交叉的支线[1]。本书选择茶马古道保护研究的范围，以国家文物局公布茶马古道全国重点文物保护单位所在云南、四川和部分贵州境内路段为主。

作为一条古老的商贸通道，茶马古道存在的时间最早可以追溯到汉武帝时期。据《史记·西南夷列传》记载："元狩元年，博望侯张骞使大夏来，言居大夏时见蜀布、邛竹、杖，使问所从来，曰从东南身毒国，可数千里，得蜀贾人市。或闻邛西可二千里有身毒国。骞因盛言大夏在汉西南，慕中国，患匈奴隔其道，诚通蜀，身毒国道便近，有利无害。于是天子乃令王然于、柏始昌、吕越人等，使间出西夷西，指求身毒国。至滇，滇王尝羌乃留，为求道西十余辈。岁余，皆闭昆明，莫能通身毒国。"[2]汉武帝遣使寻访"蜀身毒道"的举措，客观上加强了中原地区与西南边疆的联系。唐代，随着吐蕃王朝的崛起和其与中央政权的联系不断深入，藏区与内地的经贸往来也日益密切，茶叶也开始由内地传入吐蕃。由于康藏地区人民都以糌粑、酥油和肉食为主，而茶叶可以分解这些食物带来的高热量脂肪、防止燥热，故饮茶成为了藏民生活中不可缺少的部分。据《汉藏史集》记载，赞普赤都松赞在位时，吐蕃人对茶叶的种类和茶叶的好坏有了鉴别的能力，吐蕃市场上已经出现了茶和茶碗，上层社会饮茶成风，"高贵的大德尊者全都饮用"[3]。那时候茶叶属于一种奢侈品，老百姓受用不起，茶马古道因此还没有大规模开通，汉、藏民族之间的茶马互市基本上是一种自由、自愿的商业行为。入宋以来，由于北方少数民族建立的辽、金、西夏等游牧政权，长期与宋对峙，经常南下侵扰，需要大量马匹用于战事和生产，而藏区优质骡马正好与内地的茶叶和其他生活用品形成互补，茶马贸易或多或少地开始带有了官方政治、经济色彩，比如官府下令严禁私行交易，直接参与茶马互市，垄断了茶叶买卖，一度实行严格的榷茶制度等，朝廷还先后在成都、秦州（今甘肃天水）等地设置了许多买马场和卖茶场，专司茶马交易。有研究显示，两宋时期四川年产茶3000万斤

---

[1]　周重林等.《茶马古道的范围与走向》.《中华文化遗产》.2010 年第 4 期.

[2]　（汉）司马迁.《史记·西南夷列传》卷 116 第 56. 天津：天津古籍出版社，1995 年 3 月.

[3]　达仓宗巴·班觉桑布，陈庆英译《汉藏史集》.拉萨：西藏人民出版社，1986 年.

中，每年至少 1500 万斤销往藏区，北宋每年交换回藏区马匹 2 万匹以上，南宋每年交换回 1 万匹以上。[1] 至此，茶马古道随着两宋时期茶马交易量的增加迎来了它的大兴时期。元朝时期，虽然说统治阶层本来就是游牧民族，战马不缺，茶马互市中买马的环节有所减弱，但高额赋税仍然吸引朝廷将一部分茶叶运输到藏区销售，另一部分茶叶由官方就地统购统销，曾设立"西番茶提举司"专营此事，但由于茶叶中间加价过高，不得不改为商人自行购销，按引纳税。茶马互市的极盛期是明清两代，明朝不仅制订了完善的互换贸易制度和严格的茶叶经营管理制度，而且在四川天全六番等地大量设置茶马司，专职茶马贸易事务，使四川成为边茶的主要产地和茶马互市的主要贸易区，黎、雅、碉门、岩州、松潘等五大茶市先后形成。洪武二十六年（公元 1393 年），又制定"金牌信符"制度，"金牌信符"——明廷颁给纳马藏族部落的一种铜质牌状凭证[2]。"考金牌之制，上一行曰：皇帝圣旨，左一行曰：合当差发，右一行曰：不信者死。夫不曰互市，不曰交易，而谓之差发。"[3] 据统计，"从 1490 至 1601 年的 111 年中，仅四川、陕西等地行销甘、青、藏的茶叶，分别为 30 万至 80 万斤"[4]。随着茶马贸易的再次兴盛和贸易数量的大幅攀升，汉、藏互市的商品类别也在不断丰富，藏区除输入大量茶叶外，还输入食盐、糖、棉绸、金银器等生活用品，内地输入马骡、牛羊毛皮、麝香、虫草、鹿茸、藏红花等山货和名贵药材。为方便运输，明朝开辟了自碉门（四川天全县）至昂州（今四川泸州市岗安镇）逾大渡河至长河西（康定）的"碉门路"茶道，并于昂州设卫加以保护，此时川藏一线成为茶叶输藏的主要通道。清入关以后，基本承袭明制，在"四川设盐茶道"，以主管茶马贸易。[5]后变革"茶引制"为"引岸制"，当时川茶专岸有三："南路边茶"以雅安、天全、荥经、名山和邛崃五县所产之茶，专销康藏地区；"西路边茶"以灌县、大邑等地所产之茶，专销松潘一带；"复茶"专销内地的茶叶。[6] 清代除川茶外，滇茶也开始大量销往藏区，其地位和影响也日渐提升。此时的滇茶主要指普洱茶，所

[1]　贾大泉.《川茶输藏的历史作用》.四川省社会科学院历史研究所编《四川藏学论文集》.北京：中国藏学出版社，1993 年.

[2]　况腊生.《古代茶马贸易制度》，《理论界》，2008 年第 4 期.

[3]　（明）张缙彦.《菉居封事·马政疏》卷 2.郑州：中州古籍出版社，1987 年 3 月.

[4]　黄奋生.《藏族史略》.北京：民族出版社，1985 年.

[5]　赵尔巽.《清史稿》卷 124，《食货志五·载茶法》.北京：中华书局，1976 年 7 月.

[6]　张永国.《茶马古道与茶马贸易的历史与价值》《西藏大学学报》（汉文版），2006 年 2 期.

谓"普茶名重于天下，此滇之所认为产而资利赖者也，入山作茶者数十万人，茶客收于各处，每盈路，可谓大钱粮矣"。[1]据记载每年约 3000 担"边销茶""蛮装茶"销往西藏昌都、拉萨等地，商贩所贩茶叶每百斤为一引，由户部颁发茶引三千，各茶商向丽江府申领引票，经中甸、阿墩子（今德钦）进藏售茶。[2]与此同时，清廷还强化了中央政府对普洱茶进京入贡线路的治理，以民办官助的形式，陆续修建了南北官道，并在沿线设"营""哨""汛""塘"，驻兵严密防守。

西南地区指中国西南部的广大腹地，主要范围包括今天四川盆地、云贵高原以及青藏高原南部地区。传统意义上的茶马古道涉及滇、藏、川三大区域，外围可延伸到广西、贵州、湖南等省。主线指川藏线、滇藏线和青藏线，这三条主线再辅以众多的支线，构成了一个庞大的陆上交通系统，相继穿越今天的滇、川、藏、青、甘、黔、陕等省区，并连接南亚、西亚、中亚和东南亚等国家。青藏线由于不在西南地区范围内，故暂不在此做深入研究。川藏线、滇藏线是茶马古道分布范围最广，线路最为密集两条主线，特别是在川藏交接地区和滇藏交接地区，每条线路都长达数千公里，呈网状延伸至藏区。

川藏茶马古道，即以四川茶叶产地雅安为中心的路线。走向大致是从雅安出发，经天全、泸定进入康定，然后在康定分为南北两支，北线从康定向北，经道孚、炉霍、甘孜、德格等地进入西藏，再由江达至昌都（即今川藏公路北线）；而南线则是从康定向南，经雅江、理塘、巴塘等地进入西藏，再经芒康、左贡、察雅至昌都（即今川藏公路南线）。南北两条支线在昌都会合后，再由昌都西行，经洛隆、工布江达、林芝到达拉萨，并从拉萨南下，分别抵达缅甸、尼泊尔和印度的加尔各答等地。

滇藏茶马古道，即以澜沧江流域为中心地来扩张，线路大致走向为西北方向，具体为云南西双版纳、普洱、临沧等产茶主要地区出发，经景谷、镇沅、景东、南涧、大理、洱源、剑川、丽江、迪庆、德钦，然后过盐井，到芒康。从芒康开始，路线与川藏茶马古道汇合。[3]

当然，茶马古道在西南地区的分布还应将贵州涵括在内。一则贵州历来就属于传统意义上的西南地区，与云南和四川两省关系密切；二则贵州在茶马贸易和

[1] 檀萃.《滇海虞衡志》卷 11.北京：中华书局，1985 年.

[2] 成崇德、张世明.《清代西藏开发研究》.北京：燕山出版社，1996 年.

[3] 木霁弘.《茶马古道上的民族文化》.昆明：云南民族出版社.2003 年 6 月.

茶马古道变迁史上的地位相对特殊，作用不可小觑。贵州高原既产茶，又产马，历史上的茶马文化十分发达。可以说，贵州茶马文化不仅是我国自唐代以来逐渐兴起并日臻完备的茶马互市制度的组成部分，还是以川、滇、藏大三角地区为核心的茶马古道的延伸部分。贵州茶马古道的构成，主要包括北线"贡茶古道"所经川黔滇驿道、滇黔驿道和楚黔驿道，东线"市马古道"所经龙场九驿和川黔驿道，以及南宋以来因茶马互市而形成的贩马和牧马线等民间商道。其中，北线"贡茶古道"有两条主线：第一条从云南南部经思茅、大理、楚雄到昆明、曲靖，经平彝（今富源）胜境关进入贵州，沿滇黔驿道、楚黔驿道后经湖南至京城（北京）。第二条从云南曲靖、宣慰进入贵州威宁，经赫章、毕节入四川叙永、泸州。东线"市马古道"则有四条主线：第一条自威宁、赫章、毕节北到四川泸州，南到云南曲靖、昆明；第二条由黔中、黔北到今重庆；第三条由黔中到今广西宜州；第四条由安顺、关岭经兴义东到今广西田东（即横山），西到今云南罗平、曲靖，终抵昆明。

三、明代滇黔屯军线路

贵州建省较晚，在历史上长期被视为化外之区，这里民族众多，支系纷繁复杂，地方势力自相雄长，社会经济发展极不平衡，大多地方尚处于封建领主制阶段，有的地方甚至残存原始公社制度的痕迹，其意识形态与中原有较大差别。由于处于边疆地带，元代以前的中央王朝实际上一直未能完全控制贵州。元朝建立后，为了将西南地区纳入行省的管辖之下，实行双轨制，即在有条件的地方设路、府、州、县，建立流官制度，而对于社会经济相对落后的地方，尤其是少数民族聚居地推行土司制度。当时，今贵州分属周边省份的几个重要区域，主要是由大姓部族所控制，故这些地方基本上完全是土司领地。

明永乐十一年（公元1413年）以前，贵州还不是一个单独的行政省区，而是分别隶属于湖广、四川、云南、广西四省，大致上是东部属湖广，西部为云南，北部隶四川，南部归广西。明朱元璋登基后，着力经营西南，他在完善元朝土司制度的基础上，采取加强驿道建设、设置卫所、积极推行屯田制度、设立贵州政区等措施，以达到改土归流、开发西南地区的目的。洪武时期，明朝廷对西南地区实施的一系列方针政策是通过"调北征南"和"调北填南"来完成的，尤其是"调北填南"历时长远，工程巨大，各朝继任者依托驿道主干线，以屯田制为手段，以改土归流为目的，数百年以往，踵事增华，湖广通往云南的驿道遂成为开发西南的主要线路。而屯军源源不断地把中原文化带来，形成了今天以湘黔、滇黔线省际驿道干线明代屯军文化为特征的历史文化线路。

历时数百年形成的滇黔屯军线路，与云南、贵州、四川、湖南之间的驿道交通密切相关。统治者在沿线屯军、建立卫所的目的无外乎是保障驿道畅通，确保中央与西南地区的信息的上传下达，以稳定政局。明代的屯军和卫所的建立相辅相成，大致可分为三个阶段。

前奏时期：至元十三年（公元 1276 年）元政府灭大理设云南诸路行中书省，至明洪武十四年（公元 1381 年）平定云南之役。明代以前，西南云贵地区一直与中央王朝保持若即若离的关系，云南在唐宋时期为南诏、大理地方政权所据，贵州在唐宋时期成为中央王朝控制的边缘地带，大部分为羁縻地区。为统一西南地区，元代灭大理政权，将云贵纳入中央王朝"内疆"；实行土司制度，加强了中央王朝对云贵的控制；整修西南地区的驿道交通，增强了中原地区与边疆地区经济文化交流与互动。元末明初，经过 20 多年的战乱，全国经济遭受严重破坏，中原人民流离失所，百业衰退，西南一片亦是动荡不安。明王朝建立以后，全国大部分地区已为朱元璋掌控，他很快意识到，天下初定，应该让人民安养生息，要治理好以传统农业经济为基础的国家，最为主要的问题就是把农民与土地重新结合起来，才能使社会经济得以迅速恢复和发展。而在中原，特别是江南、湖广等省，人口稠密而耕地不足的矛盾十分突出，西南却是一片地广人稀，经济文化相对滞后，政局也较为混乱。尤其是云南，大部分地方仍由元朝残余势力梁王把匝剌瓦尔密控制，他自恃远离中原，道路艰险，几次杀害明廷派往云南招抚的使者，意图把云南分裂出去，与朱元璋分庭抗礼。与此同时，西南许多土司也是心猿意马，摇摆不定，加上西南实行移民实边，需要将内地富余人口向西南迁移。对此局面，朱元璋决定将战略重心转移至西南，于洪武四年（公元 1371 年）在西南地区设置了成都都卫，下置成都左、右、中、前、后、贵州、永宁 7 卫以及雅州、重庆、叙南、青川、保宁 5 个守御千户所，[1] 对下一步着手解决西南问题作好了铺垫。

巅峰时期：洪武十四年（公元 1381 年）到崇祯三年（公元 1630 年）大规模屯军和建立卫所时期。洪武十四年九月，朱元璋授命征南将军颍川侯傅友德、左

---

[1] 《太祖洪武实录》卷 70，洪武四年十二月丙申.《明实录·贵州资料辑录》.贵阳：贵州人民出版社.1983 年.

副将军永昌侯蓝玉、右副将军西平侯沐英率 30 万大军征伐云南。明军进军路线主要有两条：一条是较为平缓的主力进军路线，从湖广进入西南。大致是沿今湘黔线和贵昆线自东向西一路挺进。另一条是侧应路线，路途较为艰险。从四川叙永跨过赤水河，穿过今贵州的毕节、威宁等县进入云南。明军所向披靡，不出半年，云南收复。因为这次行动主要是调动北方军队来征讨，故称调北征南。调北征南实际上只是明朝开发西南的前奏，随后明廷在调北征南的基础上采取各种措施，如建设驿道，增置卫所，特别是积极推行屯田制度，把内地大量人口迁至西南，兴建屯堡，分配土地，发放粮种、农具，让这些移民长期定居下来，历史上称之为调北填南。无论是调北征南还是调北填南，都是朱元璋经营西南地区所作的战略部署，在制定时两者的侧重面虽然有所不同，其实质及所起的作用却是完全一致，它们是一个事件的两个部分，调北征南以雷霆万钧之势席卷西南，铲除了前朝残余势力的后患。调北填南所起作用更加深远，所用的时间更长，涉及面更广，大量移民经过湖广进入贵州并定居下来，故有历史学家称之为"湖广填贵州"。而调北填南的核心就是要加强中央对西南地区的控制，其着力点主要是在今贵州区域范围内，由此明代屯军线路也主要是在贵州，虽然这一历史事件对西南地区产生了非常重要的影响，但其最为显著的成果还是体现在贵州境内卫所建立之后贵州行省的成立。

明初，西南地区的卫所制度是朱元璋仿唐代府兵之意建立起来的一种军事、行政合二为一的组织形式，也是调北征南的结果，由中央设五军都督府掌军旅之事，地方置都指挥使司掌一方军政，其下置卫，称卫指挥使司，通常领左、右、前、后、中 5 个千户所，如有特殊需要，则在要害地方增设守御千户所。按常规编制，每卫额定 5600 人，千户所额定 1120 人，每个千户所下设 10 个百户所。在西南，卫所又和屯田制度紧密结合，凡是卫所之地都有军屯依附，故卫所既是基本的军事组织，又是屯田组织。一般是三分守城，七分下屯。在西南土司密集地区，许多卫还要兼领土司。洪武十四年九月起，伴随着调北征南主力从湖广进入贵州，自东向西一路挺进，明廷卫所的建立就已经把湖广通往云南的驿道作为重点来部署，这条线也是当时西南主要驿道中设置卫所最密集的线路。最东一段有水路和陆路，水路从平溪卫（今玉屏县）逆潕阳河而上，沿途设有清溪卫（今镇远县清溪镇）、镇远卫（今镇远县）、偏桥卫（今施秉县），一直到黄平卫（今黄平县旧州镇），陆上驿道也主要沿潕阳河岸边开辟，因水上运输方便，故以水路为主。

到黄平卫后向南折下为陆路，洪武十五年（公元1382年）设柳塘、地松、上塘等驿，直通平越卫（今福泉县）。后因偏桥至黄平的诸葛洞一段山崖垮塌，水道难行，便从偏桥卫改开陆路，这一线又设了兴隆卫（今黄平县城区）和清平卫（今凯里市炉山镇）而通平越卫，黄平卫亦因交通不便利而降为黄平千户所。从平越卫一路向西，是新添卫（今贵定县）、龙里卫（今龙里县）、贵州卫和贵州前卫（均在今贵阳市）、威清卫（今清镇市）、平坝卫（今平坝县）、普定卫（今安顺市）、安庄卫（今镇宁县安庄镇）、安南卫（今普安县江西坡镇）、普安卫（今盘县）。为保障驿路畅通，明廷在1000多公里的驿道上，大约以一日行程为准，每40—50公里即设一卫。从洪武十四年到崇祯三年，在滇黔屯军线路今贵州省境内，卫所几经废改后，建有二十七个卫所，加上洪武十四年前建立的两个，共计二十九个卫，二个所。与此同时，《明史·兵志二》载，明朝在云南各府州县也先后设置了云南（昆明）左、右、前、后、中五卫，以及广南、大理、洱海（在今祥云）、大罗（在今宾川）、临安（今建水）、永昌（今保山）、腾冲、楚雄、曲靖、平夷（今富源）、越州（曲靖越州）、六良（今陆良）、蒙化（今巍山）、景东、澜沧等15卫，及通海、永平、鹤庆、宜良、安宁、易门等18个所。[1]卫所的建立，让大量屯军在此安顿下来，誓死守卫着中央与西南边陲的生命线，对于开发西南地区具有至关重要的作用。

衰落时期：整个清朝时期，并延续至新中国建立。清朝建立后，卫所走向衰落，主要表现在大部分卫所裁减后并入清行政建置中的府州县管理体系中。从顺治十八年（公元1661年）便陆续裁并卫所，到康熙年间基本完成。"吏部议覆云南贵州总督范承勋疏言：贵州所属十五卫、十所，请分晰裁改。偏桥卫，裁并施秉县。兴隆卫，裁并黄平州。移州治于卫治。新添卫，裁并贵定县，移县治于卫治。贵州、贵前二卫裁去，改设贵筑县。镇西、威清二卫、赫声、威武二所裁去，改设清镇县。平坝卫、柔远所裁去，改设安平县。安南卫裁去，改设安南县。定南所，裁并普定县。普安卫，裁并普安州。安笼所，裁并安笼厅。敷勇卫、修文、濯灵、息烽、于襄、四所裁去，改设修文县。永宁卫、普市所裁去，改设永宁县。毕节、赤水二卫裁去，改设毕节县。乌撒卫，裁并威宁府。应如所请。从之。"[2]云南与贵州大抵相当，从顺治十八年起至康熙九年（公元1670年），

---

[1] 江从延.《明代的卫所与大理的古城》,《大理文化》2012年第4期.

[2] 《清圣祖实录3》.康熙二十六年六月丁未朔.台北：台湾华文书局,1983年.

先后裁剪卫所归并同城州县管理 30 余所。康熙二十六年（公元 1687 年），在云贵总督范承勋建议下，云南都使司也将所辖的各卫所归并附近州县。[1] 民国时期，明清时期的滇黔屯军之路一度被称为"京滇公路"的"贵东路"和"贵西路"。1937 年 3 月，京滇公路全线贯通，在云南、贵州所经路线，基本是沿着湘黔驿道、黔滇驿道而修建。1937 年 7 月 7 日，抗战全面爆发后，滇黔线、湘黔线成为国际援华物资进入中国的重要交通要道，滇黔线上位于晴隆县境的"二十四道拐"成为第二次世界大战中远东战场的交通重要形象标志。新中国成立后，随着西南交通不断改善，当年屯军保畅的驿道逐步退出了历史的舞台而成为人们记忆中的线性遗产。

西南地区道路交通的修建与整治自元代起，已开始纳入国家交通体系，而开发则以驿道为支撑。早在南宋末，蒙古军占据云南，并以此为据点竭力打通通往中原的道路，使西南地区的道路有了一定改善。元朝建立，大兴站赤，西南驿道建设有了很大发展，到元末，这一片区域的交通网络基本形成。元代在云南行省整修了中庆至建昌线、中庆至哈剌章（即大理路）线、哈剌章至丽江线、中庆至乌撒乌蒙线、中庆至湖广线，在四川行省整修了泸州南行，经叙永、赤水河至湖广漕泥（今毕节）的泸州大路，并与中庆至乌撒、乌蒙线接通。元代西南驿道的整修与开通，使湖广、四川、云南行省的交通逐渐形成网络，中庆、顺元等逐渐成为区域中心城市。尤其是打通了中庆经普安、顺元至湖广的线路，为"调北征南"作了很好的基础设施准备。明洪武年间，朱元璋担心西南不稳定会危及国家的安定，所以对西南驿道的建设十分重视，平定云南之前，云贵范围之内仅有永宁、贵州 2 卫和黄平所，屯军线路难以形成，但元朝在西南推行的驿道建设却为屯军遗产廊道奠定了基本的框架。洪武十四年八月，明太祖朱元璋任命傅友德为征南将军，蓝玉和沐英为左右副将军，统率 30 万大军，分别从北、东两面挺进云南。北路，都督郭英、胡海洋率兵 5 万从永宁（四川古蔺）直趋乌撒（今贵州威宁）；东路，则由傅友德、蓝玉、沐英等统率主力，自湖广西进，经辰沅（今湖南沅陵、芷江）入普定（今贵州安顺），进逼曲靖（今云南曲靖）。洪武十五年正月，当主力军抵昆明近郊时，梁王自杀身亡。明军占领昆明后，沐英继续南下临安，西

---

[1] 陈曦.《清朝对明代云南卫所屯田的处置》.《云南民族大学学报》.2006 年 7 月，第 23 卷.第 4 期.

进大理"乃分兵取鹤庆，略丽江，破石门关，下金齿。……云南悉平"[1]明朝沿调北征南之路南北两线大量设置卫所，在进行大规模军屯、民屯、商屯的同时，不仅将重心放在湖广通往云南的主干驿道上，加大驿道和驿站的建设和整治，还开拓了数条由土司修建和经营的驿道，大大推进了西南地区的驿道建设。《明太祖实录》载，洪武十五年二月初朱元璋即遣使敕谕播州宣慰使杨铿，要求水西、乌撒、乌蒙、东川、芒部、沾益诸酋长"宜率土人，随其疆界远迩，开筑道路。其广十丈，准古法以六十里为一驿，符至奉行"。[2]随后命傅友德"乘其势修治道途，务在平广，水深则构桥梁，水浅则垒石以成大路"。[3]洪武年间，奢香"开偏桥、水东，以达乌蒙、乌撒及容山、草塘诸境，立龙场九驿"。[4]同时又下达命令"谕水西、乌撒、乌蒙、东川、芒部、沾益诸酋长曰：今遣人置邮驿通云南，宜率土人随其疆界远迩，开筑道路其广十丈。准古法六十里为一驿，符至奉行"，[5]通过一系列的整修，至此，明代从云南大理经楚雄、云南府、曲靖，过贵州安顺、贵阳、镇远、思州等地，再经湖南晃州、芷江、沅陵、辰溪、常德，北上北京和南京（两条线路在常德合路）的"国线"，全部在沿线卫所的护卫下开通。据统计，明代在贵州开设、修整驿道大约有30条，设置驿69个、站28个，并依托驿、站、铺为节点构成了湘黔、滇黔、川黔、川黔滇、黔桂驿道交通线，不仅让西南各省更为紧密地连接起来，更为重要的是把西南驿道与全国交通连为一体，为巩固西南边防以及开发这片边陲之地奠定了良好的基础。

据朱元璋"调北镇南"和"调北填南"大政方针，大致可以将滇黔屯军之路分为"一主一辅"的南北两线。贵州省东部与湖南省西部接壤，按我国传统的区域划分，湖南省为中南地区，贵州省属西南地区，本书探讨的是西南地区文化线路，为了避免混乱，同时屯军线路文化节点绝大部分在今贵州省境内，遂将今贵州省平溪（今玉屏县）作为明朝在西南地区屯军南线（主线）走向的东端起点，向西横贯贵州全境，终点延伸至昆明、腾冲等地，即东起今贵州省玉屏县，向西经镇远县—施秉县—黄平县—福泉县—贵定县—龙里县—贵阳市—清镇市—平坝

[1]　（清）谷应泰 .《明史·纪事本末》卷20.北京：中华书局，1985年

[2]　中研院历史语言研究所 .《明实录·大明太祖高皇帝》卷142.北京：中华书局，2016年1月 .

[3]　中研院历史语言研究所 .《明实录·洪武实录》卷209.北京：中华书局 .2016年1月 .

[4]　（清）张廷玉 .《明史·列传》卷204，《贵州土司》.北京：中华书局 .1974年4月 .

[5]　中研院历史语言研究所 .《明实录·大明太祖高皇帝》卷142.北京：中华书局 .2016年1月 .

县—安顺市—镇宁县—普安县—盘县，然后出贵州境，进入云南富源县—曲靖—昆明—保山，止于丽江。辅线（北线）为永宁（今叙永）经威宁至曲靖。其他屯军形成的线路支线，暂未列入该范围。由此可见，明代西南地区屯军的主要线路基本与湖广至云南的省际驿道主干线吻合，后以贵阳为中心，东段称湘黔线，西段称滇黔线。

四、川盐入黔线路

在中国古代盐业史上，四川井盐的生产与运销占有重要的地位。四川盐矿的形成与地质时期四川盆地的沉积环境有着密切的关系，由于地质的变化，今四川盆地汇聚了大量古印度洋的海水，在青藏高原上升过程中，海水向东倾斜，形成大大小小的盐泉和因气候干燥而形成的众多盐矿沉积带，具有蕴藏丰富、矿床类型全、分布广，产出层次多、品位质量高，储量规模大，综合利用好等特点。据史料记载，清代四川产盐的州县大约有四十余个，盐井六千余眼，乾隆时期盐的产量高达 1.6 亿斤。盐是中国古代社会实行专卖时间最长，范围最广，在经济领域影响最大的物品。在实行盐专卖制度之下，盐的生产、定价和运销都由官府组织执行。四川作为重要产盐区，除满足本省生产生活所需外，还行销不产盐的贵州，也行销虽产盐，但供不应求的云南和湖北等省。明清时期，"川盐行黔"与"川盐济楚"一度成为两朝的政治、经济活动重心。

四川盐矿资源总储量为全国之冠，广袤分布于东到巫溪、云阳，西至盐源、西昌，南到宜宾、长宁，北抵广元、旺苍，共约 17 万平方公里范围内。[1] 据《四川盐法志》记载，四川产盐的州、县共 40 个。分别分布在今四川省和重庆市的简州、南充、阆中、南部、西充、蓬州、绵州、潼川、盐亭、中江、遂宁、射洪、资阳、蓬溪、乐至、安岳、内江、隆昌、资州、威远、仁寿、嘉定、井研、犍为、富顺、荣县、长宁、江安、屏山、盐源、太平、大足、荣昌、忠州、酆都、彭水、开县、云阳、万县、大宁 [2]。

西南地区井盐历史悠久，早在先秦时代，巴蜀先民们就已经开始利用自然盐泉和裸露地面的岩盐生产食盐。史载，"秦孝文王以李冰为蜀守。冰能知天文地

---

[1]　四川省地方志编纂委员会编纂.《四川省志·盐业志》.成都：四川科学技术出版社，1995 年 3 月.

[2]　《续修四库全书》编纂委员会编.《续修四库全书》.上海：上海古籍出版社出版，2002 年 4 月.

理……又识齐水脉，穿广都盐井诸陂池，蜀于是盛有养生之饶焉"[1]，这是中国史籍所载最早的凿井煮盐记录。汉代，四川井盐发展较快。汉武帝为了专擅天下盐利，对食盐的产、运、销实行专卖。由于盐铁业的繁荣兴旺，四川形成了一个以成都为中心，包括广都、新都、临邛(今邛崃、蒲江)等县在内的西蜀经济发达地区。[2]北周武帝时，因富世盐井而设立富世县(今富顺县)，在冶官县(今荣县)又因大公井而设立公井镇，这是四川因盐而命名的最早地名。至隋文帝开皇三年(公元583年)，正月以后，隋代的盐业政策是"通盐池盐井与百姓共之""远近大悦"。[3]唐沿隋制，历90年不征盐税，是四川早期井盐业发展的极盛时期。宋代，除承袭五代旧制外，还有大小井之分。"大为监，小为井；监则官掌，井则土民斡鬻。"[4]北宋庆历年间，在川南、井研、荣州一带，发明了圜刃锉和冲式顿钻技术，凿成"卓筒井"，标志四川盐井由大口井向小口井转变，在技术上取得了重大进步。南宋宁宗嘉定年间，大宁盐场出现了横跨江河的"过筷"。据南宋理宗绍定年间不完全统计："凡四川二十州四千九百余井，年产盐六千余万斤"，[5]加以解盐入川济销，民间食盐的矛盾得以缓和。元代，由于战争的影响和重税苛征，社会生产力受到严重破坏，四川盐业出现衰败局面。至元末，井灶多停废，灶丁渐逃亡，致使川盐不敷民食，只好调入山西解盐济销。

　　川盐入黔大约始于元代至顺年间(大约在公元1330—1332年)，《元史·文宗本纪》载："十一月壬申朔，日有食之。云南行省言：'亦乞不薛之地所牧国马，岁给盐，以每月上寅日啖之，则马健无病。比因伯恩叛乱，云南盐不可到，马多病死。'诏令四行省以盐给之。"[6]元代亦乞不薛地为太仆寺所属十四道牧马地之一，设有大牧马场，盛产"国马"，因缺盐马病之事常上奏朝廷。亦乞不薛经考证为贵州境内盛产水西马的黔西北地区，说明当时川盐除满足本省需要外，已开始销往贵州西北地区。有明一统，朱元璋立即着手整顿川盐。洪武五年(公元1372年)二月于成都设四川盐司。洪武二十年(公元1387年)二月，于成都

---

[1]　(晋)常璩.《华阳国志》卷三,《蜀志》六.北京：商务印书馆,1939年12月.

[2]　四川省地方志编纂委员会编纂.《四川省志·盐业志》.成都：四川科学技术出版社,1995年3月.

[3]　(唐)魏徵.《隋书》卷24《志·食货》第19.北京：中华书局出版社,2000年1月.

[4]　(元)马端临.《文献通考》卷15,《征榷》.北京：中华书局出版社,1986年9月.

[5]　(宋)李心传.《建炎以来朝野杂记》甲集,卷14,《蜀盐》.北京：中华书局1956年7月.

[6]　(明)宋濂.《元史》卷35,《本纪》第35,文宗四.北京：中华书局,1976年4月.

设置盐课提举司，另十五地设置井盐课司。洪武二十六年（公元1393年）正月，在建昌置白黑二井盐课司。从此，盐政管理趋向系统化、专一化。时全川有盐井278眼，每年办盐约803万公斤，并远销到云南乌撒（今贵州威宁）、乌蒙（今云南昭通）、东川（今云南昆明东川）、芒部（今云南镇雄）等地。[1] 嘉靖间，四川盐课征银6919万两。[2] 清因明制，盐业在清康熙、雍正年间逐渐恢复和发展，川盐产区逐步扩大到四十个州县。除满足本省需要外，还销往云南、贵州和湖北。乾隆后期，犍为地区迅速兴起，"犍为县五通桥之永通厂今为最盛，不下万井""岁增新凿，深至百数十丈"。[3] 广阔的市场，丰厚的利润，促使大批商人投资于深井的开凿，川盐发展进入了新的阶段，川盐运销呈现一派繁忙景象。光绪三年，四川总督丁宝桢以商运疲敝，奏准革除引商，改官运商销。为了让涉及盐业的"官商灶户"遵守奉行而颁发《盐法志》。此法先于运销贵州的黔边岸推行，"设总局于泸州，四岸各设分局，榷道员唐炯为督办"。[4] 官运实行之后，当年全省销盐27792.5万公斤，以后不但销足每年额引，还带销历年积引。至光绪末，"各计岸亦多改官运"。[5] 贵州自古不产盐，百姓食盐主要仰给于粤盐、滇盐和川盐，粤盐主要供给黔南的荔波、从江、黎平、榕江等县；滇盐主要供给黔西南的兴义、安龙、兴仁册亨、贞丰等县；川盐供给的范围最广，几乎是整个黔西北、黔北、黔东北和黔东南地区的六十多个县份。故明朝田雯《盐价说》载：贵州食盐"仰给于蜀，蜀微，则黔不知味矣"。据《续修四库全书》记载，四川四十个产盐州、县中，有二十四个州、县"盐井产旺"。所产之盐，"以行销黔、滇者为'边岸'，本省及湖北为'计岸'"。[6] 贵州川盐主要供给地，一是犍为县商引行黔口岸为安顺府、普定县、镇宁州、永宁州、清镇县、安平县、郎岱厅、大定府、平远州、

[1]　（明）虞怀忠、郭棐等《万历四川总志》卷25，《经略》上，盐课. 济南：齐鲁书社，1996年8月.

[2]　王云五.《明会典》卷33，《课程》二，《盐法》二. 北京：商务印书馆. 民国25年9月.

[3]　何向东、习光辉等校注. 清光绪《新修潼州府志》卷12，《食货志》二，盐法. 成都：巴蜀书社2007年1月.

[4]　赵尔巽，柯劭忞等.《清史稿》卷123，《志》98，食货四. 台北：洪氏出版社，1981年8月.

[5]　何向东，习光辉等校注. 清光绪《新修潼州府志》卷12，《食货志》二，盐法. 成都：巴蜀书社，2007年1月.

[6]　《续修四库全书》编纂委员会编.《续修四库全书》，《史部·正史类》. 上海：上海古籍出版社，2002年4月.

黔西州、威宁州、毕节县、兴义府、兴义县、普安县、安南县、贞丰州、普安厅、思南府、安化县、婺川县、印江县、石阡府、龙泉县、镇远府、镇远县、施秉县、天柱县、黄平州、铜仁府、铜仁县、松桃厅、思州府、玉屏县、青溪县等35处。二是富顺县商引行黔口岸及荣县商人附岸行销地为贵阳府、贵筑县、龙里县、贵定县、修文县、开州、定番州、广顺州、遵义府、遵义县、桐梓县、绥阳县、正安州、仁怀县、仁怀厅、都匀府、都匀县、麻哈州、独山州、清平县、荔波县、平越直隶州、湄潭县、瓮安县、余庆县等25处。全贵州行省，仅黎平府所属不在川盐行销之列。

关于川盐入黔线路，《四川盐法志》载："旧制由大江至此换船溯流折入岸河日转江，永岸由纳豀转江，自叙永入黔岸；仁岸由合江转江，自仁怀厅入黔；綦岸由江津之江口转江入黔；涪岸由涪转江，自酉阳之龚滩入黔……其在转江州县换船过载，不许起岸贮店，以防搀越。"[1] 即说犍为官运盐，出大河坝换载，经县门关、纳溪、泸州、合江、江津、重庆后至涪岸。一条至纳溪后分路，从陆路运至永岸。一条由合江分路至仁岸。一条由江津分路，从江口运至綦岸。荣县贡井等盐厂和富顺自流井等盐厂的官运盐均在邓井关换载，至泸州后线路与犍为官运盐线路同。四川盐场大多数位于长江干流及其支流上，川盐入黔的运输线路是以长江主干流与支流乌江、赤水、綦江、永宁河及其以下的陆路组成的水、陆综合运输网络线，最有名的即是永岸、仁岸、綦岸和涪岸四大边岸。官运至四大岸后，再经所设永岸分局、仁岸分局、綦岸分局、涪岸分局据引分发盐商运销。

永岸线：川盐自五通桥或自流井运出，至纳溪卸载转入永宁河，改用小船运载，逆水行至叙永，然后向南陆运，一路经毕节、威宁、水城、盘县，到达兴义；另一路过叙永雪山关经大定的瓢儿井至大定、黔西、平远（今织金）、普定而达安顺府城、镇宁州、永宁州等。清光绪初年，实行官运的永岸盐业被山西、陕西及贵州籍的大商人垄断，分为西帮和黔帮，并先后建立了十三家盐号。西帮有：崇修公（陈子杨）、福泰永（赵笃卿）、义发益（赵玉山）、三益公（李仲公）、天成裕（张集成）、集义和；黔帮有：德昌裕（余竹之）、世兴荣、集义生（谌祖佑）、魁盛兴（王继藩）、永昌公（曾照祥）、永福公（贾光溥）、兴盛昌（孙

---

[1] （清）丁宝桢等.《四川盐法志》卷10，《转运五·贵州边岸》.上海：上海古籍出版社，1995年.

90

锡成）。[1] 十三家盐号每年大约销盐 1986 引，由官运总局派人到犍为、富顺等县收购，再督运到永叙，然后指派给十三家盐号，按核定配额交款领盐，用马驮人背运往贵州，供应给大定、安顺、兴义各府及普安厅等地。民国以来到抗战前后，由永岸入黔的川盐销售范围已扩展到 28 个县。

仁岸线：据民国《续遵义府志》载川盐由自贡运至泸州，再运至合江，以合江为仁岸起点，水陆结合。由合江溯赤水河，分船分段运至仁怀厅（今赤水县），主线路即为合江、赤水、猿猴、土城、二郎滩、兴隆滩、马桑坪，至仁怀县的茅台。上岸后分运至贵阳，再由贵阳向周边定番、安顺、罗斛、黔西州、平远州、平越、都匀等地运输。合江至贵阳全程大约527公里。[2] 合江至茅台主要依靠赤水河水运，而茅台站以下均为陆运，全靠人背马驮。清光绪年间，四川总督丁宝桢派唐炯改革贵州盐务，限定各岸盐商，仁岸盐商共四家，分别是陕西商人开设的协兴隆、义盛隆，贵州商人华联辉开设的永隆裕和永发祥。通过仁岸的四大盐号，川盐运销到了贵阳、定番、都匀、罗斛、金沙、安顺、瓮安、平越、新场、清镇、平远、安平等地。

綦岸线：食盐运至四川江津县的綦江口，沿綦江水运 140 里，经盖石、赶水、羊蹄至贵州桐梓县松坎起岸进仓，再陆运至各销售地区。陆运分销线路有两条，一是由松坎至遵义城，经遵义转运贵阳或其他地区；另一条是由松坎入正安，再运至湄潭、瓮安福泉等地。"民国时期商盐运线……綦边销区（原名綦岸）由江津循长江转入綦江县后，一经东溪盖石硐、羊蹄洞而至松坎，一经三溪而至石角镇……自松坎经桐梓、遵义而至贵阳，及自石角镇至安场……及遵义再分两线，一至湄潭，一至贵阳。"[3] 光绪年间，綦岸设有恒昌裕、全兴益、宝兴垄、义益号、天全美、大生美六家盐号，专门经营川盐。《贵州省工商史料汇编》载，从清代中叶至二十世纪三十年代末期，綦岸食盐销售范围除黔北的桐梓、遵义、正安、道真、绥阳、凤岗、湄潭、习水等县外，另有息烽、清镇、龙里、平坝、贵定、瓮安、福泉、黄平、镇远、施秉、三穗、锦屏、玉屏、剑河等县。[4]

---

[1] 杨仁体.《永岸盐业运销简况》.《毕节文史资料选辑·黔西北地区川盐运销史料》第 6 辑，1988 年 7 月.

[2] 贵州省地方志编纂委员会编.《贵州省志·商业志》.贵阳：贵州人民出版社. 1990 年 11 月.

[3] 贵州省地方志编纂委员会编.《贵州省志·商业志》.贵阳：贵州人民出版社. 1990 年 11 月.

[4] 中国民主建国会贵州省委员会、贵州省工商业联合会《贵州省工商史料汇编》，1985 年 1 月.

涪岸线：清代至民国时期，由于人为原因和自然灾害，造成了盐运路线的变化，故难以确定准确的涪岸盐运路线，大致来说以四川境内涪陵为起点，水路溯乌江经彭水、龚滩而沿河而达思南，全程水运共 519 公里。陆路一由思南南下经石阡、岑巩，达镇远；一路由沿河经秀山、松桃至铜仁。沿河地理位置特殊，水陆兼备，地位尤为重要。这条路线盐的供给范围主要是今贵州黔东北地区。

五、红军长征西南之路

长征是世界战争史上的奇迹和壮举，是中国革命史和中共党史上的标志性事件，它见证了中国共产党成长和壮大的经历，见证了中国革命由黑暗走向光明的历程，体现了中华民族不屈不挠、为争取民族解放和民主自由而英勇奋斗的革命精神。

1931 年 1 月，党的六届四中全会后，王明"左"倾路线统治了党中央，排斥毛泽东同志对于中央革命根据地党和军队的领导和指挥。1933 年初，党中央从上海迁到中央革命根据地，由博古代理总书记，"左"倾路线在根据地更加全面地被贯彻执行。由于党内周恩来、朱德等同志在红军与国民党作战中，仍然坚持正确的战略战术原则，取得了对国民党蒋介石发动的第四次"围剿"的伟大胜利。但蒋介石仍然不甘心失败，1933 年 10 月，实施"攘外必先安内"反动政策，开始对各革命根据地进行第五次大"围剿"，并调集了 100 万军队、200 架飞机，采取"持久战"和"堡垒主义"的战略战术，再配合所谓"政治围攻""经济围攻""交通围攻"，向中央苏区军民进行了疯狂的围剿，企图从四面包围、挤压，最后"吃"掉革命根据地，逐步消灭红军有生力量。面对蒋介石的狼子野心，王明"左"倾路线的领导者，漠视敌强我弱的客观事实，错误地执行了用阵地战代替游击战和运动战，用所谓"正规"战争代替人民战争。虽然其间毛泽东同志曾提出："红军主力无疑地应该突进到以浙江为中心的苏浙皖赣地区去，纵横驰骋于杭州、苏州、南京、芜湖、南昌、福州之间，将战略防御转变为战略进攻，威胁敌之根本重地，向广大无堡垒地带寻求作战。……此计不用，第五次围剿就不能打破。"[1] 但王明"左"倾路线的领导者们，仍然抱着机会主义的战略方针不会随局势的变化而变化，依旧实行防御中的保守主义。"此计又不用，打破第

---

[1] 毛泽东.《毛泽东选集》一卷.北京：人民出版社，1969 年 9 月.

五次围剿的希望就最后断绝，剩下长征一条路了。"[1] 由于执行的是一条错误战略方针，使红军和根据地完全陷入被动地位。1934 年 10 月至 1936 年 10 月，以毛泽东为首的党和红军被迫实行战略大转移，并完成了中国历史上前所未有的震惊世界的二万五千里长征，从此中国的命运发生了历史性的转变。

1934 年 10 月中旬，红一方面军一、三、五、八、九军团及后方机关约八万多人，从江西南部和福建西部的瑞金、于都、长汀、宁化等地出发，开始了举世闻名的长征。12 月 11 日，中央军委在湖南通道召开临时会议，会上毛泽东同志基于对当前形势的分析研判，坚决主张放弃原来准备与红二、六军团会合的计划，转而改向敌人力量相对薄弱的贵州前进。12 月 12 至 17 日，红一方面军由湖南通道分两路攻占贵州黎平。18 日，中共中央政治局在黎平召开了会议，充分肯定了毛泽东同志关于红军向贵州进军的正确主张，作出了关于在川黔边建立新根据地的决定，确定了新的战略方针。红一方面军按照黎平会议精神和中央军委的命令，分两路向镇远、施秉及剑河、台江、黄平进发。两路纵队分别占领施秉和黄平后，又向乌江南岸城镇余庆、瓮安逼近，最终红军在江界河渡口、回龙场渡口及楠木渡、茶山关、桃子台渡口突波乌江天险，向黔北重镇遵义挺进。1935 年 1 月 7 日凌晨，红军占领遵义，同时夺下桐梓、湄潭、绥阳等地。1 月 15 至 17 日，中共中央在遵义召开政治局扩大会议，这次会议的重点是总结红军第五次反"围剿"失败的经验教训，批判了王明"左"倾冒险主义在军事上所犯的错误，结束了王明"左"倾路线在党中央的统治，组成了毛泽东、周恩来、王稼祥三人军事指挥小组，实际上确立了以毛泽东为代表的正确路线在全党的领导地位。遵义会议在最危险的关头挽救了中国工农红军和中国共产党，是我党和我军历史上一个生死攸关的伟大转折点。遵义会议后，蒋介石纠集了湘、川、滇、桂、黔各省军阀部队及其嫡系薛岳兵团，拼凑了 150 多个团，企图在川黔边聚歼红军。中央军委及毛泽东同志决定趁敌人还没有来得及完全形成包围前，率领红军由遵义向川南地区挺进，计划在四川宜宾一带北渡长江，创建新的根据地。1935 年 1 至 5 月红军一方面军四渡赤水，转战于习水、赤水、叙永（四川叙永）、威信（云南扎西）、古蔺（四川古蔺）、桐梓、遵义、鸭溪、仁怀等地，再渡乌江，南下息烽、开阳，佯攻贵阳，随后出其不意地经贵州惠水、长顺、紫云、贞丰、安龙、兴仁等地，向

---

[1] 毛泽东 .《毛泽东选集》第一卷 . 北京：人民出版社，1969 年 9 月 .

云南疾进，部队穿插迂回于数十万敌军之间，开展大规模运动战，先后经过云南的曲靖、高明、禄劝、元谋等地，5月初巧渡金沙江，最终摆脱了敌人的重重包围，取得了战略大转移中具有决定意义的胜利。1935年5月上旬，中央红军沿四川会理、宁南、德昌、西昌、冕宁、石棉等地一线北上，准备渡过大渡河进入川西北。5月24日占领大渡河南岸的安顺场，以一艘小船连续载两批勇士，强渡大渡河，控制了渡口，但由于水流湍急，无法架桥，军情甚为紧急，军委决定改从西北边泸定县境内的泸定桥渡河。5月29日，红军先头部队急行军赶在国民党追兵到来之前攻占了泸定城，使后续红军主力全部安全由泸定桥渡过了大渡河，再一次使红军转危为安。随后，红一方面军在党中央的领导下继续向北挺进。6月18日，与红四方面军在懋功会师，尔后过马尔康、红原县、若尔盖等县，历经爬雪山，过草地，突破天险腊子口，翻越六盘山，同时战胜了张国焘机会主义路线。1935年10月，红军到达陕西吴起镇，至此，红一方面军行程二万五千里，途经福建、江西、广东、湖南、广西、贵州、云南、四川、西康、甘肃、陕西等11个省的长征圆满结束。

1935年10月，蒋介石又调集130个团的兵力，发动了对湘鄂川黔革命根据地的大规模军事围剿。面对十倍于我军的兵力，根据地的形势相当严峻，红二、红六军团与党中央中断了联系，而窃取了红军总政治部政委职务的张国焘于10月15日和19日接连给红二、红六军团发去电报，要他们坚持所谓的"进攻路线"的错误方针。中共湘鄂川黔省委和军委分会，根据遵义会议精神和中央军委关于"当必要时，主力红军可以突破敌人的围攻线，向川、黔广大地区活动，甚至渡过乌江"的指示，针对当时的实际情况，决定向贵州石阡、镇远、黄平方向实行战略转移，创建新的革命根据地。1935年11月19日，红二、红六军团主力1.7万余人从湖南桑植出发，离开湘鄂川黔苏区开始长征。部队先经由溪口、洞庭溪，向南渡过澧水、沅江。在28日，又兵分两路，分别占领了溆浦、辰溪和新化、蓝田、锡矿山等地。1936年元旦，红军把围追堵截的敌人甩到身后，进驻芷江以西冷水铺地区。随后红军占领了贵州玉屏、江口和石阡。由于敌强我弱，形势对我极为不利。贺龙、任弼时等决定继续西进，从石阡经白沙、龙溪、瓮安、猴场、福泉、羊坊、开阳、修文至鸭池河，渡过乌江，到达乌江以西，长江以南的川、滇、黔地区，争取在贵州西部的黔西、大定、毕节地区建立新的革命根据地。1月20日，红军向南挺进，进入余庆县境，24日占领了瓮安县城，随后又占领了平越（今福泉）

县城，直逼贵阳。绕道贵阳北面，奔袭扎佐，占领修文县城，随即转向乌江渡口鸭池河。2月2至4日，红二、红六军团在修文渡过鸭池河，攻占了黔西、大定和毕节。3月中旬，红军转战云贵高原乌蒙大山数百里，跳出了敌人的包围，一路经赫章可乐，另一路经威宁云贵桥，进至云南省镇雄、宣威、昭通一带。3月底，红二、红六军团接到了红军总部以总司令朱德和总政委张国焘署名发来的两次电报，准备北渡金沙江，到西康与红四方面军会合。红二、红六军团在盘县休整三天后，一举冲破孙渡部队的防线，进入了滇中地区。4月红军经寻甸、富民涉水渡过普渡河后，决定从金沙江上游之丽江、石鼓一带抢渡金沙江。随后红军以破竹之势横扫滇西，先后占领牟定、姚安、盐丰、宾川、楚雄、镇南、祥云、鹤庆、丽江，一鼓作气到达金沙江边的石鼓镇。4月25日，主力部队利用几只小船和临时扎成的木筏，用两昼夜的时间，从容地渡过了金沙江。4月29日，部队沿玉龙雪山西角金沙江东岸蜿蜒前进，至格罗湾翻越大雪山，30日全军到达中甸。后又分两路北上：红六军团为右纵队，经乡城、稻城、理化（今理塘）、瞻化（今新龙）；红二军团为左纵队，经德荣、巴塘、白玉，分头向甘孜前进。6月22日，红六军团与红第32军会师。6月30日，红二军团与红第30军会师。7月2日，红二、六军团又与红四方面军在西康甘孜胜利会师。7月5日，奉中央军委命令，红二、红六军团最后与红32军（原红一方面军第9军团）整编为红二方面军。1936年10月22日，红二方面军与红一方面军在甘肃会宁会师，历时11个月，行程约1.6万里，纵横湘、鄂、黔、滇、康、青、川、甘、陕等省的红二方面军的长征宣告结束。

数十年后的今天，红军驰骋在西南地区的史迹依然是世界军事指挥、谋略决策上的经典案例。在中国的现代战争史上，它的地位是无与伦比的，而长征沉积在西南所经省区的有形和无形文化，早已成为中国历史文化宝库里极其珍贵的红色文化遗产。

第三节　西南地区线性文化遗产区域范围

一、线性遗产行政区划

蜀道、茶马古道、明代滇黔屯军线路、川盐入黔线路和红军长征西南之路广泛分布于四川、云南、贵州、西藏等省区和重庆直辖市，以及上百个市、州、县、区等。由于涉及面较广，故遗产涉及的范围根据下列标准进行划分：

●蜀道以金牛道、米仓道和荔枝道沿线具有代表性文化遗产涉及的行政区划为准；

●茶马古道以国家文物局公布的茶马古道全国重点文物保护单位涉及的行政区划为准；

●明代滇黔屯军线路以湘黔驿道、滇黔驿道和川黔滇驿道沿线具有代表性的文化遗产涉及的行政区划为准；

●川盐入黔线路以《四川盐法志》记载滇黔边岸运销线路沿线具有代表性的文化遗产涉及的行政区划为准；

●红军长征西南之路以红一、红二方面军长征经过西南地区沿线具有代表性的文化遗产涉及的行政区划为准。

线路的分布和走向以国内多数学者普遍认可为准，其他支线及有争议的线路不在研究之列。（见表3-1）

表3-1 西南地区线性遗产行政区划表

序号	线路	行政区划		
		省（直辖市）	市、州	县（自治县、市、区、特区）
1	蜀道	四川省	成都市、德阳市、绵阳市、广元市、巴中市、达州市、广安市。	涉及新都区、朝天区、合川区、仪陇县、罗江县、梓潼县、剑阁县、南江县、渠县、万源县、通江县、宣汉县、开江县、大竹县、邻水县、盐亭县、三台县、苍溪县、万源市、广汉市、阆中市等县、市、区、特区。
		重庆市		涉及梁平县、垫江县、涪陵区等县、区。
2	茶马古道	四川省	成都市、自贡市、阿坝藏族羌族自治州、雅安市、凉山彝族自治州、泸州市。	涉及邛崃市、蒲江县、名山区、芦山县、天全县、越西县、泸定县、巴塘县、都江堰市、理县、马尔康县、汶川县、汉源县、甘洛县、冕宁县、泸县、龙马潭区、江阳区、叙永县、古蔺县、合江县、自流井区、贡井区等县、市、区、特区。

序号	线路	行政区划		
		省（直辖市）	市、州	县（自治县、市、区、特区）
2	茶马古道	云南省	普洱市、西双版纳傣族自治州、临沧市、保山市、德宏傣族景颇族自治州、大理白族自治州、丽江市、迪庆藏族自治州、怒江傈僳族自治州。	涉及勐腊县、思茅区、宁洱县、镇沅彝族哈尼族拉祜族自治县、凤庆县、腾冲市、隆阳区、祥云县、陇川县、永平县、古城区、弥渡县、剑川县、鹤庆县、德钦县、香格里拉市、漾濞彝族自治县、贡山独龙族怒族自治县、兰坪白族普米族自治县等县、市、区、特区。
		贵州省	贵阳市、六盘水市、毕节市、安顺市、黔西南布依族苗族自治州。	涉及白云区、修文县、黔西县、大方县、七星关区、赫章县、威宁彝族回族苗族自治县、金沙县、清镇市、关岭布依族苗族自治县、晴隆县、六枝特区、普安县、盘县、花溪区、兴义市等县、市、特区。
3	明代滇黔屯军线路	贵州省	铜仁市、黔东南苗族侗族自治州、黔南布依族苗族自治州、贵阳市、安顺市、黔西南布依族苗族自治州、六盘水市、毕节市。	涉及玉屏侗族自治县、镇远县、施秉县、黄平县、福泉市、贵定县、龙里县、南明区、云岩区、清镇市、平坝县、西秀区、镇宁布依族苗族自治县、关岭布依族苗族自治县、晴隆县、普安县、盘县、七星关区、赫章县、威宁彝族回族苗族自治县等县、市、区、特区。
		云南省	曲靖市。	涉及富源县、沾益县、宣威市、麒麟区等4个县、市、区。
4	川盐入黔线路	四川省	乐山市、宜宾市、自贡市、泸州市。	涉及犍为县、五通桥区、宜宾县、屏山县、翠屏区、高县、筠连县、珙县、纳溪区、叙永县、合江县、古蔺县、自流井区、贡井区等县、市、区、特区。

续表

序号	线路	行政区划 省（直辖市）	市、州	县（自治县、市、区、特区）
4	川盐入黔线路	贵州省	毕节市、六盘水市、黔西南布依族苗族自治州、安顺市、遵义市、贵阳市、黔南布依族苗族自治州、铜仁市、黔东南苗族侗族自治州。	涉及七星关区、水城县、盘县、赫章县、威宁彝族回族苗族自治县、钟山区、普安县、兴仁县、大方县、织金县、六枝特区、普定县、西秀区、紫云苗族布依族自治县、镇宁布依族苗族自治县、关岭布依族苗族自治县、赤水市、习水县、仁怀市、遵义县、瓮安县、金沙县、黔西县、清镇市、平坝县、修文县、桐梓县、正安县、湄潭县、凤冈县、余庆县、福泉市、绥阳县、红花岗区、息烽县、修文县、白云区、花溪区、惠水县、都匀市、独山县、荔波县、长顺县、罗甸县、沿河土家族自治县、德江县、思南县、石阡县、岑巩县、镇远县、松桃苗族自治县、碧江区等县、市、区、特区。
		重庆市		涉及綦江区、涪陵区、武隆县、彭水苗族土家族自治县、西阳土家族苗族自治县、秀山土家族苗族自治县等县、市、区。
5	红军长征西南之路	贵州省	黔东南苗族侗族自治州、黔南布依族苗族自治州、遵义市、贵阳市、安顺市、黔西南布依族苗族自治州、铜仁市、毕节市、六盘水市。	涉及黎平县、锦屏县、剑河县、台江县、镇远县、黄平县、瓮安县、遵义县、红花岗区、汇川区、桐梓县、仁怀县、习水县、赤水市、开阳县、花溪区、惠水县、紫云苗族布依族自治县、贞丰县、兴仁县、沿河土家族自治县、德江县、石阡县、金沙县、大方县、七星关区、赫章县、威宁彝族回族苗族自治县、盘县等县、市、区、特区。
		云南省	曲靖市、昆明市、楚雄彝族自治州、大理白族自治州、丽江市、迪庆藏族自治州。	涉及沾益县、寻甸回族彝族自治县、禄劝彝族苗族自治县、元谋县、镇雄县、富民县、楚雄市、祥云县、大理市、宾川县、大姚县、鹤庆县、古城区、香格里拉市等县、市、区。
		四川省	凉山彝族自治州、甘孜藏族自治州、阿坝藏族羌族自治州。	涉及会理县、西昌市、冕宁县、泸定县、芦山县、松潘县、得荣县、稻城县、巴塘县、理化、瞻化、白玉县、甘孜县等县、市、区。

注：以上统计来源于资料查阅、调研汇总

二、线性遗产分布特点

西南地区处于我国地势的第二阶梯，这里山水纵横相联，地形高低起伏，交通十分不便，历史时期，西南地区的交通基本上靠人背马驮。经过时间的积淀，形成了线性化和网络化的交通线路，其中的一部分古道、驿道、水道至今都还在发挥着作用。纵观西南地区具有代表性的几条线性遗产的走向，总结其分布特点为：

首先，遗产线路的分布顺应了西南地区自然地理特点。

大多数遗产线路依据山形地貌，在走向上与山脉、河流峡谷方向基本一致。历史上西南地区很多路径、通道，总是体现出与自然地理环境相关联的特性。比如秦汉蜀道的线路走向，关中向南与汉中、成都的联系要翻越秦岭和大巴山，秦巴山脉的山体宽厚陡峻。秦岭绵延400公里，一般山峰高度为2000米左右，在长期的褶皱断层运动中，秦岭北部较南部抬升更剧烈，故其北坡最为陡峻，山北之水皆流入渭河，短促而湍急；南坡较缓，溪流水长，皆入汉江。由于没有切穿秦岭之河流，线路的选择只能依据与地形地貌走势一致的自然条件，寻找流程较长的河谷或分水岭两侧的水源接近处，并修栈道以克服艰险。

其次，遗产线路分布与西南地区的优势资源相关。

从自然地质构造对矿产沉积带的形成和土壤、气候对经济作物生长的影响，不难看出遗产线路的起点和终点均与地域优势资源有密切的关系。如川盐古道的形成就与四川盆地地质构造时期，地形沉积带来的盐矿分布有相当密切的关系。四川盆地的盐矿资源十分丰富，除固体形态的岩盐外，还有种类繁多的黄卤、黑卤、白卤等液态的盐矿，广泛分布于东到巫溪、云阳，西至盐源、西昌，南到宜宾、长宁，北抵广元、旺苍，共约17万平方公里范围内。如此，历史时期不仅巴蜀因生产盐、贩卖盐而富足，而且在缺盐的贵州和盐供不应求的云南，形成了以盐为主要商品的川盐入黔古道和川盐行滇古道，并在沿线逐渐沉积了厚重的与盐相关的文化遗产。再如，西南地区的土壤特性和温暖湿润、多云雾的气候条件，使四川雅安地带、云南洱海、西双版纳、思茅、贵州都匀、湄潭等地成为我国重要的产茶区和桑蚕种植区。特别是云南西部洱海一带和今四川雅安一带，由于其气候、土壤非常适宜茶叶生长，自古以来就是我国重要的产茶区，因而促成茶马古道主要路线，一是以云南普洱茶产地（今西双版纳、思茅等）为起点的滇藏茶马古道，二是以四川雅安一带产茶区为起点滇川藏茶马古道。

再次，遗产线路分布与水道和驿路成耦合状。

西南地区水资源丰富，嘉陵江、乌江、沱江、永宁河、赤水河、綦江都是重要的水路。古代军旅、商队选择这些河道作为陆路的补充，既快捷又便利，此种情况在茶马古道、蜀道、红军长征西南之路都有所体现，特别是川盐入黔线路，正是利用了长江及其水系赤水河、沱江、永宁河、乌江、綦江运输川盐，通过四大口岸地转运至贵州，把贵州严重缺盐的问题给彻底解决了。此外自秦汉置邮设驿以来，经过历朝历代统治者的扩建和经营，到元明清时期，西南地区已形成四通八达的邮驿网路。无论哪一条遗产线路，在驿道形成、发展，甚至是衰落期间，都充分地利用了驿道的便利，因而与驿道有了耦合性。值得一提的就是明代滇黔屯军线路，这条遗产线路的形成完全依托了湘黔、滇黔省际驿道，并在沿线积淀了厚重的屯军文化遗产。

最后，西南地区遗产线路错综复杂呈网状分布。

西南地区线性文化遗产时间跨度大，不同历史时期区域发展不平衡，交通线路不得不因时、因势调整完善，故而形成了复杂交叉的交通网络，几乎遍及西南地区。川盐古道是西南地区重要的贸易通道，其道路系统更是密如蛛网。一些时空跨度较大的线性文化遗产，总是与其他线性文化遗产存在着交叉重复。如茶马古道，除了主道之外，还有各种支路、辅路，形成了纵贯西南的线路网路，今云贵川渝均有涉及，它与川盐古道就存在诸多重复之处。交叉性是西南地区遗产线路界定的一个有待研究的难题。

第四节 西南地区线性文化遗产生存环境

中国的西南从政区地理和自然地理角度来说在地域上存在一定的差异性，就政区地理而言，所谓西南地区包括今四川、重庆、云南、贵州、西藏等五个省、市、自治区。就自然地理而言，所谓西南地区则主要指秦岭以南的四川盆地、云贵高原和青藏高原等地理单元。出于本研究涉及线性遗产的分布及地缘政治上的考虑，文中所述西南地区在地理上涉及的范围主要指今天四川、重庆、贵州、云南，以及部分西藏自治区、陕西省秦岭以南的汉中地区。

西南地区线性文化遗产资源类型丰富，从其最初线路的形成及其分布规律来看，它们的形成总体上与西南地区的自然地理环境与人文地理环境有直接的关系。

一、线性区域范围内的自然地理环境

自然地理环境包括地质构造、地形地貌、河流、气候土壤特征，以及在这些自然地理环境要素影响下特有的丰富物产，如矿产资源、水资源、森林资源、茶、桑蚕、药材资源等。在地质构造上，西南地区的底层、岩石及大地构造复杂，有较多的深构造带和构造体系，这些是形成西南地区错综复杂的地势地貌和丰富的矿产资源的基理和地质条件。在地形地貌上，由于受其地质构造的影响，地貌类型复杂多样，地势起伏大，分级分层显著，河流纵横，峡谷广布。在河流特征上，受东南季风和西南季风的影响，降水丰沛，径流量大，加之地处我国第一阶梯和第二阶梯的过渡地带，地势的起伏造成河流纵比降大，水资源丰富，但是由于多高山峡谷，只有少量河流能发展航运。在气候土壤特征上，受地形及大气环流的影响，具有独特的亚热带季风气候，且气候类型复杂，水平差异和垂直差异现象显著，独有的气候和地形影响，使西南地区的土壤类型以热带、亚热带的地带土壤占绝对优势，为本区植被的生长提供了很好的条件。可见，在西南自然地理环境各要素的影响下，西南的矿产资源、水资源和生物资源丰富多彩。

二、自然地理环境对线性文化遗产的影响

1. 矿产资源对线路分布的影响

由于西南地区处于扬子地台、秦岭褶皱系、华南褶皱系、滇藏青褶皱系等性质迥异的构造大单元之间，因此它的地质构造具有古老性、复杂性和纵深性的特点。这些特征使西南地区出现独有的断裂构造及构造体系。西南地区的断裂构造分布广泛，主要有超岩石圈断裂的深断裂带、金沙江—红河深断裂带、龙门山断裂带。这三条深断裂带是西南地区，也是我国地质构造的重要分界线。在断裂带的基础上，西南地区的构造体系相互复合、迭置和交切。主要表现为东西向构造体系和南北向构造体系。东西向的构造带就有米仓山—摩天岭东西构造带，跨川、滇两省的东川—会东—攀枝花—鹤庆，四川峨边—石棉等构造带；南北向构造带主要有川滇南北向构造带、川黔南北向构造带和三江南北构造带。这些构造带断裂带非常活跃，有大规模的岩浆岩和变质岩，这就为西南地区内生矿产提供了丰富的矿物来源。西南地区独特的地质构造不仅决定了在此区域范围内矿产资源的丰富性，而且矿产资源的分布因受地质构造的影响具有一定的规律性，主要表现

在川滇—龙门山优地槽金属矿带，储有丰富的铁、铜、银、金等类型多、规模大的矿产；金沙江、怒江俯冲带金属矿带，分布有铜、金、银、铁等金属和石棉等矿物；康滇地轴金属矿带，富有与基性和超基性岩体相关的铜、钛、镍、锰等矿；还有丽江—盐源台缘褶断带、兰坪—思茅拗陷带，这里的矿物和生物礁有关，产铅、锌、锑及盐类等矿；特别四川盆地内陆盆地湖沼成矿带，分布最典型、最重要，有三叠纪、侏罗纪的煤、石油、天然气和沉积铁矿，以及蒸发盐盆地的盐类等重要矿产。

可见，西南地区地质构造影响其矿产资源的分布，形成一定的矿产分布地带，而这些丰富的矿产资源和矿产分布地带又在一定程度上影响着西南地区线性遗产线路的分布。

2. 地形地貌对线路走向的影响

西南地区并非一块整齐划一的区域，而是由多个不同的地理单元组成。受地形和大气环流等影响，不同地理单元的地貌特征和自然景观差异较大。这些地理单元的特点为：青藏高原——"世界屋脊"，高寒荒漠和冻土广布，雪峰连绵、冰川纵横，发展交通极为困难；横断山区，山河南北纵列相间分布，山高谷深，横断东西交通；四川盆地，四周山岭和高原环绕，内部低山丘陵起伏，素有"蜀道难"之说；云贵高原，喀斯特地貌典型，高原山岭众多，地面崎岖，交通大为不便；岷山山地一带，其上游谷地多为泥石流频发区。因此，西南地区的地形地貌特征对西南交通线路具有一定的制约性。如西南地区边陲的横断山脉地区，地势高拔，为众多崇山峻岭簇拥，又为众多大江大河切割，交通向来艰险不便；与横断山脉的西北侧相接，则是更为高拔的以喜马拉雅山为代表的世界屋脊青藏高原。这样的地理位置和地理环境，决定了茶马古道的基本特质：在高山群峙、大江汇集、山路崎岖陡险，难以通行车辆，江河湍急航运基本无从进行的条件下，千百年来茶马古道只能用人背马驮的形式穿行在南北走向的横断山脉及河流峡谷之中。

3. 河流特征对水路利用的影响

西南地区河网密集，河流众多，河流的干流主要发源于青藏高原东南边缘、云贵高原、秦巴山地三个地带，因此西南地区河流的流向也不尽相同。怒江、澜沧江、金沙江、岷江等大河都源于青藏高原东南边缘，源远流长，水量丰富，大致呈南北走向，与流域内高山组成我国著名的岭、谷并列的横断山地。而沅江、乌江、赤水河，以及南、北盘江等源于云贵高原，流向由高原向南、东、北三个方向辐射，仅有少数河流如沱江、涪江、嘉陵江等源于秦巴山地，流向大致是自北而南。

由于西南地区的河流位于我国第一、二级阶梯上，河流大都下切得比较深，河流比降大、水量多、纵剖面多转折，滩多流急、江河多穿插于高山峡谷之中，峡谷连绵。因此，历史上的西南地区，只有川江及其支流的中下游适宜开展航运，因为川江是顺长江而下，自巴蜀出三峡而直抵荆楚是十分便捷的交通要道。由于受东南季风和西南季风的影响，这些河流具有降水丰沛，径流量大，河流具有汛期长、无结冰期、河流沙量小、水位季节变化小的特点，对西南地区水路交通的发展具有一定的优势。川盐的运输正是利用了这一天然的优势。

4. 气候、土壤对资源优势的影响

受地理位置、地形及大气环流的影响，西南地区气候表现为具有独特的亚热带季风气候。其特点为：冬不太冷、夏不太热，年温差较小，降水集中在夏季。西南地区气候水平差异显著，从热量带看，从南到北，随纬度和海拔的增加，出现从热带到寒温带各种气候类型，如四川盆地由于其丘陵区北有山地屏障，冬季寒潮不易入侵，终年温湿、多云雾、日照少，夏有焚风效应，具有冬温春早夏热的特点；而云贵高原中贵州大部分气候却呈现出冬冷夏温，春秋温度较低，夏季高温不够，多阴雨，光照不足的特征。从土壤的结构来看，由于西南地区有较多相对高度较高而且巨大的高山高原地带，地区内自然条件既有热量条件的纬度变化，也有水分条件从东南沿海向西北的变化，更有垂直方向上水热组合状况的变化。这一系列变化反映在自然地理要素的土壤上，表现为以热带、亚热带岩成土类型为主，且分布相对较广。就四川盆地而言，由于中新生界紫色砂岩、页岩和泥岩广泛露出，因此，在亚热带湿暖气候和常绿阔叶林条件下，它的风化物就作为母质发育成紫色土。这种土壤具有有机质含量偏低而且矿质营养丰富、肥力较高的特点，且土壤 pH 值在 4—6.5 之间。以西南四川盆地及边缘低山丘陵分布最为集中，滇中高原及黔北也有分布。

西南地区独特的小气候和特殊的土壤，对植物的生长具有一定的优越性，特别适合茶树、药材、桑蚕及其他农作物的种植生产。这些丰富的农副产品资源，为遗产路线上的商品流通互市提供了很好的资源优势，如川盐入黔线路上的各地商人，利用长江及其支流将盐贩卖到贵州，同时又将贵州上好的茶叶、药材、木材、竹器及其他山货等带到全国各地。

总之，西南地区线性文化遗产的积淀与它所在的区域特有的自然地理环境分不开，并且受自然地理环境的影响和制约，使其形成的路线分布具有一定的规律性。

三、线性文化遗产的人文环境

从地理的角度来说，西南地区是由秦巴山地、四川平原、云贵高原、川西高原等地理单元组成，面积大约 257 万平方公里，占全国土地总面积的 26.8%。各地理单元间又存在较大差异的地貌形态，山地和盆地特征尤为突出。这两大地貌特征对于历史时期西南地区社会文化地理，如人口、民族、经济、交通、城市、文化等方面均产生了深远的影响，并由此形成该区域有别于中原和其他地区的人文环境。

据调查，我国现有 80 % 左右的少数民族，包括苗、侗、布依、水、瑶、壮、傣、藏、彝、仡佬、白、傈僳、纳西、哈尼、羌、门巴、毛南、珞巴、怒、独龙、阿昌、景颇、基诺、拉祜、普米、京、佤、布朗、德昂、仫佬等 30 多个民族在此区域内居住，此外还有穿青人、绕家人、巴泥人等未识别民族，人口超过 2900 万，是全国少数民族人口密集程度最高的地区。在历史的长河中，这些少数民族逐渐形成了本民族各自的语言、习俗和文化。与此同时，他们在经济文化的类型构成方面，也比较复杂多样。其中，区域经济内部发展尤不平衡，总体而言生产力水平较低，经济发展相对滞后。根据西南地区地形、地貌和气候、土壤，大致可分为盆地经济、山区经济、丘陵经济、湿地经济等不同的类型。历史上，农业、畜牧业、养殖业、采集和狩猎等初级复合型经济是西南大部分地区占主导地位的经济形态。[1] 西南地区历史上形成的交通要道发挥着多重的功能，它既是中央王朝开拓边疆地区的治边之道，也是西南各区域内部，以及与中原内地，甚至与东南亚、南亚发生商贸关系的重要纽带。自秦汉经营西南地区以来，先后开通"五尺道""南夷道""零关道"等交通线，到元明清时期，各朝代继续沿用和完善区域内部和通往区域外部的水、陆交通网路，以服务于中央与地方之间的政治、军事、经济和文化的沟通和交流。在这些交通沿线上链状地分布着因政治、军事、商贸、文化等多种因素而兴起的城镇（或城市），如成都、

---

[1] 方铁.《论西南古代区域史的特点以及研究的内容与方法》.《西南民族大学学报》（人文社科版）. 2007 年 9 期，总第 193 期.

昆明、贵阳、重庆等。在较长的历史时期内，它们逐渐地发展成为区域内部政治、经济、文化的中心城市。

西南地区人文环境总的说来是道路交通欠发达，经济相对落后，民族种类繁多，文化复杂多样。

四、人文环境对线性文化遗产的影响

多数学者往往会认为是西南地区的遗产线路在主导和影响本区域的社会经济、文化的发展，毕竟从逻辑上来说是先有线路才会有更多的活动和交流。殊不知一个地区的人文地理环境同样会反作用于遗产线路，它甚至可能参与线路的规划，丰富线路的文化内涵。

1. 区域经济状况的影响

区域经济对西南线性文化遗产的影响表现在两个方面：

其一，区域经济发达的地区比欠发达的地区，更能吸引统治者的目光，更能激发统治者的占有欲，蜀道的开辟就是很好的案例。先秦时期，在今四川盆地及其附近的川西（以成都为中心）和川东（以重庆为中心）地区，先后建立了蜀国和巴国。巴蜀地区是我国古代文明程度发展最早的地区之一，史载秦昭公四年（公元前303年），巴蜀地区已经"初为田，开阡陌"[1]，并在广大的地区推广秦商鞅变法以来的辕田制。[2]《华阳国志》描述蜀国"其山林泽渔，园囿瓜果，百谷蕃庑，四节代熟。桑、漆、麻、纻麾不有焉"。[3]说明古蜀地沃野千里，农业与副业交相辉映。手工业也很发达，特别是玉器加工业、青铜铸造业已发展到较高水平。1986年，四川广汉发掘出三星堆遗址，可从中窥见早期蜀文化整体经济发展水平和生产力发展情况。此外，在川东地区，丰富的盐矿哺育着巴人，孕育来巴国文化，这里是中国乃至世界上最早的制盐基地。正是巴蜀的富足吸引了秦汉两朝，并企图以此为立脚点，在西南地区推行霸权。由此，入蜀线路得以开通的原因除了中央政府政治扩张和军事称霸外，还在于获得更多的经济资源和人口资源，说明巴蜀的区域经济优势在不知不觉中参与了强权政治经略西南地区的线路规划。

---

[1]　（西汉）司马迁.《史记》卷六，《秦本纪》第六.北京：中华书局.1959年.

[2]　蒙文通.《巴蜀古代试论》.成都：四川人民出版社.1981年.

[3]　（晋）常璩.《华阳国志》卷三，《蜀志》.上海：商务印书馆.1939年.

其二，道路交通的规模可反映区域经济活动内容的广度和深度，同时经济发展的状况往往更能促进交通线路的建设，因为区域经济发展指标，取决于该地区的生产和消费，以及可供调入、输出的剩余物资数量。区域经济发达的地区能整合资源，汇集信息，从而在经济发展的规律中形成良性循环，并将区域经济的优势辐射到另一个区域，这个过程会体现在一个区域到另一个区域之间线路的文化沉淀上。不管是蜀道、茶马古道，还是川盐古道，区域经济的发展状况都会或多或少地在线性文化遗产的形成过程中起到推动作用。

川盐作为一种不可或缺的商品，从商周开始，围绕着盐的生产和销售，在四川的大小盐矿区形成了经济相对发达的区域，这个区域首先吸引了商贾南来北往，先进的知识和理念、异域的文化，通过盐的运销辐射到贵州、云南、湖北、湖南、陕西等地运盐线上，扩大了区域间经济联系，开发了各区的资源，改变落后区域的面貌，并形成今天极具文化特色的盐业古镇、会馆豪宅、盐号仓储、行盐古道、客栈马店、关隘码头，以及与盐有关的非物质文化遗产。又如明末清初，滇藏茶马古道的源头为什么要从景东南移至普洱，因为普洱的茶叶种植面积和茶叶的集市规模超过了景东，一时间成为一个新兴的"茶叶贸易区"，吸引了大批商贾在此进行交易，茶马古道线路由此而进行了局部调整。也就是说社会经济的发展与道路交通的发展是并驾齐驱的，沿线文化遗产的丰富程度自然也与一个地区的经济状况相关。

2. 地缘政治的影响

地缘政治即是地理和政治的结合体，它往往把地理因素视为影响甚至决定国家政治行为的一个基本因素。如何解析地缘政治对线性文化遗产的影响？历史时期，西南地区曾被划分为巴蜀地区和西南夷地区，巴蜀地区的范围指四川盆地及附近部分地区；西南夷地区则指巴蜀以南以西的地区。[1] 巴蜀地区在秦汉时期，无论从时间的维度还是空间的维度上都明显占有优势，它较早被秦汉中央王朝纳入经略的规划蓝图，较早接受来自中原地区强大的经济、文化和先进技术的关照。《华阳国志》载："家有盐铜之利，户专山之材，居给人足，以富相尚。故工商致结驷连骑，豪族服王侯美衣，娶嫁设太牢之厨膳，归女有百两之车，送葬必高坟瓦椁，祭奠而羊豕夕牲，赠襚兼加，赗赙过礼，此其所失。原其由来，染秦化（秦

---

[1] 李孝聪.《中国区域历史地理》北京：北京大学出版社.2004年10月.

国文化）故也。"[1]对中央政权而言，巴蜀既是富庶的后方，又是西南的前沿重地。这一地理因素不仅决定了秦并巴蜀，置吏于此，还决定了联系关中、汉中和巴蜀之间各条道路的开凿和整治，以及沿线重要城镇的布局。

又如，元以前中央对西南边陲的控制不需要借道贵州，贵州地理位置并没有引起各朝的注意。从元朝开始，云南赴京主要通道改道，从贵州横贯至湖广，贵州的地理位置逐渐凸显出来。尤其到了明代朱元璋平定云南梁王的反叛后，贵州作为通往云南的咽喉要道，军事战略地理位置陡然上升，镇远—贵阳—安顺—盘县一线从普通的省际驿道，发展成为带有政治色彩和军事功能的屯军线路，沿线链状分布着密集卫所，这些卫所把持着通衢要道和关隘险要处，多数与州县同城，最终发展成为沿线重要的城镇和该区域内政治、经济、文化中心。应该说明代滇黔屯军之路形成与地缘政治有着某种内在的牵连，是基于洪武初年这一特殊的历史时间，以及贵州地理位置发生改变后的必然产物。

3. 人口迁移和活动的影响

中国历史上，边疆地区的开垦都有着惊人相似的一幕：军事武力征服、建立行政机构、安置移民巩固。历史时期，西南地区历经几次较大规模外来人口的迁徙。秦灭巴蜀"移秦民万家以实之"，汉置郡县令民"就食蜀汉"，移民主要来自北方；宋元至明清时期的"湖广填四川"，以及"调北征南"和"调北填南"，移民大多来自南方。大量外来人口，一方面，大幅度地增加了西南地区人口的数量，打乱了民族的地理分布和民族的内部结构，另一方面则输入了内地进步的思想观念和先进的生产技术，开拓了当地人民的视野，改变了落后的生产方式，提高了劳动生产力，推动了整个社会的进步。例如明代滇黔屯军线路的形成，如果没有洪武年间大规模调北征南和调北填南的人口迁徙和流动，"大明遗风活化石"不可能遗存至今。在贵州通往云南的沿线上，贵州境内居住着南征云南后屯戍下来的 20 万大军后裔。六百年来，他们坚守着明朝江淮一带的汉族文明，形成了今天贵州极具特色的"屯堡文化"。主要表现在建筑、语言、服饰、饮食，以及节日、祭祀、娱乐等民间活动中。至今，屯堡妇女始终保持着明代凤阳汉装的遗风：宽衣大袖，长袍及膝，领口、袖口、前襟边缘镶有流绣，织锦丝带系扎腰间；长发挽髻套上马尾编织的发网，插上银

---

[1]　（晋）常璩.《华阳国志》卷三，《蜀志》.上海：商务印书馆.1939 年.

质和玉石发簪；腕戴银手镯，耳吊银质玉石耳坠；脚穿尖头平底高帮单勾凤头绣花布鞋。在贵州以安顺市西秀区为中心，包括市属平坝、镇宁、关岭、普定、紫云等地，春节之后、元宵节前，所有屯堡村寨都要唱一种民间戏曲——地戏，它源自明朝军队中的军傩，随明军入黔，后与地方傩戏结合，以《三国演义》《杨家将》《岳飞》等高昂悲壮、精忠报国的英雄主义题材为主要剧目，在屯戍文化中独树一帜，成为独特的文化遗存。可见，在线性文化遗产形成的过程中，不仅环境重要，人的因素更为重要，因为文化是由人创造，并为创造者所拥有。

4. 区域之间文化互动的影响

西南地区线性文化遗产是区域之间物质交流和精神互换的结果，物质交流满足了区域之间人们生活的需要，精神的互换则沉积下来，并成为一种无形的遗产传递下去。历史时期，从文化的角度大概划分西南地区空间为两部分：一是巴蜀地区，二是滇黔地区，在它们各自的区域范围内又存在更小的文化分区。在西南地区首先是交通线路连接了不同的区域，其次是人的移动和活动促使不同区域之间物质和非物质文化的交融，它使得巴蜀文化、滇黔文化，甚至藏文化，在蜀道、茶马古道、川盐古道和屯军线路上得以呈现。在川盐古道上，沿线聚落中遗留至今的一些古建筑是这条线性文化遗产上最璀璨的明珠。随着大量外籍商贾的云集，在贩盐的大军中形成了许多帮派，为了寻求精神上的寄托和神灵的保佑，同时也为了相互攀比，川盐古道沿线修建了许多宫、庙、馆、堂，如万寿宫（江西人建）、天上宫（福建人建）、南华宫（广东人建）、陕西馆（陕西人建）、湖北馆（湖北人建），还有本地人修建的寺庙、祠堂、道观等。在建筑风格上，它们各自带着浓郁的家乡味，呈现出丰富多彩的建筑内涵和不同区域、不同的民族之间强大的包容性，它们是因人类的生活必需品——盐而派生出来的不同区域的建筑文化遗产，而线路成为了这种文化互动的最终载体。

茶马古道上的历史文化名城丽江，居住着纳西族、藏族、白族和汉族。城中有汉传佛教寺院普贤寺、白沙大宝积宫、大佛寺；藏传佛教寺院福国寺、指云寺、文峰寺、普济寺、玉峰寺；道教玄天阁、文昌宫、大定阁、玉皇阁；伊斯兰教清真寺，还有本地宗教三多阁和王家庄的基督教堂，如此之多的宗教建筑，说明丽江古城拥有着不同宗教信仰的虔诚信徒，表现出来自不同区域的宗教文化通过茶马古道的传播，在此共生共融的场景。从另一个角度来说，多元的文化，同时也为茶马古道厚重的文化遗产增添了重要的内容。

综上，受人文地理环境的影响，西南地区线性文化遗产的分布具有一定的规律性，表现如下：第一，受商业贸易驱动和影响，在发挥着跨区域双边贸易功能的同时，经济优势的区域能对传统的线路做出改变和调整；第二，地缘政治结构影响着线路的规划和沿线不同区域内政治、经济、文化、中心的分布；第三，人口的迁徙和活动为线性文化遗产提供了丰富的人文景观，两者之间必然呈现内在联系；第四，区域间异质文化的交流和交融过程就是线性文化遗产形成和沉积的过程。

第五节　西南地区线性文化遗产现状

随着经济发展的突飞猛进，文化的开发越来越受到社会的关注。但经济建设往往会站在文化保护的对立面。进入 21 世纪以来，中国的文化遗产保护迎来了新的机遇和挑战。从国家的层面来说，先后修订和出台了《中华人民共和国文物保护法》（2015 年四次修订）《中华人民共和国非物质文化遗产法》《历史文化名城名镇名村保护条例》等法律法规，使文化遗产的保护逐渐纳入法制轨道。

一、遗产保存现状

1. 不可移动文物保存现状

西南地区线性文化遗产中的不可移动文物资源既丰富多彩又纷繁复杂，除了各时期的驿道、商道、古道和与重大历史事件相关的主题线路本身以外，还有沿线许多古遗址、古建筑，如就道路设施而言的桥梁、关隘、码头、渡口、栈道、古井、驿站等；就线路文化传播而言的寺庙、道观、会馆、书院、考棚、戏楼以及与之相关的牌坊、摩崖、石刻等；就商贸往来而言的商号、店铺、作坊、工场、客栈、马店、宅院、街市等；就行政管理而言的古城镇、衙署、巡检、坛庙等；此外还有与事件关联的建筑、营盘、堡垒、城墙等遗址、遗迹。可以说西南地区在历史时期遗留下来的大部分文化遗产，都与各类线路密切相关。有的线性文化遗产还具有鲜明的主题，如红军长征西南之路上的遗产资源就包括与长征有关的路段、战斗遗址、会议会址、指挥部驻地、红军驻地、名人旧居、红军标语以及烈士墓葬陵园。在 2012 年结束的第三次全国文物普查工作中，西南各省区新增不少与线性文化遗产相关的不可移动文物，其中四川省新增数量最多。

目前，在我国能得到有效保护的文化遗产大多数仍是被纳入"文物"这个体系的不可移动文物，特别是一些有级别的文物保护单位，其等级越高保护就越好，全国重点文物保护单位能充分体现文化遗产资源的保护现状，原因是有《文物保护法》作支撑，资金投入上更有力度和更有保障。在国务院核定并公布的第七批全国重点文物保护单位名单中，四川、云南、贵州和重庆 3 省 1 市均有较大幅度的增加，特别是四川省，其全国重点文物保护单位总量已经跃居全国第五位。西南地区线性文化遗产中被核定为国家级、省级、县市级文物保护单位的不可移动文物不计其数。但除少部分有级别的国家级、省级、县（市）级文物保护单位保存较好和一般好以外，大多数文物古迹一方面遭受自然因素的影响，长期饱受风雨的侵蚀，缺少维修，另一方面则因近年来旧城改造及农村城镇化建设带来人为的损毁，保存状况令人十分担忧。通过查阅国家文物局主编的《中国文物地图集》和对部分线性文化遗产的田野调查，并对照第三次全国文物普查相关资料，我们在西南地区具有代表性的线性文化遗产中，对有一定保护级别的、与线路有一定关联性的和具有典型性的不可移动文物进行了梳理、统计和分析。（见表 3-2、表 3-3、表 3-4、表 3-5、表 3-6）

（1）蜀道沿线不可移动文物资源保护状况

近年来，蜀道文化线路的保护问题在业内专家、学者的积极参与和呼吁下得到社会的广泛关注。以剑门蜀道遗址为代表的蜀道遗迹已纳入国务院公布的全国重点文物保护单位，依法得到了妥善保护。"十二五"期间，蜀道顺利进入《中国世界文化遗产预备名单》。在第三次全国文物普查、第七批全国重点文物保护单位遴选中一批重要的蜀道遗迹被重新发现、登记，甚至有可能被公布为全国重点文物保护单位。尽管如此，蜀道文化线路的保护依然不乐观。特别是在今天蜀道原有的功能已经丧失，大量的古遗址、古遗迹长期暴露在自然状态下，无人问津，加上近年来的大规模城乡改造建设，致使蜀道文化线路遗产损失惨重。

蜀道历史悠久，沉积的文化遗产十分丰富，以下统计表按文物的分类对沿线国家级、省级文物保护单位进行统计，目的是为蜀道进一步的保护和利用研究提供基础数据。

表 3-2　蜀道沿线不可移动文物资源统计表

1. 栈道、驿站遗址

保护名称	始建年代	地址	保护级别	关联古道
剑门蜀道	战国至清	广元市朝天区、剑阁县	国保	金牛道
朝天峡古栈道	秦至宋	广元市朝天区	省保	金牛道
南江米仓古道	战国至清	巴中市南江县	省保	米仓道

2. 桥梁、码头、关隘遗址

保护名称	始建年代	地址	保护级别	关联古道
乐善桥	清	成都市邛崃市	省保	金牛道等
蒲阳兴隆桥	民国	成都市都江堰市	省保	金牛道等
大风高拱桥	清	达州市达县	省保	荔枝道
剑溪桥	明	广元市剑阁县	省保	金牛道
朝天关遗址	唐至民国	广元市朝天区	省保	金牛道
铁龙桥	清	广元市天朝区	省保	金牛道
登子山石桥	清	绵阳市梓潼县	省保	金牛道
灵宝山石刻及古石桥	宋、清	广安市邻水县灵宝山	省保	荔枝道
协兴万春桥	清	广安市广安区	省保	荔枝道
碑记桥	宋	重庆涪陵区马武镇	市保	荔枝道
龙门桥	清	重庆涪陵区蔺市镇	市保	荔枝道

3. 摩崖石刻、碑记、石窟

保护名称	始建年代	地址	保护级别	关联古道
北周文王碑及摩崖造像	南北朝至清	成都市龙泉驿区	国保	金牛道等
三佛洞摩崖造像	唐	成都市都江堰市	省保	金牛道等
药师岩摩崖造像	唐至明	成都市大邑县	省保	金牛道等

续表

保护名称	始建年代	地址	保护级别	关联古道
灵岩寺及千佛塔	唐、清	成都市都江堰市幸福乡	省保	金牛道等
邛崃石窟	明、唐	成都市邛崃市临邛镇	国保	金牛道等
蒲江石窟	南北朝至清	成都市蒲江县鹤山镇	国保	金牛道等
天宫寺摩崖造像	唐	成都市邛崃市	省保	金牛道等
青城山摩崖石刻	唐至民国	成都市都江堰市	省保	金牛道等
大佛寺摩崖造像	唐、清	成都市蒲江县	省保	金牛道等
卧龙山千佛岩石窟	唐	绵阳市梓潼县	国保	金牛道
碧水寺摩崖造像	唐	绵阳市游仙区	国保	金牛道
石堂院石刻题记及摩崖造像	唐至清	绵阳市游仙区	省保	金牛道
绵阳圣水寺摩崖造像	唐至清	绵阳市游仙区	省保	金牛道
北山院摩崖造像及刻经	唐至宋	绵阳市游仙区	省保	金牛道
广元千佛崖摩崖造像	唐至宋	广元市市中区	国保	金牛道
皇泽寺摩崖造像	南北朝至民国	广元市市中区	国保	金牛道
观音岩摩岩造像	唐	广元市昭化区	省保	金牛道
鹤鸣山道教石窟寺及石刻	南北朝至民国	广元市剑阁县	国保	金牛道
冲相寺及摩崖造像	隋至民国	广安市广安区	省保	米仓道
黄陵寺摩崖造像及石刻	宋	广安市邻水县	省保	米仓道
浪洋寺摩崖造像	唐	达州市宣汉县	省保	荔枝道
乌桥千佛岩摩崖造像	唐	达州市大竹县	省保	荔枝道
紫云坪植茗灵园记岩刻	宋	达州市万源市石窝乡	省保	荔枝道
南龛摩崖造像	隋至宋	巴中市巴州区	国保	米仓道
通江千佛岩石窟	唐	巴中市通江	国保	米仓道
巴州龙门山石窟	唐	巴中市巴州区	省保	米仓道
朝阳洞石窟	清	巴中市巴州区	省保	米仓道
石门寺摩崖造像	唐	巴中市巴州区	省保	米仓道
水宁寺摩崖造像	唐	巴中市巴州区	省保	米仓道
白鹤梁题刻	唐至清	重庆涪陵区崇义办事处西北长江中	国保	荔枝道

4. 会馆、店铺及窑址、作坊遗址

保护名称	始建年代	地址	保护级别	关联古道
洛带会馆建筑群（含广东会馆、江西会馆、湖广会馆、川北会馆）	清	成都市龙泉驿区	国保	金牛道等
水井街酒坊遗址	明、清	成都市锦江区	国保	金牛道等
什邡堂邛窑遗址	隋至宋代	邛崃市临邛镇	国保	金牛道
玉堂窑址	唐、北宋	成都市都江堰市玉堂镇	省保	金牛道等
青羊宫窑址	隋唐	成都市青羊区	省保	金牛道等
白云盐井遗址	唐宋	成都市蒲江县白云乡	省保	金牛道等
平乐冶铁遗址	唐代、宋代	成都市邛崃市	省保	金牛道等
瓷碗铺窑址	宋	四川达州市通川区复兴乡	省保	荔枝道
天益老号酒坊	清	四川德阳市绵竹市	省保	金牛道
剑南春酒坊遗址	清至民国	四川德阳市绵竹市	国保	金牛道
邱家榨菜作坊	清	重庆涪陵区崇义街道	市保	荔枝道

5. 民居、古建筑群

保护名称	始建年代	地址	保护级别	关联古道
望江楼古建筑群	清	成都市武侯区	国保	金牛道等
都江堰	清至民国	成都市都江堰市	国保	金牛道等
邛崃寺庙建筑群	唐、明	成都市邛崃市	省保	金牛道等
寿安陈家大院	清	成都市温江区	国保	金牛道等
新场陈家大院	清	成都市大邑县	省保	金牛道等
新场李氏民居	清	成都市大邑县	省保	金牛道等
唐昌梁家大院	清	成都市郫县	省保	金牛道等
宣威门古城墙	明至清	成都市都江堰市	省保	金牛道等
大邑刘氏庄园	清、民国	成都市大邑县	国保	金牛道等
崇州罨画池	唐、清	成都市崇州市崇阳镇	国保	金牛道

续表

保护名称	始建年代	地址	保护级别	关联古道
崇州陈家大院	清	成都市崇州市	省保	金牛道等
麒麟街民居	清、民国	成都市崇州市	省保	金牛道等
三县衙门	明、清	成都市双流县	省保	金牛道等
青城山古建筑群	清、民国	成都市都江堰市	省保	金牛道等
平乐李家大院	清	成都市邛崃市	省保	金牛道等
成都画院民居建筑	清末民初	成都市青羊区	省保	金牛道等
房湖	唐	德阳广汉市雒城镇	省保	金牛道
罗江奎星阁	清	德阳市罗江县	省保	金牛道
夏云亭	清	达州市达县	省保	荔枝道
巴州奎星阁	清	巴中市巴州区	省保	米仓道
钟鼓楼古建筑区	明	广元剑阁县	省保	金牛道
昭化古城城门	清	广元市元坝区	省保	金牛道
昭化考棚	清	广元市元坝区	省保	金牛道
昭化古民居（怡心园、益合堂）	清	广元市元坝区	省保	金牛道
陈万宝庄园	清	重庆涪陵区青羊镇	市保	荔枝道

6. 祠堂、庙宇、书院

保护名称	始建年代	地址	保护级别	关联古道
宝光寺	清	成都市新都区	国保	金牛道等
杨升庵祠及桂湖	清	成都市新都区	国保	金牛道等
杜甫草堂	清	成都市青羊区	国保	金牛道等
武侯祠	清	成都市武侯区	国保	金牛道等
灵岩寺及千佛塔	唐至清	成都市都江堰市	国保	金牛道等
灌口城隍庙	清	成都市都江堰市	国保	金牛道等
城隍庙	清	成都市都江堰市	国保	金牛道等

保护名称	始建年代	地址	保护级别	关联古道
崇宁文庙	清	成都市郫县	省保	金牛道等
石佛寺	明	成都市郫县	省保	金牛道等
新津观音寺	东汉至明清	成都新津县永商镇	国保	金牛道
五凤南华宫	清	成都市金堂县	省保	金牛道等
大观普照寺	清	成都市都江堰市	省保	金牛道等
土桥禹王宫	清	成都市金堂县	省保	金牛道等
土桥南华宫	清	成都市金堂县	省保	金牛道等
城厢文武庙	清	成都市青白江区	省保	金牛道等
昙云寺	清	成都市崇州市	省保	金牛道等
文庙及魁星阁	清	成都市都江堰市	省保	金牛道等
明教寺觉皇殿	明	成都市青白江区	省保	金牛道等
文殊院	隋	成都市青羊区	省保	金牛道等
崇丽阁	清	成都市望江公园内	省保	金牛道等
清真寺	清	成都市小河街2号	省保	金牛道等
河沙寺大雄宝殿	明	成都市蒲江县寿安镇	省保	金牛道等
二江寺拱桥	清	成都市双流县华阳镇	省保	金牛道等
下古寺	唐、清	成都市崇州市街子镇	省保	金牛道等
石经寺	唐	成都市龙泉驿区茶店镇	省保	金牛道等
青羊宫、二仙庵	明、清	成都市青羊区	省保	金牛道等
金华寺	清	成都市金牛区	省保	金牛道等
金华庵	明、清	成都市双流县	省保	金牛道等
温江文庙	清	成都市温江区	省保	金牛道等
绣川书院	清	成都市青白江区	省保	金牛道等
青白江陈氏宗祠	清	成都市青白江区	省保	金牛道等
关圣宫	清	成都市金堂县	省保	金牛道等

续表

保护名称	始建年代	地址	保护级别	关联古道
彭州法藏寺	清	成都市彭州市	省保	金牛道等
龙藏寺	清	成都市新都区	省保	金牛道等
蒲江文庙	清	成都市蒲江县	省保	金牛道等
严谷荪书库	清	成都市锦江区	省保	金牛道等
张家巷天主教堂	清	成都市金牛区	省保	金牛道等
大慈寺	清	成都市锦江区	省保	金牛道等
觉苑寺	明	广元市剑阁县	国保	金牛道
金仙文庙	清	广元市剑阁县	省保	金牛道
白兔寺	明	广元市剑阁县	省保	金牛道
剑州文庙	明	广元市剑阁县	省保	金牛道
剑阁香沉寺	元至清	广元市剑阁县	省保	金牛道
大安寺	明、清	广元市天朝区	省保	金牛道
昭化龙门书院	清	广元市元坝区	省保	金牛道
广善寺及魁星阁	清	广元市元坝区	省保	金牛道
广安文庙	清	广安市广安区	省保	荔枝道
兴国寺大殿	明	广安市广安区	省保	荔枝道
观阁黎氏宗祠	清	广安市广安区	省保	荔枝道
鱼泉寺	明至清	绵阳市游仙区	国保	金牛道
七曲山大庙	元至清	绵阳市梓潼县	国保	金牛道
平武报恩寺	明	绵阳市平武县境内	国保	金牛道
云岩寺	唐、清	省绵阳市江油	国保	金牛道
马鞍寺	清	绵阳市游仙区	国保	金牛道
梓潼双峰寺	清	绵阳市梓潼县	省保	金牛道
梓潼上清观	清	绵阳市梓潼县	省保	金牛道
梓潼圣水寺	明至清	绵阳市梓潼县	省保	金牛道

保护名称	始建年代	地址	保护级别	关联古道
李杜祠	清	绵阳市市中区	省保	金牛道
马鞍寺、鱼泉寺	清	绵阳市游仙区	省保	金牛道
玉女泉道教造像	唐	绵阳市涪城区	省保	金牛道
玛瑙寺大殿及壁画	明	绵阳市梓潼县	省保	金牛道
龙护舍利塔	元	德阳市旌阳区	国保	金牛道
德阳文庙	清	德阳市旌阳区	国保	金牛道
龙居寺中殿	明	德阳市广汉市	国保	金牛道
文庙	清	德阳广汉市雒城镇	省保	金牛道
益兰祠	清	德阳市广汉市	省保	金牛道
慧剑寺	明、清	德阳市什邡市回澜镇	省保	金牛道
罗江万佛寺	清	德阳市罗江县	省保	金牛道
真佛山庙群	清	达州市达县	国保	荔枝道
姚氏宗祠	清	达州市宣汉县	省保	荔枝道
土寨柏家祠堂	清	巴中市巴州区	省保	米仓道
白坪马氏祠堂	清	巴中市南江县	省保	米仓道
凤仪蒋氏祠堂	清	巴中市南江县	省保	米仓道

7. 古遗址、墓葬及其他

保护名称	始建年代	地址	保护级别	关联古道
江南馆街遗址	唐至宋	成都市锦江区	国保	金牛道等
雾中山佛教遗址	东汉	成都市大邑县城南	省保	金牛道等
鹤鸣山道教遗址	东汉	成都市大邑县悦来镇	省保	金牛道等
邛崃石塔寺石塔	南宋	成都市邛崃市高何镇、临邛镇	国保	金牛道
邛崃龙兴寺遗址	唐、宋	成都市邛崃市	省保	金牛道等
王建墓	五代后蜀	成都市金牛区	国保	金牛道等
孟知祥墓	明	成都市成华区磨盘山	国保	金牛道等
朱悦燫墓	明	成都市区北郊	国保	金牛道等
僖王陵	明	成都市区东郊郊	国保	金牛道等
赵子龙祠墓	清	成都大邑县	省保	金牛道等
大云山崖墓群	东汉	成都市新津县	省保	金牛道等
彭州佛塔	宋	成都市彭州市	国保	金牛道

续表

保护名称	始建年代	地址	保护级别	关联古道
奎光塔	清	成都市都江堰市	国保	金牛道等
兴贤塔	清	成都市邛崃市	省保	金牛道等
瑞光塔	南宋	成都市金堂县淮口镇	国保	金牛道等
怀远涸澜塔	清	成都市崇州市	省保	金牛道等
平阳府君阙	东汉	绵阳市游仙区	国保	金牛道
李业阙	汉	绵阳市梓潼县	国保	金牛道
梓潼无铭阙	汉	绵阳市梓潼县	省保	金牛道
郪江崖墓群	西汉	省绵阳市三台县	国保	金牛道
河边九龙山崖墓群	汉	绵阳市涪城区	国保	金牛道
白蝉朱家梁子崖墓群	汉	绵阳市游仙区	省保	金牛道
蒋琬墓	三国	绵阳市涪城区	省保	金牛道
魏城文风塔	清	绵阳市游仙区	省保	金牛道
五世同堂坊	清	绵阳市涪城区	省保	金牛道
萧杨氏节孝坊	清	绵阳市涪城区	省保	金牛道
新铺双牌坊	清	绵阳市涪城区	省保	金牛道
石桥铺双牌坊	清	绵阳市涪城区	省保	金牛道
贞孝节烈总坊	清	绵阳市梓潼县	省保	金牛道
塔梁子崖墓群	东汉	德阳市中江县	国保	金牛道
雒城遗址	汉	德阳市广汉市	国保	金牛道
绵竹城遗址	汉	德阳市旌阳区	省保	金牛道
杜家咀崖墓群	汉至南北朝	德阳市广汉市	省保	金牛道
中江塔梁子彩绘壁画崖墓群	东汉	德阳市中江县民主乡	省保	金牛道
庞统祠墓	清	德阳市罗江县	国保	金牛道
中江北塔	宋	德阳市中江县凯江镇	省保	金牛道
上庸长阙	汉	德阳县黄浒镇	省保	金牛道
姜公坟、姜孝祠	明清	德阳市旌阳区孝泉镇	省保	金牛道
渠县汉阙	汉晋	达州市渠县	国保	荔枝道
开江牌坊	清	达州市开江县	国保	荔枝道
玉带余王氏节孝坊	清	达州市万源市	省保	荔枝道

保护名称	始建年代	地址	保护级别	关联古道
神合张胡氏节孝坊	清	达州市大竹县	省保	荔枝道
平滩河牌坊	清	达州市大竹县	省保	荔枝道
平梁城遗址	宋	巴中市巴州区	省保	米仓道
巴州凌云塔	清	巴中市巴州区	省保	米仓道
牛角寨崖墓群	汉	巴中市巴州区	省保	米仓道
寺包山崖墓	唐、宋	广元市朝天区	省保	金牛道
郝家坪战国墓葬群	战国	广元市青川县乔庄镇	省保	金牛道
黄龙石牌坊	清	广元市元坝区	省保	金牛道
代市牌坊	清、民国	广安市广安区	省保	金牛道
唐湾山崖墓群	汉	广安市邻水县	省保	米仓道

注：以上数据来源于《中国文物地图集》，第三次文物普查资料整理汇总。

表格中统计数据显示，在七种文物类型中，国家级文物保护单位共有57处，省级文物保护单位共有137处，其中：

栈道、驿站遗址类国家级文保单位1处，占同级别总数的1.7543%；省（市）级文保单位2处，占同级别总数的1.4599%。

桥梁、码头、关隘遗址类国家级文保单位0处；省（市）级文保单位11处，占同级别总数的8.0292%。

摩崖石刻、碑记、石窟类国家级文保单位11处，占同级别总数的19.2982%；省（市）级文保单位19处，占同级别总数的13.8686%；

会馆、店铺及窑址、作坊遗址类国家级文保单位4处，占同级别总数的7.0175%，省（市）级文保单位7处，占同级别总数的5.1095%。

民居、古建筑群类国家级文保单位5处，占同级别总数的8.7719%；省（市）级文保单位20处，占同级别总数的14.5985%。

祠堂、庙宇、书院古建筑类国家级文保单位18处，占同级别总数的31.5789%；省（市）级文保单位55处，占同级别总数的40.146%。

古遗址、墓葬及其他类国家级文保单位18处，占同级别总数的31.5789%；省（市）级文保单位33处，占同级别总数的24.0876%。

以上数据分析可得出以下结论：

栈道、驿站遗址和桥梁、码头、关隘遗址申报获批比例最小，说明道路本身及相关设施因时过境迁，人为或自然因素损毁严重，保存现状最差；

蜀道沿线祠堂、庙宇、书院等古建筑申报获批比例最大，说明这个类型的不可移动文物本身数量比较多，保存现状相对较好，反映了历史时期蜀道上宗教、礼制文化在社会上的广泛传播；

会馆、店铺及窑址、作坊遗址及民居、古建筑群类申报获批情况不及摩崖石刻、碑记、石窟类，说明城镇、乡村的变迁和人们的移动、活动是不可移动文物遭受毁灭性破坏的主要因素之一。而摩崖石刻、碑记、石窟类，包括一些牌坊、塔、阙等，因形式、材质、受干扰小等原因，保存现状较好。

（2）茶马古道沿线不可移动文物资源保护状况

清代以前，茶马古道曾是我国西南地区的交通大动脉，盛极一时。清末随着茶马政策的废改和印度逐渐取代中国在亚洲茶叶贸易中的主导地位，茶马古道失去了它原有的功能。随着气候、环境的改变和沿线城镇突飞猛进的发展，以及现代交通工具的引入，茶马古道面临日益严重的生存危机，有些路段甚至消失殆尽。从 20 世纪 90 年代开始，茶马古道蕴藏的价值逐渐为世人所认知，各级政府和相关部门加大了对茶马古道的研究和保护力度。在第三次全国文物普查中，专门设立了茶马古道调查研究专题，线路所经省份积极组织人员对沿线遗迹进行调查、认定和登记，进一步摸清了茶马古道的家底，为进一步加强茶马古道的保护、管理和利用奠定了坚实的基础。"十二五"期间，茶马古道保护工作取得较好的成绩，云南普洱景迈山古茶林和茶马古道均在《中国世界文化遗产预备名单》中。2008 年 11 月，时任国家副主席的习近平亲临踏访那柯里茶马古道遗址，对云南各级政府重视茶马古道的保护工作给予高度评价。目前，云南省已公布与茶马古道有关联的各级文物保护单位约 100 处。第三次全国文物普查中，新增与茶马古道文化遗存有关的项目共计 223 处。2013 年 3 月，跨越云、贵、川等省茶马古道打包申请第七批全国重点文物保护单位获批，茶马古道的保护工作再上台阶。以下是云、贵、川三省茶马古道各路段沿线第七批全国重点文物保护单位统计。

（见表 3-3）

表3-3　茶马古道第七批全国重点文物保护单位统计表

类型	涉及线路段	文物名称
道路遗址	四川川藏南线	平乐骑龙山古道、临济拴马岭古道、天台山土溪、紫荆村古道、夹关古殿古道、村腰岩茶马古道、蒙顶山天梯古道（含皇茶园、甘露灵泉院石牌坊、净居庵石牌坊、禹王宫）、明代飞仙关南界牌坊及古道遗迹、宋代马散腰古道及石刻、化林坪茶马古道、佛耳崖茶马古道、鹦哥嘴茶马古道
	四川川藏北线	松茂古道（龙池段）、百丈房古道、婆雍古道、兑枯栈道
	四川川滇线	羊圈门古道遗址、二十四道拐古道遗址、甘洛青溪峡古道、冕宁雅砻江古道
	四川川黔线	光明古道、宝莲街驿道、沙湾驿道、大石川黔驿道、官斗村川黔驿道遗址、赤水河茶马驿道、猴子岭川黔驿道、二郎驿道、凤鸣驿道、白鹿驿道、先滩古驿道、柴口古盐道、贡井老街盐道
	云南西双版纳至大理线	易武茶马古道、莱阳河茶马古道、斑鸠坡茶马古道、那柯里茶马古道、孔雀屏茶马古道、茶庵塘茶马古道、哀牢山茶马古道
	云南临沧至大理线	鲁史茶马古道
	云南保山至大理线	高黎贡山北斋公房东坡古道、高黎贡山南斋公房东坡古道、高黎贡山南斋公房西坡古道、高黎贡山北斋公房西坡古道、高黎贡山城门洞东坡古道、高黎贡山大风口东坡古道、高黎贡山西坡古道、高黎贡山城门洞西坡古道、冷水菁七十六道坎古道石板路、石马山至马头坡古道、盘蛇谷古道石板路、惠人桥古道、水寨铺古街道及马店、橄榄坡古道石板路、赤土铺古道石板路、玉璧坡古道石板路、大蟒场坡古道石板路、茂福古道石板路、杉木笼山西坡古道、一碗水西坡古道石板路、高黎贡山大风口东坡古道石板路、北斗铺石铺路面、九转十八弯、博南山古道、南斋公房古道石板路、万马归槽

续表

类型	涉及线路段	文物名称
道路遗址	云南滇藏东线	古城区邱塘关茶马古道、古城区束河茶马古道、马蹄印石板路、七十二道弯茶马古道、云南驿茶马古道、小哨至黄草哨段古道、白沙坡至水安桥古道、老虎关至普昌河段古驿道、新村至宾川南界碑段古驿道、文盛街茶马古道、沙溪街茶马古道、象眠山茶马古道、阿墩子茶马古道、梅里古道、十二栏杆茶马古道、二十四道拐古道、漾濞驿下街古街道
	云南滇藏西线	翁里茶马古道、老姆井茶马古道
	贵州黔滇北线	长坡岭古道、蜈蚣坡古道（含蜈蚣桥）、甘棠古道、合里古道、阁雅古道、七星关古道、鹦哥嘴古道、四堡古道、营洪古道（含可渡桥、翠屏山摩崖石刻、飞虹亨鹤关摩崖石刻）
	黔西至金沙支线	渔塘河古道
	贵州黔滇中线	黑泥哨古道（含刘氏贞节坊）、鸡公背古道、关索岭古道（含澜陵桥遗址、御书楼等关台）、北口古道、水关头古道、关天北盘江古道、打铁关至罐子窑古道、软桥哨古道（含迎宾桥）、哨上古道、蛾螂铺古道、李子树古道、火铺子古道、查厅古道、石关古道、平关至宾胜境关古道
	贵州黔滇南线	青岩古道（含青岩桥、宫詹桥、赵彩草百岁坊、赵理伦百岁坊、周王氏媳刘氏节孝坊、马岭古道（含"木桥"）
桥梁遗址、建筑	四川川滇线	越西丁山桥及零关题记、大渡桥
	云南西双版纳至大理线	广恩桥遗址
	云南保山至大理线	惠人桥遗址、芒宽双虹铁索桥
	贵州黔滇北线	蜈蚣桥、六洞桥、可渡桥
	贵州黔滇南线	澜陵桥遗址、迎宾桥、青岩桥、宫詹桥、"木桥"

续表

类型	涉及线路路段	文物名称
渡口、码头、驿站、马店、水井遗址	四川川黔线	艾叶滩码头、仙市古镇盐码头
	四川川藏南线	唐代甘溪坡茶马古道驿站遗址
	四川川滇线	晋德登相营古驿站
	四川川藏南线	甘露灵泉院石牌坊、净居庵石牌坊、明代飞仙关"芦山县南界"牌坊、"川南第一桥"坊
	四川川黔线	乐善坊
	云南保山至大理线	北斋公房寺庙、黄竹园铺遗址、水寨铺古街道及马店
	贵州黔滇中线	刘氏贞节坊、迎宾桥牌坊
	贵州黔滇南线	赵彩章百岁坊、赵理伦百岁坊、周王氏媳刘氏节孝坊、安谷牌坊
坡郭、衙署、屯堡、烽火台、关隘和卡子遗址、古建筑	川滇线	清代清溪故城遗址、喜德冕山营遗址、唐代清溪关遗址、会理清溪关
	滇藏东线	镇阳门
	临沧至大理线	鲁史镇古建筑群＝阿鲁司官衙
	保山至大理线	黄竹园铺遗址
佛寺、道观、文昌阁、魁星楼和文峰塔古建筑	川藏南线	观音阁
	临沧至大理线	鲁史镇古建筑群＝兴隆寺、鲁史镇古建筑群＝犀牛太平、寺鲁史镇古建筑群＝鲁史文魁阁
	滇藏东线	三圣宫
	黔滇中线	松涧寺

续表

类型	涉及线路段	文物名称
会馆、商号、店铺、作坊古建筑	川藏南线	油榨古火（盐）井遗址、天全县边茶官库
	川滇线	清代公兴茶号旧址
	西双版纳至大理线	同兴号、车顺号、同昌号、同庆号、麻黑古茶园
	临沧至大理线	鲁史镇古建筑群—"俊昌号"茶庄旧址
	黔滇北线	毕节陕西会馆
	黔滇北支线	清池江西会馆
	黔滇北支线	"义盛隆"商号
摩崖、石刻和碑刻	川藏南线	建修村腰岩通路石级竣工碑记
	川藏北线	朴头山隋唐石刻
	川滇线	清代重修大相岭桥路碑、越西丁山桥及零关题记
	西双版纳至大理线	小水井梁子摩崖石刻
	滇藏西线	石门摩崖石刻
	黔滇北线	石门关壁刻
	黔滇北线黔西至金沙支线	七星关摩崖石刻
	黔滇中线	渔塘河义渡石刻
	川藏南线	花江摩崖石刻群、盘江桥石刻群

注：以上数据来源于第七次全国重点文物保护单位汇总统计

　　以上统计显示，四川省境内茶马古道全国重点文物保护单位计有 55 处；云南省境内茶马古道全国重点文物保护单位计有 75 处；贵州省境内茶马古道全国重点文物保护单位计有 52 处，三省合计 182 处，其中：

　　道路遗址类四川 32 处，云南 54 处，贵州 29 处，此项合计 115 处，占总数的 63.1868%。

　　桥梁遗址、建筑类四川 2 处，云南 3 处，贵州 8 处，此项合计 13 处，占总数的 7.1428%。

　　渡口、码头、驿站、马店、水井遗址类四川 9 处，云南 3 处，贵州 6 处，此项合计 18，占总数的 9.8901%。

　　城郭、衙署、屯堡、烽火台、关隘和卡子遗址、古建筑类四川 4 处，云南 3 处，贵州 0 处，此项合计 7 处，占总数的 3.8461%。

　　佛寺、道观、文昌阁、魁星楼和文峰塔古建筑类四川 1 处，云南 4 处，贵州 1 处，此项合计 6 处，占总数的 3.2967%。

　　会馆、商号、店铺、作坊古建筑类四川 3 处，云南 6 处，贵州 3 处，此项合计 12 处，占总数的 6.5934%。

　　摩崖、石刻和碑刻类四川 4 处，云南 2 处，贵州 5 处，此项合计 11 处，占总数的 6.044%。

　　以上数据反映出云南、四川仍是茶马古道文化遗产较为集中的分布区域，历史时期贵州参与了茶马互市活动，是茶马古道的延伸地区之一；茶马古道道路遗址类在申报获批中占的比例较大，说明茶马古道属于大尺度的线性文化遗产，三省都有部分路段保存较好，但沿线古建筑和古建筑遗址申报获批的低比例又凸显了保存现状的严峻性，抢救性、整体性保护任务十分艰巨。

　　（3）明代滇黔屯军沿线（贵州境内路段）不可移动文物资源保护状况

　　明朝开发西南地区主要是依托云南至湖广的滇黔通京驿道。屯军线路东端起点为今贵州省玉屏县（平溪），向西横贯贵州全境，出盘县入云南境，并延伸至昆明、腾冲等地。沿线不可移动文物资源可分为古驿道、古道；古建筑群；桥梁、码头、渡口；建筑遗址；摩崖石刻、手工业作坊旧址、碑记；宗教、文教建筑及其遗址；民居、祠堂、巷道、古井及其遗址；墓葬及其他等，共九个类型。明代滇黔屯军沿线不可移动文物的统计比较复杂，因线路绝大部分分布在今贵州境内，故统计范围一是以贵州境内路段保存的遗产资源为准，二是为引入遗产廊道概念对屯军线路进行深层次的保护研究，遗产资源的统计扩大到县级和县市级文物保护单位，并特别关注到遗产资源的实际保存现状。（见表 3–4）

表 3-4 明代滇黔屯军沿线不可移动文物资源统计表

1. 古驿道、古道

名称	始建年代	地址	级别	保存现状
湘黔驿道文德关段	洪武二十二年	镇远潕阳镇小田溪村文德关	县保	一般
湘黔驿道镇雄关段	洪武二十二年	镇远潕阳镇西柏杨坪西	县保	一般
铁溪古道	万历年间	镇远潕阳镇东北 1.5 公里	县保	一般
诸葛洞纤道	元、明	施秉城关镇中沙村潕阳河河两岸	省保	较好
湘黔驿道上塘段	明初	黄平上塘乡梅河村南青枫坳	县保	完好
旧州上塘驿道	明代	黄平旧州镇文峰关村至上塘	县保	一般
雅关	洪武年间	贵阳黔灵镇雅关村马鞍山	市保	一般
图云关	清代	贵阳园林路油榨关	市保	一般
黑泥哨古驿道	洪武二十一年	清镇市青龙镇黑泥哨村	市保	一般
滇黔驿道望坡坡段	明代	平坝城关镇东北 2.5 公里	县保	一般
关索岭	洪武二十一年	关岭关索镇关索村东	省保	较好
哈马关	洪武年间	晴隆县光照镇哈马村	县保	一般
盘江古驿道	明代	晴隆县光照镇东方红村	县保	残存 250 余米
滇黔驿道白沙段	明代	普安白沙乡卡塘村	县保	现残存 6000 余米
古驿道(胜境段)	明代	盘县平关镇胜境村	县保	一般

续表

2. 古建筑群

名称	始建年代	地址	级别	保存现状
青龙洞古建筑群	洪武二十一年	镇远潕阳镇东峡街东侧中河山西山麓	国保	主体建筑保存完好
云台山古建筑群	隆庆元年（1567）	施秉白垛乡白垛村西南芹菜塘	省保	主体建筑保存完好
飞云崖古建筑群	正统八年	黄平新州镇东坡村东	国保	主体建筑保存完好
旧州古建筑群	元至元二十八年	黄平旧州镇	国保	主体建筑保存完好
仙人洞古建筑群	明末	贵阳市东铜鼓山	市保	一般
贵阳文昌阁·甲秀楼古建筑群	万历三十七年（1609年）·万历二十六年（1598年）	贵阳云岩区文昌路，南明区新华社区	国保	主体建筑保存完好
青岩古建筑群	明清	贵阳青岩镇内	省保	较好
镇山村古建筑群	明万历年间	贵阳石板镇镇山村	省保	较好
平坝云山屯建筑群	明清	安顺市七眼桥镇	国保	主体建筑保存完好

3. 桥梁、码头、渡口

名称	始建年代	地址	级别	保存现状
龙塘三拱桥	乾隆五十八年	镇远潕阳镇中寨村西	县保	一般
何家桥	乾隆年间	镇远羊场镇龙洞村西	县保	一般
松溪桥	乾隆年间	镇远潕阳镇小菜园	县保	一般
蒋家桥	嘉庆年间	镇远羊场镇龙洞村	县保	一般
红光村桥	嘉庆年间	镇远青溪镇红光村	县保	一般

续表

名称	始建年代	地址	级别	保存现状
大寨桥	嘉庆、道光年间	镇远尚寨乡偑令村大寨东北	县保	一般
松溪桥	乾隆年间	镇远潕阳镇小菜园村	县保	一般
朝阳寺桥	清末	镇远大地乡大地村	县保	一般
龙塘村桥	清末	镇远羊坪镇龙塘村	县保	一般
三星步月桥	光绪年间	镇远金堡乡羊满哨村南	县保	一般
上北门码头	明代	镇远潕阳镇和平街西段北侧潕阳河南岸	县保	较好
老西门码头	洪武二十二年	镇远潕阳镇潕阳河南岸	县保	较好
吉祥寺码头	洪武年间	镇远潕阳镇潕阳河南岸吉祥寺北	县保	一般
杨柳湾码头	明初	镇远潕阳镇和平街中段	县保	一般
卫城码头	洪武年间	镇远潕阳镇周大街西段北侧潕阳河南岸	县保	一般
府城码头	嘉靖年间	镇远潕阳镇兴隆街东段南侧潕阳河北岸	县保	一般
禹门码头	嘉靖年间	镇远潕阳镇兴隆街中段南侧潕阳河北岸	县保	一般
城隍庙码头	嘉靖年间	镇远潕阳镇兴隆街中段南侧潕阳河北岸	县保	20世纪90年代淹没
冲子口码头	嘉靖年间	镇远潕阳镇兴隆街与新中街交汇处南侧潕阳河北岸	县保	20世纪90年代淹没
大河关码头	嘉靖年间	镇远潕阳镇顺城街中段东侧潕阳河西岸	县保	较好
清溪铁厂码头	光绪十二年	镇远青溪镇上河坝村潕阳河南岸	县保	保存完好
米码头	清末	镇远潕阳镇新中街东段潕阳河北岸	县保	保存完好

续表

名称	始建年代	地址	级别	保存现状
天后宫码头	清代中期	镇远潕阳镇新中街中段南侧潕阳河北岸	县保	保存完好
祝圣桥	崇祯三十七年	镇远县潕阳镇东关	国保	较好
平龙桥	洪武年间	黄平新州镇十里桥村西	县保	现存乾隆五十二年修桥碑记
玉峡虹桥	乾隆年间	黄平新州镇晒金石村东	县保	一般
安澜桥	乾隆三十一年	黄平谷陇镇岩英村西南1公里	县保	存残碑1通
翁眉桥	乾隆四十五年	黄平上塘乡乌梅河村南	县保	一般
马家桥	道光七年	黄平上塘乡蛇场街南端	县保	一般
重安江铁索桥	康熙十二年	黄平重安镇西	省保	一般
四灵桥	光绪十九年	黄平重安镇东	县保	一般
龙角桥	清末	黄平崇仁乡龙角村西	县保	一般
葛镜桥	万历十六年（1588）	福泉城厢镇金鸡山村	国保（省保）	存"葛镜桥碑记"碑，较好
江边桥	光绪三十年（1904）	福泉黄丝乡黄丝村西	市保	较好
通济桥	弘治四年	福泉市黎山乡新桥营村	县保	一般
瓮城桥	弘治六年（1493）	贵定盘江镇东南	县保	一般
冗山桥	乾隆三十二（1767）	贵定巩固乡光辉村东	县保	一般
把朗桥	清代	贵定铁厂乡铁厂村南	县保	一般
广济桥	明洪武二十三年	龙里龙山镇水桥村西1公里	县保	一般

续表

名称	始建年代	地址	级别	保存现状
乌当桥	明成化年间	贵阳新添镇镇新庄村村东北	市保	一般
下坝普渡桥	嘉庆二十年（1815）	贵阳下坝乡下坝村西南	市保	一般
宫詹桥	康熙五十年（1718）	贵阳青岩镇思潜村	市保	一般
马铃桥	乾隆四十一年（1776）	贵阳马铃布依族苗族乡中寨村板桥山	区保	一般
永安桥	嘉庆十三年（1808）	贵阳沙文乡斑竹园村村南	市保	一般
龙洞桥（玉龙桥）	明初	贵阳市南明区龙洞堡	市保	一般
浮玉桥（属甲秀楼古建群）	万历二十六年	贵阳市南明区甲秀楼社区	国保	较好
西清桥	万历四十一年（1613）	清镇站街镇路家桥村	市保	一般
旧州二十五眼桥	洪武十六（1383）	安顺旧州镇旧州村东 1 公里	区保	一般
画鲤桥	明代	安顺市区济世路	县保	一般
塔山东路桥	嘉庆四年（1799）	安顺塔山东路南侧	区保	一般
合和河桥	咸丰元年（1851）	安顺市区新生路	区保	一般
盘江桥	万历十一年	关岭新铺乡大坪村西 3 公里	县保	尚存"桥横镇银汉"等摩崖、造像、碑刻
花江铁索桥	光绪二十一年	关岭花江镇五里村	省保	较好
盘江桥	万历十一年	凉水营乡东方红村半坡塘寨	县保	桥头尚存"桥横镇银汉"等数处摩崖、造像、碑刻

续表

名称	始建年代	地址	级别	保存现状
铁索桥	崇祯元年	晴隆县光照镇东方红村	县保	一般
黄家桥	清代咸丰年间	普安雪浦乡博上村西	县保	一般
陇家桥	清代道光年间	普安罗汉乡凉水村南	州保	较好
鱼龙铁索桥	1920 年	普安楼下镇雨雪村南	县保	一般
迎恩桥	建文二年（1400）	盘县城关镇人民北路北	县保	一般
北门桥	嘉庆二十五（1820）	盘县城关镇北门楼北	县保	一般
双合桥	道光年间	盘县新民乡五嘎村东北	县保	桥栏用 130 块方整石砌筑，现存 94 块

4. 建筑遗址

名称	始建年代	地址	级别	保护现状
镇远城墙	正德年间（1506 年—1521 年）	镇远北石屏山上	国保	较好
清浪卫城墙遗址	洪武二十三年	镇远青溪镇滩阳河北岸	县保	一般
金顶山屯遗址	洪武年间	镇远都坪镇天印村北	县保	一般
镇远古城垣	洪武二十二年	镇远滩阳镇明代	省保	一般
楠木洞石墙	咸丰、同治年间	镇远江古乡中所村	县保	一般
高屯岩遗址	咸丰、同治年间	镇远羊场镇龙洞村西	县保	一般
悬幅岭屯堡	咸丰、同治年间	镇远江古乡水岭村	县保	屯内现存石碑数通

续表

名称	始建年代	地址	级别	保护现状
聚贤门	咸丰、同治年间	镇远羊场镇小坝村	县保	较好
诸葛洞纤道遗址	元大德十一年（1307）	施秉城关镇沙坪村菜花湾	省保	较好
胜秉汛城墙遗址	元代	施秉马号乡胜秉村南清水江北岸	县保	尚存黄土填充、碎石夯筑之城墙一段
岑坡山军屯遗址	明初	黄平旧州镇岑坡村岑坡山	县保	现残存战壕，并残存石砌卡门1座
岩门司城垣	顺治十五年	黄平谷陇镇岩门司村南清水江北岸	国保	残存东门，西南门保存完好
杨老驿城墙遗址	清康熙年间	福泉凤山镇杨老村	省保	今存关门三间，左右月门各一道
福泉城墙	洪武十四年（1381）	福泉城厢镇观水路西端小西门	国保（省保）	基本完好
大夫第	光绪四年	福泉城厢镇市府路	市保	一般
文昌阁	光绪年间	福泉道坪镇翁孖村	市保	一般
旧治城墙	万历三十六年（1608）	贵定旧治镇南	县保	现存西门、南门城楼及200米城墙
阳宝山古建筑群遗址	明嘉靖年间	贵定德新镇柏平村西阳宝山寨	省保	现残存断壁、石质构件及僧人墓塔
龙里卫城遗址	洪武二十三年	龙里县龙山镇冠山社区	未核	仅残存城基10余米
宋氏别业遗址	洪武四年（1371）	贵阳东风镇云锦村与新添寨镇北衙村间	市保	现残存石拱桥、牌坊石柱、"皇坟"及宋斌夫妻合葬墓等

续表

名称	始建年代	地址	级别	保护现状
观风台遗址	观水路中段南侧	贵阳观水路中段南侧	市保	尚存台基条石和大量石柱础
武胜门	洪武十五年（1382）	贵阳文昌北路南段西侧	市保	只剩老东门和南北城墙 70 余米
金竹安抚司衙署遗址	洪武五年（1372）	贵阳花溪区依族布依族苗族乡桐木村上板桥寨	区保	现存西墙约 550 米
中曹长官司宅院旧址	康熙年间	贵阳黔陶布依族苗族乡半坡村	区保	现存正房，两厢
大西门明代城墙段	明代	贵阳市南明区市府街道办事处公园路	未核	较差
蟾宫巷明代城墙段	明代	贵阳市南明区博爱路社区蟾宫巷	市保	一般
镇西卫古城城墙遗址	崇祯三年（1630）	清镇卫城镇卫城村	市保	现存校场坝、南门及残墙 1 段
威清所城城墙遗址	崇祯三年（1630）	清镇站街镇老城村西	市保	现存西门及残墙 1 段
赫声所城城墙遗址	崇祯三年（1630）	清镇新店镇茶店村西	市保	现存南门及残墙 1 段
玉皇阁遗址	清代	清镇红枫湖镇伺苗冲上寨	市保	现存阁基，部分条石及石碑两通
高峰山寺遗址	洪武三年（1370）	平坝马场镇平寨村嘉禾寨	县保	现存庙基及"西来面壁"摩崖石刻
旧州明城墙	洪武十四年（1381）	安顺旧州镇松林村	区保	一般
凤仪书院	始建年代不详。道光二十三年（1843）重修	安顺市区中山西路	市保	现存讲堂
旧州古城墙遗址	洪武十六年	安顺市西秀区旧州镇旧州村	市保	一般
安顺古城墙	洪武十四年	安顺市西秀区南街办事处塔山居委会	市保	一般
鲍家水利工程	明初	安顺市西秀区大西桥镇鲍家屯村	国保	基本完好

续表

名称	始建年代	地址	级别	保护现状
钟鼓楼遗址	洪武二十二年	镇宁城关镇人民路北端	县保	较好
镇宁城墙	洪武十六年	镇宁城关镇	省保	现存猫猫街西端、蝴蝶街西侧二处
海寨古城遗址（木夸营）	洪武	镇宁县都坪镇天印村	县保	仅存遗址
石牛寺遗址	明代中期	关岭关索镇交通路青龙山	县保	现存庙基及圆雕石牛
望水亭遗址	顺治十一年	关岭白水镇大坪地村北	县保	今残存若干石柱础
九峰寺遗址	清末	关岭顶营乡包包田村东	县保	现存基址及部分浮雕残件
顶营司城垣	洪武十二年	关岭顶营乡顶营街上南	省保	现存东门、城垣
安南城墙遗址	洪武十五年	晴隆莲城镇西街村	州保	今存"永通门"及残墙数段
莲云城墙遗址	崇祯三年	晴隆凉水营乡东方红村半坡塘寨	县保	今残存石墙
晴隆古城垣	洪武十五年	晴隆县莲城镇	州保	较好
石古铭矿遗址	明代	普安龙吟镇石古村	县保	一般
营山营盘遗址	明代中期	普安青山镇营山村	县保	残存石墙
普纳山遗址	明代	普安龙吟镇龙吟村北普纳山	县保	今残存战壕
新田营盘石墙遗址	明末	普安青山镇盘水村南新田寨	县保	残存石墙
卡子烽火台遗址	咸丰年间	普安白沙乡卡塘村西	省保	较好
铁厂烽火台遗址	清代	普安白沙乡铁厂村内	省保	较好
上寨烽火台遗址	清代	普安窝沿乡上寨村西	省保	较好

续表

名称	始建年代	地址	级别	保护现状
窝沿烽火台遗址	清代	普安窝沿乡大坡村西	省保	较好
普安路治所遗址	至元十四年（1277）	盘县刘官镇旧普安村南	市保	今尚存"大营盘""小营盘"等石墙遗迹
普安卫古城垣	明代	盘县城关镇	省保	现存北门城楼及东西向石城一段
南台山考棚	道光十五年（1835）	盘县城关镇玉阳路东南台山顶	县保	现存魁星阁，明伦堂等
凤山书院	嘉庆十二年（1807）	盘县城关镇西河门坡	县保	今屋架及大梁题记尚存

5. 摩崖石刻、碑记

名称	始建年代	地址	级别	保存现状
惠泉摩崖	弘治元年	镇远潕阳镇东2公里	县保	一般
吴王洞摩崖	明代	镇远潕阳镇沿河村东	省保	残存楷书"命明征源万"等字
老鹰岩摩崖石刻	乾隆十九年	镇远涌溪乡芽溪村东	县保	一般
华严洞摩崖石刻	明代	施秉甘溪乡甘溪村东1.5公里	省保	较好
"草庭书院"摩崖石刻	明代	黄平新州镇西门村东北1公里	县保	一般
勒山摩崖石刻	康熙三十八年	黄平新州镇龙塘村马家岩西南	县保	一般
西堡"写字崖"	清代	黄平纸房乡西堡村西2公里	县保	一般
中桥河义渡碑	光绪二十六年	黄平新州镇罗朗村北	县保	一般
高石头摩崖石刻	万历二十八年（1600）	福泉龙昌镇毛冷堡村西北	省保	较好

续表

名称	始建年代	地址	级别	保存现状
仙影岩摩崖石刻	万历二十九年（1601）	福泉街村南2公里	市保	一般
茶叶碑	乾隆五十五年（1790）	贵定云雾镇仰望村西1.5公里，关口寨	省保	较好
花金村护井碑	嘉庆十三年（1808）	贵定新巴镇花金村	县保	一般
抱管村护井碑	道光二十四年（1844）	贵定抱管乡抱管村东	县保	一般
木姜寨护井碑	光绪二十五年（1899）	贵定新巴镇谷兵村南	县保	一般
巫山岩画	汉代	龙里谷脚镇谷远村东北1公里	县保	一般
"见龙洞"摩崖石刻	明代	贵阳龙洞堡办事处龙洞堡村东	市保	一般
"西天一柱"摩崖石刻	清代	清镇红枫湖镇右关村北	市保	一般
"仰之弥高"摩崖石刻	道光二十二年	清镇红枫湖镇前进路青山腰	市保	一般
"一帆风顺"摩崖石刻	光绪十四年	清镇红枫湖镇建设路东段南侧	市保	一般
华严洞摩崖石刻	清、民国	安顺东关办事处华严村西	区保	一般
双明洞摩崖石刻	明	镇宁城关镇明星村南	市保	一般
花江岩画	宋—明	关岭普利乡下瓜村、板贵乡牛角井村	省保	较好
红崖古迹（红岩碑）	宋—明	关岭断桥乡坝陵村北龙朝树寨	省保	较好
观音洞摩崖石刻	清代	关岭关索镇大龙滩村西	县保	一般
观音洞摩崖石刻	清代	关岭永宁镇一村	县保	一般
关索洞摩崖石刻	清代	关岭关索镇关索东大岩寨	县保	一般
汉元洞壁题	清、民国	关岭普利乡下瓜村东南	县保	一般

续表

名称	始建年代	地址	级别	保存现状
大佛洞摩崖石刻	清代	关岭永宁镇西街	县保	残存摩崖"云崖""云雾天半"
"欽飞"石刻	万历年间	晴隆莲城镇西街村西	省保	较好
七星石摩崖石刻	明代中叶	晴隆莲城镇西街村东	县保	一般
"咸池洞天"摩崖石刻	明代	晴隆凉水营乡哈马村西	县保	一般
哈马"写字崖"	明代	晴隆凉水营乡哈马村南	县保	一般
胡源神道碑	道光二十九年	晴隆莲城镇箬上村南干坡洞	县保	一般
大白洞摩崖石刻	清代	普安青山镇下节河村东	县保	一般
邓文科百岁碑	清代	普安窝沿乡上寨村北	县保	一般
观音洞摩崖造像	明代	普安三板桥镇十里村东	县保	一般
朝阳寺万福无疆碑	洪武	盘县刘官镇刘家湾村	县保	碑存完好

6. 手工业作坊旧址

名称	始建年代	地址	级别	保存现状
汪家溪造纸作坊	清—民国	镇远青溪镇关口村汪家溪	县保	现存6间作坊，另有石碾、石碓、石磨数架
青溪铁厂旧址	光绪十二年	镇远青溪镇浪村南	县保	仅存石砌码头
水箐造纸作坊	清代	普安楼下镇水箐村	县保	尚存数个圆形化浆池
老厂村造纸作坊	清代	盘县老厂镇老厂村及周围村落	县保	一般

续表

7. 宗教、文教建筑及其遗址

名称	始建年代	地点	级别	保存现状
惜字炉	乾隆年间	镇远大地乡大地村北	县保	一般
青溪文笔塔	乾隆年间	镇远青溪镇东南	县保	一般
东山寺遗址	永乐十一年	镇远潕阳镇中河山路南段东侧	县保	残存庙基条石及摩崖石刻
文庙遗址	宣德元年	镇远潕阳镇顺城街西南段北侧	县保	现存宫墙、礼门、义路等
迎仙宫遗址	万历十二年	镇远潕阳镇小田溪村文德关	县保	现存建筑基础、条石、柱础等
笔岫山文笔塔	弘治	镇远县潕阳镇社区东关	县保	一般
北极宫	弘治	镇远县潕阳镇民主社区	县保	现存石阶、山门、正殿、偏殿等
紫皇阁遗址	明代	镇远潕阳镇新中街北侧	县保	现存建筑基础、古树、排水沟及"紫皇阁"摩崖石刻
白云山寺遗址	清初	镇远潕阳镇东白云山	县保	现存摩崖2方
云中山寺遗址	道光年间	镇远潕阳镇东北铁溪云中山	县保	现存基础、佛龛、水井及崖壁墨书题记
青狮洞寺庙遗址	清代	镇远羊场镇北石屏山路中段南侧	县保	现存溶洞、"岩菩萨"
小坝文昌阁	道光年间	镇远潕阳镇小坝村东南	县保	基本完好
金顶庵	咸丰八年	镇远都坪镇天印村北	县保	较好
令公庙	嘉庆年间	镇远潕阳镇周大街东关上	县保	存山门、两厢、正殿、偏殿及6米高封火围墙
火神庙	清初	镇远潕阳镇顺城街北侧	县保	现存山门、戏楼、正殿及后殿封火围墙、较好

续表

名称	始建年代	地点	级别	保存现状
天启宫	清初	镇远㵲阳镇新中街西段北侧	省保	现存禅楼山门、正殿、厢房及封火围墙，较好
四官殿	明末	镇远㵲阳镇北石屏山	省保	较好
青溪万寿宫	光绪四年	镇远青溪镇东㵲阳河南岸	县保	现存戏楼，较好
北极宫	明弘治年间	镇远㵲阳镇民主街中段北侧	县保	较好
朝阳寺	明末	镇远大地乡大地村	县保	较好
关帝庙	清乾隆年间	镇远㵲阳镇联合街南侧	县保	现仅存封火院墙墙基
天主教堂	光绪二十四年	镇远㵲阳镇西段南侧	县保	较好
朝阳寺	明天启年间	施秉甘溪乡甘溪村白果寨北	县保	现存山门、正殿和左厢房
平宁寺	明代	施秉城关镇平宁村西1公里	县保	尚存前殿
重安文昌阁	光绪年间	黄平重安镇东巷子口	县保	一般
旧州天主教堂	民国初	黄平新州镇新大街北段西侧	县保	一般
重安万寿宫	乾隆二十年	黄平重安镇中街东侧	县保	一般
仙人洞寺庙遗址	洪武年间	福泉城厢镇西南3公里	市保	现存佛桥及摩崖石刻等古迹
万门塔	嘉庆九年（1804）	福泉凤山山镇凤山村西	市保	较好
月山寺	洪武年间	福泉城厢镇猪场镇南街段西侧	市保	现存后殿及北厢
潮音阁遗址	隆庆	福泉市城厢镇城郊村	县保	仅存遗址
福泉山高真观	明代	福泉市城厢镇城郊村	县保	一般

续表

名称	始建年代	地点	级别	保存现状
文昌阁	光绪年间	福泉道坪镇翁初村	市保	较好
贵定城隍庙	洪武二十五年（1392）	贵定城关镇中山东路中段东侧	省保	现存过殿、两厢、正殿
盘江回龙寺	乾隆八年（1743）	贵定盘江镇同卜村	县保	现存过殿、两厢、正殿
万寿宫	乾隆二十三年（1758）	贵定云雾镇新西村	县保	现存门楼、戏楼
巩固牌坊	道光二十八年（1848）	贵定巩固乡巩固村东1公里	县保	一般
寿佛寺阁楼	道光年间	贵定寿佛寺阁楼	县保	一般
南山寺	道光年间	贵定城关镇东南	县保	现存大殿、两厢
牟珠洞寺庙遗址	嘉靖	贵定县盘江镇清定桥村	县保	仅存遗址
黑神庙	不详	贵定旧治镇旧治南	县保	一般
巴江塔	清代	龙里巴江乡巴江村东1公里	县保	一般
烽火塔	清代	龙里三元镇三合村西北	县保	一般
冠山	清代	龙里龙山镇冠山村东	省保	山上存摩崖石刻多方
协天宫	清代	贵阳东风镇乌当村北	省保	较好
祖师庙	万历年间	贵阳东风镇后所村南	市保	较好
川主庙	康熙四十二年（1704）	贵阳下坝乡下坝村末二寨东北	市保	现存山门、川主殿、观音殿、大佛殿、配殿等
回龙寺	洪武年间	贵阳金华镇下铺村西	区保	一般
龙井惜字塔	道光年间	贵阳东风镇龙井村东北	区保	塔刹完好

续表

名称	始建年代	地点	级别	保存现状
来仙阁	万历年间	贵阳东风镇麦穰村东南明河矶石上	省保	较好
忠烈宫	元代	贵阳中华南路北段东侧	市保	现存山门、正殿
文昌阁和甲秀楼	万历二十六年（1598）	贵阳云岩区文昌北路南段西侧、南明区西湖路西段南侧	国保	较好
黔明寺	明末	贵阳阳明路中段北侧	省保	较好
回龙寺戏楼	道光二十六年（1846）	贵阳云关乡摆郎村	市保	仅存戏楼
三元宫	嘉庆年间	贵阳中山西路西段南侧	市保	存明文阁，保护完好
摆郎石塔	清末	贵阳富源路	市保	一般
清真寺	雍正二年（1724）	贵阳夏状元街35号	市保	较好
东山寺遗址	嘉靖年间	贵阳栖霞路东山	市保	现存台基、条石、柱础及众多摩崖石刻
相宝山寺遗址	崇祯九年（1636）	贵阳宝山北路东侧	市保	现存基址、柱础等
黔灵山	康熙十一年（1672）	贵阳市区西北隅	省保	现存弘福寺、和尚塔林、摩崖石刻、九曲径、张学良杨虎城幽禁处等
仙人洞	明代	贵阳南明区水口寺社区仙人洞路	市保	三清殿、三官殿等
观音洞	明代	贵阳市南明区油榨街道办事处青年路	市保	主体建筑保存完整
阳明洞与阴明祠	嘉靖十三年	贵阳云岩区东山路	国保	主体建筑保存完整

续表

名称	始建年代	地点	级别	保存现状
君子亭	明代	贵阳文昌北路君子巷西侧	省保	较好
北天主堂	道光二十九年（1849）	贵阳和平路中段东侧	市保	较好
桐埜书屋	康熙初年	贵阳黔陶布依族苗族乡骑龙村南	市保	较好
玉冠山寺遗址	洪武八年（1375）	清镇梨倭乡北1.5公里玉冠山	市保	现存山门、断墙、庙基及风化严重的摩崖石刻2方
青龙山寺遗址	明洪武年间	清镇红枫湖镇青龙村青龙山	市保	现存庙基及摩崖石刻2方
灵永寺	明初	清镇百花湖乡中十村	市保	现存正殿
黑泥哨石牌坊	道光十六年	清镇红枫湖镇黑泥哨村	市保	一般
东山寺遗址	明代	清镇市青龙镇	市保	格局完整
灵水寺	明初	清镇市百花湖乡三屯村	市保	正殿1幢
刘左氏贞节坊	道光二十二年	清镇红枫湖镇民联村大梨树组	市保	现残存二间
梯青塔	道光二十九年	清镇红枫湖镇河堤村	市保	一般
回龙寺	清初	清镇百花湖乡花桥村大寨	市保	现存左厢房
伍龙寺	万历十八年（1590）	平坝天龙镇天龙村东南2公里	国保	较好
乐平文昌阁	崇祯十年（1637）	平坝乐平乡乐平村后山	县保	一般
西街钟鼓楼	乾隆四十二年（1777）	平坝城关镇西街	县保	一般
清真寺	光绪五年（1879）	平坝城关镇南街	县保	一般
圆通寺	元至元十一年（1274）	安顺市区中华南路南段西侧	省保	现存大殿

续表

名称	始建年代	地点	级别	保存现状
清凉洞寺庙遗址	开禧三年（1207）	安顺夏官镇北 3 公里	区保	现存庙基、石踏步等
西秀山白塔	泰定三年（1326）	安顺市区西秀山	省保	较好
将军山庙	永乐年间	安顺幺铺镇白旗屯村将军山顶	区保	现存观音殿
安顺文庙	洪武年间	安顺市区前进路黉学坝	国保	大部完整
清泰庵	明嘉靖五年（1526）	安顺市区济世路东水关	区保	存山门、大雄宝殿、关圣殿、啖芋轩等
狮子山寺	嘉靖年间	安顺幺铺镇小、大屯村	县保	一般
观音阁石塔	明代	安顺市西秀区西街市西居委会	市保	一般
东林寺	万历初年	安顺市区共和路贯城河畔	区保	一般
龙王庙	天启年间	安顺市区北街	市保	一般
崇真寺	洪武二十九年（1396）	安顺市区县府路中段北侧	省保	现存门楼、三清殿、玉皇阁及部分台基
云台山寺	明末	安顺幺铺镇杨家桥村孤山上	区保	较好
安顺武庙	不详	安顺市区东街中段东侧	国保	现存大殿、两厢及观音楼
普定学宫	康熙三十八年（1699）	安顺市区友爱路	区保	现存棂星门、大成门、大成殿
火神庙	明代	安顺市区西环路	县保	一般
杨圣庙	清初	安顺幺铺镇颜旗屯村	区保	较好
清真寺	乾隆年间迁建	安顺清真寺	区保	现存经堂及厢房等建筑

续表

名称	始建年代	地点	级别	保存现状
云台山寺	嘉靖十二年	安顺市乡铺镇头铺村	市保	主体建筑保存完整
天主教堂	咸丰十年（1860）	安顺市区法院路	区保	一般
基督教堂	光绪十七年（1891）	安顺市区大洞街	区保	一般
白骨塔	同治十二年	镇宁丁旗镇官寨村南	县保	一般
真武山寺	嘉靖年间	镇宁城关镇北关村	县保	一般
永宁州孔庙	康熙三十八年	关岭永宁镇永兴路	市保	现存大成殿、两庑
灵龟寺无梁殿	道光二十二年	关岭上关镇上关东南	省保	仅存无梁殿
显灵寺	光绪元年	关岭板贵乡三家寨村	县保	一般
长安庙	康熙三十年	晴隆凉水营乡凉水营村灵官箐寨东南	县保	现存基址、台阶及柱础
陈氏贞节坊	道光六年	晴隆安谷乡安谷村西	州保	较好
哈马真武阁	洪武年间	晴隆凉水乡哈马庄村	县保	已坍塌
玉皇阁遗址	正德年间	晴隆莲城镇南街村东金钟山	县保	现残存基石、台阶及柱础等
碧玉洞遗址	崇祯年间	晴隆鸡场镇红城村陶家地寨后山	县保	现存基址和残墙，墙长20余米
东观遗址	明代	晴隆莲城镇东街村独秀山	县保	现存基址及残墙，墙长12米
南观遗址	明初	晴隆莲城镇南街村东南王枕山	县保	现残存山门及残墙，墙长100余米
安南县衙署	顺治十八年	晴隆莲城镇东街村南小坡上	县保	现存知县官邸门厅
观音阁	洪武年间	普安地瓜镇莲花村	县保	现存莲花亭、观音阁

续表

名称	始建年代	地点	级别	保存现状
松岩寺	明朝中期	普安罐子窑镇红光村	省保	现存后殿、两厢及牌楼红光门
九峰寺	万历年间	普安三板桥镇九峰村北	县保	现存后殿、匾额1块、泉井1口、和尚墓塔1座
碧云寺	万历元年（1573）	普安江西坡镇白石村鱼塘寨	县保	现存后殿、存清代建庙碑2通
青山清真寺	宣统元年（1909）	普安青山镇上街村	州保	较好
青山观音寺	不详	普安青山镇下街村	县保	现存后殿
文笔塔	同治十三年（1874）	普安盘水镇东街	县保	一般
小屯清真寺	宣统三年（1911）	普安青山镇小屯村	县保	一般
东明寺	至元十六年（1279）	盘县城关镇西西门坡东南麓	县保	一般
文笔塔	永乐年间	盘县城关镇环城公路东南侧	县保	一般
护国寺	万历年间	盘县水塘镇小箐沟村丹霞山顶	市保	现存观音殿、大雄宝殿、配殿及观日楼等
东岳寺	万历	盘县城关镇南门村	县保	主体建筑保存完整
武笔塔	明末	盘县城关镇对门山村	县保	一般
水星寺	明洪武年间，清康熙三十一年（1691）	盘县城关镇人民北路营盘山东麓	县保	一般
普福寺	崇祯年间	盘县城关镇人民北路营盘山东麓	县保	一般

续表

名称	始建年代	地点	级别	保存现状
水塘文庙	明代	盘县水塘镇水塘村	县保	保存完好
大威寺	洪武年间	盘县城关镇北	县保	现存东厢房
南极观	明代	盘县城关镇解放南路南段东侧	县保	现存前殿、后殿及厢房等
普安州文庙	永乐十五年（1417）	盘县城关镇人民北路普盘山东麓	省保	现存大成门、大成殿、配殿及部分甬墙
丹霞山护国寺	万历年间	盘县水塘镇核桃园村	县保	主体建筑保存完整
鹅毛寨魁阁	光绪二十四年（1898）	盘县保田镇鹅毛寨村西	县保	一般
宝霞山魁阁	清末	盘县刘官镇老街宝霞山	县保	一般
盘县城隍庙	明代	盘县城关镇西书院山麓李子林	省保	较好
大坡铺清真寺	清初	盘县红果镇沙坡村	县保	现存寺基、石墙、"窑窝"
米勒村文、武笔塔	明代	盘县响水镇米勒村	未核	武笔塔仅存基石
大木桥清真寺	同治十三年（1874）	盘县普田回族乡大木桥村	县保	现存礼拜堂及南北厢房

8. 民居、祠堂、巷道、古井及其遗址

名称	始建年代	地址	级别	保存现状
全家民宅	清代中期	镇远潕阳镇兴隆街复兴巷西侧	县保	现存石库门门道两及厢房、围墙等
刘氏民宅	清代中期	镇远潕阳镇兴隆街四方井巷 16 号	县保	较好

续表

8. 民居、祠堂、巷道、古井及其遗址

名称	始建年代	地址	级别	保存现状
全家大院	清代中期	镇远㵲阳镇顺城街复兴巷 13 号	县保	保存完好
刘氏民宅	清代中期	镇远㵲阳镇兴隆街冲子口巷西侧	县保	现存后房
傅氏民宅	道光年间	镇远㵲阳镇兴隆街仁寿巷北段东侧	县保	保存完好
陆氏民宅	光绪年间	镇远㵲阳镇兴隆街仁寿巷北段东侧	县保	较好
肖氏民宅	洪武年间	镇远江古乡山背村北	县保	较好
张氏民宅	咸丰、同治年间	镇远㵲阳镇顺城街石牌坊巷	县保	较好
谭氏民宅	光绪八年	镇远㵲阳镇大菜园村东	省保	较好
李氏民宅	清末	镇远㵲阳镇兴隆街冲子口巷西侧	县保	保存完整
聂氏民宅	清末	镇远㵲阳镇新中街	县保	保存较完整
吴氏民宅	清末	镇远㵲阳镇新中街冲子口巷西支巷西段北侧 43 号	县保	保存较完整
杨氏民宅	清末	镇远杨氏民宅	县保	较好
赵氏民宅	20 世纪 70 年代	镇远㵲阳镇兴隆街仁寿巷北侧 57 号	县保	较好
杨氏民宅	20 世纪 70 年代	镇远㵲阳镇兴隆街仁寿巷北侧	县保	较好
熊氏民宅	清代晚期	镇远㵲阳镇四方井巷	县保	较好
刘氏民宅	清末	镇远㵲阳镇兴隆街四方井巷 25 号	县保	现存门楼、前院院墙及正房
向氏民宅	清末	镇远㵲阳镇兴隆街四方井巷 29 号	县保	较好
武陵世第	清末	镇远㵲阳镇仁寿巷 24 号	县保	较好

续表

名称	始建年代	地址	级别	保存现状
上官民宅	清代中期	镇远潕阳镇仁寿巷 7 号	县保	较好
华园	清代	镇远潕阳镇仁寿巷 8 号	县保	现存石库门门楼、正房、堡坎、墙基、院墙等
王氏民宅	清代中期	镇远潕阳镇仁寿巷中段东侧 16 号	县保	现存石库门、正房、庭院、东厢、院墙等建筑
大寨李氏民宅	光绪三十年	镇远尚寨乡律令村大寨组	县保	现存正房及部分院墙
蒋氏民宅	清末	镇远羊场镇龙洞村街上	县保	较好
下寨杨氏民宅	光绪年间	镇远羊场镇塘旗屯村下寨	县保	较好
水星祠	清初	镇远潕阳镇兴隆街复兴巷	县保	现存前、后庭院、正殿
潘氏宗祠	清末	镇远潕阳镇西门街中段南侧	县保	较好
邹润钟祠	同治十年	镇远潕阳镇顺城街西段北侧	省保	现存正殿、两厢、后殿等
苏公馆	同治八年	镇远潕阳镇兴隆街中段北侧	县保	现存正堂
何家院遗址	乾隆年间	镇远羊场镇龙洞村	县保	现存正房青石堡坎及其他建筑基础
四方井巷	明末清初	镇远潕阳镇兴隆街东段北侧	县保	一般
复兴巷	清初	镇远潕阳镇兴隆街中段北侧	县保	一般
仁寿巷	清初	镇远潕阳镇兴隆街西段北侧	县保	一般

148

续表

名称	始建年代	地址	级别	保存现状
冲子口巷	清初	镇远㵲阳镇新中街	县保	一般
米码头巷	清初	镇远㵲阳镇新中街西段北侧	县保	一般
陈家井巷	清初	镇远㵲阳镇民主街东段北侧	县保	一般
云泉	明代	镇远㵲阳镇新中街酱园厂巷	县保	一般
四方井	明代	镇远㵲阳镇兴隆街北侧四方井巷	县保	一般
猪槽井	明代	镇远㵲阳镇新中街冲子巷	县保	一般
陈家井	明代	镇远㵲阳镇民主街陈家井巷	县保	一般
味井	明代	镇远㵲阳镇和平街南门沟	县保	一般
圣泉	掘于洪武初年	贵阳圣泉路东端	市保	一般
珍珠泉	明代	贵阳野鸭乡龙泉村东	市保	一般
阳明洞和阳明祠	嘉靖年间	贵阳修文县龙场镇阳明东路东山，云岩区东山路中段北侧扶风山	国保	存诗文碑刻30余通，保存较好
刘氏支祠	清末	贵阳忠烈街北段东侧	市保	较好
赵以炯故居	咸丰七年（1857）	贵阳青岩镇状元街中段南侧	省保	较好
赵国澍祠	同治年间	贵阳青岩镇南街	市保	较好
喜客泉	明代	平坝城关镇头铺村南	县保	一般
罐子窑"一品马店"	咸丰年间	普安罐子窑镇罐子窑上街	县保	较好
安谷陈氏庄园	清代	晴隆安谷乡安谷村西	县保	一般

续表

名称	始建年代	地址	级别	保存现状
吴氏庄园	清末	晴隆凉水营乡凉水营村半坡塘	县保	一般
吴家祠堂	清代	晴隆莲城镇老营村北	县保	一般
莲城书院	道光十五年	晴隆莲城镇西街村西南	县保	现存后院正堂
谢氏宗祠	清末	盘县城关镇人民南路路中段西侧	县保	一般
王氏别墅	宣统二年	盘县城关镇人民北	县保	一般
蒋蔡氏节孝坊	光绪三十三年（1907）	盘县板桥镇粑粑铺村	县保	一般

9. 墓葬及其他

名称	始建年代	地址	级别	保存现状
吴中蕃墓	清代	贵阳石板镇芦水村天河潭	市保	一般
周渔璜墓	清代	贵阳黔陶布依族苗族乡骑龙村东南皇帝坡	市保	一般
赵以炯墓	光绪三十二年（1906）	贵阳青岩镇摆早村状元坡	市保	一般
平坝棺材洞	唐至民国	贵州省安顺市平坝县	国保	较好
顾成墓	明代	安顺大西桥镇马场村九溪河南 1 公里	区保	较好

续表

9. 墓葬及其他

名称	始建年代	地址	级别	保存现状
丁之龙墓	明末	镇远县㵲阳镇柏杨坪	县保	一般
李时墓	嘉靖四年	镇远县㵲阳镇土地塘村小田村组	县保	一般
杨政天墓	洪武	镇远县金堡乡松明村	县保	一般
李龙泉墓	万历	镇远县羊场镇毛家山村	县保	一般
日光洞岩墓	万历	施秉县甘溪乡甘溪村	县保	一般
张端望墓	清代	清镇市青龙镇东门桥村	市保	较好
沐国公墓（沐昆）	正德七年	晴隆县莲城镇胭脂山	县保	一般
梁海墓	明代	晴隆县莲城镇东北社区梁家坟场	县保	一般
独秀山明墓群	明代	晴隆县莲城镇东北社区梁家坟场	县保	一般
簪上明墓群	明代	晴隆县莲城镇东北社区蔡家村	县保	一般
郭晚墓（屯军墓葬）	洪武	普安县龙吟镇红旗社区共冲组	县保	一般
邓荣宗墓（屯军墓葬）	明代	普安县龙吟镇大塘村大云里组	县保	一般

注：以上数据来源于田野调查和第三次文物普查资料整理汇总

表格中统计数据显示，在九个文物类型中，国家级文物保护单位共有19处，省级文物保护单位共有46处，县级文物保护单位共有233处，市、州、区级文保单位93处，与线路相关未定保护级别的3处。其中：

古驿道、古道遗址类国家级文保单位0处；省级文保单位2处，占同级别总数的4.3478%；县级文保单位10处，占同级别总数的4.2918%；市、州、区级文保单位3处，占同级别总数的3.2258%。

古建筑群类国家级文保单位5处，占同级别总数的26.3158；省级文保单位3处，占同级别总数的6.5217%；县级文保单位0处，市、州、区级文保单位1处，占同级别总数的33.3333%。

桥梁、码头、关隘遗址类国家级文保单位3处，占同级别总数的15.7894%；省级文保单位3处，占同级别总数的22.3112%；县级文保单位44处，占同级别总数的18.8841%；市、州区级文保单位12处，占同级别总数的1.0752%。

建筑遗址类国家级文保单位4处，占同级别总数的21.0526%；省级文保单位12处，占同级别总数的26.0869%；县级文保单位22处，占同级别总数的9.442%；市、州、区级文保单位16处，占同级别总数的17.2043%；未核定2处。

摩崖石刻、碑记遗址类国家级文保单位0处；省级文保单位7处，占同级别总数的15.2173%；县级文保单位23处，占同级别总数的9.8712%；市、州、区级文保单位7处，占同级别总数的7.5269%。

手工业作坊旧址类国家级文保单位0处；省级文保单位0处；县级文保单位4处，占同级别总数的1.7167%；市、州、区级文保单位0处。

宗教、文教建筑及其遗址类国家级文保单位5处，占同级别总数的26.3158%；省级文保单位16处，占同级别总数的34.7826%；县级文保单位71处，占同级别总数的30.4721%；市、州、区级文保单位45处，占同级别总数的48.387%；未核定1处。

民居、祠堂、巷道、古井及其遗址类国家级文保单位1处，占同级别总数的5.2631%；省级文保单位3处，占同级别总数的6.5217%；县级文保单位48处，占同级别总数的20.6%；市、、州区级文保单位4处，占同级别总数的4.301%。

墓葬及其他遗址类国家级文保单位1处，占同级别总数的5.2631%；省级文保单位0处；县级文保单位11处，占同级别总数的4.721%；市、州区级文保单位5处，占同级别总数的5.3763%。

从以上的表格数据分析，首先，申报获批的国家级文物保护单位数量明显不及其他线性遗产，原因有可能一是线路涉及区域范围内的政府相关部门没有充分认识其价值内涵，申报不积极；二是保护的意识较差，导致遗产生存状况陷入困境。其次，文物类型中古建筑及建筑群类得到有效保护，而道路类遗址在各级文保单位所占比例较低的原因是屯军线路走向基本与今天滇黔、湘黔公路一致，被现代公路取代而消失殆尽是很自然的事。再有，从文物保存的实际现状描述来看（来源于田野调查），多数与线路相关的县级文物保护单位亟待修缮资金，如保护资金能加大力度，部分文物保护单位级别可升为省级，甚至国家级文物保护单位。

（4）川盐入黔沿线不可移动文物资源保护状况

川盐入黔线路不仅借助了长江主干流与支流赤水河、永宁河、綦江和乌江，而且与这些支流以下的陆路共同组成了庞大的水、陆综合运输网。沿线与盐运相关的物质形态文化遗产类别主要有古盐道、古桥梁（古遗址和古建筑）；盐号、铺面、盐仓、盐局（古遗址）；盐业古镇、古村落、古街坊、集市、客栈（古建筑）；庙宇、会馆、祠堂（古建筑）；渡口、码头、关隘、古桥、堰闸、险滩（古遗址）；碑记、摩崖石刻等。目前川盐入黔四大口岸线沿线已有部分不可移动文物被列入不同级别的文保单位，但仍然有许多支线及其他与盐文化相关的遗址、遗迹正在消失。以下是川盐入黔四大口岸线沿线不可移动文物资源统计。（见表3-5）

表3-5　川盐入黔线路不可移动文物资源统计表

线路段	保护名称	年代	地址	保护级别
永岸线	毕节陕西会馆	清乾隆	毕节七星关区中华南路南段东侧	国保
	七星关古道	明洪武	毕节七星关区杨家湾镇七星村	国保
	七星关摩崖	明洪武	毕节七星关区杨家湾镇七星村	国保
	鹦哥嘴古道	明清	毕节市赫章县水塘乡水槽村	国保
	四堡古道	明洪武	威宁县盐仓镇高丰村过街楼	国保
	六洞桥长堤	清咸丰	威宁县草海镇六洞办事处鸭子塘村西2公里	国保
	营洪古道	清康熙	威宁县金斗乡营洪村东侧	国保
	水城高家渡铁索桥	清代	水城县新街乡二台村	省保

续表

线路段	保护名称	年代	地址	保护级别
永岸线	寿佛寺	清代	兴仁县城关镇市荷路	省保
	织金古建筑群	明清	织金县城关镇	国保
	六枝羊场近现代商贸建筑群	清代民国	六枝特区岩脚镇	省保
	平讼摩崖	明代	普定县猴场乡杨家寨村	省保
	花江铁索桥	清代	贞丰县平街乡花江村	省保
	花江摩崖石刻群	清代	贞丰县平街乡花江村	省保
	鸡公背古道	明代	关岭自治县白水镇乌拉村	国保
	关索岭古道（含灞陵桥遗址、御书楼等关台）	明代	关岭自治县关索镇关索村	国保
	北口古道	明代	关岭自治县关索镇北口村	国保
	安隆古道	明代	关岭自治县永宁镇团员村	国保
仁岸线	万寿宫	清代	赤水市市中街道办事处	省保
	复兴江西会馆	清代	赤水市复兴镇	国保
	赤水天恩桥	清代	赤水市元厚镇陛诏村	省保
	元厚渡口	明代	赤水市元厚镇	国保
	土城渡口	明代	习水县土城镇和隆兴镇	国保
	土城盐号	清代	习水县土城镇长征街	国保
	春阳岗酒坊	清代	习水县土城镇团结街	国保
	土城船业工会旧址	清代	习水县土城镇长征街	国保
	茅台酒酿酒工业遗产群	清代	仁怀市茅台镇杨叉街	国保
	长岗马店	清代	仁怀市长岗镇	国保
	"义盛隆"商号	清代	金沙县城关镇罗马街	国保
	清池江西会馆	清代	金沙县清池镇	国保
	渔塘河古道和渔塘河义渡石刻	明清	金沙县清池镇渔河村	国保
	赵氏民宅	清代	金沙县石场乡马鞍山村	省保
	武庙	清代	黔西县城关镇城东路	省保
	吴公岩摩崖石刻群	现代	赤水市沙滩乡美酒河村	省保

线路段	保护名称	年代	地址	保护级别
綦岸线	卧龙山寺	清代	绥阳县郑场镇卧龙村	省保
	龙坑场牌坊	清代	遵义县城北 8 公里	省保
	万寿宫	清代	湄潭县湄江镇茶城社区	国保
	福泉城墙	明代	福泉市城厢镇城郊村	国保
	福泉山	明代	福泉市城厢镇城郊村	省保
	长坡岭古道	明代	白云区都拉乡黑石头村	国保
	青岩古道	明代	花溪区青岩镇	国保
	青岩古建筑群	清代	花溪区青岩镇	省保
	卧龙山寺	清代	绥阳县郑场镇卧龙村	省保
涪岸线	乌江洪峰标记石刻	清代	沿河自治县和平镇田坝社区	省保
	"黔中砥柱"摩崖石刻	明代	德江县潮砥镇潮砥社区	省保
	思唐古建筑群	明至清	思南县思唐镇	国保
	石阡万寿宫古建筑群	明至清	石阡县汤山镇万寿社区	国保
	镇远青龙洞	明至清	镇远县㵲阳镇	国保
	镇远城墙	明代	镇远县㵲阳镇	国保
	镇远码头	明代	镇远县㵲阳镇	省保
	镇远天后宫	清代	镇远县㵲阳镇	省保
	寨英古建筑群	清代	松桃自治县寨英镇寨英村	国保
	铜仁东山古建筑群	明至清	碧江区中山路及大江北路	国保

注：以上数据来源于田野调查和第三次全国文物普查资料整理统计

数据显示，以上各线国家级文物保护单位合计 33 处，省级文物保护单位合计 20 处，其中：

永岸线沿线国家级文物保护单位 12 处，占同级别总数的 36.3636%；省级文物保护单位 6 处，占同级别总数的 30%。

仁岸线沿线国家级文物保护单位 11 处，占同级别总数的 33.3333%；省级文物保护单位 5 处，占同级别总数的 25%。

綦岸线沿线国家级文物保护单位 4 处，占同级别总数的 12.1212%；省级文物保护单位 5 处，占同级别总数的 25%。

涪岸线沿线国家级文物保护单位 6 处，占同级别总数的 18.1818%；省级文物保护单位 4 处，占同级别总数的 20%。

以上数字反映出永岸线和仁岸线不可移动文物保存现状相对綦岸线和涪岸线要好得多。永岸线因永宁河卸船转入陆路运输，故盐运古道遗产保存下来更多，仁岸线因赤水河而保存了大量完好的与航运相关的临河古镇、渡口和码头，以及与盐文化相关的会馆、作坊、盐号和宅院，从这个角度来说也反映了这两条盐运线路昔日的繁华。

（5）红军长征（红一、二方面军）西南之路不可移动文物资源保护状况

1934 年年底到 1936 年年初，中国工农红军红一、二方面军及其他军团为保存革命实力被迫长征，足迹遍及贵州、云南、四川等省，留下了可歌可泣的革命事迹和众多红色文化遗迹。至今长征的历史已过去大半个世纪，云、贵、川省高度重视长征沿线上遗址、遗迹的保护，一些重要的会议旧址、渡口和码头、战斗遗址、驻地等已经得到较好的保护。近年来有专家建议将长征线路列入全国重点文物保护单位，目前此项工作还没有提上日程。（见表 3-6）

3-6 红军长征西南之路不可移动文物资源统计表

1. 会议会址、遗址

保护名称	所在地区	保护级别
黎平会议会址	贵州黎平县德凤镇	国保
盘县会议会址	贵州盘县城关镇	省保
遵义会议会址	贵州遵义老城街道	国保
苟坝会议会址	贵州遵义县枫香镇	省保
土城会议会址	贵州习水县土城镇	国保
扎西会议会址	云南威信县札西镇	省保
巴西会议会址	四川若尔盖县巴西乡	国保
毛儿盖会议会址	四川松潘县上八寨乡	国保
沙窝会议会址	四川松潘县下八寨乡	国保

续表

1. 会议会址、遗址

保护名称	所在地区	保护级别
两河口会议会址	四川小金县两河乡	国保
芦花会议会址	四川黑水县芦花镇	国保
木门会议会址	四川省广元市旺苍县城东	省保
红军城遗址群	四川省广元市旺苍县	省保
毛浴坝会议会址	四川通江县巴中市毛浴坝	省保

2. 战役、战斗遗址

保护名称	所在地区	保护级别
娄山关红军战斗遗址	贵州遵义市板桥镇	省保
茶山关红军抢渡乌江遗址	贵州遵义县尚嵇镇	省保
回龙场红军抢渡乌江战斗遗址	贵州余庆县大乌江镇	省保
青杠坡战斗遗址	贵州习水县土城镇	国保
红军四渡赤水战役风溪渡口	贵州赤水市复兴镇	国保
红军观文云庄四渡赤水战场址	四川古蔺县观文镇	国保
红军四渡赤水龙山镇战场遗址	四川古蔺县龙山镇	国保
包座战役五战场	四川若尔盖县包座乡	国保
红军强渡大渡河遗址	四川石棉县安顺乡	国保
黄猫垭战斗遗址	四川苍溪县城东北	省保
金川红军革命纪念建筑群	四川金川县	省保

3. 重要机构遗址（含驻地、宿营地、生活设施等）

保护名称	所在地区	保护级别
红军总政治部旧址	贵州红花岗区老城街道	省保
刀靶水中华苏维埃银行旧址	贵州遵义县三合镇	省保

续表

保护名称	所在地区	保护级别
盘县红二、六军团总指挥部旧址	贵州盘县城关	省保
红二、六军团总指挥部旧址	贵州石阡县汤山镇	省保
红二、六军团木黄会师军部旧址	贵州印江县木黄镇	省保
中华苏维埃川滇黔省革命委员会旧址	贵州毕节市市西镇	国保
中国工农红军第二、六团政治部旧址	贵州毕节市市西镇	省级
毕节贵州抗日救国军司令部旧址	贵州毕节市和平路	省保
大方中华苏维埃人民共和国川滇黔省革命委员会旧址	贵州大方县大方镇	省保
水田寨中央红军总部驻地旧址	云南威信县水田乡	省保
丹桂村中央红军总部驻地旧址	云南寻甸县可渡镇	省保
红四方面军总指挥旧址	四川巴中市通江县县城	国保
二郎镇红军街	四川古蔺县二郎镇	国保
太平镇红军驻地	四川古蔺县太平镇	国保
鱼化红军村旧址	四川古蔺县鱼化乡	国保
崔家祠堂红军总司令部旧址	四川古蔺县双沙镇	国保
金星乡岭上红军驻地旧址	四川古蔺县	国保
东新乡正峰寺红军驻地旧址	四川古蔺县	国保
土城乡改路沟红军驻地旧址	四川古蔺县	国保
飞夺泸定桥战前动员会址	四川泸定县泸桥镇	国保
岚安区苏维埃政府旧址红军医院	四川泸定县岚安乡	省保
红四方面军旧址	四川芦山县	省保
长征时毛主席接见彝族代表纪念地	四川冕宁县城厢镇	省保
彝海结盟处	四川冕宁县彝海乡	省保

4. 红军重要领导人旧居

保护名称	所在地区	保护级别
博古住址	贵州红花岗区老城街道	省保
毛泽东黎平住处	贵州黎平县德凤镇	省保
崔家院毛泽东旧居	四川古蔺县双沙镇	国保
皎平渡渡口及山洞	四川会理县通安镇	省保
徐向前住址和红军石刻标语	四川黑水县芦花镇	省保
磨西天主教堂毛泽东住址	四川泸定县磨西老镇	省保

5. 渡口、码头、桥梁、碉堡、战壕

保护名称	所在地区	保护级别
普渡河铁索桥	云南禄劝县翠华镇	省保
金沙江皎平渡口	云南禄劝县皎平渡镇	省保
金沙江石鼓渡口	云南丽江县石鼓镇	省保
金山江树桔渡口	云南东川区	省保
四渡赤水遗址	四川古蔺县太平镇	国保
太平渡口	四川古蔺县太平镇	国保
二郎滩渡口	四川古蔺县太平镇	国保
强渡嘉陵江渡口遗址	四川苍溪县嘉陵渡口	省保
泸定桥	四川泸定县泸桥镇	国保

6. 纪念性建筑及遗迹

保护名称	所在地区	保护级别
习水红军"四渡赤水"土城渡口纪念碑	贵州习水县土城镇	省保
仁怀红军"四渡赤水"土城渡口纪念碑	贵州仁怀县镇	省保
红军四渡赤水茅台渡口纪念碑	贵州赤水市茅台镇	省保
红二、六军团木黄会师纪念碑	贵州印江县木黄镇	省保
红军长征纪念碑园	四川松潘县川主寺镇	国保
红一、四方面军会师遗址	四川小金县美兴镇	国保

续表

7. 红军坟、烈士陵园

保护名称	所在地区	保护级别
邓平墓	贵州红花岗区老城街道	省保
垭克夏山红军烈士墓	四川红原县刷经寺镇	国保

8. 红军标语

保护名称	所在地区	保护级别
湄潭天主堂红军标语	贵州湄潭县县城东街	省保
木克乡红军壁画	云南禄劝县九龙乡	省保
铁炉红军标语	云南威信县三桃乡	省保
石牌坊及红军标语	四川达州市达川区	国保
薛城红军石刻标语	四川理县	省保
通江红军石刻标语群	四川通江县	省保

注：以上数据来源于相关资料的查阅汇总

数据显示，8个文物类型的统计中，国家级文物保护单位共有 33 处，省级文物保护单位共有 45 处。其中国家级文保单位贵州 6 处，四川 27 处，云南 0 处。省级文保单位贵州 21 处，四川 15，云南 9 处。文物类型中：

会议会址、遗址类国家级文保单位 8 处，占同级别总数的 24.2424%；省级文保单位 6 处，占同级别总数的 13.3333%。

战役、战斗遗址类国家级文保单位 6 处，占同级别总数的 18.1818%；省级文保单位 5 处，占同级别总数的 11.1111%。

重要机构遗址类国家级文保单位 10 处，占同级别总数的 30.303%；省级文保单位 14 处，占同级别总数的 31.1111%。

红军重要领导人旧居类国家级文保单位 1 处，占同级别总数的 3.0303%；省级文保单位 5 处，占同级别总数的 11.1111%。

渡口、码头、桥梁、碉堡、战壕类国家级文保单位 4 处，占同级别总数的 12.1212%；省级文保单位 5 处占同级别总数的 11.1111%。

纪念性建筑及遗迹类国家级文保单位 2 处，占同级别总数的 6.0606%；省级文保单位 4 处占同级别总数的 8.8889%。

红军坟、烈士陵园类国家级文保单位 1 处，占同级别总数的 3.0303%；省级文保单位 1 处占同级别总数的 2.2222%。

红军标语类国家级文保单位 1 处，占同级别总数的 3.0303%；省级文保单位 5 处占同级别总数的 11.1111%。

以上数字统计说明会议会址、遗址类和重要机构遗址类保护较好，结合田野调查发现，这两类不可移动文物大多数被合理地利用于开办博物馆和纪念馆，故得到有效的保护。事实上，除以上统计的国家级、省级文物保护单位以外，县级、区级文保单位，以及尚未核定的地方遗址遗迹还有很多，保护状况都不尽人意。

综上所述，西南地区五条具有代表性的线性文化遗产线以纳入国家级重点文物保护单位的共有 324 处，其中计有：蜀道 57 处（四川、重庆等境内路段），占总数的 17.593%；茶马古道 182 处（贵州、云南、四川境内路段），占总数的 56.1728%；川盐入黔线路 33 处（贵州境内路段），占总数的 10.1852%；明代滇黔屯军线路 19 处（贵州境内段），占总数的 5.8642%；红军长征西南之路 33 处（贵州、云南、四川境内路段），占总数的 10.1852%。以上国家级文保单位绝大多数保存现状都比较好，国家文物局每年都会如期拨付文物维修资金，以维护和保障这些不可移动文物的生存状况。省级文物保护单位也有相应的文物修缮资金，部分不可移动文物保护状况良好，但省级以下级别的文保单位，尤其是尚未核定的遗址、遗迹，往往因为资金不足或不能按时到位，保护现状十分令人担忧。

2. 历史文化名城名镇名村保护

自 2008 年 7 月，国务院第三次常务会议通过并实施《历史文化名城名镇名村保护条例》以来，西南地区一些历史文化城镇和古村落陆续被国务院和各省（直辖市）人民政府，及经国务院建设主管部门会同国务院文物主管部门批准公布为历史文化名城名镇名村。经初步统计，目前我国已先后公布中国历史文化名城 120 个（其中整体公布 3 批 99 个，2001 年至 2013 年又相继增补 21 个）；历史文化名镇 276 个；历史文化名村 252 个。[1] 西南地区线性文化遗产中历史文化名城有 16 个；历史文化名镇有 40 个；历史文化名村有 17 个。（见表 3-7）

---

[1]　统计数据来源于建设部、国家文物局共同评选公布的第一至第六批全国历史文化名城名镇名村名录。

表3-7 西南地区国家级历史文化名城名镇名村一览表

级别	类别	区划	第一批	第二批	第三批	第四批	第五批	第六批
国家级历史名城名镇名村	名城	四川	成都	阆中 宜宾 自贡	都江堰 乐山 泸州	会里		
		云南	昆明 大理	丽江		会泽		
		贵州	遵义	镇远				
		重庆		重庆				
		西藏	拉萨					
	名镇	四川		邛崃平乐镇 大邑安仁镇 阆中老观镇 宜宾李庄镇	双流黄龙镇 自贡仙市镇 合江尧坝镇 古蔺太平镇	巴中恩阳镇 成都洛带镇 大邑新场镇 广元昭化镇 合江福宝镇	富顺赵化镇 犍为清溪镇	自贡艾叶镇 自贡牛佛镇 平昌白衣镇 古蔺二郎镇 金堂五凤镇 宜宾横江镇
		云南			剑川沙溪镇 腾冲和顺镇		洱源凤羽镇	
		贵州		花溪青岩镇 习水土城镇	黄平旧州镇	西秀旧州镇平坝天龙镇		赤水大同镇 松桃寨英镇
		重庆	合川涞滩镇	江津市中山镇	綦江东溪镇 江津市塘河镇	永川松溉镇 巴南区丰盛镇	巫溪宁厂镇 江津白沙镇	黔江濯水镇
	名村	四川		莫洛村 迤沙拉村		萝卜寨村	天宫院村	兆雅新溪村 乐道街村
		云南		白雾村		郑营村	云南驿村	金鸡村 曲硐村
		贵州		云山屯村	隆里村	丙安村	鲍屯村	
		西藏						错高村
		重庆						安镇村

注：以上统计来源于第一至第六批全国历史文化名城名镇名村名录

统计中已登记在册的名城四川省计有 8 个，云南省计有 4 个，贵州省计有 2 个，重庆直辖市、西藏自治区各 1 个，合计 16 个。名镇计四川省计有 21 个，云南省计有 3 个；贵州省计有 7 个；重庆直辖市计有 9 个，合计 40 个。名村四川省计有 6 个，云南省计有 5 个，贵州省计有 4 个，重庆直辖市、西藏自治区各 1 个，合计 17 个。这些历史名城名镇名村大都保留着传统格局和历史风貌，历史街区、文物点、古建筑集中而丰富，并享有法律的保护。但即便进入历史名城名镇名村的保护名录，文化遗产保护中仍然出现一些问题，如地方政府急于求成，过分追逐经济效益和自身政绩；新建、改建和重建仿古建筑；过度的商业开发和旅游开发等。随着城镇的转型和经济发展方式的改变，"棚户区改造""民生工程""城市形象改造"等，加上商业圈、旅游区、城市综合体的大规模建设，使一大批还没有进入保护名录和来不及申报的历史文化城镇和村落正面临着消失的危机，故古城镇和古村落共同面临的真正压力其实是来自于城市的飞速发展、大型基本建设工程、人口的暴涨、保护理念的落后、管理者水平低下和管理体制的不健全。以贵州建设红枫水力发电厂为例，1981 年电站建成投产后，形成的红枫湖水域总面积为 57.2 平方公里，蓄水量可达 6 亿立方米，深达 100 米左右，当时搬迁 1.8 万名居民，淹没近百个村寨，同时也使滇黔屯军沿线卫所威清卫（今清镇市）至平坝卫（今平坝县）的驿道和桥梁不可避免地被淹没于水下。因此，要正确处理好城镇规划建设与历史街区、历史地段和文物点保护的关系，坚持在充分尊重历史环境和保护文化遗产原真性的前提下，合理开发利用文物遗产点。使历史文化名城名镇名村在保持原有风貌和格局的同时服务于受用者，满足他们的文化心理需求。

3、非物质文化遗产的保护

西南地区线性文化遗产的非物质文化遗产保护状况，随着 2003 年 10 月联合国教育、科学及文化组织巴黎第三十二届会议通过的《保护非物质文化遗产国际公约》的问世，以及 2005 年国务院办公厅下发的《关于加强我国非物质文化遗产保护工作的意见》（国办发〔2005〕18 号）和 2011 年 2 月 25 日第十一届全国人民代表大会常务委员会第十九次会议通过并颁发实施的《中华人民共和国非物质文化遗产法》走上正轨。据初步统计，在西南地区线性文化遗产中已进入国家级名录的蜀道有 70 余项（四川、重庆等境内路段）；茶马古道滇藏线 60 余项，川藏线近 15 项；川盐入黔线路合计 60 余项（贵州境内路段）；明代滇黔屯军线路8项（贵州境内段）。[1]统计中我们发现，在获批的非遗项目里，一部分非遗项目与线性遗产线路有较为直接的关系，但也有一部分非遗项目与线路的主题或形成并没有太大关联。由于非物质文化遗产和物质文化遗产在保护的方式和方法上存在一定的区别，如何将非物质文化部分纳入线性文化遗产的整体保护还有待进一步的做专题研究。但总的来说，西南地区线性文化遗产的非物质部分在传承上同样面临严峻的挑战，如传承人断代，特别是技艺和口述类；传承方式滞后，政府引导和激励机制不到位等。以川盐古道为例，沿线有许多被列入国家级、省级非物质文化遗产名录的项目都与盐的运销有非常密切的关系，最具代表性的是仁怀的茅台酒、赤水的晒醋、福宝的豆腐干、仙市的酱油、合江的豆花、涪陵的榨菜、黄柏园的桃花灯，以及背盐歌、挑夫歌等都是极其珍贵的非物质文化。特别是船工号子省级非遗项目沱江船工号子（四川）和思南乌江船工号子（贵州），虽然分属两个省，但都与川盐的运输有关。历史上在滩多水急的河流两岸，有许多人靠拉纤为生，为统一步调，协调动作，纤夫们和着领号人的声调发出呵呵之声，逐渐形成固定的号子。随着社会的飞速发展，现代交通工具和先进的航运技术使拉纤这个职业渐渐退出了历史舞台，船工号子的传承陷入困境。但茶马古道文化线路上茶叶的传统制作技艺得到很好的保护，如大理白族自治州下关沱茶制作技艺、西双版纳傣族自治州勐海县及普洱市宁洱县普洱茶制作技艺、临沧市凤庆县滇红茶制作技艺，以及人理市茶俗等都先后被纳入国家级非物质文化遗产名录，这得归功于云南省各级政府相关部门对茶马古道文化遗产的重视。另外，贵州安顺地戏、屯堡抬亭子、屯堡山歌、安顺唱书等与屯军相关的特色文化遗产也分别被国家级、省级非物质文化遗产名录登记在册。

二、 遗产管理现状

是否对文化遗产施行有效保护管理，评估的内容包含几个方面：法律、法规体系的建立；管理机构日常工作的协调统一；资金的保障和使用监督等。以上内容是否落实到位，对线性文化遗产管理的标准化、规范化具有决定性的作用。

国际社会遗产保护领域，从20世纪30年代起至今，共诞生了近50份公约、

---

[1] 统计数据来源于文化部核准和公布的第一至第四批国家级非物质文化遗产名录。

宪章、文件、决议、宣言等，虽然不一定完全具备法律效力，却对世界各国文化遗产的保护具有指导意义。其中最具影响力的是 1972 年联合国教科文组织在巴黎举行第十七届会议通过的《保护世界文化和自然遗产公约》，它是国际遗产保护领域最具普遍性的国际法律文书，是世界文化遗产保护的行为准则。除此之外，还有 1933 年国际现代建筑协会《雅典宪章》；1962 年联合国教科文组织《关于保护景观和遗址的风貌与特性的建议》；1964 年第二届历史古迹建筑师及技师国际会议《关于古迹遗址保护与修复的国际宪章》(《威尼斯宪章》)；1982 年国际古迹遗址理事会—国际历史园林委员会《佛罗伦萨宪章》；1987 年国际古迹遗址理事会《保护历史城镇与城区宪章》(《华盛顿宪章》)；1994 年世界遗产公约相关的奈良真实性会议《奈良真实性文件》；2005 年联合国教科文组织《实施 (保护世界文化和自然遗产公约) 的操作指南》；2005 年国际古迹遗址理事会《西安宣言》。这些重要文献均具有较强的专业指导性，为世界各国文化遗产的保护运动提供了极其重要的理论依据。

国内对文化遗产保护具有法律效力的是 1982 年 11 月 19 日第五届全国人民代表大会常务委员会第二十五次会议通过并颁布实施的《中华人民共和国文物保护法》(2000 年进行了修订) 和 2003 年 5 月 13 日国务院第八次常务会议通过的《中华人民共和国文物保护法实施条例》。之后又有 2008 年 4 月 2 日国务院第三次常务会议通过并颁发的《历史文化名城名镇名村保护条例》，2011 年 2 月 25 日中华人民共和国第十一届全国人民代表大会常务委员会第十九次会议通过并颁发的《中华人民共和国非物质文化遗产法》等。对于文化遗产保护管理来说，法律、法规的保障是提高文化遗产管理水平，推进管理制度化、规范化和标准化的前提。

西南地区线性文化遗产涉及多个省区，各地在文物保护现状基础上，结合本地遗产资源情况，先后参照《文物保护法》和《文物保护法实施条例》，分别制定相关的法律条例。如《云南省非物质文化遗产保护条例》《云南省丽江古城保护条例》《云南省建设工程文物保护规定》《云南省西双版纳傣族自治州古茶树保护条例》《昆明历史文化名城保护条例》《昆明市文物保护条例》《云南省红河哈尼族彝族自治州建水历史文化名城保护管理条例》；《四川省文物保护管理办法》《四川省世界遗产保护条例》《四川省非物质文化遗产保护条例》《四川省阆中古城保护条例》《成都市文物保护管理条例》；《贵州省文物保护管理办法》《贵州省文物保护条例》《贵州省非物质文化遗产保护条例》《贵州省民族民间文化保护条例》《重庆市实施〈中华人民共和国文物保护法〉办法》《重庆市红岩遗址保护区管理办法》，以及《西藏自治区文物保护条例》《西藏自治区文物单位消防安全管理办法》等。这些地方性法律、法规、办法、规定对当地文化遗产管理工作起到良好的引导和指导作用，使文化遗产资源得到了有效的法律制度保障。

根据《中华人民共和国文物保护法》《中华人民共和国非物质文化遗产法》《历史文化名城名镇名村保护条例》，不可移动文物由国务院文物行政部门主管，地方各级人民政府负责本行政区域内的文物保护工作，县级以上地方人民政府承担文物保护工作的部门对本行政区域内的文物保护实施监督管理；非物质文化遗产，由国务院文化主管部门负责全国非物质文化遗产的保护、保存工作，县级以上地方人民政府文化主管部门负责本行政区域内非物质文化遗产的保护、保存工作；历史文化名城名镇名村，由国务院建设主管部门会同国务院文物主管部门负责保护和监督管理工作，地方各级人民政府负责本行政区域历史文化名城、名镇、名村的保护和监督管理工作。也就是说，西南地区线性文化遗产由所在省、自治区、直辖市人民政府设置的专门机构或专人负责管理。由于遗产线路跨越了多个省区，分属不同的部门和不同的区域，在遗产的管理上必然出现一些状况：

一是无法设立统一的专职管理机构，管理权限模糊。文化遗产保护管理处于各省区分割式管理，整体性保护的理念受到严重阻碍。比如被纳入第七批全国重点文物保护单位的茶马古道，其概念上包含了云南、四川、西藏、贵州，甚至青海、甘肃和陕西，但至今尚未设立统一的专职管理机构，也没有总体的保护规划出台，对于已经进入《中国世界文化遗产预备名单》的茶马古道、蜀道等大型线性文化遗产来说不能不说是一个缺憾。而不同的管理机构和不同的管理级别造成遗产保护管理权限不清晰，最后导致管理的责任不明确，相互推诿，互不配合，使管理工作难以执行下去。

二是在管理运行上，由于西南地区线性文化遗产各个文化遗产节点隶属于不同的行政管理机构，导致遗产管理的近期目标和远期目标不一致，管理人员专业素养参差不齐，在制定保护规划和保护政策上自然会出现部门之间的不协调现象。比如贵州的历史名城镇远，其保护是由建设部和国家文物局下属的地方政府相关部门共同负责保护和监督管理，并未完全纳入"文物"保护体系，由于所处的工作角度不同，关注点也不一样，体现在保护规划上就出现了偏差。

三是保护资金的监管。西南地区线性化文化遗产的保护资金除国家重点文物保护专项补助资金和各级财政投入的文物保护专项补助资金外，还有来自国土资源部、环境保护部、住房和城乡建设部等部门。2012 年 6 月 1 日，由国家发展改革委下发"关于印发国家'十二五'文化和自然遗产保护设施建设规划的通知"（发改社会 [2012]1549 号）中强调要重视抢救性文物保护、历史文化名城名镇名村保护、非物质文化遗产保护，重点支持在国家级文物保护单位的基础设施建设，如屯军遗产线路上的国家级重点文物保护单位安顺文庙保护设施建设项目已经进入初设阶段。西南地区线性文化遗产的保护资金的使用和监督与其他文化遗产的情况一样，没有行政监督以外的机构、专业学术团体参与监督，相当于各级政府和相关部门既是项目资金的审批者，又是项目资金的验收者。

三、遗产利用现状

文化遗产是历史的物质载体，保护的最终目的就是要利用它来传播优秀的传统文化，进行爱国主义教育，提高中华民族的道德素养和自信心，增加国人的凝聚力，同时也要利用它丰富的历史文化内涵，开展文化旅游，使文化遗产资源能够与社会经济的发展产生互动。从 20 世纪 80 年代末，中国已经开始出现利用经过维修的文物建筑建立博物馆和陈列室，并对外开放，获得得了可喜的社会和经济效益。利用不可移动文物本身的资源，如代表性的古建筑、古遗址，或名人故居，建立专题性博物馆和开办纪念馆，是政府主导性保护物质文化遗产的另一种形式。即把它们与历史的发展整合起来，再还原到具体的社会环境中去。事实上，利用文物点将宣传、保护和合理开发结合起来的方式，早已在各条线路上得到很好的应用，特别是与旅游紧密结合，成为文化旅游资源中独具特色的旅游种类。这既是件好事同时也存在着隐患，好的方面是这些文物点将随着旅游的开发被宣传出去，继而引起人们的重视，使更多的民众参与到关注和保护文化遗产的行列中来，提高和加强保护遗产的意识；但如果不掌握好开发的度，对于文物点将是一场不可修复的灾难。因此，利用文物保护单位或文物点开办博物馆、纪念馆必须平衡好旅游开发和文物保护之间的关系。全国重点文物保护单位遵义会议会址经过维修后，一方面给遵义历史文化名城增光添彩（遵义会议纪念馆被评为全国优秀社会教育基地），另一方面也带动了遵义会议纪念馆周边市场的繁荣，惠及

了当地居民。据不完全统计，西南地区利用线性文化遗产资源开办博物馆、纪念馆的情况如下。（见表3-8）

表3-8　利用沿线文化遗产资源开办博物馆、纪念馆统计表

1. 蜀道文化遗产资源的利用

序号	博物馆名称	地址	用于馆舍的古建筑和古遗址	备注
1	成都市博物馆（旧馆）	成都市蜀都大道大慈寺路	古刹大慈寺	金牛道
2	龙泉驿区博物馆	成都市龙泉驿区洛带镇	瑞应寺	米仓道
3	四川客家博物馆	成都市龙泉驿区洛带镇	湖广会馆	米仓道
4	成都明蜀王陵博物馆	成都市龙泉驿区十陵街	蜀王之皇族墓群	米仓道
5	金沙遗址博物馆	成都市金牛区青羊大道	金沙遗址	金牛道
6	成都永陵博物馆	成都市金牛区永陵路	蜀国王建的墓地	金牛道
7	成都蜀锦织绣博物馆	成都市青羊区草堂东路	成都蜀锦厂	金牛道
8	成都杜甫草堂博物馆	成都市青羊区草堂路	杜甫流寓成都故居	金牛道
9	成都隋唐窑址博物馆	成都市青羊区一环路西二段	青羊宫窑址	金牛道
10	成都新都杨升庵博物馆	成都市新都桂湖中路	新都桂湖	金牛道
11	成都市武侯博物馆	成都市武侯区武侯大街	武侯祠	金牛道
12	十二桥遗址博物馆	成都市十二桥路	古蜀文化遗址	金牛道
13	李劼人故居博物馆	成都市锦江区菱窠西路	李劼人故居	金牛道
14	水井坊博物馆	成都市锦江区水井街	水井坊遗址	金牛道
15	蜀道文化博物馆	广元市朝天镇明月峡景区	古栈道	金牛道
16	昭化汉城博物馆	广元市元坝区昭化镇相府街	龙门书院	金牛道
17	庞统祠博物馆	德阳罗江县白马关镇凤雏村	庞统祠	金牛道
18	德阳市博物馆	德阳市文庙街	德阳文庙	金牛道
19	渠县历史博物馆	渠县渠江镇和平街	渠县文庙	米仓道
20	成都都江堰博物馆	都江堰市奎光路81号奎光塔公园内	离堆古园	金牛道
21	梓潼县博物馆	梓潼县七曲山风景区	七曲山大庙	金牛道
22	平武报恩寺博物馆	绵阳市平武县龙安镇北街	平武报恩寺	金牛道
23	汉中市博物馆	汉中市汉台区东大街	古汉台	金牛道
26	绵阳市博物馆	绵阳市汉正街	仙鱼桥汉阙	金牛道
27	勉县武侯墓博物馆	勉县定军山镇武侯墓	武侯墓	金牛道
28	勉县武侯祠博物馆	勉县武侯镇武侯村	武侯祠	金牛道

2. 茶马古道文化遗产资源的利用

序号	博物馆名称	地址	用于馆舍的古建筑和古遗址	备注
1	丽江古城民居博物馆	丽江古城内		云南
2	丽江茶马古道博物馆	丽江市古城区束河古镇中和路	大觉宫	云南
3	丽江古城博物馆	丽江县大研镇光义街官院巷		云南
4	迪庆藏族自治州香格里拉茶马古道博物馆	香格里拉县达拉廊123号独克宗古城内	独克宗古城	云南
5	丽江人博物馆	丽江市古城区关丽路		云南
6	丽江纳西族自治县博物馆	城西北的芝山福国寺内	福国寺	云南
7	龙润茶马古道文化博物馆	玉兴路东		云南
8	大理严家大院博物馆	云南省大理州喜洲镇境内	严家宝成府	云南
9	大理武庙民间造像艺术博物馆	大理市古城区大理古城一塔路	大理武庙	云南
10	崇圣寺三塔文物陈列馆	大理市大理古城西北	崇圣寺三塔	云南
11	南诏博物馆	大理州巍山古城报国街		云南
12	剑川民族博物馆	剑川县金华镇景风公园		云南
13	和顺弯楼子民居博物馆	和顺大石巷	李家大户宅院	云南
14	普洱市博物馆	石屏河附近		云南
15	茶文化博物馆	正义坊钱王街		云南
16	普洱茶博物馆	嘎兰中路		云南
17	祥云县云南驿马帮文化博物馆	祥云县南驿古代驿道的中段	云南驿马店	云南
18	奢香博物馆	大方县城顺德路	奢香墓	贵州
19	七星关博物馆	毕节地区毕节市		贵州
20	毕节博物馆	毕节市七星关区百花路		贵州

3. 川盐入黔文化遗产资源的利用

序号	博物馆名称	地址	用于馆舍的古建筑和古遗址	备注
1	叙永县木雕石刻艺术博物馆	叙永镇南大街		四川
2	合江县汉代画像石棺博物馆	泸州市合江县合江镇学坎上巷	清代考棚	四川

续表

序号	博物馆名称	地址	用于馆舍的古建筑和古遗址	备注
3	石门寺石刻博物馆	綦江古南镇后山路	三角镇石门寺	四川
4	巴人博物馆	九龙园区红狮子大道巴国内城		四川
5	乐山崖墓博物馆	乐山市中区凌云路	麻浩崖墓群	四川
6	犍为县文庙博物馆	犍为县玉津镇南街	犍为县文庙	四川
7	泸州老窖博物馆	泸州市江阳区三星街国窖广场	泸州老窖酒坊遗址	四川
8	泸州石刻艺术博物馆	泸州市龙马潭区石堡湾顺江路		四川
9	自贡市盐业历史博物馆	自贡市自流井区解放路	西秦会馆	四川
10	乌江博物馆	思南县唐镇文化街府文庙内	府文庙	贵州
11	赤水市博物馆	赤水正南街	万寿宫	贵州
12	石阡非遗博物馆	石阡万寿广场		贵州
13	贵州傩文化博物馆	铜仁市民族风情园	东山寺（原址）	贵州
14	习水宋窖博物馆	习水县土城镇长征街	狮子山宋窖遗址	贵州
15	仁怀市博物馆	仁怀市盐津河风景名胜区	盐津河大桥	贵州
16	贵州酒文化博物馆	遵义市人民路与珠海路交汇处		贵州
17	重庆湖广会馆	渝中区芭蕉园一号	湖广会馆	重庆

4. 明代屯军线路文化遗产资源的利用

序号	博物馆名称	地址	用于馆舍的古建筑和古遗址	备注
1	镇远古城博物馆	镇远县城顺城街	邹姓家族祠堂	贵州
2	镇远青龙洞民族建筑博物馆	县城东青龙洞古建筑群	青龙洞古建筑群	贵州
3	福泉古城屯堡博物馆	县城所在地城厢镇	古石城	贵州
4	贵定城隍庙碑刻博物馆	县城关镇中山东路中段东侧	城隍庙	贵州
5	贵州屯堡文化博物馆	云峰路天台山风景区伍龙寺	伍龙寺	贵州
6	安顺蔡官地戏博物馆	龙宫镇蔡官村西头朝阳寺	朝阳寺	贵州
7	贵州省蜡染文化博物馆	安顺市前进路	安顺文庙	贵州
8	屯堡傩雕艺术博物馆	安顺西秀区刘官乡周官村		贵州
9	玉屏箫笛博物馆	茶花泉景区		贵州
10	黄平飞云崖博物馆	黔东南自治州黄平县城东北	黄平飞云崖	贵州

序号	博物馆名称	地址	用于馆舍的古建筑和古遗址	备注
11	古城屯堡博物馆	福泉县城城厢镇	福泉古屯堡	贵州
12	姚安县博物馆	栋川镇德丰路	德丰寺	云南
13	安宁市博物馆	昆明连然街	安宁文庙	云南
14	景东县博物馆	景东县锦屏镇玉屏路 111 号	县城文庙	云南
15	曲靖市陆良县博物馆	陆良县真理街	大觉寺	云南

5. 红军长征西南之路红色文化资源的利用

序号	博物馆名称	地址	用于馆舍的旧址和遗址	备注
1	遵义会议纪念馆	老城子尹路	会议会址	贵州
2	红军四渡赤水纪念馆	习水县土城镇		贵州
3	红军医院纪念馆	习水县土城镇青杠坡村		贵州
4	中国女红军纪念馆	习水县土城镇		贵州
5	黎平会议纪念馆	黎平县城德凤镇二郎坡	会议会址	贵州
6	猴场会议纪念馆	瓮安县猴场镇	会议会址	贵州
7	红军二、六军团盘县纪念馆	盘县古城城关二小校园		贵州
8	娄山关红军战斗遗址陈列馆	遵义市汇川区板桥镇娄山关	娄山关遗址	贵州
9	红二、六军团总指挥部旧址陈列馆	石阡县汤山镇长征北路，	红二、六军团总指挥部旧址	贵州
10	扎西会议会址	威信县扎西镇东北隅	会议会址	云南
11	迪庆红军长征博物馆	迪庆藏族自治州香格里拉独克宗古城日月广场北		云南
12	红军长征柯渡纪念馆	寻甸回族彝族自治县丹桂村		云南
13	石鼓红军长征纪念馆	丽江市玉龙纳西族自治县石鼓镇长江第一湾石鼓港内		云南
14	红军长征渡江纪念馆	昆明市禄劝彝族苗族自治县撒皎线		云南
15	两河口会议纪念馆	小金县两河乡	会议会址	四川
16	冕宁县彝海结盟纪念馆	凉山州冕宁县彝海村		四川
17	红军长征纪念馆	阿坝州松潘县川主寺镇		四川

续表

序号	博物馆名称	地址	用于馆舍的旧址和遗址	备注
18	川陕革命根据地红军烈士纪念馆	通江县沙溪镇王坪村		四川
19	红军长征翻越夹金山纪念馆	雅安市宝兴县穆坪镇顺河街		四川
20	会理县红军长征纪念馆	凉山州会理县城关镇环城西路		四川
21	冕宁红军长征纪念馆	冕宁县城厢镇东街		四川
22	朱德总司令和五世格达活佛纪念馆	甘孜县旭日岭		四川
23	飞夺泸定桥革命文物陈列馆	甘孜藏族自治州泸定县丰碑路		四川
24	巴西会议纪念馆	阿坝州若尔盖县巴西乡	会议会址	四川
25	天全县红军纪念馆	全县城厢镇红军大道		四川
26	中国工农红军强渡大渡河纪念馆	石棉县安顺乡安顺村		四川
27	南江县博物馆	南江县南江镇西门沟		四川
28	红四方面军总指挥部旧址纪念馆	通江县文庙街	红四方面军总指挥部旧址	四川
29	达州红军文化陈列馆	达州市通川区罗江镇将军路		四川
30	木门军事会议纪念馆	旺苍县木门镇柳树村	会议会址	四川
31	古蔺县红军长征四渡赤水博物馆	古蔺县太平镇长征街		四川

注：以上统计来源于各省文博系统网站信息汇总

利用线路沿线遗产节点开办博物馆、纪念馆是合理开发文化遗产，使之焕发新活力的一种方式。西南地区代表性线性遗产线路所经地区共有 111 个博物馆、纪念馆，其中利用文物保护单位和其他不可移动文物开办博物馆、纪念馆共有 72 处。蜀道有 28 个，占总数的 38.8889%；茶马古道 9 个，占总数的 12.5%；川盐入黔线路 12 个，占总数的 16.6667%；明代滇黔屯军线路 13 个，占总数的 18.0556%；红军长征西南之路 10 个，占总数的 13.8889%。（见图 3-1）以下饼状图显示，蜀道沿线上开办的博物馆、纪念馆最多，折射出该线路历史的悠久和文化底蕴的厚重，同时也反映了四川省相关政府部门对文化遗产的重视程度，其他线路开办情况相差不大。

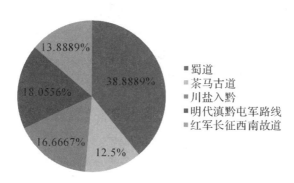

图 3-1　利用文化遗产资源开办博物馆、纪念馆饼状分析图（自绘）

文化遗产的展示和利用不止于此，利用遗产点或遗产地开展文化旅游是当今较为普遍的现象，比如蜀道的利用就做得比较好，蜀道中的金牛道起于成都，止于陕西汉中，途经四川境内的成都、德阳、绵阳和广元。其中广元境内是蜀道资源最富集、保存最完好的区域，分布有剑门关—翠云廊遗产区、昭化古城遗产区、明月峡遗产区和皇泽寺遗产区。广元段以剑门蜀道国家级风景名胜区为主体，北起朝天区棋盘关，经利州区、昭化区、剑阁县，至绵阳市梓潼县，长约 300 公里，每年到此旅游的游客络绎不绝。2010 年剑门关景区荣获"国家自然与文化双遗产""中国知名旅游目的地""四川省文化产业示范基地"荣誉称号。2016 年 10 月黄金周，据景区统计全天共接待 30049 人次，同比增长 31.4%，实现门票收入 2421160 元，同比增长 9.2%。[1] 又如茶马古道上的世界文化遗产地丽江古城，在吸引国内外旅游者方面具有独特的优势，每年几乎要接待 700 万人次前来休闲度假。当地政府一直以来都把发展旅游业作为增加 GDP 的重头戏，力图通过旅游业来拉动其他行业的发展，带动经济的增长。丽江古镇遗产地的开发和利用虽然不可避免地出现这样或那样的问题，但总的看来在展示和利用上基本上算是较为成功的案例。再如贵州利用红军长征开展红色文化旅游，据官方统计，

---

[1]　资料来源：http://www.zgjjmg.com/pois/official_web/news/detail?id=428.

2014 年全省接待红色旅游游客 1697.5 万人次，同比增长 14%。全年红色旅游综合收入 139.2 亿元，同比增长 16%，在红色旅游景点中，仅遵义会议会址和遵义娄山关景区接待游客就达 100 万人次。[1] 不仅增加了当地财政收入，惠及附近居民，带动了一大批与旅游相关的产业，给贵州省带来大量就业机会，而且还将旅游收入中的一部分反哺于文物的修缮和宣传。2016 年在北京召开的"中国红色旅游产业发展年会"上，遵义会议会址获得"2015 优秀红色文化传承示范地"奖，遵义娄山关和四渡赤水景区获得"2015 十佳红色旅游景区"奖。

四、文化遗产面临的挑战

西南地区线性文化遗产资源种类繁多，可以预见保护和管理工作日益显示出重要性和无可回避的压力。在第三次全国文物普查中，全国登记消失文物超过 4 万处，其中四川登记消失的文物就超过 6000 处，这个惨痛的教训告诉我们如果解决不好这些难题，文化遗产的保护状况将会每况愈下。尤其近十年来，虽然政府在资金和管理上有较大的投入，沿线大众也不断提高了对文化遗产的保护意识，但经济的快速发展和大规模的城镇化建设，以及文物相关部门的管理水平、人员的业务素质等均给线性文化遗产保护带来巨大的挑战。主要表现在几个方面。

第一，现代化建设和城镇化的高速发展带来日益严重的挑战：修建高速公路、铁路；建设水库、电站；建立工业园区、产业园区等。由于政府对文化遗产的保护缺乏清晰的思路，没有长效性的、行之有效的整套管理办法，而地方行政官员保护意识不强，在管辖区内大搞政府形象工程，使文化遗产遭受灭顶之灾。

第二，在全球化的经济浪潮冲击下，特别是近十年来城乡差距缩短，人们物质、精神生活质量不断提高，政府、民众对旅游开发尺度把握不准确，文化旅游、乡村旅游对沿线文化遗址、古镇破坏严重。一些基层政府只顾抓经济效益，无视文物部门保护规划，没有很好地开展引导工作，造成古镇居民无规划、无指导翻修或新建房屋，用于餐饮、酒店服务，严重破坏了古镇建筑的整体风貌。

第三，政府文物主管部门和基层相关部门专业保护人才队伍缺乏，经费不足或经费不到位，也没有科学、长效的保护机制和保护措施，沿线大量的文化遗存长期处于无保护状态，如摩崖石刻、碑记石雕刻长期暴露户外，损坏日益严重。

---

[1] 资料来源：http://cnews.chinadaily.com.cn/2015-01/13/content_19305800.htm.

随着国际社会对世界范围内文化遗产保护工作的日益加强，开启了各个国家对文化遗产保护实践新一轮的探索。在这样的国际背景下，西南地区文物有关部门围绕着线性文化遗产在文物普查、修缮、申报，线路的考察、学术研讨，沿线古镇村落、文化景观、非物质文化遗产的保护，博物馆、纪念馆的开办，以及各级文物保护单位的申报等方面做出了巨大努力，取得可喜成绩。1997 年国务院曾发布《关于加强和改善文物工作的通知》（国发〔1997〕13 号），要求各地、各部门将文物保护纳入经济和社会发展计划，纳入城乡建设规划，纳入财政预算，纳入体制改革，纳入各级领导责任制，把各级政府保护文物的责任进一步具体化。从文化遗产保护实践来看，不管是负责文物保护工作的文物局，还是负责历史文化名城名镇名村保护和监督管理的住房和城乡建设厅，虽然都能够依法履行其应尽的保护和监督管理工作，但这种"分割"式的管理和指挥体制，弊端显而易见。时至今日，真正被纳入财政预算用于文化遗产保护项目的资金少之又少，多数只是人头费。

第六节　本章小结

从先秦至明清时期，随着历代王朝对西南地区的开垦，先后开辟和形成了连接西南各个区域的交通要道，这些线路不仅参与了一个王朝对西南边陲的武力征服，还在形成过程中为不同区域的商品贸易和交换提供交通通衢的便利，继而给整个社会在生活方式、思维方式、价值观念、文学艺术、建筑服饰、信仰崇拜等等方面带来交流和融合。它们蜿蜒于西南地区特殊的自然地理环境中，也穿过西南各区域的人文地理环境，在此过程中，一些尺度较长、体量较大、文化积淀厚重的大型线路显现出来，成为西南地区具有区域历史文化特色的线性文化遗产，如蜀道、茶马古道、明代屯军线路、川盐行黔古道和红军长征西南之路等。通过这些大型的线性文化遗产的研究，我们窥视到历史上西南地区社会政治、经济、军事和文化的发展史，认识到在治理边疆，维护多民族国家的统一，实现一个王朝远大的政治抱负中，交通线路的开辟、整治与畅通的必要性，认识到在一个地区维持和实现社会经济系统的生命机能和能量转换中交通线路的重要性，认识到不同区域在文化扩展、思想传播上对交通线路的依赖性，同时也意识到保护西南地区线性文化遗产任重而道远。

　　一直以来，如何把控文化遗产合理利用的尺度是遗产保护界重要的研究命题，尤其是当今社会正处于以经济发展为中心的过渡阶段。因而应科学利用，避免过度开发和盲目开发，有效发挥遗产保护利用在带动地方经济发展、促进就业、提高当地人民生活水平方面的积极作用。

第四章　西南地区线性文化遗产资源评估

第一节　西南地区线性文化遗产构成要素

西南地区线性文化遗产线路是在特定自然环境和社会环境下形成的广袤而复杂的交通体系，沿线的各类文化遗存，蕴含丰富的自然和人文信息，以多元文化为其独特的个性，在传播文明和先进文化方面起到了重要作用。各类遗存反映了古代先民的生产、生活方式和传统文化，见证了多元文化上千年的延续。

一、文化遗产类型

传统意义上的文化遗产指物质文化遗产和非物质文化遗产。

1. 物质文化遗产

根据 1972 年 11 月，在巴黎召开的联合国教科文组织第十七届全体会议上通过的《保护世界文化和自然遗产公约》，物质文化遗产包括可移动和不可移动文物：

● 文物：从历史、艺术或科学角度看具有突出的普遍价值的建筑物、碑雕和碑画、具有考古性质成分或结构、铭文、窟洞以及联合体；

● 建筑群：从历史、艺术或科学角度看，在建筑式样、分布均匀或与环境景色结合方面，具有突出的普遍价值的单立或连接的建筑群；

● 遗址：从历史、审美、人种学和人类学角度看具有突出的普遍价值的人类工程或自然与人工联合工程以及考古地址等地方。

以上三个方面主要包括了古遗址、古墓葬、古建筑、石窟寺、石刻、壁画、近代现代重要史迹及代表性建筑等不可移动文物；历史上各时代的重要实物、艺术品、文献、手稿、图书资料等可移动文物，以及在建筑式样、分布均匀或与环境景色结合方面具有突出的普遍价值的历史文化名城、名镇、名村等。其中可移动文物暂不在研究之列。

2. 非物质文化遗产

根据 2011 年 2 月 25 日中华人民共和国第十一届全国人民代表大会常务委员

会第十九次会议通过的《中华人民共和国非物质文化遗产法》，对非物质文化遗产的定义是指"各族人民世代相传并视为其文化遗产组成部分的各种传统文化表现形式，以及与传统文化表现形式相关的实物和场所。包括：（一）传统口头文学以及作为其载体的语言；（二）传统美术、书法、音乐、舞蹈、戏剧、曲艺和杂技；（三）传统技艺、医药和历法；（四）传统礼仪、节庆等民俗；（五）传统体育和游艺；（六）其他非物质文化遗产。"[1]

按说西南地区线性文化遗产的保护研究还应包含此部分内容，但由于线性文化遗产涉及面太广，各个历史时期随着线路的形成和发展而沉积下来的非物质文化遗产纷繁复杂，故暂不做具体性的研究。

二、物质文化遗产的现状结构

根据研究的侧重点，对文化遗产构成要素的分析和研究主要针对西南地区线性遗产线路沿线的历史文化名城名镇名村和众多的不可移动文物。

1. 历史文化名城名镇名村

在已公布的第一至第六批全国历史文化名城名镇名村中，涉及西南地区线性文化遗产的历史文化名城有 16 个，历史文化名镇有 40 个，历史文化名村有 17 个，共 73 个。具体数据参见第三章第五节，此处不再赘述。

历史文化名城名镇名村基本保留传统格局和历史风貌，历史时期曾经作为当地政治、经济、文化、交通中心，或发生过重要历史事件，或成为军事要地，或传统的产业持续地对本地区经济发展、社会进步产生过重要影响，因而普遍具有历史悠久、文化遗存丰富的特点，它们是西南地区线性文化遗产的主要载体之一。

2. 不可移动文物类型及类别

不可移动文物资源类型的构成，包括了国务院、省（直辖市）、市（自治州）和县（市、区、特区）等各级政府，依据《中华人民共和国文物保护法》核定公布的全国重点文物保护单位、省（直辖市）级文物保护单位、市（自治州）级文物保护单位、县（市、区、特区）级文物保护单位，以及由县级人民政府文物行政部门予以登记，并公布的尚未核定为文物保护单位的不可移动文物。西南地区

---

[1] 《中华人民共和国非物质文化遗产法》.主席令（第四十二号）.中华人民共和国第十一届全国人民代表大会常务委员会第十九次会议通过，2011 年 2 月 25 日.

线性文化遗产沿线不可移动文物资源类型，以全国重点文物保护单位、省级文物保护单位为重点，兼顾其他与线路密切相关的具有代表性的文化遗存（部分省级以下和未核定的不可移动文物），并参照文物部门对不可移动文物资源类型及《中华人民共和国文物保护法》文物分类原则进行分类。根据本书对蜀道、茶马古道、明代滇黔屯军线路、川盐入黔线路、红军长征西南之路沿线不可移动文物数据统计（见第三章表3-2至表3-6）和研究需要，整理出交通类建筑或构筑物、军事类建筑或构筑物、宗教建筑、文教建筑、商业建筑、近现代重要史迹及代表性建筑、其他等共七个遗产类型。文物类别则根据其特征及保存状况，分别归入古遗址、古墓葬、古建筑、石窟寺及石刻、近代代表性遗址和建筑等。

　　在第三章统计结果基础之上，我们进一步筛选出了具有典型性、重要性和唯一性的线性文化遗产资源，对其进行了归类和调整，目的是为西南地区线性文化遗产资源的价值构成和遗产类型、类别的判别，以及保存现状的评估研究工作提供扎实的基础数据。（见表4-1）

表4-1 西南地区线性文化遗产不可移动文物资源类型及类别总览表

遗产线路 　　　　　遗产类型、类别		蜀道	茶马古道	明代滇黔屯军线路	川盐入黔线路	合计
交通类建筑或构筑物： 道路、渡口、码头、桥梁、驿站、马店及其他	古遗址、古建筑	26	145	77	135	383
军事类建筑或构筑物： 城郭（城楼）、衙署、屯堡、烽火台、关隘和卡子	古建筑、古遗址	9	7	28	9	53
宗教建筑： 佛寺、道观	古建筑	57	5	18	18	98
文教建筑： 祀庙、文峰塔、祠堂、文庙、书院、魁星楼	古建筑	23	1	8	0	32
商业建筑： 会馆、商号、商铺、作坊	古建筑	14	24	7	46	91
其他： 历史人物墓葬、石窟寺和造像、摩崖石刻和碑刻	古墓葬、石窟寺及石刻	46	11	4	32	93
合计						750

续表

遗产线路 / 遗产类型、类别	蜀道	茶马古道	明代滇黔屯军线路	川盐入黔线路	合计
近现代重要史迹及代表性建筑： 会议会址、战斗遗址、重要机构、驻地、旧居等遗址	遗址、旧址、代表性建筑				79
以上总合计					829

注：以上数据来源于课题组对各条遗产线路不可移动文物的统计。

三、不可移动文物资源分析

从蜀道、茶马古道、明代滇黔屯军之路、川盐入黔线路、红军长征西南之路沿线不可移动文物的田野调查报告和代表性不可移动文物资源类型统计分析中，我们认为在前六个类型中，"交通类建筑或构筑物"类型占的比例最大，达到总类型的51.06%，充分显示出线路类遗产的本质特征，"军事类建筑或构筑物"类型占总类型的7.06%，"宗教建筑"类型占总类型的13.06%，"文教建筑"类型占总类型的4.26%，"商业建筑"类型占总类型的12.13%，"其他"类型占总类型的12.26%。由于红军长征西南之路属"近现代重要史迹及代表性建筑"类型，故不参与其他四条线路的对比研究。统计分析结果表明：

第一，"交通类建筑或构筑物"类型中，茶马古道"道路"构成要素，大于其他线路，从一个侧面说明了茶马古道在西南地区线性文化遗产中的尺度最长，涉及范围最广、体量最大。川盐入黔线路"渡口"和"码头"构成要素信息也远胜于其他线路，反映了川盐入黔利用长江水系运销川盐的水、陆混合特点。

第二，"军事类建筑或构筑物"类型中，明代滇黔屯军线路各个构成要素之和跃居首位，显示出该线路军事防御功能所在，以及线路在特殊历史时期本身蕴含维护和统一祖国边疆大业的意义。

第三，"宗教建筑"类型与"文教建筑"类型中，各构成要素内容的叠加以蜀道和滇黔屯军线路最为丰富，昭示着因蜀道的形成而带来的川、陕之间、因"调北征南"和"调北填南"带来的川黔边地与中原内地之间，不同区域文化在信仰、思想、观念、教育等方面的吸纳与包容。

第四，"商业建筑"类型中，以川盐入黔线路和茶马古道最为突出，表现在各地商人出资修建的"会馆"及保佑他们在异地他乡生意兴隆、人生安康的各种宫、庙，以及沿线的"商号""商铺""作坊"等，其中川盐入黔线路尤为突出。凸显了这两条线路的商贸功能及线路存在的经济价值。

第五，"其他"类型中，蜀道和川盐入黔线路涉及"石窟寺和造像""摩崖石刻和碑刻"构成要素更多。统计数据证明了蜀道开通时间早于其他线路，巴蜀较早地受到中原地区文化的影响。同时摩崖石刻的数量也反映出蜀道和川盐入黔线路近山奇峰异石、临水峭壁万仞的生存地理环境。

第六，"近现代重要史迹及代表性建筑"类型中，红军长征西南之路沿线留下了许多红色文化遗产的节点，除了重要会议会址、遗址；战役、战斗遗址；重要机构遗址（含驻地、宿营地、生活设施等）；红军重要领导人旧居；渡口、码头、桥梁、碉堡、战壕；纪念性建筑及遗迹；红军坟、烈士陵园；红军标语等，虽然构成要素很丰富，但均是长征这一历史事件在各个文物节点上的表现，没有显示出事件与所经之地经济或文化的必然联系，这一点恰好真实地反映出红军长征西南之路的特殊身份和它与西南地区其他四条线路的不同之处，即它是一条因历史事件而引发的军旅线路，这条线路因此而单纯地遗留下与事件相关的文物节点，在线路的界定上，它更接近"国际古迹遗址理事会文化线路国际科学委员会"提出的"线路遗产"的概念，这个概念虽然也属于线性文化遗产的范畴，但比起线性文化遗产家族中的其他类别的遗产类型来说，其文化体量要小得多。

以上结论是基于对西南地区线性文化遗产沿线不可移动文物资源类型构成的分析结果，尽管还有许多省级、市级和县级文物保护单位没有纳入分析表，但国家级文物保护单位和其他具有代表性的文物节点已经囊括其中，数据信息足以为进一步识别各条线性遗产线路的身份、线路的功能和线路本身的价值意义提供佐证。

第二节　西南地区线性文化遗产的判别

一、线性文化遗产的特征

西南地区线性文化遗产是与中原内地、区域内部之间相互沟通、相互交流的桥梁，曾在政治、经济、文化、军事和交通史上发挥过极其重要的作用。作为人类文明进步的重要载体，与我国其他线路类文化遗产相比具有以下的突出特征：

●跨区域性强

西南地区大型的线性文化遗产线路蜿蜒于中国西南部不同的地理单元，跨越了多个行政区域和不同的民族地区，遗产线路少则上千公里，最长上万公里。如蜀道穿越了四川盆地、秦巴山地，途经四川、陕西、重庆等省、市及下辖的30余个州、县，并在汉中连接起穿越秦岭的北栈各道，使成都平原、汉中盆地和关中平原紧紧地联系在一起，号称是世界上里程最长的古道。茶马古道穿越了云贵高原、川西高原，甚至西藏高原，途经云南、四川、贵州、西藏等省、区及下辖的上百个州、市、县，甚至连接南亚、中亚、西亚和东南亚地区。它通过藏民生活中的必需品———茶叶，串联起藏区与汉区，使区域之间和区域内部文化和生活方式相互影响、相互渗透，从而形成跨度较大、历史厚重的大型线性文化遗产。川盐古道、红军长征西南之路也都分别跨越了多个省区及下辖的近百个市、州、县，其影响力同样不可小觑。

●延续时间长

历史上，西南地区许多线路的雏形都源于民间的一些通道，大多无从考证，留存至今的上限大约在先秦时期，下限至少也在明清时期，线路的使用时间断断续续加起来几百年至上千年不等。如蜀道，根据《太平御览》卷八百八十八转引《蜀王本纪》，蜀道的开辟在公元前316年春秦惠王时期，距今大约3000年，目前许多学者均认为它是保存至今人类最早大型交通遗存，开辟时间比古罗马大道的历史还要悠久，经历的朝代之多、被使用时间之久，都是其他古道无法比拟的；茶马古道、川盐古道，以及明代屯军线路的历史距今也十分遥远，茶马古道、川盐古道至少经历四、五个朝代，明代屯军线路距今也有600余年。这些线路中的某些路段今天仍然在沿用，只不过被扩建或改建为为现代社会服务的公路。

●地域文化特征明显

西南地区自然、人文景观独特，线性文化遗产所特有的地域特征与线路经过的自然地理环境和人文地理环境有着千丝万缕的联系，什么样的环境自然造就什么样的文化。首先，西南地区的地貌类型复杂多样，地势起伏较大，既有雪峰冰川连绵纵横的高寒屋脊，又有山河并列相间，山高谷深的横断山区，还有内部丘陵起伏，四周高原环绕的低洼盆地，以及地面崎岖，山岭纵横面积广大的喀斯特地貌，这就使西南地区线性遗产线路在走向的选择、筑路的方法、运输的工具等方面不得不考虑以上因素，继而使线路本身顺从于自然地理环境，故有了中国分布最集中、使用时间最长、形式种类最齐全的千里栈道，有了蜿蜒于崇山峻岭，深山峡谷之中的马帮文化，以及利用长江干、支流水系将川盐运销至贵州四大口岸线。其次，西南地区是中国少数民族聚集的区域之一，千百年来，苗、侗、布依、水、瑶、壮、傣、藏、彝、仡佬、白、傈僳、纳西、哈尼、羌、门巴、毛南、珞巴、怒、独龙、阿昌、景颇、基诺、拉祜、普米、京、佤、布朗、德昂、仫佬等30多个民族在此区域内繁衍生息，而历史上西南地区的交通线路大多经过这些少数民族地区，使线路衍生出来的文化更多包含了民族文化的因子。另外，明洪武年间"调北征南"和"调北填南"历史事件，也使滇黔屯军一线形成极具地方特色的、被誉为"大明遗风活化石"的"屯堡文化"。

●多元文化共生

西南地区线性文化遗产不仅见证了中国西南交通道路的发展历程，更是区域外部和区域内部之间多元文化沿着线路交融、交织的结果。它不断地积淀并承载了上百年和上千年政治、经济、军事、文化等方面的文化内容，并以可移动和不可移动的文物、物质和非物质文化遗产昭示后人。沿途保存下来的遗址、村落、集市、驿站、递铺、客栈、书院、会馆、马店、茶园、盐场、店铺、寺庙、道观、古道、桥梁、关隘、渡口、码头、牌坊、水井、摩崖石刻等文化遗存，以及至今还"活"在民间的文学、艺术，传统的节庆、习俗、手工技艺等，再现了不同的历史时期区域之间和区域内部王权政治、军事称霸、商贸活动、人口迁移、宗教传播、知识互惠的共生共融，并使巴蜀文化、马帮文化、盐业文化、屯堡文化、红色文化在各条线性文化遗产中得以体现。

二、线性文化遗产判别标准

由于线性文化遗产将文化线路、遗产廊道、线形遗产、文化景观、遗产运河、线状遗迹、历史路径、文化廊道等"线状""线型""线形"遗产家族成员集合于旗下，部分熔接了它们的内涵，使判别的标准呈现较为复杂的趋势，因而在判别的标准上不得不放弃统一而苛刻的条件和要求。当然，宽容中仍然要坚持最基本的判别标准：

（1）线路的重要意义。指线路所具有的唯一性、特殊性，及在政治、经济、文化领域内的划时代意义。

（2）线路生存的时间。指线路生成、使用和维系可考的时间跨度，有对话和交流的线路历史文化积淀至少在百年以上。

（3）线路的空间范围。指线路清晰的跨区域的长度和线路上与之紧密相关的文化载体体量，它是物质和精神的总和。

（4）线路的历史故事。指线路上发生的重大历史事件，如人口的大规模移动、重要的文化交流、影响政治格局的战争，以及对区域经济有较大促进作用的重大商贸活动等。

除此之外，特别要注意在判别文化线路时，应严格按照《国际古迹遗址理事会文化线路宪章》所提供的统一参考标准进行判别。

三、线性文化遗产类型辨析

从 19 世纪 60 年代到 20 世纪 90 年代，欧美一些国家从自然与历史文化遗产保护实践中，衍生出区域范围内具有代表性的线形或带状的遗产线路、遗产廊道、遗产运河等遗产类型，特别是 20 世纪 90 年代文化线路的诞生，并伴随着 1993 年圣地亚哥朝圣之路西班牙境内路段申遗成功，使越来越多的交通线路、商贸线路、军旅线路、宗教线路、水利和防御工程类别的遗产成为《世界遗产名录》的新宠。这股强劲的热浪引起世界和中国遗产保护界人士的高度重视，一时间如雨后春笋的不仅仅是对文化线路、遗产廊道、遗产运河的研究，还派生出诸如文化景观、文化廊道、线路遗产、线状遗迹、历史路径等遗产类型的研究。这些遗产的概念既有重叠的部分，也存在一定的差异。在判别上，显得十分复杂和混乱。除文化线路、遗产廊道有较为清晰的判别标准之外，其余线路类遗产的判别要么在《保护世界文化和自然遗产公约》《操作指南》相关阐释中吸取养分，要么参照《文化线路宪章》相关标准执行，[1]2006 年，线性文化遗产概念在中国被提出，虽然迄今为止还不是世界遗产组织的官方概念，但它涉及内容相当广泛，极大地丰富了"线状""线型""线形"及"带状"遗产类型的内涵和外延。西南地区线性文化遗产中，至少包括文化线路、遗产廊道和线路遗产等线性遗产类型，如何对所有的线性遗产进行判别，我们认为主要标准应该根据线路的文化遗产以及所附着的文化意义进行判断，兼顾时间、空间、事件特征。以下参照文化线路、遗产廊道和线路遗产的判别标准，采用对照讨论的方式，对各条线路进行分析、判别。（见表 4-2）

---

[1] 2008 年，在加拿大魁北克召开的第 16 届 ICOMOS 大会上通过的《文化线路宪章》对文化线路的定义、要素、指标、类型、辨识、完整性和真实性，以及方法论有明确的阐释。

表4-2　西南地区线性文化遗产类型判别标准讨论表

线性文化遗产		线路特征论	判别标准
文化线路		有一定的尺度和宽度，持续时间长，强调线路文化上的意义和在文明传播上的贡献。	①空间特征：长度和空间上的多样性反映了"文化线路"所代表的交流是否广泛，其连接是否足够丰富多样； ②时间特征：只有在使用上达到一定的时间，"文化线路"才能对它所涉及的和在文化上产生影响； ③文化特征：指它是否包含跨文化因素或是否产生了跨文化影响，指它在连接不同文化人群方面的贡献； ④角色或目的：它的功能方面的事实，例如曾对某地宗教信念或贸易的交流起到作用，并影响特定社区的发展等等。
	蜀道	蜀道特征讨论： ①蜀道的长度和空间的广阔为区域内部和外部人们的衣食住行、生活方式和价值观念带来影响，直接促进了区域之间多维度对话和融合。 ②距今达3000年的时间，其间形成巴蜀文化和汉中巴蜀同构风俗文化区。 ③它使巴文化与蜀文化融合、巴蜀文化与秦陇文化融合，以及巴蜀文化与中原文化融合，沿途文化遗存包含明显的跨区域因子。 ④线路自始至终在西南和西北两大区域的政治、军事、经济、文化等方面扮演重要角色。	参照以上文化线路判别标准： ①空间特征：由多条线路组成的道路群，有主道、旁道和支线，将它们连接起来则是世界上里程最长的古道。其间分布着中国最为齐全、规模宏大的古栈道，形式种类。 ②时间特征：是保存至今人类最早的大型交通遗存，始于公元前316年秦惠王时期，有足够时间提供文化的交流和积淀。 ③文化特征：在连接成都平原、汉中盆地和关中平原等不同区域，以及为跨文化交流上有突出表现。文化线路 ④角色或目的：不仅是战略要道、官驿通衢、更是行旅通商之要津，线路功能具有综合性。 具有真实性、完整性；与历史上军事武力征服有关，涵盖范围广大，遗产呈线性分布。更接近于文化线路要求和标准。

续表

线性文化遗产		线路特征讨论	判别标准
文化线路	茶马古道	茶马古道特征讨论： ①线路的主、次干道构成庞大的陆上交通系统，不仅是经济交往性的通道，也是文化交融的桥梁。在内容上，它熔接了马帮文化、驿道文化、宗教文化和少数民族的族民族文化。 ②从唐末至明清，线路所经之地，各民族在生产方式、知识和科技术上获取了交流，授受的机会。 ③藏文化与汉文化、纳西文化、伊斯兰文化等不同文化并行不悖，体现了不同区域的文化因子在线路上的交汇和相互影响。 ④形成边疆与内地持久的、互惠互利的贸易往来，带动了川西南地区同商品经济的发展和物资交流，并使印度佛教在唐朝传入大理再南诏，盛极一时。	参照文化线路判别标准： ①空间特征：分川藏、滇藏、青藏三条大道，辅以众多的支线、附线，连接川滇藏青等6个省区，20多个民族地域，形成了一个庞大的交通网络，外延至南亚、中亚、西亚和东南亚地区。 ②时间特征：始于秦汉，兴于唐末，盛于明清，二战中后期最为辉煌。 ③文化特征：不仅作为联系、藏两大区域文化的纽带，且速经众多少数民族地区，有极强的跨区域多元文化特征。 ④角色或目的：为茶、马及其他地商品提供相互贸易的运输通道，也为人们的活动思想的互惠互利和宗教的传播提供了交流的渠道。 具有真实性、完整性；与历史上大规模的贩茶采马有关，范围涉及面大，遗产呈线性分布。更接近于文化线路要求和标准。
	川盐入黔	川盐入黔特征讨论： ①以川东产盐为主，向周边省份辐射，空间范围极大，"五尺道""盐马道""驿道"均与之有联系，井水、陆相接。 ②时间跨度大，最早的盐道与巴国存在时间相当。人黔四大口岸线使川南、黔北两地盐文化沉积带形成。 ③川盐的运销线使黔系了不同区域成千上万历的人群围绕盐而活动，使跨文化的因子充分展示在建筑、服饰、饮食、技艺、信仰等上。 ④自始至终以盐为主题，成为盐业文化的载体，在盐的运销中，促使多个区域文化得以交流，尤其在推动黔北地区经济发展中扮演着重要的角色。	参照文化线路判别标准： ①空间特征：跨越川、鄂、湘、滇各省，依靠长江及其支流与川东、川南连接各盐运口岸的陆输陆盐道，构成庞大的川盐运输网路。人黔形成大约四大口岸线。 ②时间特征：雏形大约始于先秦，兴盛持续至元明清，甚至新中国成立前夕。人黔约始于元代至顺年间。 ③文化特征：因为盐运串联起四川相邻省区和中原地带区和中原地带文化，形成了文化大交融的文化线路局面。 ④角色或目的：古道因盐而存，在西南地区经济活动中发挥着流通盐和其他商品的功能。 具有真实性、完整性；与西南地区历史上大范围供给盐，运销盐有关，遗产呈线性分布。更接近于文化线路要求和标准。

续表

线性文化遗产	线路特征讨论	判别标准
遗产廊道	是一种动态、连续的线性遗产区域，历史、自然、经济并举，不过分强调文化上的对话和交流意义。	①历史要素：有对地方和国家产生影响的历史事件发生。 ②建筑要素：区域内建筑具有独特的地方特色和带有古老的历史痕迹。 ③自然要素：自然生态系统同等重要，自然景观与文化景观相互映衬。 ④经济价值要素：经济价值大于文化意义，重视沿线区域范围内的经济发展，旅游开发等。
明代滇黔屯军之路	明代滇黔屯军之路讨论： ①屯军线路的形成与明朝"调北征南""调北填南"改土归流，贵州建省等历史事件有关，对多民族区域的统一大业起积极的推动作用。 ②洪武年间20万大军沿滇黔驿道屯戍，形成极具地域文化特色的屯堡特寨和石头堆砌的江南四合院，建筑具有军事防御性质。 ③沿线有施秉喀斯特世界遗产地；潕阳河、黄果树、龙宫等国家级风景名胜区；潕阳湖、龙架山等国家级森林公园和关岭化石群国家级地质公园。 ④在强调保护自然生态系统的同时，注意到了经济的发展，已开放历史文化名城名镇黄平旧州和多处西秀旧州古镇，平坝天龙镇等人文景观等国家级自然风景区。	参照以上遗产廊道判别标准： ①历史要素：与明代多起历史事件有紧密的联系，为巩固中国西南边疆和对贵州建立20万大军建立起历史性巨大影响。 ②建筑要素：遗产区内保存具有独特地域文化的屯堡村寨、名镇，建筑风格具有特殊时代的格印。沿线有历史文化名城、名镇。 ③自然要素：沿线区域周围有世界遗产、国家级风景名胜区、国家级森林公园、国家级地质公园。 ④经济要素：沿线的线性景观，尺度中等，自然、经济、文化齐头并进，代表了早期人们的呈连续性开发成熟，是贵州精品旅游线路之一。移动线路，并体现出了屯堡文化的发展轨迹，更接近于遗产廊道要求和标准。
线路遗产	因历史上某种原因，人在活动或移动过程中遗留下的不可移动物质文化遗产，在视觉或空间上呈现连续线状形态的文化遗产。不强调尺度维度的、动态交流和对话，价值总和远远低于文化线路。	①历史要素：与地区、国家某个具特殊普遍意义的事件相关联。 ②空间要求：尺度可长可短，但需要有一定的连续性。 ③时间跨度：时间跨度可不上百年，但要有持续的社会影响力。 ④功能界定：物理界限和线路的功能清晰。

续表

线性文化遗产	线路特征	判别标准
线路遗产 红军长征西南之路	红军长征西南之路讨论： ①长征与20世纪30年代中国国内形势有着密切的关系，它使共产党摆脱了国民党的军事围剿，为新民主主义在中国的最终胜利争取到有利的时机，在中国革命史上具有特殊的意义。 ②红军长征经过了川、黔、滇、藏等省区，并在一定的空间范围内未间断，连续性明显。 ③虽然长征发生的时间不长，但长征的军事案例，长征遗留下来的物质和非物质极其珍贵的红色文化遗产，长征的精神至今激励着中国人民为人类的进步而奋斗。 ④长征在西南的故道是多个单体的与长征这个历史事件相关的遗存在空间分布中的一个连接，物理界限清楚，功能也很明确。	参照以上线路遗产判别标准： ①历史要素：因20世纪30年代具有划时代意义的红军长征而形成。 ②空间要求：经过多个省份，有足够的长度和连续性。 ③时间跨度：距今80年左右，但却是世界战争史上的壮举，至今有着持续的社会影响力。 ④功能界定：界限和线路十分清晰，是一条典型的军旅之路。几乎不存在区域间不同文化在相对持久的时间内进行交流、碰撞、融合的过程。是因一个重要的事件单纯的在一条线路上多处文化遗存的连接，即与具有特殊普遍意义的事件相关联上更符合世界遗产标准的第六条，即线路遗产的遗产。 与历史上的重大事件和重要人物有关。 在内涵、外延和特征上相对单纯，物理界限和线路的功能较为清晰，有持续的社会影响力，在空间和时间上有一定的尺度和连续性。更接近于线路遗产要求和标准。

注：表中"文化线路判别标准"一栏出自世界遗产委员会"作为我们的文化遗产一部分的线路"专家会议报告 REPORT ON THE MEETING OF EXPERTS "ROUTES AS PART OF OUR CULTURAL HERITAGE"，马德里，1994年。

以上讨论的结果是：蜀道、茶马古道、川盐入黔线路在文化线路的定义范围；明代滇黔屯军线路更符合于遗产廊道的界定；红军长征西南之路则属于线路遗产。

四、线性文化遗产分类

线性文化遗产的分类十分复杂，目前国内相关专家提出了多种分类的方法：其一是根据线性遗产线路本身的意义进行划分，分为商贸线路类、宗教线路类、军旅线路类及其他；其二是根据线性遗产线路的功能进行划分，分为交通道路类、人口迁徙路线类、军事工程类、历史主题事件类；其三是根据线性遗产线路的物质形态进行划分，分为陆路和水路。三种划分方法各有利弊，既有重叠、近似的地方，又有不兼容的部分，事实上每一条线性文化遗产的类别划分都不止以一种方法来定论，但专家们各持己见，众说纷纭，尤其第一、二种划分方法，一直以来都显得纷繁复杂，原因是一条尺度大、空间范围广、持续时间长的遗产线路，在形成、发展和衰落的过程中，其功能和本身的意义或许没有完全固定，它一直处于一种交替、变化的状态，最初它可能仅仅是一条民间小小的通道，摇身一变成为官道，设驿置邮，为朝廷传送政令军令，再往后发展成为区域内部和区域之间商品贸易流通和文化交流、知识互惠的桥梁和纽带，这个过程或许掺杂了政治、军事、经济、文化，甚至宗教、人口的迁徙和活动等因素，很难单纯地以线路的功能和线路本身的意义进行区分。本书根据西南地区线性文化遗产的特点和类型判别的结果，以及沿线遗存的不可移动文物资源分析，尝试选择第一、二种划分方法进行类别划分，其目的是想要突出线路对推动社会的发展和人类的进步最具价值和贡献的一面，同时还原线路的真实性。（见表 4-3、表 4-4）

表 4-3 西南地区线性文化遗产类别划分方法一

线路 线路本身意义	商贸线类	军旅线类	宗教线类	其他类
蜀道	———	———	———	√
茶马古道	√	———	———	———
川盐入黔线路	√	———	———	———
明代滇黔屯军之路	———	√	———	———
红军长征西南之路	———	√	———	———

表 4-4　西南地区线性文化遗产类别划分方法二

线路 线路的功能	交通道路类 （陆路、水路）	人口迁徙路线类	军事工事类	水利工程类	历史主题事件
蜀道	√	——	——	——	——
茶马古道	√	——	——	——	——
川盐入黔线路	√	——	——	——	——
明代滇黔屯军线路	——	√	——	——	√
红军长征西南之路	——	——	——	——	√

以上线性文化遗产类别的划分得出以下结论：

第一，同一条遗产线路的线性文化遗产可适应于两种，甚至两种以上的不同分类法；

第二，无论哪一种划分得出的结论都是相对的和动态的，它仅仅是对线路表现出的主要信息负责；

第三，一些线性文化遗产仍然找不到完全符合它自身意义的类别。

第三节　西南地区线性文化遗产价值定性评估

西南地区线性文化遗产线路作为中央王朝与西南各民族之间重要的联系通道，推动和见证了西南地区社会发展，并产生了重大影响。除红军长征西南之路外，蜀道、茶马古道、明代滇黔屯军线路、川盐入黔线路均从它产生、发展到最后的变迁，迄今都经历了上百年，甚至上千年的历史。在它们长期、持续发挥功能性作用的同时，就已经拥有了道路本身因开凿、使用而带来的沉淀文化信息的历史基因，沿途文化遗产能充分反映出线路形成的历史背景、功能所在和线路本身存在的意义。红军长征西南之路虽然属于现代范畴内的线路遗产，但在政治、军事和文化领域内带来全世界范围内的影响，其价值也不可轻视。以上各线性遗产的价值主要是通过沿线物质和非物质文化的集合体反映出来，代表了线路所经过的各个区域或某一个历史阶段在政治、军事、经济、文化、科学、艺术等领域中的最高成就和最大影响，表现在以下几方面。

一、记录历史时期军政要事

西南地区线性文化遗产见证了线路在维护统治、稳定政局、治国安邦上做出的巨大贡献。承载了历朝历代中央王朝联系西南、开拓疆土、巩固和发展政权、政治，施行有效统治的重要信息。

以川盐入黔为例，历史时期的贵州盐荒问题十分严重。明初，贵州境内广设卫所，给原本就缺粮、缺盐的贵州带来了沉重的负担。洪武四年，朝廷始定"纳米中盐"，将盐引分发到卫所，招募和鼓励商人将粮食运到缺粮的地区，换取盐引，然后到指定的地点购盐，再转运销售到民间[1]。《明实录》载：正统十四年六月，"命召商于湖广清浪（今镇远县青溪）、贵州兴隆二卫中纳盐粮。四川上流等井盐每引米一石二斗；仙泉等井盐每引一石二斗"[2]。又载：景泰三年五月，"有平越、都匀、普定、毕节四卫缺粮，所用有限，止用召商中盐减其则例，中纳者众。……宜从来请，四川盐七万一千八十余引、召商于平越等四卫纳米，仙泉井盐每引纳米二斗五升，上流等九井盐（引）纳米三斗"。[3]清乾隆元年（1736年），为彻底解决贵州食盐问题，指定贵州为川盐的主销区，并划（叙）永岸、仁（怀）岸、綦（江）岸、涪（陵）岸为贵州食盐四大运销口岸。四川三台、射洪、蓬溪、中江、乐至等地的盐配涪岸；盐亭、富顺、内江、资州等盐配綦、仁、永各岸；荣县之盐配仁岸[4]。清光绪三年(1877年)，四川总督丁宝祯实行盐政改革，改商运商销为官运商销，确定仁岸、綦岸、永岸、涪岸为川盐入黔四大口岸。最终不仅是盐荒状况得到缓解，民心得到稳定，同时也解决了军粮的供应。由此，川盐入黔线路的功能和存在的意义在朝廷维护统治，稳定社会政局中得以凸显。

明代滇黔屯军线路在政治和军事方面的意义也十分突出。明朝初期，朱元璋在湖广通云南的沿线上进行大规模的屯军是为控制西南地区，出于深谋远虑的政治策略。"今遣人置邮驿通云南，宜率土人随其疆界远迩，开筑道路，其广十

---

[1]　（清）张廷玉等，《明史》卷八《食货志·盐法》第一，北京：中华书局1974.

[2]　台北中央研究院历史语言研究所．《明实录》．上海：上海书店.1982年.

[3]　台北中央研究院历史语言研究所．《明实录》．上海：上海书店.1982年.

[4]　林振翰.《川盐纪要》，"创办官运以后之盐务"．上海：商务印书馆印.1919年.

丈。准古法以六十里为一驿。"[1] 自元代施行土司制度后，东抵今湘西并连接到湖北西南部，北包今重庆和四川南部，南连今广西北部，东则延伸至云南，中心即为今贵州的广大范围内，设置有大小数百个土司。在明统治者看来，它是西南地区最不稳定的区域。朱元璋曾派遣特使提醒征南主帅傅友德"比得报，知云南已克，然区画布置尚烦计虑。……至如霭翠辈不尽服之，虽有云南，亦难守也。"[2] 洪武十五年（1382年）正月，云南收复的消息传到京城后，朱元璋在调北填南，大力推行移民实边的同时，设置了贵州都指挥使司，下辖20多个卫，其中有一半是设在湖广通往云南的驿道上。洪武十一年（1413年），在几乎没有动用武力的情况下，同时废除了思南、思州二宣慰使司，在其领地上设置了思州、新化、黎平、石阡、思南、镇远、铜仁、乌罗8府，并设置贵州布政使司管理，完成了明代最早的一次大规模改土归流。永乐十五年（1417年）又置贵州等处提刑按察使司，使贵州正式成为明王朝第13个行省。由此，沿线卫、所、屯、堡和军事防御建筑（碉堡、粮仓、营盘、战壕、关隘、桥梁）等不可移动的文化遗产，见证了贵州省的建立，明王朝着眼于西南边疆的巩固，对西南地区统治的加强措施得到实施；见证了在"调北征南"和"调北填南"政策驱使下，成千上万的军民移居贵州，并在线路的区域范围内繁衍生息；见证了卫、所逐步发展成为贵州重要的城镇。可见，明代滇黔屯军线路参与并促成了朱元璋巩固政权，治国安邦的远大政治抱负。

中国工农红军长征西南之路的重要性，无论从象征意义还是实际意义，都是无可置疑。长征的胜利，震撼了世界，不仅宣告了国民党"围剿"红军的彻底失败，宣传了中国共产党的政治主张，并在所经之处播撒了革命的火种，为中国革命掀起新高潮和新中国最终诞生奠定了良好的基础。20世纪，随着英国传教士勃沙特回忆录《神灵之手》、美国著名记者斯诺《红星照耀中国》，以及美国著名作家索尔兹伯里《长征——前所未闻的故事》等著作的问世，长征的伟大壮举轰动了西方世界。作为红色文化载体的长征线路，它的历史价值更多地体现在通过长征这一历史性的重大事件，折射出新民主主义时期，中国共产党领导下的无产阶级，为争取民族独立，国家富强，消灭剥削和压迫，建立民主共和国的奋斗精神。

---

[1] 贵州民族研究所编.《明实录·贵州资料辑录》.贵阳：贵州人民出版社，1983年12月.

[2] 台北"中研院"历史语言研究所.《明实录》,《太祖高皇帝实录》,卷一百三十四.北京：中华书局.2016年1月.

它是人类共同的精神财富，其影响力已跨出了国界，不仅影响了发达国家的世界观和价值观，同时也激励了第三世界国家为摆脱贫穷、落后的现状而不懈奋斗。

二、见证西南古代交通发展

历史上，无论哪个朝代，在王权政治初建时期，均以军事征服为先导，以拓展其势力范围，达到获取统辖范围内强势支配权。然而实现一个封建专制主义中央集权帝国的政治理想的先决条件是道路交通的开辟。《蜀王本纪》中石牛粪金、五丁开道的传说故事，第一次较为清晰和完整地讲述了秦惠文王时期，通过褒斜道、金牛道至巴蜀，使西北和西南连成一片，完成了对蜀地达数十万平方公里的大规模领土扩张的目的。[1] 自秦汉以来，沃野千里和丰富的物产决定了关中平原成为中国早期政治、军事活动中心，"关中之地于天下三分之一，而人众不过什三，然量其财富，什居其六"。[2] 而作为关中至天府之国的中转站汉中，南屏巴山，北障秦岭，以其地理位置的特殊性自古则成为军事重镇，穿越秦岭、巴山联结关中平原、汉中盆地与巴蜀地区的秦蜀古道自然成为进攻或防御敌方的重要通道。

秦汉以后，蜀道多数由民间通道摇身变成堂堂的官道、驿道，与道路交通有关的设施也随之不断完善。尤其唐代以后，蜀道通过多次整修，成为唐朝的官驿大道，三十里一驿站、十里一邮亭，成为当时由长安入川最捷近的道路，这是多元蜀道文化渗入邮驿文化因子的主要原因。蜀道开通和存续期是军事争霸进攻或防御的重要通道。汉中、关中、巴蜀一线战事频繁，剑门关军事地位的凸显，有"一夫当关，万夫莫开"之阵势，发生在这里的古代战争有五十余次。三国时期，诸葛亮在剑门架栈道、修关口，屯戍兵力，凭险而守，至今仍遗存众多的军事关隘、军事设施遗址，它们见证了蜀道在军事方面所发挥的突出作用和某一历史时期道路存在的意义。

三、反映城镇经济发展状况

线性遗产线路从形成之初到最后的完备，始终在西南区域内部，以及与周边的经济互动中发挥着重要的作用。见证了商贸的繁荣、中心城镇的崛起和相关产

---

[1]　王子今．《秦人的蜀道经营》．《咸阳师范学院学报》．2012 年 1 月．第 27 卷第 1 期．

[2]　（汉）司马迁．《史记·货殖列传》卷一百二十九，第六十九．北京：线装书局．2006年 12 月．

业联动。

交通要道是经济发展的首要因素，它的发展与活跃在线路上的商贸活动有着相辅相存的关系，商品的快速流通离不开道路交通的作用，道路越畅通，商旅往来就越频繁，商业贸易就越繁荣。随着历代中央王朝对边疆的开拓，大量的移民至西南地区经商、屯田、开矿，使西南地区的经济得到长足发展。

早在唐代以前，秦岭入川的道路已开发得相当成熟，学术界有专家甚至认为蜀道是都城长安与南亚次大陆的商道"西南丝绸之路"联系的纽带。唐代以后，蜀道是西部最活跃的商贸线之一。三国时期成都是蜀国最繁华的城市，晋人左思在《蜀都赋》里描绘："市廛所会，万商之渊。列隧百重，罗肆巨千。贿货山积，纤丽星繁。……贾贸墆鬻，舛错纵横。异物崛诡，奇于八方。布有橦华，面有桄榔。邛杖传节于大夏之邑，蒟酱流味于番禺之乡。"[1] 四面八方的商人们云集成都，不仅带来了各地丰富的物资，还把蜀国的特产北销至秦岭以外，南销至番禺等地。隋唐两代，国力逐渐强盛，经济得到快速发展。巴蜀、汉中的贡品与长安的赏物，以及民间繁盛的商贸，促进了蜀道驿运的完备和繁荣，长安、汉中、成都等沿线重要城镇商人云集，货如堆山，商旅往来极为频繁。宋初，军用马匹甚缺，蜀道为蜀地茶叶与秦陇游牧部落马匹进行交换提供了畅通的交通条件，在"茶马互市"中发挥了重要作用，朝廷为此在成都专设茶马司，并在嘉陵道除设释站，每隔10里、15里或25里不等设茶铺、车子铺以运茶叶。明、清之际，蜀道更是行旅通商之要津，沿途驿馆、货栈、店铺、马厩、集市甚为兴旺，商人们把货物从四面八方运来，又把蜀国的特产运往各地。

唐代以前，川、滇、藏之间的一些交通网路就已初步形成，沿着这些交通要道，各地区间商品互换日趋频繁，并有一定规模的马帮运输队伍。由于茶叶具有清热祛毒、去腻消食的功效，备受高寒地区人民的喜爱。唐代初期，一些藏民开始翻越雪山，渡过金沙江，南下至云南的步日（今普洱）用马匹、乳制品、药材等换取茶叶，形成以普洱为源头的茶马古道交易市场。宋至明清，茶马古道的逐渐完备，这与依托于该线路而进行的以茶、马为主，兼其他商品的贸易交换有极大的关系。川、滇地区的茶叶、红糖、盐、火腿、瓷器、烧酒、布匹和其他日用等生活物资被不断运至藏区，改善了当地居民的生活质量，同时康藏及周边的马匹、

---

[1]　逯钦立《先秦汉魏晋南北朝诗·晋诗·左思》卷7，第七三一. 北京：中华书局，1983年.

毛皮、沙金、药材等货物则沿途反运和被带到中原地区。特别是到了宋代，由于战事连连，马匹的需求量大增，精明的商人用茶叶换取藏马，再将马匹卖给朝廷，以换取绫罗绸缎、金银珠宝等，大大丰富了茶马互市中商品贸易交换的内容，同时也刺激了更多的商人参与。自此以后，南来北往的商贾穿梭于川、滇、藏之间，范围不断扩大，商品贸易甚至涉及广西、贵州等地。如此庞大而持久的经济活动，除了道路本身记录了这一史实外，沿线所有的遗址、遗迹，包括物质的和非物质的也都成为与之相关的文化载体，具有不可估量的价值内涵。

此外，在川盐入黔沿线上，为了将盐运入贵州，在黔北四大口岸的盐运水陆交通干线逐步形成后，一个以运销食盐为核心的商业网路逐渐走向成熟。沿着这一运销网路线，贵州急需的盐、粮食、棉花、棉纱、布匹、日用百货类商品被源源不断地输入，同时黔北盛产的铜、汞、银、铅、煤、铁、硫磺等矿产，以及当地生产的桐油、木材、蚕丝、灯草、猪鬃、茶叶、土布、白酒、药材、生漆、麻、竹木等土特产品，再通过这个巨大的商业网路运入长江，输至全国各地。故道光年间，贵州巡抚贺长龄在奏疏中说："黔不产盐，布匹又贵，类皆挹注于他省。苗民错居岩洞，所饶者杂粮材木耳，非得客民与之交易，则盐布无所资，即杂粮材木亦无由销售，分余利以供日用。是客民未尝不有益于苗民。"[1] 总之，被利用于商品交换的道路从来就是双向的贸易，有来有往，无论西南地区的哪条遗产线路，其实都承载着商品贸易的历史，只是比起大尺度跨国界的文化线路来说，它们的贸易体量相对较小，规模也不大。

在催生和促成沿线集市、城镇的演变方面，西南地区遗产线路也做出了巨大贡献。历史时期，西南地区政治、经济中心及交通要塞最初都曾是沿线一些不起眼的地方小市场，是农民和手工业者之间互通有无，售卖农副产品、手工业品，及购买生产资料、生活用品的重要场所。随着经济的发展，这些小市场逐渐发展成为不定期或定期的集市而遍设城乡，今川黔滇的许多地名，如龙场、马场、牛场、鸡场、狗场、猴场等，就是从最初设立的集市而演变下来的。其中一些集市即以后城镇的雏形。

茶马古道的开辟和茶马贸易的兴起，突破了自然界造成的障碍，为历史上的云南、四川、西藏和贵州地区商人、工匠、戍军、贡使提供了经济、文化交流的

---

[1]　任可澄，杨恩元·民国《贵州通志·前事志》卷三"鄂尔泰陈奏两省事宜".贵阳文通书局铅印本，民国三十七年.

机会，推动了各地的生产力发展和社会进步。沿途许多固定的交易市场、货物集散地、商贾食宿点，甚至一些驿站，在长期的商贸活动中，逐渐形成人口较为密集的集市，并向城镇演变和发展。据调查，云南境内沿线上的思茅、普洱、临沧、凤庆、蒙化、大理、鹤庆、易武、丽江、香格里拉、德钦、永昌、剑川、腾越，以及楚雄、北胜、新兴、昆明、曲靖、昭通等城镇（或城市）；四川境内的宜宾、凉山、乐山、邛崃、成都、雅安、康定等城镇（或城市）；西藏境内的芒康、昌都、林芝、达孜、拉萨、日喀则、江孜等城镇（或城市），都是由于茶马古道而相继出现，并得以不断繁荣。它们的兴起，还带动和刺激了周边农业、手工业的发展，各民族人民在相关知识和技术上取长补短、交流授受，为区域经济进一步繁荣做出了巨大贡献。"会城百工骈集，然皆来自他省，……商贾则江西、湖南人为多"[1]贵州境内的大同、葫市、复兴、赤水、丙安、元厚、土城、茅台、永兴、团溪、打鼓等古镇，以及思南、石阡、镇远、桐梓等城镇，即是在盐及其他货物的转运、销售和集散过程中，被催生出来的沿线商业城镇。为了方便商贾、脚夫、马帮，商业城镇上盐号、仓库、客栈、马店、商铺、餐馆应有尽有，一派繁荣景象。"满眼盐船争泊岸，收点百货夕阳中"就是描写昔日丙安古镇盐船拥岸、商贾云集、物资堆积的真实情景。

　　明代湖广通往云南的驿道，洪武、永乐时期因屯军而建立的卫城、府城均匀分布，最终20多座城镇沿该驿道链状地被催生。明代以前，湖广通往云南的驿道上只有几个规模狭小的城堡，最大不过是顺元城（今贵阳市），但也是"城址狭隘，城垣卑薄"。西南最早建卫是在洪武四年（1371年），建有贵州卫（今贵阳市）、永宁卫（今四川叙永）和成都卫（今成都市），与武昌卫（今湖北武昌）形成犄角之势，意在控制西南。卫所自成体系，一般都划有一定区域，大多数卫都单独建有城池，建设的范围、布局等都有一定规制，不仅建有寺庙、宫观、祭坛，还设立卫学或武学，可见一个卫就相当于一个城镇。贵州建省后，府、州、县逐渐增多，但它们大多与卫所同城，并在原先卫所的基础上增容，如玉屏县城（即平溪卫）、清溪镇（清溪卫城）、镇远县城（镇远卫城、府城）、施秉县城（偏桥卫城）、黄平县旧州镇（初为黄平卫，后降为黄平千户所）、黄平县城（兴隆卫城）、凯里市炉山镇（清平卫城）、福泉县城（平越卫城）、贵定县城（新添卫城）、龙里县城（龙里卫城）、贵阳市（贵州都指挥使司、贵州卫、贵州前

---

[1] 罗绕典撰：道光《黔南职方记略》.清光绪31年（公元1905年）贵阳文通书局重刻本.

卫皆设治所于城中）、清镇市（威清卫城）、平坝县城（平坝卫城）、安顺市（普定卫城）、镇宁县安庄镇（安庄卫城）、关岭县城（安庄卫所属关索岭守御千户所城）、晴隆县城（先是尾洒卫城，后来尾洒卫降为千户所，建安南卫）、盘县县城（普安卫城），进入云南是富源县（平夷卫）、曲靖县城（曲靖卫城、府城）昆明市（云南都指挥使司及云南左卫都设治所在城中）。现如今数百年沧桑，沿线的卫所，已蓬勃发展成一座座城镇，经过多年的建设，它们大多现已是省、市、县的政治、经济和文化中心。

在推动其他相关行业的兴起，增加就业机会上，值得一提的是川盐入黔促成与盐的运销有关的联动产业的发展，特别突出的行业有客栈、餐饮、酿造、娱乐、造船、维修、筏运、包装、邮寄、储蓄、建筑、建材等，此外还有专门为盐运提供劳动力服务的各种帮会。可见，盐的运销是一个庞大的系统工程，大量的外籍商人、脚夫每天忙于贩卖、搬运，他们需要住宿、食物、怀乡、解乏需要烧酒、听戏，商业信息交流中需要邮寄、储蓄；运输涉及造船、筏运、维修车船、包装和骡马圈养，新增流动人口需要住房，则需要建材、建筑，诸如此类，林林总总，相关产业与盐的运销齐头并进，并由此为当地人民提供了无数的就业机会。特别是黔北地区依托盐运发展起来的酿酒业，据史籍记载，"斗米斤盐"吸引着来自四川、湖南、山西、陕西、福建等省腰缠万贯的商人。清道光年间，仅贵州茅台一地，就有上百家为商贾提供住宿的旅店。在仁岸沿线，每天围绕水上运输生活的人上万，从事盐运的各类大小盐船一二百艘，船工、纤夫一二千人。酿酒业在盐商的乡愁和船工的辛劳中应运而生，随着白酒需求量的大增，仁岸沿线的酿酒业发展起来，并与川盐的运销旗鼓相当，这就是所谓的"蜀盐走贵州，秦商聚茅台"。据《遵义府志》记载，清道光年间，茅台村的烧房不下二十家，年产量高达1700吨。同治六年(1967年)，盐商华联辉兄弟，恢复了茅台酒酿制技术，创建了成义烧房，酿制的茅台酒在1915年美国旧金山举行的巴拿马万国博览会上一举夺魁。除茅台酒外，黔北当年盐运的重要集散地董公寺、二郎滩、鸭溪、湄潭等地出产的董酒、习酒、鸭溪窖酒、湄潭窖酒等名优白酒，也与川盐运销活动息息相关，其最初的问世也是为了供盐商和船运工饮用。由此可见，黔北酒的酿造业与川盐运销的发展和兴衰有着密切的内在联系，而这些片段的或持续的商业发展史，则通过码头、渡口、关隘、客栈、会馆、酒坊、聚落等文化遗迹，昭示了遗产线路对黔北区域经济的发展所产生的巨大影响。

四、承载文化融合传播过程

西南地区线性遗产穿越了众多不同民族、不同语言和不同文化区域，承载了各个民族、各个区域在民居建筑、服饰装扮、传统习俗、文字语言，以及原始信仰、图腾崇拜等方面的文化，见证了多元文化的共生共融和线路带来的相对稳定的区域社会、民族团结互助、生产力快速提高等，具有不可替代的历史性作用。

在茶马古道沿线，汉、藏、彝、纳西、傈僳、哈尼、基诺、羌、普米、白、怒、景颇、阿昌等民族在此繁衍生息，各地的文化、语言、宗教和习俗中都体现出"五里不同音，十里不同俗"的显著特点。随着茶马贸易的兴盛和道路的不断延伸，西南地区民族文化的多元性和原始形态也伴随着商贸往来广泛传播开来，形成了兼容并尊、相互融合的新文化格局。沿线的许多城镇出现不同民族节日可以有其他民族参与，不同的民族生产、生活习俗可以被其他民族效仿，不同民族的宗教信仰可以得到其他民族的尊重，各民族在平等互利的基础上各取所需，汉文化、藏文化、东巴文化共同并存，互不干扰，呈现出互相吸收、交融的文化风貌。在康定、巴塘、甘孜、松潘、昌都等地，既有金碧辉煌的喇嘛寺，也有关帝庙、川主宫、土地祠等汉文化的建筑，有的地方还有清真寺、道观，一城之中林立多种宗教的寺院和教堂，而宗教的信徒，则来自不同的民族。但彼此之间却相安无事，和平共处，体现了多民族多宗教的高度融合，彰显了茶马古道强大的文化传播功能。

在川盐入黔沿线，突出表现在接受巴蜀、中原地区开放的思想教育观念、建筑营造技艺文化上。由于川盐运输和行销，越来越多的商人及其家属云集在川南和黔北地区，他们在川盐行黔的沿线古镇上，或开设盐号、旅社、餐馆，或贩卖当地的土特产，或组织劳力装卸货物，在带来新的经营理念的同时，也带来了先进的文化教育理念。他们敬畏文化教育的同时，也关心与参与文化教育，希望自己的后人能饱读诗书，知书达理。许多发迹于盐业的大盐商，最终都会将部分资金转移到兴办学堂，传承中华文明的事业上。如以经营盐业积累百万资产的贵阳华氏家族，1911年与1914年于贵阳分别创办了文通书局和永丰造纸厂，对发展贵州文化和教育起到了积极推进作用。由于重视文化教育，以沿线县城为中心的文化教育开始发展起来，一些来此经商、开垦的人们，均将自己的子孙送往私塾、义学去读书，并捐钱支持校舍的建设，帮助贫寒学生完成学业。而大量来自四川、湖南、山西、陕西、福建的移民，导致许多帮会组织的产生，由于客居他乡，引发修建祠堂、庙宇、宫殿和会馆的热潮，他们把极具地域特色的家乡文化符号及其丰富的社会文化内涵，浇铸在各类建筑中。这些建筑大部分与商业经济，特别是盐业经济的发展有着直接关系，是盐业经济发达的产物。[1] 在产盐和运盐的古镇，移民们按照家乡的风格修建的各类建筑比比皆是，特别是来自于长江中下游的江西、湖南、湖北和广东、广西、福建等地区商人大肆修建会馆，以构建一个自我保护和生存发展的坚强后盾。据民国《云安县志》记载，仅云安县内就有会馆 54 座，其中湖北帮建的帝王宫 15 座，江西帮建的万寿宫 13 座，湖南帮建的禹王宫 9 座，福建帮建的天后宫 3 座等等。《增修仁怀志》也记载，明清时期，仁怀厅境内就有 8 座万寿宫、4 座天后宫和 7 座禹王宫，均分布在仁岸口岸沿线上。这些建筑带着不同阶层和地位移民的情感，以及不同地域的建筑技艺和文化特色，在造型、结构、布局、彩绘和雕刻上，与当地固有的建筑文化相互碰撞、交融，形成以移民文化为主体的独特盐业会馆文化。

在明代滇黔屯军线沿线，调北填南把内地大量人口迁往西南地区，改变了这一地区的人口成分，而贵州之地是实施这一计划的重点区域，由原来的"夷多汉少"而成为汉族为主体的五方杂处之区。在今滇黔古驿道上的安顺、平坝、普定三县境内，现名叫屯、堡、所、官、旗、哨的村寨就有 200 多个，其居民称屯堡人，大都来自中原、江南和邻近省份的不同地区，他们的先民依凭屯堡聚居，一边开垦土地，一边营建家园，不仅带来了中原先进的生产方式和经济模式，维护着儒家文化的主导地位，还与苗、彝、布衣、亿佬、土家等世居民族和睦相处，相互借鉴和学习，形成了颇具特色的屯堡文化。在他们的建筑、饮食、服饰，以及文化娱乐、宗教信仰、乡规民约等方面，均有显著的江淮文化特征。尤其是屯堡人的一种独有的民间戏剧——唱"地戏"，当地人称之为跳地戏，主要在春节期间活动，演出过程中祭祀仪式贯穿始终，故而又叫"跳神"，所演剧目主要是征战故事。它源于明朝军队里盛行的"军傩"，后与中原民间传统的傩戏结合成为贵州独特的文化遗存。20 世纪 80 年代调查资料显示，仅贵州安顺地区的地戏班就有 370 多个，每个戏班都有自己的面具、服饰、旗帜、兵器等道具。演出时演员额顶面具，面蒙青纱，背扎靠旗，在高亢的唱腔和激烈的鼓乐声中挥舞兵器，

---

[1]　赵逵 .《川盐古道——文化线路视野中的聚落与建筑》出版发行，南京：东南大学出版社，2008 年 10 月 .

格斗起舞，表现浓烈的征战场面。目前，地戏和傩戏保存最多、最完整的当数云南和贵州屯军沿线，六百年以来，这种来源于中原的文化，始终影响着屯军沿线上的土家族、彝族、苗族、布依族、侗族等民族，今天在他们的习俗中仍然保留着傩祭的民间活动。在宗教的传播上，贵州屯军线路沿线，至今还遗存着许多与卫城、府州、县城同期营造的寺庙和道观，如炎帝庙、玉皇阁、文昌阁、祖师庙、真武庙、灵官庙、五显庙、马王庙、龙王庙、财神庙、东岳庙、川祖庙、二郎庙、斗姆阁等，所供奉的神祇儒、佛、道都有，其地区移民文化特征非常明显。明朝建立后，积极推行儒学，辅以佛教和道教的教化政策，而卫所官兵中本来就有很多佛教和道教的信徒，故而以"三教合流"教化思想在各屯堡中自然占了主导地位。所以在他们的宗教信仰中有很多儒、佛、道的宗教意识，最为典型的是"天地君亲师"，今天在屯军沿线的许多少数民族堂屋的神龛上，都立有这种敬奉的牌位。也有一些是具有特殊意义的信仰，如明代屯军尚武，就建有很多供奉武将的庙宇，最多的是供奉三国蜀将关羽的关帝庙和供奉唐代将军南霁云的黑神庙，还有供奉宋代武将杨再思的飞山庙等。这些现象起源于中原的汉文化，由明代屯军带入了西南地区。迄今，贵州安顺、平坝一带的民间活动仍然有着浓厚的傩文化氛围。如建房、迁居要"跳神"，有事求神要还傩愿，老人生日要"冲寿傩"，壮年无子要"冲傩"，家有不顺要"冲消灾傩"，遇凶事要"开红山"，儿孙少或孩子多病要"打十二太保""跳加关""保关煞"等，很多村寨都有自己的傩戏班子。

滇黔屯军线路上的另一个显著特点是儒学教育的推广和书院的勃然兴起。它一方面与明朝"治国以教化为先，教化与学校为本"有关，另一方面也与明廷针对西南边疆少数民族地区制订的"移风善俗，礼为之先；敷训导民，教为之先"[1]文化政策有关。明朝初年，朱元璋诏令全国府、州、县设立儒学，并制定儒学制度，以行教化。儒家学说被视为"正学""正道"而成为明代教育的主要内容。洪武二十八年（1395），太祖采纳了监察御史裴承祖奏建议："贵州都指挥使司平越、龙里、新添、都匀等卫，平浪等长官司……宜设儒学，使知诗书之教。"[2]明代卫所中的移民大多来自文化较发达的江苏、江西、安徽、浙江、河南等地，

---

[1]　贵州省民族研究所编.《明实录·贵州资料辑录》贵阳：贵州人民出版社.1983 年 12 月.

[2]　台北"中研院"历史语言研究所.《明太祖实录》卷 241，洪武二十八年九月甲辰条，北京：中华书局.2016 年 1 月.

他们希望自己的后代有读书习礼的机会，普遍要求在卫所住地兴办儒学。[1]洪武二十七年（1394 年）普定卫儒学率先建立，为全省树立了榜样，随后儒学教育沿着屯军线路上的卫所推广开来，从而使各卫所内部军民子弟都能保证得到儒学教育的机会，不仅从客观上促进了卫所教育的发展，同时也稳定了卫所移民的主流文化。与此同时，鼓励兴办半官半民的书院或民间自办的社学，使西南地区的文化教育有了很大的进步，其中最具特色的是书院的兴办，沿屯军线路自东向西创办的书院如下。

嘉靖年间平溪卫（今玉屏县）平溪卫书院、平溪卫（今玉屏县）郑氏书院（年代无考）；

嘉靖九年镇远府（今镇远县）紫阳书院；

嘉靖十五年偏桥卫（今施秉县）南山书院、万历二十四年施秉县（今施秉县）兴文书院；

弘治元年兴隆卫（今黄平县）草庭书院、嘉靖年间兴隆卫（今黄平县）月潭书院、万历年间黄平千户所（今黄平县）东西书馆；

嘉靖七年平越府（今福泉县）石壁书院、嘉靖十三年平越府（今福泉县）中锋书院；

洪武、永乐年间新添卫（今贵定县）魁山书院；

弘治十七年程番府城（今贵阳）文明书院、嘉靖十四年贵阳府（今贵阳）阳明书院、嘉靖二十一年贵阳府（今贵阳）正学书院；

嘉靖年间普定卫（今安顺市）普定卫书院；

嘉靖十五年安庄卫（今镇宁县）安庄书院。

由于地处边远，所受束缚较少，自由讲学的风气较浓，学术风气十分活跃。正德四年，时任提学副使席书慕王阳明之名，聘其为文明书院主讲。阳明先生主讲的学术成果"致良知"与"知行合一"为"阳明心学"在贵州的传播奠定了深厚基础。从这个角度来说，明代滇黔屯军行动极大地的推动了西南文化教育的发展，仅贵州一省，明清两代就涌现了六千举人、七百进士，而上述的所有书院无疑都见证了这一时代在思想和教育上的进步。

---

[1]　贵州通史编委会.《贵州通史》卷二，"明代的贵州".北京：当代中国出版社.2002 年.

五、展示科学技术巨大进步

通过沿线不可移动文物真实地记录某一历史时期在建筑、工程、布局、生产、工艺等方面的科技含量，见证了科技创新和科技进步的发展历程，并能体现和保存不同时期重要的科学技术情报资料。

西南地区线性文化遗产的科技价值，主要反映在建筑工程上，线路的选择、道路的开凿、桥梁的修建、路面的铺设等，比如蜀道、茶马古道和川盐入黔在线路走向上，或是选择沿低洼的河谷行径，以保证人员的基本生存条件，或是利用水道减轻运输成本，或是搭建栈道，免受开山炸石之辛劳，无论哪一种选择其实都包含着它的科学性与合理性。

建筑领域更能直观地反映出遗产的科技价值。以川盐古道为例，首先反映在盐业古镇的选址和布局上。川盐入黔四大口岸沿线大大小小因盐而兴起的古镇不计其数，因为涉及盐和其他附属商品的运销，几乎所有的古镇都不约而同地选择在水、陆交通便利的要冲和不同经济区间的结合部，显示了这些古镇归类于商贸型城镇，而有别于政治、文化型城镇的特点。从经济学的角度来说，它的科学性、合理性体现在水运上，因为水运方式运输方便，能解决大宗货物的运输问题，又能节约人力和运输资源成本，而在不同的经济区间选址，则能通过区间货物的有无，进行商品的互换，以追求最大利润。其次，从盐业古镇的建筑上，更能显示出科技的含量。盐业古镇的建筑主体是盐业会馆和行业会馆，从功能上讲，它们除了祭祀、拜祖外，还是集会、议事、娱乐的场所，因而各地盐商不惜成本大肆修建宫、堂、庙，故有"九宫十八庙"之说。在众多的会馆建筑中，徽商带来的封火墙较为突出。封火墙即是马头墙，人们在修建房屋时，往往将房屋的左右两则或四周，用砖石、土坯做成高于屋顶的墙面，并截断与左邻右舍房屋檐口和木质结构之间的联系，用于防止火势的蔓延或阻断火路，减少火灾带来的损失，同时高耸的墙体也可以防止偷盗。封火墙最常见的是阶梯式，有三花与五花式，这是古代建筑中防火技术措施的成功典范，虽然是盐商们从家乡带至西南地区的一种建造技术，却是川盐入黔线路上的一大特色，既有建筑和使用上的科技含量，又有地域的亮色。再次，从民居的构造和使用的材料看，营建者充分考虑到了西南地区潮湿多雨的气候特点，一是屋檐出挑较大，用以防止夏天雨水对墙体的冲刷和雨天时给出人们更大的活动空间。盐业古镇民居挑檐的结构有单挑出檐、双挑出檐、三挑出檐和斜掌出檐，无论哪一种挑檐，都是为了承担起屋檐的重量，使受力变得更加合理。二是基于阴雨潮湿的南方天气，在房屋的构造和防水处理上采用较为坚硬的石材做外墙的墙裙，防止水淹和潮气上升。另外为了保护房屋的山墙不被雨水侵蚀，同时也为了房屋的通风透气，营造者会在靠近屋檐的地方有意做出具有装饰性的一排小洞，并在下边做一段小披檐，用来疏导雨水，此种构造技术极具科学性，特别适合雨水较多的西南地区，类似技术仅举例说明，不再赘述。

　　在今贵州安顺、平坝一带屯军线路上，多屯堡村寨密布，其建筑使用的材料和所具有的强烈的军事防御功能是这条屯军线路的一大特色。屯堡村寨因具有屯戍的性质，在选址上十分讲究，既要背靠着大山，易于攻守与撤退，又要有水源供军队围困之用。当地取之不尽的石材，用于村寨巷道、民居、碉楼、院落的修建。房屋布局以寨中某空地为圆心，家家户户紧密围绕向四周辐射，每一条深邃的巷道既分割又串联了各家各户，一旦敌人转入巷道就如进了八卦阵，分不清东西南北，而陷入关门打狗的境地。高耸的碉楼有孔观察敌情，天井式的四合院带着浓郁的江南民居风格，整个村寨自成一体，如一个功能齐全的城镇，与平时农耕、战时出兵的思想十分契合。屯堡村寨从选址到民居、碉楼的建设充分体现出屯堡人亦兵亦农的战略思想和科学规划、设计、布局和构建家园的聪明才智。此外，在安顺市西秀区大西桥镇鲍家屯村，早在明洪武年间，为改善屯田水源，提高土地使用效率，大力兴建水利工程。后经鲍氏族人逐步改修、扩建，日臻完善，形成拥有一定规模的引蓄结合的塘坝式水利工程体系。该水利工程利用低坝引水、自流灌溉、器具提灌的方法，通过合理组织坝体和沟渠，较好地解决了灌溉的难题，体现了当地村民利用和顺应自然环境的生存智慧。系统由横坝、顺坝和高低龙口组成，共有大小七个堤坝、五条主渠道、两座水碾房、两座石桥。采用"鱼嘴分流"的方式，把上游河道一分为二，形成"两河绕田坝"态势，使村落周边不同层高的200万平方米田地都能得到自流灌溉。整个工程系统布局合理、设施简洁、功能完备，除灌溉外还具有供水、排洪、水力利用等功能。鲍家屯水利工程是贵州目前已知保存最为完整的明代水利工程，在贵州甚至全国也不多见，是研究我国古代农业、水利科学技术史难得的实例，也是研究我国农耕文化传播、演变和发展史的重要物证。

　　西南地区线性文化遗产中，还有很多能真实记录和反映历史时期科技水平和科技成就的文化遗产，比如古蜀道上栈道的搭建，茶马古道上桥梁建造，包括一些古遗址、古墓葬的修建都代表着某一个历史时期的科技水平，此处不一一列举。

六、再现先民审美情趣和艺术造诣

西南地区线性文化遗产还是一个精彩的艺术世界，它将所具有的历史、宗教、文化、科学等方面的内涵，通过艺术的构思和加工，淋淋尽致地表现在古遗址、古墓葬、古建筑，以及各类摩崖石刻上。反映了各个历史阶段人们的生产、生活、娱乐、观念和信仰，以及审美的情趣和艺术造诣。

隋唐时期，中原通过汉中联系巴蜀的"秦蜀古道"已发展成为名正言顺的官道，广泛流行的佛教文化和汉文化深深地影响着巴蜀地区，而蜀道沿线岩石嶙峋给石刻提供了良好的基础。在剑门蜀道上摩崖造像、石刻碑记十分丰富，其中多处国家、省、市文物保护单位。国家级重点文物保护单位千佛崖摩崖造像位于广元城北，在长 200 多米，高为 40 余米的岩壁上，分布着北魏至明清时期 7900 尊大大小小的佛像，故有"历代石窟艺术陈列馆"之称。除此之外，沿线还有皇泽寺摩崖造像、卧龙山千佛岩石窟、碧水寺摩崖造像、观音岩摩崖造像、鹤鸣山道教石窟寺及石刻、石堂院石刻题记及摩崖造像等，以及一些名人的书法碑刻，如筹笔驿道途次舍碑、陆放翁诗碑、颜真卿书《中兴颂》石刻、李商隐撰《重阳亭》碑、宋徽宗"御笔手诏"碑、蚕桑十二事图石刻等。这些摩崖造像、石刻碑记用料得当，布局合理。尤其在处理佛像的表情、姿态、衣着上，继承了北魏时期造像的风格和手法，刀工柔和细腻、线条简洁流畅，与麦积山、敦煌和龙门石窟如出一辙，具有非常高的艺术造诣。

西南地区线性文化遗产的艺术价值在古建筑上表现较为突出，如川盐入黔永岸线上的叙永春秋寺祠。据记载，原为关帝庙，清光绪二十六年，秦晋盐商张集成等七人集资白银三百万两，历时 6 年始建成，面积约 2500 平方米，故也称之为陕西会馆。整个建筑坐南向北，沿中轴线呈方形布局，向后依次由乐楼、大厅、正殿、三官殿 4 个封闭式四合院组成，其最大的特点是以精湛的木雕、石雕著称。特别是窗棂、门楣、穿枋、花牙、石础上，采用圆雕、浮雕、镂空技法，生动展示树木、花鸟、鱼虫、岩石、瀑布、小桥、流水、房舍、人物等景色，尤其是"百鸟梅花窗"和"叙永八景"木雕，在用料、工艺、构图上代表了当时的最高成果，令人流连忘返。又如滇黔屯军线路上的历史文化名城镇远，它既是茶马古道贡茶线路所经之地，又是"调北征南"湘黔驿道上重要的水马驿，还是川盐入黔涪岸线最南站。青龙洞古建筑群就建在城东潕阳河旁，中和山麓下。它是一处儒、释、道众神汇聚共享人间烟火的"入黔第一洞天"，包括了青龙洞、中元洞、紫阳洞、香炉崖之间所有佛寺、道观、祭祠、会馆、书院、桥梁建筑和众多摩崖石刻、碑刻等文物。计有35栋建筑，30余方摩崖石刻。占地面积约2.1万平方米。所有的楼、台、亭、阁充分利用地形，分别以"吊""借""附""嵌""筑"等多种营造工艺。精致的构建和布局，使建筑与自然山水融为一体，具有典型的山地民族建筑特色。茶马古道云南境内的重要驿站鲁史古镇，距今已有六百余年的历史，镇上保留有古老的街道、民居、院落，戏楼、寺庙、衙署等。其中效仿大理白族民居的建筑和巷道建构十分特别，远远望去，既有当地少数民族的特色，又有中原汉文化的痕迹，它见证了茶马文化带来的交流，见证了建筑文化由北向南的传播，是研究明清以来民居建筑艺术风格重要的案例。

七、与重大事件和重要人物相关

西南地区线性文化遗产在它形成和发展过程中几乎都与一些历史事件和历史人物相关。

历史人物和历史事件是线路文化遗产的缔造者，没有第二次国内革命战争的爆发，没有以毛泽东为首的中共领导人的英明决策，就不会有长征；没有"调北征南"和"调北填南"，没有朱元璋对西南边疆的深谋远虑，滇黔驿道的功能和线路的意义就不会如此凸显。历史上还有一些人物与西南地区线性文化遗产有着千丝万缕的联系。比如蜀郡太守李冰、四川总督丁宝桢，明代摄贵州宣慰使司宣慰使奢香和被谪为龙场 (今修文) 驿丞的原刑部、兵部主事王守仁等。

李冰，公元前256年—前251年被秦昭王任为蜀郡太守。期间，在岷江流域创建许多水利工程，为成都平原成为天府之国奠定了坚实的基础，世界文化遗产——都江堰水利工程就是典型代表。后世为纪念李冰父子，在都江堰修有二王庙，而二王庙也随着四川人的商业贸易足迹，散布于各条古道上。同时他还发动巴蜀民工用积薪烧火的办法，打开了巴蜀通往今昭通和中原的道路。"其崖险峻不可凿，冰乃积薪烧之。"[1] 又组织巴蜀先民凿井煮盐，利用自然盐泉和裸露地面的岩盐制盐。"穿广都盐井诸陂池，蜀于是盛有养生之饶焉"，[2] 这是中国史

---

[1]　（晋）常璩.《华阳国志》卷三，《蜀志》六.

[2]　（晋）常璩.《华阳国志》卷三，《蜀志》六.

籍最早的凿井煮盐记录。可见，李冰对西南地区交通、水利和盐业的发展均作出了巨大贡献。

丁宝桢，字稚璜，贵州平远人。清咸丰三年（1853年）进士，选庶吉士。后任翰林院编修。他是洋务运动重要成员，官至四川总督。据《清史稿·列传二百三十四》记载，光绪二年（1876年），代吴棠署四川总督。至即严劾贪墨吏，澄肃官方，建机器局，修都江堤，裁夫马以恤民，革陋规以恤吏。光绪三年（1877年），丁宝桢以商运疲敝，奏准革除引商，改官运商销。为了让涉及盐业的"官商灶户"遵守奉行而颁发《盐法志》。此法先于运销贵州的黔边岸推行，"设总局于泸州，四岸各设分局，檄道员唐炯为督办"。[1] 其后接办川盐行滇至昭通、东川两府的滇岸。此后不但销足每年额引，还带销历年积引，取得成效。至光绪末，"各计岸亦多改官运"[2]。

奢香，贵州女土司，为彝族恒部祖先穆阿卧后裔，系川南彝族大姓扯勒部第四十二代君长龙迁龙更之女，永宁宣抚司宣抚使禄照之妹。据清张廷玉等撰《明史·贵州土司》记载，明洪武六年（1373年），明廷下诏明确贵州宣慰使霭翠位各宣慰之上。洪武八年(1375年)，14岁的奢香嫁霭翠为妻。洪武十四年（1381年）霭翠辞世，年方20的奢香摄贵州宣慰使，代夫势政，治理水西。当政期间，坚持与中央政权修好，在朝廷和西南各民族的支持下"开偏桥、水东，以达乌蒙、乌撒及容山、草堂诸境，立龙场九驿"。[3] 并自己开设、自己出办和管理驿道，不仅把驿政引进了水西地区，促进水西社会的开发，而且沟通了湘黔、川黔等驿道干线，在贵州交通史上占有重要地位，为巩固西南边陲，发展水西经济，作出卓越贡献。明王士性《黔志》称赞，贵州道路"惟西路行者，奢香八驿，夫、马、厨、传皆其自备，巡逻干辄皆其自辖，虽夜行不虑盗也，彝俗故亦有美处"。[4] 郭子章在其《黔记·舆图志一》中也称赞"安氏龙场九驿，至永宁入蜀，其地近

[1]　《续修四库全书》编纂委员会编.《续修四库全书·史部·正史类》二九六·上海：上海古籍出版社，2002年4月.

[2]　《续修四库全书》编纂委员会编.《续修四库全书·史部·正史类》二九六·上海：上海古籍出版社，2002年4月.

[3]　（清）张廷玉.《明史》卷三百十六《列传·贵州土司》二百零四.北京：中华书局，2000年1月.

[4]　（明）王士性著，张新民点校.《黔南丛书·黔志》第9辑.贵阳：贵州人民出版社，2010年12月.

水西。夷法严而必行，道不拾遗，马可夜驰"。[1]2013 年，"龙场九驿"上的遗存，包括道路、桥梁、码头或渡口、关隘等道路交通设施，驿站、会馆、寺庙、牌坊等许多具有突出地方特点和鲜明民族特色的文物，作为"茶马古道"贵州段重要组成部分公布为第七批全国重点文物保护单位，奢香墓也于 1988 年被国务院核定公布为第三批全国重点文物保护单位。

王守仁 (1472—1528)，字伯安，号阳明，浙江余姚人。世称"阳明先生"。明弘治十二年 (1499 年) 进士，任刑部、兵部主事。因反对宦官刘瑾，被廷杖四十，谪为龙场 (今修文) 驿丞，于正德三年 (1508 年) 忍辱莅任。王阳明虽身处封闭困顿的环境，却志向不泯，其静心思考社会思想领域存在的弊端，深感程朱理学流于空泛，萌发了"致良知"的思想基础，创立"知行合一"学说，在儒学中独树一帜，成为中国古代哲学的重要流派。王阳明在龙场期间，在极为困难的条件下，以陋室数间，创办龙冈书院，"士类感慕者云集听讲"开启了贵州书院自由讲学之风。在他的影响下，贵州兴办书院之风颇为兴盛，明嘉靖、万历年间达到巅峰，计有书院 30 余所，其中多数在卫城和府州县城中开办。如平溪卫（今玉屏）嘉靖年间创办的平溪卫书院；思州府（今岑巩）万历年间创办的思州府书院；镇远府（今镇远）嘉靖年间创办的紫阳书院；偏桥卫（今施秉）嘉靖年间创办的南山书院和施秉县万历年间创办的兴文书院；兴隆卫（今黄平）嘉靖年间创办的月潭书院和黄平千户所万历年间创办的东西书院；平卫（今凯里）隆庆年间创办的学孔书院和清平县（今凯里炉山）万历年间创办的山莆书院；平越府（今福泉）嘉靖年间创办的石壁书院、中峰书院；新添卫（今贵定）嘉靖年间创办的魁山书院；贵阳府（今贵阳）嘉靖年间创办的阳明书院、正学书院、渔矶书院；普定卫（今安顺市）嘉靖年间创办的普定卫书院；安庄卫（今镇宁）嘉靖年间创办的安庄书院等，以上书院开办的地点，正是在屯军沿线上。王阳明及其思想无疑也是屯军线路文化遗产中的组成部分之一。2006 年，修文阳明洞（包括"玩易窝"、"东洞"、何陋轩、君子亭、宾阳堂等建筑，以及阳明洞内所有摩崖石刻）和阳明祠于已被国务院核定公布为第六批全国重点文物保护单位。

以上从七个方面综合阐述了西南地区线性文化遗产的价值构成要素，这些要

---

[1]　（明）郭子章著 .《黔记·舆图志一》. 贵阳：贵州人民出版社，2014 年 8 月 .

素是多维度的，它们互为依存，互为基础。在诸多的要素中，历史、科学、艺术和文化仍然占据核心的地位。

第四节 西南地区线性文化遗产定量评估

2005 年，联合国教科文组织在颁布的《会安草案——亚洲最佳保护范例》中明确指出，保护与利用文化遗产的关键在于首先认识、评估、确定其价值，尔后才能采取相应的管理措施和规划。西南地区线性文化遗产的保护研究应首先建立在对其价值的正确认识、评估之上。

一、评估目的

世界遗产是全人类的共同财产，作为世界遗产重要组成部分，文化遗产近几年来备受国际社会的普遍关注。中国是世界上拥有几千年文明的古老国度，保存有众多的文化遗产，迄今中国的世界文化遗产、世界自然遗产和世界文化自然双重遗产已达 50 项，其中涉及西南地区的共有 14 项。与此同时，人们不约而同地发现，无论是中国的世界遗产，还是中国的其他文化遗产正面临着严峻的挑战。表现在日趋恶化的自然环境；以商业利益为驱动的文化遗产地过度利用和开发；政府和民众保护意识淡漠、保护资金短缺；各职能部门之间长期缺乏相互的配合与协作等等。因此，对文化遗产价值进行科学评估的目的在于唤醒广大民众的保护意识，引导政府更好地理解文化遗产保护的本质、意义和未来的趋势，提升其文化遗产保护工作的水平。对于西南地区线性文化遗产的保护来说，不仅要科学而全面地认识其价值所在，采取恰当的评估方法，更重要的是使评估的结果在沿线文化遗产的保护、管理、利用中起到指导性作用，以促进西南地区文化遗产保护工作向着良性而健康、可持续发展的方向进步。

二、评估理论依据

西南地区线性文化遗产的价值评估，应结合全国人民代表大会常务委员会颁布施行的《中华人民共和国文物保护法》，国务院公布施行的《历史文化名城名镇名村保护条例》等法律、法规，以及由国际古迹遗址理事会中国国家委员会制定，中华人民共和国国家文物局推荐的《中国文物古迹保护准则》相关规定进行。

《中华人民共和国文物保护法》规定，具有"历史、艺术、科学价值"的文物受国家保护。该法第三条明确规定"古文化遗址、古墓葬、古建筑、石窟寺、石刻、壁画、近代现代重要史迹和代表性建筑等不可移动文物，根据它们的历史、艺术、科学价值，可以分别确定为全国重点文物保护单位，省级文物保护单位，市、县级文物保护单位"。[1]《历史文化名城名镇名村保护条例》第十一条规定，国务院建设主管部门会同国务院文物主管部门可以在已批准公布的历史文化名镇、名村中，严格按照国家有关评价标准，选择具有重大历史、艺术、科学价值的历史文化名镇、名村，经专家论证，确定为中国历史文化名镇、名村。《中国文物古迹保护准则》下简称《准则》是文物古迹保护工作具有指导行业规则和评价工作成果的主要标准、处理有关古迹事务时的专业性文件，它依托中国文物保护法规体系框架，以《文物保护法》和相关法规为基础，参照1964年《国际古迹保护与修复宪章》(《威尼斯宪章》)等国际原则而制定。《准则》第三条明确规定"文物古迹的价值包括历史价值、艺术价值和科学价值"。[2]2015年修订后的第三条拓展为："文物古迹的价值包括历史价值、艺术价值、科学价值以及社会价值和文化价值。社会价值包含了记忆、情感、教育等内容，文化价值包含了文化多样性、文化传统的延续及非物质文化遗产要素等相关内容。"[3]

事实上，《保护世界文化和自然遗产公约》下简称《公约》在对文化遗产的概念和内容进行界定时，已经为文化遗产价值的评估指明了方向，《公约》的第一条写道："从历史、艺术和科学观点来看具有突出的普遍价值的建筑物、碑雕和碑画，具有考古性质成份或结构、铭文、窟洞以及联合体"的文物，"从历史、艺术和科学角度看在建筑式样、分布均匀或环境风景结合方面具有突出的普遍价值的单立或连接的建筑群"的建筑物、"从历史、审美、人种学或人类学角度看具有突出的普遍价值的人类工程或自然与人联合工程及考古地址等"的遗址。[4]以后又在《公约》的《实施指南》中详尽制定出评估世界遗产的6条规定，其间

---

[1]　全国人民代表大会常务委员会.《中华人民共和国文物保护法》第五届全国人民代表大会常务委员会第二十五次会议通过，1982年11月19日.2015年第四次修正版.

[2]　国际古迹遗址理事会中国国家委员会.《中国文物古迹保护准则》，2015年修订版.北京：文物出版社，2015年10月.

[3]　同上.

[4]　联合国教科文组织.《保护世界文化和自然遗产公约》.联合国教科文组织第十七届巴黎会议通过，1972年11月16日.

始终贯穿着以历史、艺术、科学为核心的价值观念。鉴于历史、艺术、科学三大基础价值是上述所有法律法规和行业准则对文化遗产价值的普遍认同，以及作为行业规则的《中国文物古迹保护准则》形成的新共识，本书在对西南地区蜀道、茶马古道、明代滇黔屯军之路、川盐入黔古道和红军长征西南之路沿线遗存的不可移动文物和文物保护单位、历史文化名城名镇名村等具有代表性的文化遗产价值进行评判时，以历史价值、艺术价值、科学价值、社会价值、文化价值作为评估的核心指标。

三、评估原则

西南地区线性文化遗产的评估体系必须是科学的、合理的，具有与遗产的实际情况相吻合、定量与定性相结合、结果真实、可靠等特点，能对线性文化遗产的综合评估有结论性的、相对准确的评价，为线性文化遗产有秩序的分级别、分层次、分重点的保护起到良好的导向作用。

1. 一致性原则

评估体系中，各项评价指标应该达到与目标相一致。

2. 独立性原则

评估体系内指标相互独立，同级指标在内容上互不重叠。

3. 可行性原则

量化因子要能表达出文化遗产的内涵，显示出它的真实性和可判断性，帮助评价者按评价指标所规定的具体内容通过遗产等实际情况进行测评，以获得明确结论。

4. 全面性原则

整个评价指标体系应尽可能全面地反映出线性文化遗产必备价值和其他价值的综合情况，对涉及线路的古遗址、古建筑、古村落进行全方位评价。

5. 科学性原则

科学化与规范化地进行评估，合理地确定评价项目及每个项目的权重系数，采用定性与定量相结合的评价方法，以严谨的态度，避免评价中的主观随意性。

四、评估方法

国内外对于文化遗产的评估分为定性和定量两个评估类别。定性评估操作简单，易于接受，已被广泛运用；定量评估相对复杂，它是通过评估指数来评判遗产相对的优劣性，首先要对被评估对象的要素进行量化赋值，然后通过计算得到量化的结果，这个结果即能反映出事物在一定状态下的特征值，最终达到对评估对象的分类、排序和整体评价。定性评估用于文化遗产评估大致有三种方法，即层次分析法、因子分析法和模糊综合评判法，它们各有千秋。其中，层次分析法（Analytic Hierarchy Process，简称 AHP），是美国运筹学家匹茨堡大学教授萨蒂于 20 世纪 70 年代初，应用网络系统理论和多目标综合评价，提出的一种层次权重决策分析方法。它将复杂的决策系统层次化，通过逐层比较各种关联因素的重要性来为分析、决策提供定量的依据。[1] 工作步骤可分为：

第一，建立隶属关系层次结构阶梯模型；

第二，构建各层指标因子之间两两比较的判断矩阵；

第三，通过计算，求出指标因子的权重值，并检验一致性；

第四，提供数据对文化遗产进行评估。

本书对西南地区线性文化遗产的综合评估选择层次分析法。

五、评估体系的构建

（一）必备价值的评估指标及评价因子

1. 历史价值：指线性遗产在形成和使用的过程中时间的长度和所承载的历史和文化信息量。

评价因子：（1）是否持续使用一定的年代，或是否能反映出与线路本身相关联的信息；

（2）是否在一定的历史时期推动了社会的发展，代表了当时在政治、军事、经济、交通、文化等社会领域的最高成果，具备时代的特征；

（3）是否见证了西南地区社会的发展历程，并与某件历史大事件或历史人物有关。

2. 艺术价值：指线性遗产在历史时期所反映出来的具有地域和环境特色的工程技术、建筑艺术、审美情趣等方面的价值观。

评价因子：（1）是否能代表某一历史时期线路在规划、设计、施工等方面

---

[1]　刘豹等.《层次分析法——规划决策的工具》.《系统工程》，1982 年 2 期 .

的工程技术特色；

（2）是否能表现出某一历史时期沿线聚落、建筑在构图、风格、工艺、装饰、色彩等方面的美学思想和艺术水准；

（3）是否保留较为完整地反映地域文化程度的古代建筑群。

3. 科学价值：指铺路、架桥、搭栈道等方面的工程在规划设计、建筑施工、选址布局、材料使用等方面的科技含量。

评价因子：（1）是否在工程建设中体现出中国传统的建筑理念或在施工中传承了古代的营造技艺；

（2）是否在线路的规划、布局、选址、构建上具备科学性；

（3）是否在工程的材料使用、营造技术、装饰工艺等方面代表了某一历史时期的科技成果或显示出超越前人的先进水平。

4. 社会价值：指在西南地区社会范围内产生的政治影响，以及与大众生活的关联度，比如教育、服务、心理认同感、社会凝聚力等方面的社会效益和价值。

评价因子：（1）是否影响到西南地区方针、政策和制度的制定，是否改变了区域原有的社会格局；

（2）是否服务于沿线城市的发展和大众的生活需要，并表现出适应性、有效性和持续性；

（3）是否得到当地民众的心理认同，并能促进不同的民族相互的理解和包容。

5: 文化价值：指不同地区的文化在相互交流和融合中形成的被普遍认同的价值观念，它通过线性文化遗产整体反映出川、黔、滇、渝地区不同民族多维度共生共融的文化特质，并在相当一段时间内具有社会的稳定性和持续性。

评价因子：（1）是否具有三省一区文化的多元性和文化传统的延续性；

（2）是否能反映一定社会发展时期主流社会的核心价值，并能代表西南地区各个区域文化身份和文化标识；

（3）所处的自然和人文环境是否赋予线性遗产更丰富的文化内涵，包括相关的非物质文化内容。

（二）保护现状的评估指标及评价因子

1. 原真性：指物质文化遗产保存状况的真实性和非物质文化遗产传承过程中的原真性。

评价因子：（1）文化遗产本身所反映出来的在社会、历史、文化、艺术、科技等方面信息真实性所占的比例；

（2）文化遗产在外形设计、功能用途、用料耗材、工程技术、传统工艺等方面是否保持原真性。

2.完整性：指文化遗产本身的保存现状和流传过程中的缺失程度。

评价因子：（1）沿线古建筑、古村落、东安路及设施在布局、外形、风格、营建、结构、装饰等方面的完整程度；

（2）相关资料、档案传承的完全程度。

3.延续性：指线性遗产使用和维系时间的延续性，特别是遗产价值的时限长短。

评价因子：（1）线路外观和功能的延续，发生变迁机率；

（2）遗产资源的可持续发展。

（三）.管理现状的评估指标及评价因子

1.受重视程度：指文化遗产管理机构是否健全、管理队伍是否专业、管理制度是否完善、管理措施是否到位等，以及遗产地被合理利用的程度。

评价因子：

（1）文物保护单位申报和利用其开办博物馆、纪念馆和开展文化旅游情况；

（2）线性遗产的考察、探讨，专业人员的培训；

（3）机构的改革，资金的落实到位，规章制度的完善。

2.受威胁程度：指经济利益驱动下的文化遗产地过度开发，城乡建设中无视遗产保护的重要性而造成损毁，以及文物保护和监督相关部门配合不当，保护措施不力，使文化遗产面临严重威胁。

评价因子：（1）遗产地是否有过度开发现象；

（2）是否在大规模的建设中文物遭受损毁；

（3）政府相关部门是否存在渎职而造成重大工作过失。

六、基于 AHP 方法的综合评估应用

西南地区具有代表性的线性文化遗产计有蜀道、茶马古道、明代滇黔屯军线、路川盐入黔线路和红军长征西南之路，每条线路又有主次干线，限于篇幅，采取从每一条线路上优选最能代表该线路遗产价值的路段进行评估。根据田野采集的遗产资源信息，优选出以下路段。

蜀道剑门蜀道段：北起广元市朝天区棋盘关，经朝天、利州、元坝、剑阁四县区，向南至绵阳市梓潼县演武镇。文化遗存计有关隘遗址、铺驿遗址、古道遗存、墓葬群、城址、生活遗址、宗教寺庙等类型，国家级重点文物保护单位12处，省级文物保护单位27处，国家级历史名镇1处，另有古柏7844株。

茶马古道滇藏线路段：南起西双版纳，向西北经普洱、临沧、景谷、镇沅、景东、南涧、大理、洱源、剑川、丽江、迪庆、达德钦。计有古遗址、古墓葬、古村落、古建筑、古驿道、寺庙、客栈、马店、摩崖石窟等类型。共有14个国家级重点文物保护单位，国家级历史名城、名镇各2处。

川盐入黔线路仁岸线水陆结合段：以合江为起点，溯赤水河至仁怀厅(今赤水县)，经猿猴、土城、二郎滩、兴隆滩、马桑坪，至仁怀县的茅台镇。计有古盐道、驿站、客栈、盐号、盐仓、会馆、庙宇、祠堂、牌坊、关隘、古桥、盐运古镇、水运码头、堰闸、船槽、摩崖石刻、碑记等。国家级重点文物保护单位11处，省级、县市级文物保护单位25处，国家级历史名镇4处，名村1处。

明代滇黔屯军线路贵州境内路段：东起镇远，向西经黄平、施秉、福泉、贵定、龙里、贵阳、平坝、安顺、镇宁、关岭、普安、盘县出贵州境。国家级重点文物保护单位14个，省级文物保护单位15个。国家级历史名城1处，名镇4处，名村2处。

红军长征西南之路贵州境内路段：东起黎平向西、西北，经镇远、施秉及剑河、台江、黄平、余庆、瓮安，后转入遵义、桐梓、湄潭、绥阳、习水、赤水、鸭溪、仁怀、息烽、开阳，经贵阳、惠水、长顺、紫云、贞丰、安龙、兴仁等地，向云南疾进。国家级重点文物保护单位5个，省级文物保护单位20个。国家级名城1处，名镇1处。

1. 评估层次结构的搭建

西南地区线性文化遗产综合价值评估即为各条遗产线路综合评估。以下层次结构将运用于蜀道、茶马古道、川盐入黔线路、明代屯军线路和红军长征西南之路的综合价值评估中。

目标层：线性遗产的综合价值评估。

准则层：必备价值评估、保存现状评估、管理现状评估。

方案层：历史价值、艺术价值、科学价值、社会价值、文化价值；真实性完整性、延续性；受重视程度、受威胁程度。

其中，同一层次的指标要素，对下一层的指标因子起支配作用，同时它又受上一层因子的支配。（见表4-5）

表4-5 西南地区线性文化遗产综合价值评估层次结构表

目标层	准则层	方案层	
文化遗产综合评估（A）	必备价值(B1)	历史价值	(b1)
		艺术价值	(b2)
		科学价值	(b3)
		社会价值	(b4)
		文化价值	(b5)
	保存现状(B2)	真实性	(b6)
		完整性	(b7)
		延续性	(b8)
	管理现状(B3)	受重视程度	(b9)
		受威胁程度	(b10)

2. 各层指标要素之间两两比较的判断矩阵

根据评估指标和评价因子，对同一层因子之间的相对重要性进行打分，赋值方法为：同等重要1；稍微重要3；明显重要5；极其重要7；绝对重要9，以此尺度构造两两对比判断矩阵。假如上一层指标因子为A，它与下一层指标因子B_1，B_2，……B_n存在支配关系，则判断矩阵表示为：（见4-6）

表4-6 判断矩阵表

A	B_1	B_2	……	B_n
B_1	b_{11}	b_{12}	……	b_{1n}
B_2	b_{21}	b_{22}	……	b_{2n}
……	……	……	……	……
B_n	b_{31}	b_{32}	……	b_{3n}

矩阵中各因素自身的比较为1；b_{ij}值表示B_i因素与B_j因素的相对重要性；b_{ij}值越大时，表示B_i相对于B_j的重要性越大。对角线数值互为倒数，即$b_{ij}=1/b_{ji}$。

3. 各评估因子权重的计算和一次性验证

层次分析法的关键问题是计算出成对比较矩阵的最大特征根及其对应的特征向量。因此评估中需计算 $BW=\lambda_{max}W$ 特征根与特征向量（计算过程略），式中 B 代表判断矩阵，W 代表对应于 λ_{max} 正规化的特征向量，λ_{max} 代表 B 的最大特征根，W 的分量 W_i 即为相应因子单排序的权值。最后利用 $CI=(\lambda_{max}-n)/(n-1)$，及随机一致性指标 RI（图表3）、随机一致性比例 CR 来做一致性检验。当 $CR<0.1$ 的时候，即可认为判断矩阵通过了一致性检验。（见表4-7）

表4-7　随机一致性指标 RI 参考值表

矩阵阶数 n	1	2	3	4	5	6	7	8	9	10
RI	0.00	0.00	0.58	0.90	1.12	1.24	1.32	1.41	1.45	1.49

4. 综合评估的结果

西南地区线性文化遗产综合评估在指标权重上的计算包含三个方面的内容：一是准则层对目标层的相对权重计算，二是方案层对准则层的权重计算，三是评价指标对总目标的权重综合计算。

首先是线性文化遗产必备价值、保存现状和管理现状对综合价值评估的重要性，即准则层对标目层的权重计算。通过 CR 计算，结果如下（见表4-8）：

表4-8　准则层对目标层权重表

综合价值评估	必备价值	保存现状	管理现状	Wi
必备价值	1	5	7	0.7456
保存现状	1/5	1	5	0.1343
管理现状	1/7	1/5	1	0.1201

结果：$CR=0.0109<0.1$，判断矩阵通过一致性检验。

其次是方案层对准则层的重要性，具体则为历史价值、艺术价值、科学价值、社会价值、文化价值对"必备价值"的重要性；真实性、完整性、延续性对"保存现状"的重要性；受重视程度、受威胁程度对"管理现状"的重要性。即方案

层对准则层的权重计算。（见表 4-9、4-10、4-11）

表 4-9 必备价值评估指标权重表

必备价值	历史价值	科学价值	社会价值	文化价值	Wi
历史价值	1	7	1	1	0.4403
艺术价值	1/5	1	1/5	1/3	0.0720
科学价值	1/7	1	1/5	1/5	0.0602
社会价值	1	5	1	1	0.1669
文化价值	1	5	1	1	0.2605

结果：$CR=0.0139<0.1$，判断矩阵通过一致性检验。

表 4-10 保存现状评估权重表

真实性	完整性	延续性	Wi
1	1	2	0.4
1	1	2	0.4
1/2	1/2	1	0.2

结果：$CR=0<0.1$，判断矩阵通过一致性检验。

表 4-11 管理现状评估权重表

管理现状	受重视程度	受威胁程度	Wi
受重视程度	1	1	0.5
受威胁程度	1	1	0.5

结果：$CR=0<0.1$，判断矩阵通过一致性检验。

再次是将必备价值、保存现状、管理现状对总目标的权重与相应分指标权重相乘，即得出线性文化遗产综合价值评估的指标权重。（见表 4-12）

表 4-12 各评价指标权重表

指标类别	$W_{(历史)}$	$W_{(艺术)}$	$W_{(科学)}$	$W_{(社会)}$	$W_{(文化)}$	$W_{(真实)}$	$W_{(完整)}$	$W_{(延续)}$	$W_{(重视)}$	$W_{(威胁)}$
权重值	0.3283	0.0537	0.0449	0.1244	0.1942	0.0537	0.0537	0.0269	0.0601	0.0601

最后，将线性遗产相应指标的量化因子分为 4 个赋值等级，即 100、75、50、25，根据遗产价值定性评价赋分，然后将指标权重乘以指标赋值，计算出各分项得分，最后相加，得出该线性遗产的综合评估分值。以川盐入黔线路为例。（见表 4-13）

表 4-13　川盐入黔仁岸线综合价值评估表

价值评估指标	指标权重	指标赋值	得分
历史价值	0.3283	100	32.8319
艺术价值	0.0537	75	4.0294
科学价值	0.0449	75	3.3661
社会价值	0.1244	75	9.3315
文化价值	0.1942	75	14.5677
真实性	0.0537	75	4.0290
完整性	0.0537	75	4.0290
延续性	0.0269	75	2.0145
受重视程度	0.0601	75	4.5045
受威胁程度	0.0601	75	4.5045
总分			83.2080

以上为川盐入黔线路综合价值评估，其他线性遗产同样依据此办法进行评估，此处不再重复计算演示，评估结果最终可为线性文化遗产的重点保护、分级别保护提供科学的依据。

5. 西南地区线性文化遗产综合价值评估结果

基于 AHP 方法的西南地区线性文化遗产价值评估结果（见表 4-14）：

表 4-14　西南地区线性文化遗产综合评估结果表

遗产线路名称	蜀道	茶马古道	川盐入黔线路	明代滇黔屯军线路	红军长征西南之路
综合评估	84.7095	89.5654	83.2080	81.7065	79.2413

以上结果可见，西南地区线性文化遗产综合评估排序为茶马古道、蜀道、川盐入黔线路、明代滇黔屯军线路、红军长征西南之路。

第五节 本章小结

对西南地区线性文化遗产资源进行评估，首先应该了解和认识遗产线路的特征，并参照国际社会有关遗产线路的评判标准对蜀道、茶马古道、明代滇黔屯军线路、川盐入黔线路、红军长征西南之路进行分类。其次是根据《保护世界文化和自然遗产公约》中物质文化遗产的界定，对西南地区线性文化遗产资源（具有代表性和典型性的不可移动文物）进行统计和梳理，分析遗产资源结构，为评估提供基础数据。最终利用美国萨蒂的层次分析法对每条线性遗产的价值进行逐一评估，得出西南地区线性文化遗产资源综合价值评估排序结果，为文化遗产的分类、分级保护提供理论支撑和科学依据。

第五章

——西南地区线性文化遗产保护案例
——构建明代滇黔屯军遗产廊道

明代滇黔屯军线性遗产价值巨大，遗存资源丰富，是西南地区线性文化遗产的典型代表。本书拟用国际社会普遍认同的遗产廊道保护形式，以贵州境内屯军路段的保护为例进行案例分析研究。

第一节　构建明代滇黔屯军遗产廊道的可行性

明代滇黔屯军线路是一个遗产资源类型、类别较多的集合体，遗产节点多、数量大，特别突出的是它拥有以屯堡村寨、卫所为核心的军屯文化，并且线路清楚，主题文化特色鲜明，旅游资源丰富。根据遗产廊道的选择标准和屯军线路的特征，借鉴国内外的研究成果和实践经验，在相关法律法规的支持下，构建明代滇黔屯军遗产廊道保护形式具有较大的可操作性。

一、廊道主题文化突出

主题文化资源指与屯军这一历史事件相关的文化遗产资源和屯军线路所依赖的自然遗产资源，即功能关联、历史关联和空间关联的文化和自然资源。功能关联的文化遗产资源指直接满足于明代屯军功能需要的相关文化遗产；历史关联的文化遗产资源指在屯军线路兴起、形成、鼎盛和衰落历史时期内相关的文化遗产。以上两者包括了道路、井泉、桥梁、码头、渡口、关隘、城墙、古战场等遗址，以及卫所、城镇、屯堡、聚落、衙署、坛庙、寺庙等遗址和建筑，以及与进军、屯军、屯田相关的宗教仪式、禁忌信仰、民风民俗、传统故事、戏剧表演、文学艺术、饮食服饰等非物质文化遗产。空间关联的文化遗产资源指在屯军线路空间范围内的文化景观及自然景观，包括农业文化景观、世界自然遗产、自然保护区、风景名胜区、森林公园、河道水系。以上这些文化资源，在贵州境内镇远—安顺—盘县一线形成了以卫所、屯堡文化为地域特色的线性文化遗产，为构建屯军遗产廊道提供了可能。

二、沿线旅游资源富集

贵州、云南是旅游资源大省，可利用和挖掘的旅游资源潜力很大。两省气候宜人，自然生态系统保存较好，人文、自然景观相互依托，明朝宰相刘伯温诗是对其最好的解读："江南千条水，云贵万重山，五百年后看，云贵胜江南。"滇黔屯军线路横贯贵州东西部地区和云南部分地区，沿线有古老的历史文化遗存、多姿多彩的民族文化、奇特典型的喀斯特景观、最完好的三叠纪古生物化石群、自然保护区和森林公园，以及众多的古城镇、古村落、古建筑。特别是贵州境内路段资源更加集中，如古城镇有镇远，花溪青岩，黄平旧州，安顺天龙、云山屯、鲍屯，贵定音寨等；古建筑群有镇远青龙洞、黄平飞云崖、贵阳甲秀楼、福泉古城垣、安顺文庙等；自然风光有施秉云台山、杉木河，镇远潕阳河，贵阳天河潭、南江大峡谷、十里画廊，龙里草原，安顺黄果树、龙宫；公园有贵阳黔灵山公园、花溪湿地公园、长坡岭国家森林公园、龙架山国家森林公园、九龙山国家森林公园、关岭国家地质公园等。富集的旅游资源是构建屯军遗产廊道不可缺少的基础条件之一。

三、有可借鉴的保护经验

美国的遗产廊道是世界遗产保护领域普遍认可的一种新的遗产保护形式，比较适合于中型以上呈线状或带状的遗产区域，现已拥有一整套较为成熟的理论方法和实践经验。目前美国议会指定和认可的遗产廊道和类似项目，包括正在按正规标准选取和正在申报的总数已达百余项，黑石河峡谷美国国家遗产廊道的保护实践就是一个较为成功的案例，它整合了廊道内建筑物、构筑物、石碑、考古与非考古地点等历史遗存和森林、田园、湿地、丘陵、野生植物园等自然景观发展旅游业，使遗产资源的保护与利用得到合理的平衡，为构建屯军遗产廊道提供了可借鉴的经验。

21世纪初，遗产廊道的保护和利用方法被引入国内后，一些遗产保护专家尝试用遗产廊道的相关理论对诸如京杭大运河、茶马古道、丝绸之路、藏彝走道、徽商之路、滇越铁路等线性遗产进行保护性研究，积累了大量的研究成果。这些成果同样为构建屯军遗产廊道提供了可参考的宝贵资料。当然，研究的成果和保护的经验也同时提醒我们，并不是所有可以依托的线性景观和可连接的遗产点都可以采用遗产廊道的概念来保护，必须严格遵从遗产廊道的选择标准、建设标准、规划标准和管理标准，才能构建起对遗产区域具有实际保护意义，并能持续产生社会和经济效益的遗产廊道。因此，在构建屯军遗产廊道保护研究时，更应该借鉴先进的保护经验，吸取盲目规划的教训，认真梳理和筛选屯军遗产线路上具有构建价值的遗产资源、景观资源和人文资源，特别是主体、核心文化资源等构成要素，为屯军遗产廊道的构建提供坚实的基础。

四、有法律法规作支撑

制定强制性和约束性的相关法令条规对于有效保护文化遗产具有理论和实际的意义。从 20 世纪六七十年代开始，一些具有世界影响力的文化遗产保护组织陆续出台的系列法令条规，为世界各国和中国的文化遗产保护和规划提供了完整的、强有力的法律基础，为有关部门制定相关政策提供了理论依据。如：

国际古迹遗址理事会：

1987 年，国际古迹遗址理事会华盛顿第八届大会通过的《华盛顿宪章》；

2005 年，国际古迹遗址理事会中国西安第十五届大会通过的《西安宣言》；

2008 年，国际古迹遗址理事会加拿大第十六届大会通过的《文化线路宪章》；

2002 年，由国际古迹遗址理事会中国国家委员制定，中华人民共和国国家文物局推荐的《中国文物古迹保护准则》。

联合国教科文组织：

1962 年，联合国教科文组织巴黎第十二届会议通过的《关于保护景观和遗址的风貌与特性的建议》；

1972 年，联合国教科文组织巴黎第十七届会议通过的《保护世界文化和自然遗产公约实施指南》；

1976 年，联合国教科文组织内罗毕第十九届会议通过的《关于历史地区的保护及其当代作用的建议》；

2003 年，联合国教科文组织巴黎第三十二届会议通过的《保护非物质文化遗产公约》。

其他协会：

1933 年，国际现代建筑协会第四次会议雅典会议通过的《雅典宪章》；

1964 年，第二届历史古迹建筑师及技师国际会议通过的《国际古迹保护与修复宪章》。

近十年来，中国在文化遗产的保护理念上逐渐缩短了与国际社会的差距。

1982 年 11 月 19 日，第五届全国人民代表大会常务委员会第二十五次会议通过《中华人民共和国文物保护法》；2011 年 2 月 25 日，第十一届全国人民代表大会常务委员会第十九次会议通过《中华人民共和国非物质文化遗产法》；2003 年 11 月 15 日，中华人民共和国建设部公布《城市紫线管理办法》；2008 年 4 月 2 日，国务院第三次常务会议通过《历史文化名城名镇名村保护条例》，中华人民共和国国务院第 524 号条例等。以上法律、法规和办法、条例，对于构建屯军遗产廊道保护研究提供了极其重要的理论依据。

五、构建屯军遗产廊道的意义

中国的线性文化遗产资源十分丰富，但并不是每一条线路的保护模式都是固定的、一成不变的，可根据线路的体量、尺度、范围、资源，选择适合于它自身的一种可持续发展方式进行保护。遗产廊道保护方式就比较适合于滇黔屯军线路，其尺度中等以上，空间范围也不及丝绸之路和茶马古道，但它存在的历史意义深刻，沿线文化遗产保存较好，又有良好的自然风光。因此，引入遗产廊道概念，探索保护屯军遗产线路的新路径具有十分现实的意义。

首先，探索跨区域整体性保护文化遗产的新思路。屯军遗产廊道不仅仅是将遗产区域内的单体文物、群体文物与周边的自然景观、人文景观，以及与之有关联的非物质文化遗产联系起来，还要将各个遗产区域串联起来，形成线性的文化景观，这就决定了屯军沿线遗产的保护朝着整体性、跨区域性的保护方向发展，特别是遗产廊道内同时开展起来的屯堡文化、民族文化、史前文化等主题文化旅游和喀斯特名胜观光旅游，无论从解说历史的角度，还是从体验文化的角度，均需要人文景观、自然景观和与之相关的非物质文化遗产具有完整性和延续性。

其次，寻找保护和合理利用屯堡文化遗产的新方法。把握保护和合理利用文化遗产的尺度是构建屯军遗产廊道的关键。如果保护理念不能与国际社会接轨，屯军文化遗产资源的价值就得不到有效合理的利用，而过度开发则会造成对文化遗产的损害。遗产廊道的保护理念能平衡两者的关系，通过选段式游道和解说组织系统，带动更多的游客自觉地参与宣传、保护和了解本地区历史文化，同时通过文化旅游促进当地经济的发展。

再次，深度宣传屯军文化，提高民众参与保护的意识。廊道遗产的保护特点是最大限度地鼓励大众参与。美国的遗产廊道就有商业团队、非营利机构和志愿者个人。构建屯军遗产廊道的目的就是使遗产的保护不仅是政府的主导，更重视大众的参与，让大众无论是以管理者身份还是文化旅游者身份，都能在工作或休闲度假的同时，增加明代屯军在贵州历史上的相关知识，主动参与到保护与之相关的物质和非物质文化遗产队伍中。

最后，为政府相关部门城乡建设发展规划提供借鉴。21 世纪以来，大规模的城市、乡村建设进入高峰期。屯军沿线一些政府部门缺乏对遗产保护的认识意识，在旧城改造中急功近利，工作中没有遵循文化遗产真实性、完整性和延续性的保护原则，没有整体性保护的长远规划，使文化遗产严重受损。构建屯军遗产廊道的保护方式，可为政府主导的城乡规划建设提供可持续发展的科学借鉴，获得文化遗产与经济并行发展的双重效益。

第二节　明代滇黔屯军遗产廊道的界定

明代是我国屯军制度的鼎盛时期，并形成了一套行之有效的卫所制度。为了将云南、贵州地区长期而稳定地纳入明王朝的疆域范围，实施对西南地区的控制，明初中央政府沿滇黔川、滇黔湘交通要道设卫建所而形成的屯军线路始终强化不息，直至清代以后。为引入遗产廊道概念尝试对这条屯军线路实施保护性研究，必须首先对该线路的某些要素进行界定。

一、时间的跨度

历史跨度对于遗产廊道分布、遗产资源类型和遗产要素构成的辨析具有重要意义。明代在滇黔屯军虽起于明初，止于明末，但考虑到元代的铺垫和之后清代对线路的延续，将屯军线路纳入更加广阔的历史跨度进行研究更符合遗产廊道概念中的历史重要性。根据明代屯军的起因、兴盛和衰落，以及屯军对西南地区的影响，本书将屯军的时间跨度分三个时期：屯军前期、屯军时期和后屯军时期。屯军前期与屯军时期以洪武十四年（公元 1381 年）"调北征南"为节点，屯军时期与后屯军时期则以崇祯十七年（公元 1644 年）明亡为节点，后屯军时期由清代初至清朝结束（公元 1911 年）。

1. 屯军前期（公元 1276—1381 年）

屯军前期为元至元十三年（公元 1276 年）元灭大理设云南诸路行中书省开

始，至明洪武十四年（公元 1381 年）朱元璋发动调北征南——平定云南之役之间一百年左右的时间。

明代在西南地区设置卫所，最早于洪武四年（公元 1371 年），朱元璋派大军由陕西和长江两路入蜀，八月灭明玉珍，四川平定，遂设成都都卫，下置成都左、右、中、前、后，贵州，永宁 7 卫以及雅州、重庆、叙南、青川、保宁 5 守御千户所 [洪武十五年（公元 1382 年），贵州卫、永宁卫划入贵州都司]，不仅巩固成都取得的成果，而且对着手解决西南问题做好了铺垫。之后至洪武十四年调北征南战争打响之前，四川的屯军格局变化不大。洪武八年（公元 1375 年），成都都卫改为四川都指挥使司，即四川都司。洪武十年（公元 1377 年），叙南所升为叙南卫，为平定云南继续做准备。除去西北的扩展外，又于洪武十一年设黄平守御千户所，至此，基本为平定云南做好了军事上的准备。因此，屯军前期大致也可称之为滇黔屯军的准备期。

2. 屯军时期（公元 1381—1644 年）

屯军时期几乎贯穿整个明代，从洪武十四年（公元 1381 年）一直到崇祯十七年（公元 1644 年）。虽然洪武十四年以前，今贵州之地已经有贵州卫、黄平所等卫所，但屯军序幕的打开却是洪武十四年平定云南之役，即史称"调北征南"军事事件。

洪武十四年十二月，明廷设立平越守御千户所以确保贵州卫与湖广之间的交通。洪武十五年正月至二月，分别设立了贵州都指挥使司和云南都指挥使司，以强化军事控制。贵州都司设贵州、永宁、普定、水西、尾洒、平越、黄平等 7 卫，两月之后，普定卫改为普定军民指挥使司，黄平卫改为黄平千户所，废水西卫。洪武十五年一月，云南都司置云南左、右、中、前、后，建昌、临安 7 卫及曲靖、会川 2 守御千户所。闰二月，改曲靖所为曲靖军民指挥使，置楚雄卫，三月置大理卫，又改曲靖军民指挥司为卫。十月建昌卫、会川所改隶四川都司。另外，洪武十五年年初还有霑益、盘江 2 千户所，直隶都司，霑益所当年即改为卫。[1] 洪武年间，在今贵州东部黎平、天柱、施秉、镇远、玉屏等地，也广设卫所，为湖广都司所管辖。洪武十八年（公元 1385 年），置五开卫，此后至洪武二十五年间，陆续在卫周围置平茶屯、中潮、铜鼓、新化亮寨、平茶、黎平、隆里、新化屯 8

---

[1]　周振鹤主编，郭红、靳润成.《中国行政区划通史·明代卷》.上海：复旦大学出版社，2007 年 8 月.

守御千户所。洪武二十二年设镇远卫，洪武二十三年又设清浪卫、偏桥卫、平溪卫，以保障辰、沅入贵州交通线路的畅通。永乐十一年（公元 1413 年）贵州布政司设立后，镇远、清浪、偏桥、平溪、铜鼓、五开 6 卫及下属的守御千户所治地所属府州隶贵州布政司，但军事管理仍属湖广都司。洪武二十五年（公元 1392 年），置天柱守御千户所，隶湖广都司靖州卫。洪武三十年，设铜鼓卫（治今锦屏同古），隶湖广都司。[1]

　　云南都司下设的卫所到万历年间基本趋于稳定，维持在 20 卫、8 直隶守御千户所、15 守御千户所、1 木密守御千户所；贵州都司下设卫所也在永乐年间稳定下来，至明末贵州都司有 20 卫、2 直隶所、17 二级所。

　　都司卫所建置之后，随之而来的是大规模屯军的推进。洪武十六年（公元 1383 年）末，朱元璋下诏班师回朝，然"云南虽平，而诸蛮之心尚怀疑贰，大军一回，恐彼向善为患。尔其留镇之，扶绥平定，尚召尔还"。[2]洪武十七年，沐英仍率九万大军留镇云南。据《明太祖实录》：自洪武二十年八月至二十一年六月，明王朝连续 11 次调军云南屯田，累计 206560 人，后增至 30 余万人。散布于今天云南、贵州的各类屯堡村落。同时，明朝迅速推进加强行政管制的力度。洪武十五年二月即设立云南布政使司，置 56 府，下辖 63 州、55 县，中原府、州、县全面推行流官制。永乐十一年二月开始筹建贵州布政司，永乐十二年三月下设黎平、新化、石阡、铜仁、乌罗、镇远、思州、思南 8 府，原隶于四川布政司的贵州宣慰使司也改属于贵州布政司。8 府、1 宣慰司和贵州都司的卫所一起构成了明代贵州省的雏形。贵州布政使司成立，是西南行政版图最大的变革，"贵州"作为独立的省级行政区域走上历史舞台，这也是"调北征南"在西南地区带来的直接变化。

　　3. 后屯军时期（公元 1644—1911 年）

　　清朝建立后，卫所制度开始走向衰落，但卫所建置仍然延续了一段时间。随着政局的稳定，大部分卫所裁后并入清行政建置中的府州县管理体系，延续了明代屯军所带来的政治经济文化发展，使明代形成的滇黔屯军线路在清代仍然担当着重要的交通职能。中华民国建立后，屯军依托的驿道仍然发挥着一定的交通职能。

　　由于明代卫所不仅仅是一种单纯的军事组织，其有自己所管辖的一块地盘，

---

[1]　周振鹤主编，郭红、靳润成.《中国行政区划通史·明代卷》.上海：复旦大学出版社，2007 年 8 月第一版

[2]　台湾中央研究院历史语言研究所《明太祖实录》.台北："中研院"历史语言研究所校印.1983 年影印本.

故清初承明制时，卫所制度仍然延续了 80 多年的时间。在此期间，都司、卫、所官员由世袭制改为任命制，卫所内部的"民化"、辖地的"行政化"过程加速，最后并入或改为州县，使卫所制度化作历史陈迹。[1]顺治十八年（公元 1661 年）清廷开始陆续裁并卫所，到康熙年间基本完成。康熙十年，清廷将"龙里、清平、平越、普定、都匀五卫俱改为县，各设知县、典史一员；以安庄卫归并镇宁州、黄平所归并黄平州、新城所归并普安县，其守务等官俱裁"。[2]康熙二十六年（公元 1687 年），又将贵州 15 个卫，10 个直属千户所分别裁改："偏桥卫裁并施秉县；兴隆卫裁并黄平州，移州治于卫治；新添卫裁并贵定县，移县治于卫治；贵州、贵前二卫裁去，改设贵筑县；镇西、威清二卫，赫声、威武二所裁去，改设清镇县；平坝卫、柔远所裁去，改设安平县；安南卫裁去，改设安南县；定南所裁并普定县；普安卫裁并普安州；安笼所裁并安笼厅；敷勇卫、修文、濯灵、息烽、于襄四所裁去，改设修文县；永宁卫、普市所裁去，改设永宁县；毕节、赤水二卫裁去，改设毕节县；乌撒卫裁并威宁府。"[3]在鄂尔泰的建议下，雍正五年（公元 1727 年），已划入贵州的（原来属于湖南）五开卫改为开泰县，铜鼓卫改为锦屏县，平溪卫改为玉屏县，清浪卫改为青溪县。至此，贵州卫所基本改裁完毕。

云南的情况与贵州也大抵相同，也是从顺治十八年开展裁并卫所。康熙二十六年基本结束，各卫所归并附近州县。随着云贵卫所的裁并，原有军户统一编为县民，屯田尽被归并至原卫所划归的州县。

二、空间的范围

历时数百年形成的明代滇黔屯军线路，与云南、贵州、四川、湖南之间明清时期的驿道交通密切相关。屯军的目的无外乎是政治稳定、军事震慑，以及保障驿道畅通，确保中央与西南的信息互传，故明代滇黔屯军线路基本上是沿滇黔、湘黔、川黔滇驿道展开。其空间范围的划定主要考虑三个层面的构成：一是屯军保障的驿道本体及其延伸段；二是沿线卫所及其屯田的范围；三是沿线府州县及其聚落所在地。

[1] 顾诚.《卫所制度在清代的变革》.《北京师范大学学报》，1988 年第 2 期.

[2] 顾诚.《卫所制度在清代的变革》.《北京师范大学学报》，1988 年第 2 期.转引《清圣祖实录 1：自顺治十八年正月至康熙十三年十一月》，台湾华文书局.

[3] 韩昭庆.《清初贵州政区的改制及影响 (1644—1735 年)》.《历史地理》，2008 年第 23 辑.

今之"云贵"即为云南、贵州省的行政区划范围，它与明代"滇""黔"在空间范围上大有不同。考虑到历史脉络的完整性，将明代属于贵州的永宁卫也纳入滇黔屯军的范围。平定云南之前，云南、贵州范围之内仅有永宁、贵州2卫和黄平所，屯军线路难以形成，但元朝在西南推行的驿道建设却为屯军遗产廊道奠定了基本的框架。元代在云南行省整修了中庆至建昌线、中庆至哈剌章（即大理路）线、哈剌章至丽江线、中庆至乌撒乌蒙线、中庆至湖广线，在四川行省整修了泸州南行，经叙永、赤水河至湖广漕泥（今毕节）的泸州大路，与中庆至乌撒乌蒙线接通。元代西南驿道的整修与开通，使湖广、四川、云南行省的交通逐渐形成网络，中庆、顺元等逐渐成为区域中心城市。尤其是打通了中庆经普安、顺元至湖广的线路，为"调北征南"奠定了良好的基础。

洪武十四年（公元1381年）八月，朱元璋命傅友德为征南将军，蓝玉、沐英为左右副将军。自南京出发后，分兵两路挺进云南。一路为北路，遣都督郭英、胡海洋率兵从四川永宁（四川古蔺）南下，经乌撒（今贵州威宁）入云南，另一路为东路，由傅友德亲率主力，蓝玉、沐英为左右，自湖广一路向西，经辰沅（今沅陵、芷江），过镇远、福泉、安顺、普定、盘县，出贵州境进逼曲靖。曲靖攻下后，傅友德率领将士从东北方向支援郭英北路军，两军合力攻下乌撒。东川、乌蒙、芒部等诸部投降。而蓝玉、沐英则率领另一路军队直趋云南昆明近郊，梁王自杀身亡，云南遂平。不久，沐英南下临安，西进大理。"大理克，段世就擒，及分兵，取鹤庆，略丽江，破石门关，下金齿，由是车里、平缅等处相率来降，诸夷悉平。"[1]云南平定之后，明朝沿调北征南之路南北两线大量设置卫所，让军士开荒屯田，以巩固成果。《明太祖实录》载，洪武十九年十二月，谕沐英等自永宁至大理每六十里设一堡，置军屯田。可见当时军士屯田之盛。同时，朱元璋还采取开中、盐引等政策和民屯、商屯等方式，推动"移民就宽乡"的"调北填南"战略，使江南一带一大批汉族移民到卫所附近屯田。军屯、民屯、商屯之余，朱元璋又下令在元代驿道的基础上进行整修和扩建，大力推进西南地区的驿道建设。《明太祖实录》载，洪武十五年二月初朱元璋即遣使敕谕播州宣慰使杨铿，要求水西、乌撒、乌蒙、东川、芒部、沾益诸酋长"今遣人置邮驿，通云南，宜率土人，随其疆界远迩，开筑道路。其广十丈，准古法以六十里为一驿，符至奉

---

[1]　《明实录·大明太祖高皇帝》卷一百四十二，洪武二十四年十二月己未.北京：中华书局影印版.

行"。[1]随后命傅友德"乘其势修治道途，务在平广，水深则构桥梁，水浅则垒石以成大路"。[2]洪武二十四年，又"遣官修治湖广至云南通道"，洪武二十五年，命"都督王成往贵州平险阻，沿沟涧架桥梁，以通道路"。[3]其间，奢香"开偏桥、水东，以达乌蒙、乌撒以容山、草塘诸境，立龙场九驿"。[4]通过一系列的整修、新辟，到洪武晚期，西起金齿，东至镇远平溪的滇黔省际驿道全面贯通。

明代今南京至云南、北京至云南的两条"国道"，在常德合线后，经辰州、思州、镇远、贵阳、安顺、曲靖至云南府，云南府再西行，经楚雄至大理，最后到达金齿卫。这条在云南、贵州境内线路，全部在卫所的护卫下。清代，这条通道的重要性得到了进一步验证，北京到云贵的官道仍然由湖南常德下沅陵、辰溪、芷江、晃州，由玉屏县驿入贵州，经镇远县驿、黄平府兴隆驿、清平县清平驿、贵定县新添驿，至贵阳府贵筑县驿，然后西行经普定县（今安顺）普利驿、永宁州郎岱驿、普安厅刘官屯驿、云南省平彝县多罗驿、沾益州南宁驿、寻甸州易隆驿等，至昆明县滇阳驿，全线共 97 驿，5910 公里。

据此，我们大致可以将屯军遗产廊道分为"一主一辅"南北两线，主线为平溪（今玉屏）经贵阳、安顺、昆明到腾冲的南线，辅线为永宁（今叙永）经威宁至曲靖的北线。其他形成的屯军线路为支线，暂未列入屯军遗产廊道的范围。围绕主线，先后建立起来的贵州境内的平溪卫、清浪卫、镇远卫、偏桥卫、兴隆卫、平越卫、新添卫、龙里卫、贵州卫、威清卫、平坝卫、安庄卫、安南卫、普安卫、普定卫，以及云南境内的平夷卫、曲靖卫、云南卫、楚雄卫、洱海卫、大理卫、永昌卫、腾冲卫在历史上所管辖、屯田的范围和它们演变成为府州县及其聚落所在地的区域范围，即属于明代滇黔屯军遗产廊道的范围。

三、廊道的宽度

宽度的界定是构建屯军遗产廊道的另一个重要环节。廊道宽度划定越宽，包括的资源就越多，遗产的体量就越大，保护的范围就越广，但同时也加大了保护

---

[1] 《明实录·大明太祖高皇帝》卷一百四十二，洪武二十四年十二月己未 . 北京：中华书局影印版 .

[2] 《明实录·大明太祖高皇帝》卷一百四十二，洪武二十四年十二月己未 . 北京：中华书局影印版 .

[3] 《明实录·大明太祖高皇帝》卷二百一十九，洪武二十五年七月己未 . 北京：中华书局影印版 .

[4] 贵州省文史研究馆点校、贵州省人民出版社出版《贵州通志·前事志》第二册卷八 .1987 年 .

工作的难度，并且造成廊道主题文化不明确，在解说上含混不清。因此在构建廊道时不仅要筛选出最具地域特色、历史文化价值最高、旅游开发潜力最大的人文景观和自然景观，还要考虑到遗产资源的相对集中，遗产廊道价值被附近居民利用的程度，以及构建该廊道的可持续、可操作、可执行性，并能落到实处，能满足民众休闲娱乐的需求，能符合当地经济发展需要。

由于本书对明代滇黔屯军遗产廊道构建范围仅限于贵州境内路段，即东起镇远，向西经施秉、黄平、福泉、贵定、龙里、贵阳、清镇、平坝、安顺、普定、镇宁、关岭、晴隆、普安、盘县，共经过 16 个市、县；行政区划上涉及黔东南苗族侗族自治州、黔南布依族苗族自治州、贵阳市、安顺市、六盘水市，共穿过 2 个自治州和 3 个市级地区，全长 600 余公里。贵州境内的另一条屯军线路，即今四川叙永至威宁达曲靖的北线，以及从盘县出贵州境进入云南的屯军遗产线路，暂不做深入研究。为使遗产廊道的保护研究工作更加扎实深入，我们按遗产廊道边界的惯例，尽量在屯军保障的驿道本体及其延伸段、卫所及其屯田、府州县及其聚落所在地的范围内，寻找依附于地理要素比较明确的道路、山体、峡谷、水道等呈线状或带状的文化遗产作为选取对象，并动态地划定廊道的宽度为沿线遗产密集区两边各 10 公里的范围。

四、价值的取向

屯军遗产廊道的价值取向决定了构建遗产廊道的终极目标是将历史文化遗产的保护与再利用、自然生态的保护与环境改善，与发展旅游业与休闲娱乐业结合起来，使文化遗产的价值在新的社会环境下得到持续发挥。因此，我们认为屯军遗产廊道的价值取向至少具有以下意义：

（1）具有普遍的多方面社会效益的意义。拥有记录和传承历史文化，增加民族认同感，促进良性的生态循环，以及合理利用资源开展旅游服务的多重社会综合价值。

（2）具有教育民众、提倡高生活质量的意义。能代表和反映一个国家或地区的显著的地域文化特色，具备启智教育和游憩休闲功能，并能向政府、团体、民众提供共同保护和合理利用区域内自然、文化资源的显著机会。

（3）具有经济的可持续发展意义。管理团体与政府部门的任何保护和利用规划、提案，必须得到公众的支持与认可，并与遗产区域内增加地方政府收入、振兴文化旅游等经济活动保持一致性。

（4）具有创造公益和就业岗位，鼓励大众共同参与，提高保护意识和管理遗产资源效率的意义。所有参与遗产资源的管理者，包括民众团体、商业团队、非营利性组织、政府部门，必须有得到公认的明确义务、责任和财务等方面的文件。

第三节 屯军遗产廊道资源判别

屯军遗产廊道资源类型齐全，遗产种类繁多。类型涉及两个板块。第一板块是文化遗产，其下又分为物质文化遗产、非物质文化遗产，其中物质文化遗产包含具有历史、科学和艺术价值的不可移动文物和历史文化名城名镇名村，非物质文化遗产则包含各种传统的文化表现形式和文化空间。第二板块是自然遗产，它包含了具有突出普遍价值的自然面貌、受保护的动物和植物生境区及天然形成的风景名胜区。构建明代屯军遗产廊道的关键在于遗产资源的选取和遗产资源的价值评估。因此，遗产资源的判别显得尤为重要。

一、廊道的特征

屯军遗产廊道是西南地区与中原地区相互沟通、相互交流的桥梁，在古代西南地区政治、经济、文化、军事和交通史上均发挥过极其重要的作用。作为屯军文化的重要载体，积淀并承载了六百多年包括交通、军事、商贸、文化、宗教等方面的内容。与其他线路类文化遗产相比具有以下一些特征：

◆滇黔屯军遗产廊道涉及西南地区的贵州、云南两大行政区域，穿越十余个地州和三十余个县市，跨区域特征明显。

◆尺度在中等以上，至少延绵了上千公里。时间跨度六百余年，沿线至今仍然有大量的文化遗迹可佐证屯军线路形成的历史，凸显了中原地区与西南地区的交往，反映出中原移民的迁徙和流动。

◆遗产资源丰富，自然、人文景观保存较好，并在线性区域内呈线状分布，特别是贵州境内极具地域特色的屯堡文化，保存着大量完好的具有军事防御性质的古遗址、古村落、古建筑，以及随着"调北征南"和"调北填南"而传入的具有中原文化色彩戏剧、歌舞、文学、艺术、手工技艺等非物质文化，体现了中原文化的巨大影响力。

◆有良好的自然生态系统，有河流、峡谷、森林，也有多彩缤纷的民族文化、历史文化，呈现出自然环境与人文景观融为一体的和谐场景。

二、廊道的选取标准

根据屯军遗产廊道的时间跨度、空间范围、遗产区域的价值取向，结合屯军遗产廊道的主题文化特点，确定遗产廊道资源的选择标准。

（1）历史重要性。强调廊道内的历史构成要素（历史事件的发生、政局的变化、人口的迁徙和活动、科教和知识的传播、不同文化的融合、宗教信仰的改变等），具有的对当地社会各方面发展产生影响。

（2）建筑或工程上的重要性。强调廊道内不可移动文物在艺术、科技、文化上所具有的独特性、重要性和显著性。

（3）自然对文化资源的重要性。强调廊道内的自然要素与人类生存、发展的关系，注重自然景观的重要性、完整性和人类对它的依赖性。

（4）经济重要性。强调保护廊道对当地经济发展的作用。

评判一条遗产廊道不仅关乎廊道本身的价值评定，更强调保护资源的多样性、组织管理的公开性、经济活动的可持续性、功能利用的全面性和利益相关者的参与性。

三、廊道的区段划分及资源构成要素

屯军遗产廊道资源构成复杂，保存现状、保护级别、遗产价值参差不齐。为便于研究，我们在界定廊道一定宽度的基础上，对屯军遗产廊道实施区段式研究。考虑到屯军遗产廊道所经之处的山形地貌、遗产保存现状、区域人口密度、经济发展状况等因素，我们将重点放在贵州境内路段，并将其划分为四个区段：镇远—施秉—黄平段；福泉—贵定—龙里—贵阳段；平坝—安顺—普定—镇宁—关岭段；晴隆—普安—盘县段，其中一些区段可能屯军主题文化并不一定集中和突显，但卫所或在此基础之上演变为府州的文化却也不示弱，或许可将屯军遗产廊道的文化阐释宽容到一个大的文化主题背景下的多维度的遗产资源组合。根据贵州第三次文物普查和研究组的田野调研汇总，我们从众多的遗产资源中筛选、整合出各区段具有代表性、有保护单位级别、符合遗产廊道构建的资源要素以备深入研究使用。

◆镇远—施秉—黄平段
该区段是贵州集人文景观、自然风光、民族风情为一体的文化生态旅游热点区。计有国家级历史名城 1 处，名镇 1 处，合计 2 处，占总资源的 2.778 %；国家级重点文物保护单位 5 处，省级 12 处，合计 17 处，占总资源的 23.611 %；国家级风景名胜区 1 处，省级 1 处，其他 11 处，合计 13 处，占总资源的 18.066%；世界自然遗产 1 处，占总资源的 1.389%；国家级非物质文化遗产 7 项，省级 26 项，合计 33 处，占总资源的 45.833 %；博物馆 6 处，占总资源的 8.333 %。可见本区段历史文化遗产与自然文化遗产交相辉映，其中历史文化遗产（包括物质文化遗产和非物质文化遗产）占的比重大于自然文化遗产，契合了廊道遗产概念中关于历史文化放在首位的解释（见表 5-1）。

表 5-1　镇远—施秉—黄平段遗产资源构成要素表

名城名镇名村	国家级历史名城：镇远。 国家级历史名镇：黄平旧州。
文物古迹	国 保：镇远青龙洞古建筑群，镇远在华日本人民反战同盟和平村旧址；黄平飞云崖古建群、旧州古建筑群、岩门司城垣。 省 保：镇远古城垣、中共镇远支部旧址、邹泗钟祠、谭氏民宅、四官殿、天后宫、吴王洞摩崖；施秉华严洞摩崖石刻、诸葛洞纤道遗址、云台山古建筑群。黄平黄飘大捷遗址、重安江铁索桥。
风景名胜区	国家级：镇远、施秉、黄平潕阳河风景名胜区。 省 级：镇远高过河风景名胜区。 其 他：镇远新桥聋了河大溶洞、古耳洞瀑布景区、南丹温泉公园、报京侗寨、野洞河风景；黄平飞云大峡谷、浪洞森林温泉、上塘朱家寨原始森林保护区、重安江苗族革家风情寨、横坡林场省级森林公园；施秉佛顶山自然保护区等。
世界自然遗产	施秉云台山风景名胜。
非物质 文化遗产	国家级：镇远报京三月三、潕阳龙舟场；施秉苗族"刻道"；黄平苗族古歌、苗族泥哨、蜡染技艺、苗族银饰制作技艺。 省 级：镇远元宵龙灯会、土家族"八月八"唢呐节、苗族踩鼓舞、土家族傩戏、木雕工艺、洞藏青酒酿造工艺、侗族刺绣、道菜制作工艺；施秉苗族剪纸、苗族《古歌》、苗族"游方歌"、苗族独木龙舟节、苗族十二路酒歌、苗族斗牛习俗、玩水龙；黄平哥蒙的"哈冲"、苗族弄嘎讲略、苗族"古歌古词"神话、谷陇九月芦笙会、革家服饰、哥蒙芦笙乐、岩鹰高跷、苗族祭桥节、踩亲舞、苗族多声部情歌、苗族板凳舞。
博物馆	镇远古城博物馆；黄平重安三朝桥（"中国桥梁博物馆"）、重兴乡塘都村落生态博物馆、飞云崖民族节日博物馆、重兴枫香寨民族生态博物馆（正在申报国家级）；施秉县苗族刻道文化博物馆等。
以上合计：72 处	

◆福泉—贵定—龙里—贵阳段

该区段计有国家级历史名镇 1 处，省级名镇 2 处、名村 3 处，合计 6 处，占总资源的 4.918%；国家级重点文物保护单位 4 处，省级文物保护单位 26 处，合计 30 处，占总资源的 24.590%；国家级风景名胜区 1 处，省级 8 处，其他 28 处，合计 37 处，占总资源的 30.328%；国家级非物质文化遗产 7 处，省级 34 处，合计 41 处，占总资源的 33.607%；博物馆 8 处，占总资源的 6.557%。表中显示文物古迹较多，风景名胜、湿地公园、自然保护区资源丰富，反映了以贵州省会城市贵阳为中心的厚重历史和较为完好的自然生态系统（见表 5-2 ）。

表 5-2　福泉—贵定—龙里—贵阳段遗产资源构成要素表

名城名镇名村	国家级名镇：贵阳市花溪青岩镇。 省级名镇：福泉县城厢镇、清镇市卫城镇。 省级名村：花溪区石板镇镇山村、花溪区马铃乡凯伦村、乌当区新堡乡王岗村。
文物古迹	国　保：福泉城墙、葛镜桥；贵阳文昌阁和甲秀楼、阳明洞和阳明祠。 省　保：福泉杨老驿城墙遗址、高石头摩崖石刻。贵定茶叶碑、阳宝山古建筑群、甘塘乡规碑、贵定城隍庙；龙里冠山；贵阳青岩古建筑群、镇山村古建筑群、"青岩教案"遗址、"是春谷"摩崖、协天宫、来仙阁、黔明寺、黔灵山、君子亭、大觉精舍、赵以炯故居、周渔璜墓、国际援华团医疗队旧址、王伯群旧居、花溪西舍、中共贵州省工委旧址、八路军贵阳办事处旧址、新华日报贵阳分销处旧址、 达德学校旧址。
风景名胜区	国家级：贵阳市清镇红枫湖风景名胜区。 省　级：福泉洒金谷风景名胜区、贵定洛北河风景名胜区、龙里猴子沟风景名胜区、贵阳市花溪区风景名胜区、贵阳市乌当区香纸沟景名区、贵阳市乌当区相思河景名胜区、贵阳市百花胡风景名胜区、清镇暗流河风景名胜区景名胜。 其　他：福泉蛤蚌河原始生态游风景区、省级十万千森林自然保护区、贵定摆龙河国家湿地公园、甘溪国家森林公园、洛北河漂流景区、云雾湖休闲观、盘江音寨民族风情休闲观光度假景区、旅游景区、斗篷山省级自然保护区；龙里龙架山国家森林公园、响水河风景区、谷脚巫山岩画、金龙谷风景名胜区、省中亚热带高原珍稀植物园、龙里大草原；贵阳花溪区天河潭风景区、乌当区渔洞峡景区、乌当区情人谷景区、市区南郊地下公园、黔灵公园、森林公园、小车河湿地公园、 金阳新区观山湖湿地公园、金阳新区长坡林公园、贵阳森林野生动物园、花溪青岩省级油杉自然保护区。

续表

非物质 文化遗产	国家级：贵定鼓龙鼓虎—长衫龙、布依族医药；贵阳花溪苗绣、皮纸制作技艺、同济堂传统中药文化、黔剧、花灯戏。 省　级：福泉清水江杀鱼节、福泉阳戏、花灯戏、二郎歌会；贵定苗族雷公舞、胡三帖、布依山歌十八调、苗族长鼓舞、云雾贡茶手工制作技艺、布依族糯食制作技艺、龙里苗族数跶、苗族《古歌》、苗族服饰；清镇簪汪古歌、苗族祭鼓节、苗族服饰、清镇瓜灯节、贵阳苗族"四月八"、杜寨布依族丧葬砍牛习俗、贵阳苗族服饰、偏坡布依族服饰、苗族猴鼓舞、高坡苗族银饰制作技艺、布依族纸染绣花制作技艺、罗吏目布依族龙制作技艺、高坡苗族射背牌、苗族跳场、布依族铁链械、青岩玫瑰糖制作技艺、布依族土歌、苗族芦笙舞、苗族花鼓舞、卡堡花棍舞、阳戏。
博物馆	福泉古城屯堡博物馆、贵定城隍庙碑刻博物馆、贵州民族博物馆、贵州省博物馆、花溪镇山布依族生态博物馆、贵州古生物化石博物馆、清镇奇石博物馆、清镇中医露天博物馆。

以上合计：122处

◆平坝—安顺—普定—镇宁—关岭段

该区段是屯军遗产廊道主题文化较为集中的地区，计有国家级（省级）历史名镇2处，国家级名村3处，省级历史名城1处，合计6处，占总资源的7.229%；国家级重点文物保护单位10处，省级文物保护单位16处，合计26处，占总资源的31.325%；国家级风景名胜区2处，省级风景名胜区2处国家级森林和地质公园2处，其他8处，合计14处，占总资源的16.867%；非物质文化遗产国家级9处，省级21处，合计30处，占总资源的36.145%；博物馆7处，占总资源8.434%。统计显示该区域名城名镇名村全部与屯军事件有直接关系，非物质文化遗产也较为丰富（见表5-3）。

表5-3　平坝—安顺—普定—镇宁—关岭段遗产资源构成要素表

名城 名镇名村	国家级（省级）名镇：安顺市西秀区旧州镇、平坝县天龙镇。 国家级名村：西秀区云山屯村、本寨、鲍屯村。 省级名城：安顺市。
文物古迹	国　保：平坝天台山伍龙寺、下坝棺材洞、安顺文庙、安顺武庙、安顺宁谷遗址、鲍家屯水利工程、云山屯古建筑群、王若飞故居；普定穿洞遗址、关岭茶马古道（贵州段）。 省　保：安顺屯军遗址、八番六朝壁画墓、崇真寺、西秀山白塔、圆通寺；普定平讼崖、玉真山寺；镇宁镇宁城墙、高荡古建筑群；关岭关索岭、花江铁索桥、顶营司城垣、花江岩画、红崖古迹、灵龟寺无梁殿、关岭海百合化石埋藏点。

风景名胜区	国家级：龙宫风景名胜区、黄果树风景名胜区。 省　级：关岭花江大峡谷、平坝天台山—斯拉河。 其　他：安顺九龙山国家森林公园；关岭化石群国家地质公园；镇宁白马湖森林公园；平坝大坡森林公园、五马塘森林公园；关岭红崖天书；镇宁城关镇高荡村、黄果树镇布依族石头寨、白水镇布依民族滑石哨村、中国传统村落扁担山镇革老坟村。
非物质文化遗产	国家级：安顺地戏、蜡染技艺、苗族服饰、苗族跳花节、屯堡抬亭子；镇宁铜鼓十二调、布依族勒尤、关岭苗族服饰、苗族芦笙舞。 省　级：平坝苗族蜡染、大狗场吃新节、仡佬族打篾鸡蛋、屯堡石头建筑技艺、仡佬族吃新节、屯堡服饰、苗族夫妻舞、抵杠、苗族命名习俗；镇宁竹王崇拜；关岭布依族铜鼓舞、地戏、盘江小调、布依族摩经、布依族土布制作技艺、布依族"六月六"、布依族竹筒歌、布依族吹打乐、姊妹箫、布依族织锦、罗氏癍疱疗法。
博物馆	平坝天台山民族戏剧博物馆、棺材洞博物馆；安顺地区博物馆、贵州省蜡染文化博物馆、屯堡文化地戏博物馆、蔡官地戏博物馆、屯堡傩雕艺术博物馆。

以上合计：83 处

◆晴隆—普安—盘县段

该区段设有省级历史名镇 1 处，占总资源的 1.667%；国家级重点文物保护单位 3 处，省级文物保护单位 11 处，合计 14 处，占总资源的 23.333%；省级风景名胜 3 处，其他 17 处，合计 20 处，占总资源的 33.333%；国家级非物质文化遗产 4 处，省级 18 处，合计 22 处，占总资源的 36.667%；博物馆 3 处，占总资源的 5%（见表 5-4）。

表5-4　晴隆—普安—盘县段遗产资源构成要素表

名城名镇名村	省级名镇：盘县城关镇。
文物古迹	国　保：晴隆二十四道拐；普安铜鼓山遗址；盘县大洞遗址。 省　保：晴隆盘江古驿道；普安卡子烽火台遗址、铁厂烽火台遗址、上寨烽火台遗址、窝沿烽火台遗址、松岿寺；盘县普安卫古城垣、张道藩故居、红二、六军团总指挥部旧址、盘县城隍庙、普安州文庙。

续表

风景名胜区	省　级：盘县古银杏风景名胜区、大洞竹海风景名胜、坡上草原风景名胜区。 其　他：晴隆三望坪风景区、龙洞瀑布、光照国家级湿地公园、竹塘野生动植物保护区；普安江西坡细寨布依风情园、茶海休闲度假村、窝沿乡温泉度假村、九龙山、普白森林公园；盘县娘娘山国家湿地公园、南湖公园、东湖公园、中央森林公园、布岭箐省级野生植物保护区、莲花山省级十里杜鹃生态保护区、一把伞省级恒河猴自然保护区、鲁沟省级古银杏保护区等。
非物质 文化遗产	国家级：晴隆阿妹戚托；普安苗族芦笙舞；盘县布依族盘歌、彝族民歌。 省　级：晴隆庆坛、苗族服饰、布依族小打音乐；普安苗族服饰、苗族武教戏、彝族嗨马舞、布依族小打音乐、龙溪石砚制作技艺、苗族芦笙棒舞；盘县盘县地坪乡彝族毕摩祭祀文化、马场乡苗族大筒箫的制作与演奏、土法造纸工艺、彝族婚嫁习俗、苗族采花节、彝族古歌、彝族山歌、苗族直箫乐、羊皮鼓舞。
博物馆	晴隆县茶籽化石博物馆（建设中）、普安青山夜郎博物馆、盘县红二、六军团盘县会议会址陈列馆等。

以上合计：60 处

四、廊道资源保护状况及案例分析

1. 各区段遗产资源的保护

虽然明代屯军遗产廊道尚未形成统一协调的保护机制，但屯军沿线相关部门均在各自领域、范围内对遗存的文化遗产进行了分散式保护。与屯军历史事件相关的物质文化遗产和非物质文化遗产相继被公布为各个级别的文物保护单位和各个级别的非物质文化遗产项目。在第三次全国文物普查中，线性遗产成为备受关注的新型文化遗产，相关文物古迹被重新登录，其中新发现的不可移动文物中就有不少与屯军有关。由于近几年来文化旅游的蓬勃发展，屯军遗产廊道沿线的名城、名镇、名村以及传统村落的文化遗产保护工作日渐受到重视。如贵州镇远古城、黄平旧州古镇、福泉古城、安顺屯堡村寨、普安州古城等都不约而同地加强了对历史街区、历史地段、历史建筑的保护。屯军遗产廊道上的自然遗产保护工作也有突破，如施秉县云台山于2014年被联合国教科文组织列为世界自然遗产。另外，沿线的风景名胜区的保护工作也在不断加强，如镇远潕阳河、清镇红枫湖、安顺龙宫、黄果树等国家级风景名胜区风景名等均陆续编制规划，加强景区、景源和景点的保护。遗产资源保护情况如下。（见表5-5、表5-6、表5-7）

表 5-5 屯军遗产廊道物质文化遗产保护状况

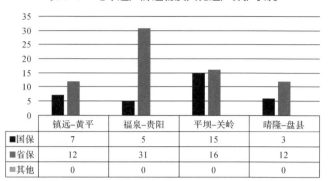

	镇远–黄平	福泉–贵阳	平坝–关岭	晴隆–盘县
■国保	7	5	15	3
■省保	12	31	16	12
▨其他	0	0	0	0

表 5-6 屯军遗产廊道自然遗产保护状况

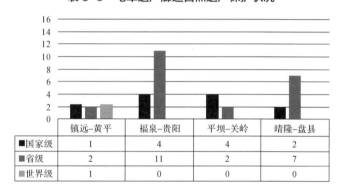

	镇远–黄平	福泉–贵阳	平坝–关岭	晴隆–盘县
■国家级	1	4	4	2
■省级	2	11	2	7
▨世界级	1	0	0	0

表 5-7 屯军遗产廊道非物质文化遗产保护状况

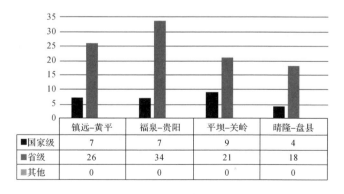

	镇远–黄平	福泉–贵阳	平坝–关岭	晴隆–盘县
■国家级	7	7	9	4
■省级	26	34	21	18
▨其他	0	0	0	0

以上表中数据显示，屯军遗产廊道物质文化（包含名城名镇名村）资源中，国家级文保单位平坝—安顺—普定—镇宁—关岭段位居首位，省级文保单位则福泉—贵定—龙里—贵阳段位居首位，反映出平坝段屯军文化遗产的集中性、价值的重要性；屯军遗产廊道自然资源中，国家级别的风景名胜、自然保护区及生态公园福泉—贵定—龙里—贵阳段、平坝—安顺—普定—镇宁—关岭段并列首位，省级则福泉—贵定—龙里—贵阳段位居首位，反映出两个区段可供构建屯军遗产廊道自然景观要素的丰富程度；屯军遗产廊道非物质文化资源中，国家级别非遗名录平坝—安顺—镇宁—关岭段位居首位，省级则福泉—贵定—龙里—贵阳段位居首位。资源构成要素的总数福泉—贵定—龙里—贵阳段居首位，显示出该区段以贵阳为中心城市在全省政治、经济和文化上的重要地位。

2. 遗产节点保护案例分析

文化遗产资源是构建屯军遗产廊道的主体，由于地方政府迫于经济发展压力，或片面理解旅游需求，拆旧建新，造假古董，使文物的真实性、完整性受损。一些地方以保护文化遗产之名，在保护过程中违背文化遗产的保护原则，保护工程粗制滥造，使文化遗产遭到严重破坏。如与屯军相关的福泉城墙重建事件、新建安南古城等，均是对遗产重视不够或价值认识不到位造成的结果。当前，文化遗产的保护和合理利用仍然面临严峻的挑战：建设性破坏、保护性的破坏；资金投入缺乏，保护行为各自为政；文物利用工作粗放；基础设施建设、博物馆体系、文化创意，以及旅游活动都未有效开展等。本书以屯军遗产廊道上文物保护修缮为例，试图从中找出遗产保护中的问题所在，以此为鉴。

（1）镇远青龙洞的保护

◆青龙洞简况

历史时期，镇远古城有八大会馆、四洞、八祠、九庙、十二码头等名胜。现存古迹青龙洞位于镇远县政府所在地㵲阳镇东峡街，建筑依崖傍洞，贴壁凌空，高低错落分布于中河山西崖及山麓，是一组集驿道桥梁、道观、书院、佛寺、会馆等建筑于一山的古建筑群。最早建筑于中河山的真武观建于明洪武二十一年（公元1388年）。之后，嘉靖九年（公元1530年）建朱文公祠及紫阳书院；万历十一年（公元1583年）、万历三十七年（公元1609年），崇祯元年（公元1628年），逐步修建青龙洞、中元禅院、万寿宫等建筑群；康熙十二年（公元1673年）、雍正元年（公元1723年）、雍正十二年（公元1734年）、道光三十年（公元1850年）

各组建筑屡有增修、弥补和扩建；咸同年间，古建筑多毁于兵燹；同治十二年（公元 1873 年）、光绪初年（公元 1875 年）到光绪六年（公元 1880 年），光绪二十八年（公元 1902 年）年到光绪三十一年（公元 1905 年）陆续重建和维修。现存建筑多为清光绪年间所建，共包含青龙洞、紫阳书院（紫阳洞）、中元禅院（中元洞）、万寿宫（江西会馆）、祝圣桥、香炉岩（莲花亭）东山寺、令公庙等 8 个部分约 40 栋单体建筑。

青龙洞古建筑群不仅是贵州历史文化名城镇远历史文化的缩影，也是西南地区古建筑群落与古园林群落的典范，它集宗教建筑、礼教建筑与商业建筑于一体，并以优越的自然环境和人文环境名扬中国。在建筑结构上，各组群与单个园林之间依山就势，相互依存和相互制约，完美有机结合，构成了具有丰富内涵的古建筑园林群落；在建筑的形式上，它呈现出"多民族、多流派、多风格"文化的综合元素。它集纳了黔东地区苗、侗村寨吊脚楼干阑式民居传统构架建筑手法，同时又融汇了中原地区重檐庑殿顶、重檐（或单檐）歇山顶、重檐（或单檐）六角（八角）攒尖顶以及高封火墙四合院等造型，是各地区、各民族文化相互渗透、相互交融的结果，丰富并发展了中华民族的建筑文化，是中华建筑宝库中的经典案例，体现了多元文化的碰撞。青龙洞古建筑群经历了明、清两代，它记录了历史文化名城镇远政治、经济、文化教育与科学技术发展和兴衰的历史轨迹，对于研究地方史、民族史、建筑史，探索各族人民在建筑艺术、科学技术、知识传播等方面的发展状况具有举足轻重的意义。

◆青龙洞的保护回顾

青龙洞古建筑群现占地 2.1 万平方米，建筑面积 6600 平方米。有大小单体建筑近 40 座。经 1979 年至 1985 年抢救性维修后，主体建筑基本上恢复了原貌；但局部地面铺装和其他附属建筑、排水系统维修处理不够彻底。早期抢救阶段因缺乏文物维修知识经验和存在现代建材使用不当和改变原状的地方。部分建筑因环境险峻、查勘维修困难，造成屋面渗漏和排水不畅，易受潮部位木构件有糟朽情况。个别建筑有虫蚁危害现象。古建筑群所依山崖共有 7 个变形区 15 个危岩体的地质病害隐患，构成了对文物建筑的威胁。

1956 年至 1963 年间，贵州省政府和黔东南州高度重视青龙洞的修缮，两度拨出专款对建筑群进行较大规模的维修。1983 年，省政府再次拨专款，用于青龙洞、紫阳洞、万寿宫、香炉岩等建筑单体抢救性修复，终使青龙洞古建筑群原貌得以还原。1988 年，青龙洞被国务院公布为第三批全国重点文物保护单位。之后，青龙洞之祝圣桥、藏经楼、吕祖殿、观音殿、令公庙、东山寺等古建筑陆续得到维修，包括青龙洞危崖整治、环境整治及"三防"工程也逐步得到实施。2008 年，中国文化遗产研究院与贵州省文物保护研究中心合作，编制了《青龙洞文物保护规划》，保护规划涉及文物所在地区居民搬迁、人口控制、土地使用；保护区环境整治、建筑整治、水系疏浚、路网调整、垃圾整治；文物保护规划范围内道路、给排水、供电、通信、消防等基础设施修建等十个方面的内容。[1]

青龙洞文物保护规划的制定和实施，尤其是之后再次纳入《镇远历史文化名城保护规划》，使其建筑群得到良好的保护。目前，青龙洞作为潕阳河风景名胜之一，已发展成为贵州东部精品旅游线上一个亮丽的文化旅游景点，每年接待的游客不断攀升。据不完全统计，2016 年，"五一"黄金旅游周，青龙洞和其他景点共接待游客 12.83 万人次，旅游综合收入 1.84 亿元，与上年同期相比分别增长了 52.47% 和 55.62%。[2] 其文化旅游价值得到充分的发挥。

青龙洞建筑群文物保护经验告诉我们：建筑群的保护不是孤立的文物修缮，一定要引入整体保护的概念，即把它纳入一座历史名城、一个大的遗产区，甚至是更大的遗产概念中加以保护，将所在的区域历史的阐释、大众的休憩和娱乐、地方财政的收入与文化遗产，包括自然环境的保护联系起来，使之形成一种稳定的、可持续发展的良性循环。

（2）黄平飞云崖保护案例

◆飞云崖简况

黄平飞云崖位于黄平县城东 12 公里之湘黔古驿道旁，因其地有崖，状如飞云，所以得此名。明朝正统八年（公元 1443 年），兴隆卫指挥使常智与游僧德彬在此创建月潭寺，后经历代增修扩建，遂形成一组别具特色的古建筑群。建成之后，飞云崖逐渐成为由湘入黔赴滇驿道上的必经之地，墨客骚人题咏甚多。明代王阳明赞云："天下云山，萃于云贵；云贵之秀，萃于斯岩。"晚清贵州客籍书法家安嘉相在其碑刻中纪实说："游人入黔者，必侈谈飞云岩之胜。"当然，位于交通要冲的飞云崖也并非一直处于世外桃源，明万历二十七年（公元 1599 年）和清

---

[1] 中国文化遗产研究院、贵州省文物保护研究中心.《贵州省镇远青龙洞文物保护规划》. 2008 年 7 月.

[2] 资料来源于黔东南州旅游局：2016 年镇远"五一"黄金周旅游数据统计.

咸丰六年 (公元 1856 年) 两次毁于战乱，飞云崖建筑几乎损毁殆尽，现存建筑也多为光绪年间重建。抗日战争时期，国民党军队在此贮存军火，因战乱，飞云崖逐渐衰败，建筑多有毁损。

明清时期，飞云崖居于滇黔古驿道上偏桥 (今施秉)、兴隆 (今黄平) 两卫的中点。早在明正德三年 (公元 1508 年)，月潭公馆便可以对往来的官员、商贾提供住宿。清代，又建有接待官员的养云阁 (大官厅) 和小官厅。从一些零碎资料得知，缅甸赴京贡使曾多次往返于飞云崖前的驿路。种种遗迹表明，飞云崖与屯军遗产廊道有莫大的关系，是屯军遗产廊道上的重要文化遗产。飞云崖有月潭寺、养云阁、皇经楼、接引阁、圣果亭、滴翠亭、大佛殿等，以及碑亭、长廊、飞云崖牌，并有花园、水池、浮桥，建筑规模宏大，既是庙宇建筑，又具有园林建筑风韵。原建筑总面积约 2000 平方米，今存建筑总面积 1400 余平方米。其平面布局分为东、西两大部分。

飞云崖景区系国家级潕阳河风景名胜区十大景区之一，是一组依山傍水、错落有致、古雅富丽、自成格局的古代建筑，其价值涉及历史、文化、艺术、科学等方面。飞云崖至今保存了诸多的摩崖石刻和碑记，如明代大学士王阳明至此留有"天下之山萃于云贵，云贵之秀萃于斯崖"句，并写有《月谭寺公馆记》；清云贵总督林则徐过此，赞曰："飞云崖天然奇秀，真如金枝玉叶……"；清代云贵总督鄂尔泰题书"黔南第一胜景"；清光绪三十年，状元曹鸿勋题"黔南第一洞天"匾额一方；明代的王训、吴维岳、钟惺、郭子章，清代的和珅、何绍基、洪亮吉、郑珍等人都留下咏赞诗文。此外，由于飞云崖位于滇、黔、缅古驿道旁，明清时期，京都过往官员、使者、商旅络绎不绝，凡过此者，都留下赞美的墨迹，见证了南北文化的相互渗透，是不可多得的研究古代南北文化融合的珍贵实物资料。飞云崖具有良好的自然生态价值，四周风景优美，生态环境极好。前有娟秀的溪流，后有翁郁的林木，其间奇峰怪石，鸟语花香，加之蔚为壮观的古建筑群，身临其境犹如步入仙境，故清人许元仲赞曰："山水之胜曰雄、曰奇、曰秀、曰丽，黄平之飞云洞咸备焉。"飞云崖"人间仙境"生态环境，赢得了"黔中第一奇境""贵州第一名胜""黔南第一洞天"等殊誉。其古建筑群依崖而建，或立于峰巅、或嵌于岩间、或临溪而修，具有典型的喀斯特地区建筑艺术特色。建筑构件工艺雕刻精细，房屋秀美壮观，集力学、美学于一体。具有较高的科学价值和观赏价值，是研究古代建筑艺术和营建技术的实物例证。飞云崖后山森林，自明代建寺以来，就得到了很好的保护，动植物种类繁多，至今仍保留着古老的原始森林风貌，地理环境天造地设，而大量文人墨客诗文的汇聚，以及少数民族的风情，更加丰富了飞云崖的价值内涵。

◆保护和修缮情况

飞云崖古建筑群的保护工作从20世纪60年代受到相关文物部门的高度重视。1963年陆续开始保护修缮工作，但1966年开始，"文化大革命"时期，建筑及内部陈设遭受严重毁坏。20世纪80年代是飞云崖保护工作的黄金年代，1983年至1987年，贵州省文化厅、黄平县人民政府连续8年拨款46.3万元维修飞云崖古建筑。1988年9月，飞云崖大雄宝殿被用作贵州民族节日文化博物馆，这一决策无疑是对文物合理利用的一次探索。遗憾的是在古建筑内布置展陈约束较大，加之后期缺乏有效管理，民族节日博物馆也未能达到当初预定的目标。2000年、2002年、2004年，省文化厅再拨款73万元对大官厅、皇经楼、大雄宝殿等进行维修。2006年，黄平飞云崖被公布为第六批全国重点文物保护单位。2013年《飞云崖古建筑群修缮工程设计方案》出炉，修缮范围包括：A.月潭寺（含月潭寺牌坊、外院、大雄宝殿、左右厢房、内院院门）建筑的全面修缮，占地面积约1500平方米，其建筑面积约为500平方米；B.圣果桥桥面取土，并恢复原本面貌；C.飞云崖古建筑群中：山门牌坊、碑亭、小官厅、童子亭四个单体的抢修加固。

经过政府和保护专家的共同努力，飞云崖古建筑群得到了较全面的修缮。但由于缺乏可持续发展利用措施，其中一些古建筑长期闲置，再次经历多次维修。目前，作为潕阳河风景名胜区的一个景点，飞云崖古建筑群每年接待少量游客到此参观，除此之外便无其他利用。

飞云崖的保护与青龙洞的保护相比值得业内人士反思：同属国家级文物保护单位，在历史、文化、艺术、旅游等方面均有较高价值，保护的结果却有很大的差距：既没有社会效益，也没有经济效益。事实上，飞云崖附近是有很多资源可利用的，如飞云崖大峡谷、国家级历史文化名镇旧州、浪洞森林温泉、重安江苗族革家风情寨等，核心答案只有一个，既没有整合的概念，文物古迹与自然景观的保护各归一口，没有形成合力，也没有统一的规划，文物的修缮仅仅是单体的、孤立的、机械的保护，对于前来飞云崖参观的游人来说只是走马观花，没有真正了解到飞云崖厚重历史文化底蕴，更不用说亲自参与到宣传和保护文化遗产中。

（3）福泉古城垣修复案例

◆福泉古城垣简况

福泉古时称为平越。洪武十五年（公元 1382 年）设卫，其战略地位十分重要，既控扼云南、贵州通往京城的大驿道，又将黔东八府与省会及贵州宣慰司连接起来，还可沟通川、黔两省。古城垣建筑之初不过是土城而已，明建文三年（公元 1401年），平越卫指挥李福遂改为石块堆砌的城墙，城周长一千四百丈，折合 4666 米，城墙高一丈二尺，宽一丈五尺，呈正方形，有东、南、西、北四门，上有城楼 4 座。据史料记载，成化年间，平越指挥张能为防止被敌人围攻城内水源不足，在西门外建一城墙，将沙河边的引水进城。万历三十一年（公元 1603 年），贵州总兵安大朝、指挥奚国柱、知府杨可陶等，又在水城外筑城墙，再次将河段围入城中，保证了城内军民的用水。故福泉古城流行有"里三层，外三层，石墙围水小西门"之说。2001 年，被列为全国重点文物保护单位。由于年代久远，保护不力，当地群众常常偷运石料去建房，部分城墙设施遭到人为破坏。尤其是 20 世纪 60 年代大都被拆毁，只剩下几座券孔城门和一些断垣残壁，唯有小西门外、内城、水城、外城犹存。

福泉城垣距今有 600 余年的历史，它肩负着镇守军事要隘、保障驿道畅通的重任，被称为"贵州八达岭"。福泉城垣匠心独运的工程结构是古代军事防御体系的杰作，之所以被誉为"中国古代防御的绝妙之作"，是因为无论是在建筑营造，还是水文工程方面都具有较高的科学价值和较深的历史文化内涵。作为贵州省物化了的历史，福泉城垣是研究贵州地方史极其宝贵的实物佐证资料，同时它的保护也将对整个屯军遗产线路文化的保护产生极大的示范和促进作用。复原后古城墙与福泉城内的古街道、古庙宇吸引前来观光的游客，对于发展和充实贵州旅游资源，增加福泉地方财政税收具有重要的促进作用。

◆福泉城垣复原的争议

近年来，贵州省政府将福泉古城文化列为"5 个 100 工程"建设项目之一。目前，该项目已完成省级规划评审和旅游基础设施建设、古城垣段沙河景观改造、大西门 128 米城墙修缮、小西门水城古碾坊修复、福泉山景区基础设施修建等项目工程，累计完成投资 1250 万元。但福泉城垣复原一度在文物古迹保护领域引发争议，原因是当地政府部门组织一批民间泥瓦匠，在复原城墙损毁部分时，违背了《文物保护法实施细则》第十四条"纪念建筑物、古建筑等文物全部损坏的不得重新修建"的相关规定。建设部同济大学国家历史文化名城研究中心主任阮仪三在《刹住重建、新建古建（构）筑物之风》中强调：重建、新建古建（构）筑物不属于保护历史文化遗产的行为，不应该提倡，更不应该列入保护历史名城和文物工作中去。[1]福泉城垣虽然在原址进行修补，但它毕竟只有观赏、旅游价值，而不具备历史文化研究的价值。不同历史时期有不同的文化和表现形式，无论是材料、风格都有所不同。盲目地修复和重建，只会将历史信息抹去，使文化遗产失去原真性。

3. 遗产资源保护中的问题

通过对屯军遗产廊道文化遗产保存总体情况的分析和保护案例的研究，我们发现在文化遗产保护中有许多缺憾和不尽如人意的地方，保护的理念大多还停留在单体文物的修缮和复原上，没有引入入整体保护的新方法和新思路，文物修复也存在急功近利的情况。镇远青龙洞、黄平飞云崖、福泉古城垣文化遗产的保护对比凸显了以下问题：

一是屯军遗产廊道文化遗产的保护工作仍需加强，虽然有些文物古迹近年来均得到不同程度的维修，但总体情况并不乐观，许多文物古迹花了人力、物力和财力后仍处于自然闲置的状态。各地在实施不可移动文物保护维修的过程中，还存在与文物保护原则相违背的现象，一些文物周边环境遭受破坏情况严重。因此，除增加文物保护经费投入外，急需加强文物保护人才队伍的培养和专业指导、监督机构的设置力度。

二是关于屯军遗产廊道文化的挖掘、研究还不够。目前，各地对丁古驿道的研究有了一些积累，但仍处于各自为政的状态，尚未形成整体合力。由于缺乏共识，在线性文化遗产的整体性保护上也就没有相关联合行动。因此，需要加强屯军遗产廊道的宣传，让更多的人关注屯军遗产廊道历史文化研究推动，文化遗产保护研究工作深入开展。

三是文化遗产利用方式落后。屯军遗产廊道上的镇远青龙洞、黄平飞云崖和福泉古城垣均有悠久的历史和厚重的文化底蕴，同属国家级文物保护单位，除镇远青龙洞的文化旅游价值得到合理利用外，飞云崖、福泉古城垣以及其他的文化遗产几乎是维持原状展示，利用方式非常少，有的甚至维修一新后就等着下一次的维修。因此，处理好保护和利用的关系，引进国外先进的遗产廊道保护理念，并借鉴好的经验，在展示、宣传、保护上制定总体规划，将价值研究、价值阐释、

---

[1]　阮仪三.《刹住重建、新建古建（构）筑物之风》.《群言》.2002 年，第 12 期.

价值利用结合起来，探索出适应屯军遗产线路整体保护，又能落到实处、易于操作的发展思路显得十分重要。

五、重点资源的评判和指定

遗产区域重点资源的评判是优选和指定遗产廊道屯军主题文化资源要素的关键，通过对镇远—施秉—黄平段、福泉—贵定—龙里—贵阳段、平坝—安顺—普定—镇宁—关岭段、晴隆—普安—盘县段遗产资源的梳理和保护现状的分析，以及对保护案例中存在问题的剖析，为重点资源的评判和优选，包括在构建遗产廊道时文物点的复原、修缮所要注意的问题提供了良好的基础材料和可供借鉴的经验教训。以下（见表5-8）是优选出的构建明代滇黔屯军遗产廊道重点文化遗产节点。

表 5-8　屯军遗产廊道重点资源评判和优选表

资源名称	区段	简介	照片
镇远	镇远—黄平段	镇远城为湘黔驿道上的军事重镇，不但因潕阳河有舟楫之便，陆路往来也很通达，很早就是商贾云集之地。明洪武五年（1372）改置镇远州，隶湖广，洪武二十二年（1389）置镇远卫指挥使司，永乐十一年（1413）置镇远府，隶贵州。府隶贵州，卫属湖广，府、卫并置。康熙二十六年（1687）并镇远卫归镇远县。现为国家级历史文化名城。	
镇远青溪古城垣		位于青溪镇潕阳河左岸，洪武二十三年（1390）在此置清浪卫指挥使司，修筑卫城，隶湖广都指挥使司。据《清浪卫志·城廊》载，卫城垣近五公里，有东、西、南三座城门，北跨瑞云山，南临潕阳河。现存卫城垣北端一段，长1.8公里，上存5米青石城垣，石灰糯米砂浆勾缝，较为坚固的城墙。现为县级文保单位	

续表

资源名称	区段	简介	照片
镇远青龙洞古建筑群		㵲阳河东岸中河山崖壁上，始建于明代中期，是典型的集儒释道为一体的古建筑群，占地约 21000 平方米。建筑依山就势，贴壁凌空而建，五步一楼，十步一阁，曲径连绵，回廊如带，飞檐翘角，碧瓦红墙，结构精巧，气势恢宏，现存近 30 座保存较好的建筑单体，计有青龙洞、紫阳洞、中元洞、万寿宫、香炉岩、祝圣桥等。现为全国重点文保单位。	
镇远府城垣	镇远—黄平段	位于县城北石屏山，明正德三十年（1551）知府程鏻倡建。历经明清维修和增建。现存高 5 米、面宽 2.78 米、长 2030 米的城墙，中段有烽火炮台一个，城垣最高点有指挥堡一间，基石全为精细修整的青石垒砌。镇远因其水陆交通较为便利，历来为军事要地。明洪武时在此设镇远卫指挥使司，永乐时，镇远又是贵州最早的八府之一。现为省级文保单位。	
镇远卫城垣		位于县城㵲阳河南岸。始建于明洪武。西到老西门，东至金堡路口，墙周长 3090 米，墙高 4.3 米，墙面宽 2.6 米，城墙外沿筑有 1872 个垛口，筑有城楼和东、西、南、上北、下北城门。另上北门处修有副城墙一段，西门和上北门外码头上侧，修筑半弧形防洪堤三堵。城垣及副城墙、护城堤均用细凿大块方整青石垒砌，糯米石灰砂浆为黏合剂。文物本体保存较好，但控制地带内有大量民房。	

资源名称	区段	简介	照片
镇远大河关码头		位于镇远府城顺城街，始建于明嘉靖年间。潕阳河中上游重要水上关卡。清代，在大河关码头设厘金局，督办税务，过往客商船只必须在这里停泊登记纳税。码头占地约100平方米，半圆形泊船码头，用青石板铺砌，西侧有小巷连通顺城街面，1992年修建东峡电站，部分台阶被电站蓄水淹没，平台以上修缮后保存较好。现为县级文保单位。	
镇远禹门码头	镇远—黄平段	镇远府城二牌南侧，临潕阳河南北岸。始建于明嘉靖年间。码头宽8.42米，高出水面约6米，共有33级台阶，禹门在明代就是当地标志性建筑，历史上考取功名的秀才、举人都要从潕阳河乘船到禹门登岸，以示荣耀。当地民谚："年少称登第，皇都得意回。禹门三级浪，平地一声雷。"禹门码头是镇远古代府城最热闹的码头之一。现为县级文保单位。	
镇远上北门码头		位于镇远卫城上北门外，临潕阳河南岸，始建于明中期。与上北门城门、街道、护城堤相连接，是城楼的附属建筑之一，集军事、交通、防洪等多功能为一体，码头占地179平方米，青石砌筑。河岸有石阶至平台，上有梯形缆船台。平台至城门有39级台阶。现保存较好，为县级文保单位。该码头不仅供停泊船只，也有重要的防洪作用。	

续表

资源名称	区段	简介	照片
镇远天后宫		坐落于镇远县城西石屏山下,始建于明中叶,由福建籍人士集资修建。清康乾时期由青龙洞迁建该址,更名天后宫。保持福建沿海一带的脊饰风格。现存建筑有山门、正殿、戏楼、客堂,码头亦为附属建筑。山门朝北,有53级青石阶直达潕阳河,建有码头,称天后宫码头。现为省级文保单位。	
镇远镇雄关及相见坡驿道	镇远—黄平段	镇雄关距镇远县城西约14公里,明代修筑,出镇雄关即为大小相见坡,延绵数十里。驿道位于山腰斜坡地段,西端为相见河河谷,四周均为山峦,植被茂盛。清贵州巡抚田雯在《黔记》记"陟首坡则尾坡见,至尾坡回瞩之则首坡见"。相见坡现在是潕阳河风景区入口处。从镇雄关西下至相见河,再上鹅翅膀数公里驿道基本保持完好。现为县级文保单位.	
镇远文德关		原"油榨关",镇远县城西3公里处。洪武二十二年(1389)设立,为镇远通施秉陆路驿道的一个关口,明清时一直是湘黔驿道上的重要关口。清康熙四十六年(1707)知府李会生改为"文德"关。现在关隘处保存约1公里长的古驿道,青石铺砌,随山势起伏宛如天梯。现为县级文保单位。	

续表

资源名称	区段	简介	照片
施秉诸葛洞纤道	镇远—黄平段	距县城东 6 公里的菜花湾苗寨河湾处，为潕阳河上著名险滩。两岸悬崖峭壁，河道险恶，据传诸葛武侯南征时曾驻兵于此，为滩所阻欲开凿，故得其名。船行于此，上水、下水均需拉纤通行，故河道两岸纤道经历各代开凿。现二塘口至雷公锤南北两岸百余米纤道保存完好。另北岸二塘口前存有穿孔系缆石，左侧石上题刻"五子桥"，孔洞上方有数厘米深的缆绳勒痕；北岸纤道两旁及江中巨石上，尚存"永定河记""停蓄渊深""百子千孙"等处摩崖及武候祠遗址。现为省级文保单位。	
黄平晒金石段古驿道		明洪武十七年（1384），贵州宣慰使司奢香受命而修。该驿道是偏桥（今施秉）至黄平的必经之路。该驿道与立龙场九驿形成连接贵州与湖南、四川、云南的交通网络。晒金石段古驿道景色迷人，有"玉峡晴虹"双桥、"玉峡飞虹"摩崖及古井、牌坊等多处文物古迹。现部分驿道、"玉峡晴虹"双桥、"玉峡飞虹"摩崖保存完好，石牌坊损毁。	
黄平喜家桥		位于黄平县上塘乡板桥村东北 1 公里处的皂角垭，横跨板桥河，建于明代万历年间，是上塘古驿道上规模较大、保存较好的明代单拱桥梁。桥高 6.8 米，宽 5.6 米，长 24.5 米，工艺考究，风格别致。旧州上塘驿道曾是明代通往云南最早的主干道路段，后因水道诸葛洞垮塌，成为辅道。现为县文保单位。	

续表

资源名称	区段	简介	照片
黄平 重安古镇	镇远—黄平段	位于重安江畔，距黄平县城21公里，是湘黔驿道上闻名的古镇。明永乐四年（1406）置重安长官司，隶播州宣慰使司。弘治元年（1488）置重安千户所，1932年设镇。重安镇自古为湘黔驿道上重要水陆码头，逆水可达福泉，顺水可下清水江；陆路往北至黄平，南下经凯里市炉山镇进入福泉县境。清同治十二年，贵州剃度周达武在镇西1公里处，捐造横跨重安江铁索桥一座。现保存完好，已公布为省级文保单位。	
黄平 旧州镇		坐落在潕阳河畔，距黄平县城25公里，是潕阳河上游古代最大集镇和水陆交通交汇点。春秋战国时为"且兰"国古都，后历代王朝治所也建在该地。自古客商云集，商贸活跃，市井繁华，历史文化积淀深厚。明洪武建卫，万历平播后，改置黄平州，清康熙移治今黄平。古城内文物古迹众多，曾有"九宫、八庙、三庵、四堂"之称，现保存完好的有西上古街、文昌宫、仁寿宫、万寿宫等文物古迹。现为国家级历史名镇。	
黄平 飞云崖		位于县城12公里处，湘黔驿道旁。明朝正统八年(1443)，兴隆卫指挥使常智与游僧德彬在此创建月潭寺，后经历代增修扩建，形成今天规模，建筑约850平方米，保存较好的大小古建筑计有20余座。飞云崖风景秀美，是庙宇建筑，又具有园林建筑风韵，还是明清驿站，大官厅（养云阁）系旧时接待路过官员之所，旁边的小官厅则供官员眷属休憩之用。素有"黔中第一奇景""黔南第一洞天"等称誉。现为国家级文保单位。	

资源名称	区段	简介	照片
福泉 古城墙	福泉—贵 阳段	福泉洪武十五年（1382）设卫，创建初为土城，建文三年（1401）改建为石城，有东、南、西、北四门，上有城楼4座。成化年间，平越指挥张能在西门外沙河边建一城墙，引水进城，万历三十一年（1603），贵州总兵安大朝等人又在水城外筑外城墙，将河段包入城中，形成内城、水城、外城的格局，保证城内军民的用水之需。福泉古时称为平越，是云南、贵州通往京城大驿道的必经之地，其战略地位十分重要。古城墙以军事防御为本，依据地形特点修筑，前后修造达数百年，其建筑布局和工程技术均具有很高的科学、历史价值。现已公布为国家级文保单位。	
福泉 葛镜桥		在福泉市东南3公里，横跨犀江，万历年间（1573—1619）平越卫指挥葛镜捐资在犀江渡口修建，但屡建屡毁，直到天启末年虽已倾家荡产仍坚持不懈，历时3年，崇祯二年（1663）终于建成，故以其姓名来命桥名。又因桥身均用约30厘米见方的石头砌成，远看似一块块豆腐，俗称"豆腐桥"。桥为三孔石拱桥，西头桥基直接在江岸绝壁上开凿而成。全长52.7米，宽8.5米，距水面高约20米。现为国家级文保单位。	

续表

资源名称	区段	简介	照片
贵定城隍庙		位于县城关镇中山东路中段东侧，始建于洪武二十五年（1392）建筑占地万余平方米。城隍是汉族宗教文化中普遍崇祀的重要神祇，是汉族民间和道教信奉守护城池之神，故在城中立庙为古代府县建城规制。贵定城隍庙为明初建新添卫城主要建筑之一，平面布局为四合院，坐西向东。清康熙时贵定县治从旧治迁移到今县城后，又增建了山门、大殿、二殿、厢房、耳房等。后因火灾被毁重建。现在前厅、大殿、厢房、耳房等建筑保存完好。现为省级文保单位。	
龙里紫虚宫	福泉—贵阳段	位于县城东门冠山上。明洪武建卫城时同期修建，清代数次重修。紫虚宫台基处于冠山最高处，为三层三檐六角攒尖顶木结构建筑。底层平面为四边形，二、三层平面为六角形，阁刹为葫芦宝顶。屋面盖青筒瓦，卷板封檐，底层两侧有山墙，前后带廊。明洪武五年（1372）合并谷龙等地置龙里长官司，隶贵州宣慰使司，洪武二十三年（1390）建龙里卫，隶贵州都司。清康熙十年（1671）设龙里卫置龙里县。该建筑现为省级文保单位。	
贵阳南明区见龙桥		位于南明区龙洞堡，贵阳东面门户，始建于明初，是由一座单孔石桥和一座双孔石桥衔接成的三孔石拱桥，明、清湘黔驿道之要津。石桥依山形就水势，东侧山崖上有龙门摩崖石刻。建造别具匠心，桥身东窄西宽，长64米，呈奇特的"S"形，桥面平整无护栏，桥下河水清澈。传说明朝建文帝曾逃亡至此，在见龙桥三公里外的见龙洞藏匿，洞中可见明嘉靖十九年（1540）李璋、唐英的诗碑二方和明万历二十九年（1601）郭子章所题"见龙洞"摩岩。见龙桥保存一般，为市级文保单位。	

续表

资源名称	区段	简介	照片
贵阳花溪区青岩古镇		青岩地处贵阳通往惠水的交通要道上。早在明清时代，即有"南道"通往贵阳地区粮食供应地定番（今惠水）。"南道"纵穿青岩，悉以石板铺就。今存留下来的东、西、南、北四条街道保存较好。特别是北街、南街，全以青石铺墁，工艺极为讲究。街道两侧，瓦楼铺面林立，许多铺面以巨型石板建造，极具地方特点。其他古建筑至今得以完好保留，纳入省级文物保护单位的主要有万寿宫、龙泉寺、慈云寺、赵彩章百岁坊、赵理伦百岁坊、周王氏媳刘氏节孝坊等。	
贵阳南明区忠烈宫	福泉—贵阳段	位于贵阳市中华南路北段东侧，始建于元代，称南霁云庙，明洪武十七年（1384）、正德元年（1506）重建，清代数度维修扩建。改建后称忠烈宫。坐东向西。原有三进院落，由山门、两厢、前殿、配殿、正殿、后殿等组成，占地面积5000余平方米。忠烈宫后院在20世纪初为达德小学所用。现存山门、正殿和后院。贵阳市文保单位。	
贵阳南明区甲秀楼		位于南明区西湖路西段南侧南明河中"鳌矶石"上。贵州巡抚江东之倡建于明万历二十六年（1598），后经多次修葺。有甲秀楼、浮玉桥、涵碧亭、水月台、观音寺、拱南阁等建筑。占地面积6000多平方米。甲秀楼为三层三重檐四角攒尖琉璃顶亭楼式建筑，檐柱为12根白绵石，四周立雕花石栏杆，楼柱悬有长联。现为国家级文保单位。	

续表

资源名称	区段	简介	照片
滇黔驿道清镇黑泥哨段	福泉—贵阳段	位于贵阳市属清镇市青龙办事处黑泥哨村。明洪武二十一年（1388）置威清站时修筑，东西走向，路面以青石铺砌，蜿蜒穿行于丘陵及坝子边缘，宽1.5米至3米。现尚存黑泥哨、芦获哨至龙井村，高山堡至罗家桥、茶店至新店数段。保存最完好的是芦获哨至龙井村200多米一段。清镇市文物保护单位。	
平坝卫城遗址	平坝—关岭段	位于平坝县城关镇信泉村中学。占地面积297平方米。明以前，平坝为"卢唐三寨"，无城。明洪武十八年（1385）设平坝卫，洪武二十三年（1390），世袭指挥金镇始筑城。万历四十三年（1615）、崇祯三年（1630）增修。清乾隆二十年（1755）维修，周长3800米，高、宽各3.3米，设四门。现残存西水关观音山脚至老虎岩一段城墙，残长90米，残高1至4米。	
平坝天台山伍龙寺		位于平坝县天龙镇山背后村大山坝组韭菜凹坡西北。坐东南向西北，占地1200平方米。始建于明万历十八年（1590），经崇祯、清康熙、乾隆、嘉庆、道光、咸丰、光绪、民国历次增修扩建，方具现在规模。现存山门、庙门、月台、大佛殿、倒座、两厢、玉皇阁、祖师殿、经堂、粮仓、干碾房、马厩等。为国家级文保单位。	

续表

资源名称	区段	简介	照片
安顺 古城墙		位于安顺市西秀区东街街道办事处塔山居委会东路中段北面。明洪武十四年（1381）调北征南大军兵临城下，土司女总管适尔投诚，置普定土府，安陆候吴复奉旨筑城，周九里三分，高2丈5尺。辟东"朝天"、西"怀远"、南"永安"、北"镇夷"四门。建箭楼，月城各四。水关、水楼各四。历经明清两朝多次增修加固。随着城市发展，城墙大部分被拆毁，现仅存南水关东侧30余米残段。现为市级文保单位。	
安顺鲍家屯古水利工程	平坝—关岭段	位于安顺市西秀区大西桥镇鲍家屯村。明初由屯军修建，是一个比较完整的水利工程体系。采用"鱼嘴分流"的方式，把上游河道一分为二，形成"两河绕田坝"的态势，使不同高程的3000余亩田地得到自流灌溉。该古水利工程设施简洁、功能完备。现为国家级文保单位。	
安顺云山屯古建筑群		位于安顺市西秀区七眼桥镇，包括云山屯和本寨，系明代屯军城堡，始建于明初。建筑群以当地石材建造，依山就势砌筑。寨内各宅院大门雕凿精美的垂花门罩和隔扇门窗，彰显着江南建筑的风格和韵味，街巷、碉楼、宅院，布局严谨、主次有序，处处展现出战争防御功能的特征。是明代军事屯堡建筑的典型代表。国家级文保单位，并列为中国历史文化名村	
安顺头铺马槽井		位于安顺市西秀区东关街道办事处头铺村西，占地面积约100平方米，其地为普定卫城第一个铺而称头铺。井口东修有石砌踏步梯坎，平面呈马槽形，故名，马槽井相传为明代屯军部队开凿，属泉井，坐西向东。现保存较好。	

续表

资源名称	区段	简介	照片
镇宁城墙		位于县城关镇内。始建于明洪武十六年（1383），平面呈矩形，周长3700米。城墙通高5.6米，外为石砌，内为夯土。设东、南、西、北四门，分别名"朝阳""永靖""镇夷""迎恩"。开设有东、西水关。清代多次补修、复修，并更改四门名称。东南段城墙保存尚好，墙头垛口已无存。北段城墙保存较差，仅存部分城墙段。为省级文保单位。	
镇宁钟鼓楼遗址	平坝—关岭段	位于县城关镇上北街与南街交汇处。明洪武修建安庄卫城时同期建造，占地约310平方米。楼基为二石台，楼为重檐三叠，下辟四门，以通往来。清同治四年（1866）毁于兵燹，宣统元年（1909）修复，建成三层阁楼式，坐北朝南。1919年再次毁于大火，今仅存青石砌筑拱门、台基。为县级文保单位。	
镇宁三元井		位于县城关镇下北街东穿城河道中央。竖井。始建于元末明初，明代筑安庄卫城而扩建，占地面积25平方米，井深3.5米。井台由两块巨石拼合而成，中凿三眼为井口，直径0.46米，壁厚0.20米，井眼间距0.17米。现在既为居民饮用水源之一，也作为消防取水之重要设施。	
关索岭		位于关岭县城东面约一公里处，相传三国蜀汉先锋部将关索随诸葛亮南征时，曾驻军于此，故而得名。关索岭是黔滇驿道上的重要关梁，地处明代安庄卫（今镇宁）、安南卫（今晴隆）之间，有"一夫当关，万夫莫开"之气势，文物古迹包括古驿道、御书楼、顺忠祠（关帝庙）、双泉寺、灞陵桥等五个部分，其建筑、桥梁、道路均始建于明初。为国家级文保单位。	

续表

资源名称	区段	简介	照片
滇黔驿道关岭鸡公背段	平坝—关岭段	位于关岭县白水镇乌拉村鸡公背。始建于明初，以毛石铺砌。传说部分屯军部队曾经过此地。现存鸡公背路段长约1千米，宽3米许。东段尚好，西段损坏严重。关岭境内滇黔驿道还有北口段、安隆段、竹竿坡段等，均以毛石砌筑，部分路段保存较好。	
关岭顶营司城垣		位于关岭县顶营乡八角岩村东3公里顶营司。明洪武十五年（1382）调北征南结束后，置永宁州，领顶营长官司，属普定土府。城垣始建时周长1.5千米，高3米，系块石垒砌，有东西两座城门，东门上嵌"迎恩门"石匾一块。现存东门及2米高城垣300余米。为省级文保单位。	
安南卫城墙遗址	晴隆—盘县段	位于晴隆县莲城镇中心社区六组。明洪武二十三年（1390）置安南卫，安南指挥使梁海修筑。周长2654米。设东"承恩"、南"振远"、西"永通"、北"长宁"四门。现仅存西边"永通"门及残墙数段，皆为青石与石灰泥浆垒砌而成。州文保单位。	
晴隆哈马关		位于晴隆县光照镇哈马村哈马庄组彭柱海民居南侧。横跨滇黔驿道。始建于明洪武年间。万历四十五年（1618），永宁州知州毛宗长捐银维修，并在关楼上建真武阁。石砌拱门门额嵌石匾"玄天宝殿"。明代时关内设哈马章铺，今称哈马庄。	
普安江西坡石拱桥		位于普安县江西坡镇江西坡社区东侧1公里的庙台山脚。建于明代，为滇黔驿道上之津梁。南北向，跨庙台山溪。单孔石拱桥，桥体由方整石垒砌。长15米，其中引桥长4米，宽3.5米，净跨5米，桥高7米。桥面石板铺墁。	

续表

资源名称	区段	简介	照片
普安三板桥		位于普安县三板桥镇板桥社区主街西端。滇黔驿道重要津梁。东西向，横跨乌都河。明代始建，初为二石墩三木板桥，故名，后改用青石板。清代改建为二孔石拱桥，长24米，宽5米，二孔净跨9.9米，东孔拱高8米，西孔拱高9.8米，桥面石块铺墁。今保存完整。	
普安松岿寺	晴隆—盘县段	位于罐子窑镇红光村，始建于明代中期。清代及民国，重加修葺。坐北向南，寺前有石狮1对、石碑2通。原有过殿、两厢、正殿等，占地面积约1.5万平方米。现存后殿、两厢及牌楼大门，建筑面积477平方米。后殿面阔五间，通面阔24.8米，进深三间，通进深11.8米，抬梁式歇山青瓦顶。格扇门窗。寺东存善权和尚墓。省文物保护单位。	
盘县普安卫城垣		现有北门城古楼保存较好，位于盘县城关镇北门社区北面，洪武时指挥使王威等始筑土城垣，用石包砌。城垣周长八里五分，设四座石拱城门，门洞为半圆拱，拱卷纵联分节并列砌筑，高5.5米。并建有鼓楼，面阔五间，进深三间，重檐歇山顶，穿斗式七架梁，底层为双步回廊。现为省级文保单位。	
盘县普安路治所遗址		位于六盘水市盘县刘官镇花甲村中。始建于元世祖至元十四年（1277），初为招讨使司治所。至元十六年（1279）改招讨使司为宣抚司后，为宣抚司治所。至元二十年（1283），宣抚司改普安路，为普安路官署。明洪武二十一年（1388）毁于兵燹。现仅存建筑基址。现为市级文保单位。	

续表

资源名称	区段	简介	照片
滇黔驿道盘县迎宾桥段		位于六盘水市盘县刘官镇花甲山村朝阳寺北，桥两端各立牌坊一座。开辟于元，明洪武间修筑为驿道。英武乡软桥哨至迎宾桥约 600 米，迎宾桥至朝阳寺间长约 4 千米。现软桥哨至迎宾桥保存较差，迎宾桥至朝阳寺保存较完好的约 1 千米。青石铺筑。迎宾桥跨朱家河而建，三孔石拱桥，保存较好。	
滇黔驿道盘县平关至小街村段	晴隆—盘县段	位于六盘水市盘县平关镇小街村河边至街上。开辟于元代，明洪武间设为驿道。全长 260 米，宽约 2 米，平均宽度在 1.7 米左右。现大部分保存较好。1936 年初，中国工农红军二、六军团长征即经此道入滇。此外，滇黔驿道还有火铺至平关段、火铺段、茶厅村至坪田段、三板桥至革纳铺段，均为明代驿道，部分保存完好。	
盘县普安州文庙		位于城关镇人民北路营盘山东麓，始建于明永乐十五年（1417），万历十六年（1588）维修。后毁于兵燹。历经清康熙七年（1668）、道光二十八年（1848）重建。坐西向东，占地面积 3397 平方米。现存大成门、大成殿、配殿及部分甬墙。建筑面积 824 平方米。礼门、义路、泮池、状元桥、节孝祠、忠义祠、棂星门、崇圣祠遗址尚存。现为省级文保单位。	
滇黔驿道盘县出胜境关段		位于六盘水市盘县平关镇胜境村至胜境关。开辟于元代，明洪武间设为滇黔省际驿道。全长 5000 米，宽约 2 米。大部分保存完好。1936 年初，中国工农红军二、六军团长征即经此道入滇。	

注：以上资料来源于田野调查和第三次全国文物普查资料整理汇总

除以上通过判别优选出与屯军文化主题有直接关系的文化遗产资源外，还有许多宝贵的非物质文化遗产，它们随明代军队进入贵州，融接了部分当地的文化，始终带着中原文化的DNA，被称为"大明遗风活化石"，如安顺、平坝、清镇一带的屯堡石头建筑技艺、屯堡服饰、屯堡山歌、地戏、花灯戏、唱书、"抬亭子"，福泉的阳戏、二郎歌会，镇远的元宵龙灯会、赛龙舟、木雕工艺等，这些非物质文化遗产也是重点优选的对象。

第四节　屯军遗产廊道资源综合价值评估

有明一代，中央王朝用屯军的方式确保了西南孔道的畅通。清代以后，府州县的新设及卫所的行政化转变，使这条交通要道不断得到强化，并最终使云贵的政治、经济、文化融入了中华主体文化圈。屯军遗产廊道在明清时期不仅对于西南地区而言，甚至对于中国都是一条重要的国家通道。

一、屯军遗产廊道的价值阐述

对于西南地区来说，从秦汉时期的羁縻制到元代兴起的土司制，中央王朝始终是心有余而力不足，但总的来说西南地区还是最终被纳入到了中央王朝的控制之中。明朝初年，通过调北征南之役消灭了云南梁王，使云贵地区与中央王朝的关系更加紧密。明廷通过强有力的屯军卫所强化了对这一地区的统辖，并逐步推行"改土归流"，最终达到了稳固西南疆域的政治目的。清承明制，并进一步巩固了明代的成果，通过军事共管（云贵总督）等方式，使云南、贵州地区更加牢固地控制在中央王朝手中。雍正年间在贵州黔东南强推改土归流，云南、贵州省域最终形成。清末民国，中国内忧外患，但西南疆域一直是中国最为稳定的地区，甚至成为最后的战略屏障，这与屯军遗产廊道的形成不无关系。而政治军事上的稳定，必然带来经济、文化的繁荣，促成社会秩序相对稳定和发展。调北征南留守云贵的将士，以及后来通过商屯、民屯进入云贵的移民，不仅带来了中原及长江中下游地区先进的农耕技术，使土地利用效益大大提升，从而逐步改变了西南地区的文化格局。大量移民聚居屯军遗产廊道，为中原文化、长江中下游文化在西南地区持续而深入的传播，注入了新的文化营养，使该区域各民族文化在充分吸收外来文化的基础上，形成了多元一体的文化格局。

屯军遗产廊道同时也是一条重要的商贸通道。随着政局的稳定和人口的增加，从云南昆明经曲靖至安顺，过贵阳经黄平、施秉、镇远而达玉屏，再由玉屏经芷江过怀化而达沅陵，再由常德而达南京、北京，成为中原及长江中下游与西南交通并达东南亚地区的重要通道。今天，屯军遗产廊道仍然扮演着西南商贸往来大动脉的角色。正如镇远潕阳河上祝圣桥对联："扫尽舞溪烟，汉使浮槎撑斗出；劈开重驿路，缅人骑象过桥来。"

屯军遗产廊道还是西南地区民族交融的重要廊道。廊道内分布着苗、侗、布依、彝、回、白、蒙古、汉等民族，有的就是当年屯守军人的后代，他们守护着祖先的文化，造就了屯军遗产廊道上丰富多彩的多元文化，这是其他线性遗产所不具备的独特景观。

二、AHP 在遗产资源价值评估中的应用

通过对廊道内遗产资源的梳理、判别和筛选，并根据《中国文物古迹保护准则》中关于文物古迹相关条例的阐述和《保护世界文化和自然遗产公约》对文化遗产、自然遗产以及具有以上双重属性遗产概念、内容等方面做出的详细规定，选取屯军遗产廊道资源评价指标，构建遗产资源评估体系，目的是为了评估屯军遗产廊道中四个区段遗产资源的综合价值，以备优选出某一区段构建一个标准的屯军遗产廊道保护模式加以推广。

1. 评价指标体系的确定

基于屯军遗产廊道保护研究的视角，本书征求了部分贵州省文物保护专家的意见，制定出屯军遗产廊道资源评估体系的评价层，分为三方面内容：一是对遗产资源自身价值的评价，因子层分解后即是对遗产资源历史文化价值、科学艺术价值（此两项包括了物质和非物质部分）、自然生态价值和经济发展价值评估；二是对遗产资源存续现状的评价，因子层主要对遗产资源的真实性、完整性和延续性现状进行评估；三是开发利用程度的评价，因子层主要考察廊道内遗产资源与屯军主题文化的关联程度、丰富程度和其他公共文化服务设施、旅游开发建设情况。（见表5-9）

表 5-9　屯军遗产廊道资源评价指标体系

目标层	评价层	单项因子层	
遗产资源综合评估（A）	自身价值 (B_1)	历史文化	(C_1)
		科学艺术	(C_2)
		自然生态	(C_3)
		经济发展	(C_4)
	存续现状 (B_2)	遗产真实性	(C_5)
		遗产完整性	(C_6)
		遗产延续性	(C_7)
	开发利用 (B_3)	遗产的关联程度	(C_8)
		遗产的丰富程度	(C_9)
		遗产的可持续发展	(C_{10})
		公共文化服务设施	(C_{11})

2. 评价指标权重的获取

使用层次分析法构造各层两两比较矩阵、指标重要程度赋值、一致性检验和各项指标权重计算的方法，此方法在第四章第四节已有所阐述，此处不再冗述。

第一步，将屯军遗产廊道遗产资源评价指标体系中 B 层各个指标因素的相对重要性构成判断矩阵，进行两两比较给出判断，计算指标权重值，并经过一致性检验。（见表 5-10）

表 5-10　评价指标体系 B 层对 A 层的判断矩阵

A	B_1	B_2	B_3	W_i
B_1	1	5	7	0.7235
B_2	1/5	1	3	0.1932
B_3	1/7	1/3	1	0.0833

结果：$CR=0.0567<0.1$，判断矩阵通过一致性检验。

　　第二步，将屯军遗产廊道遗产资源评价指标体系中 C 层各个指标因素的相对重要性构成判断矩阵，进行两两比较给出判断，计算指标因子权重值，并经过一致性检验。（见表 5-11、表 5-12、表 5-13）

表 5-11　评价指标体系 C 层对 B1 层的判断矩阵

B_1	C_1	C_2	C_3	C_4	W_i
C_1	1	5	2	3	0.4719
C_2	1/5	1	1/5	1/3	0.0699
C_3	1/2	5	1	1	0.2572
C_4	1/3	3	1	1	0.2009

结果：CR=0.0275 <0.1，判断矩阵通过一致性检验。

表 5-12　评价指标体系 C 层对 B2 层的判断矩阵

B_2	C_5	C_6	C_7	W_i
C_5	1	2	7	0.5907
C_6	1/2	1	5	0.3338
C_7	1/7	1/5	1	0.0755

结果：CR=0.0122 <0.1，判断矩阵通过一致性检验。

表 5-13　评价指标体系 C 层对 B3 层的判断矩阵

B_1	C_8	C_9	C_{10}	C_{11}	W_i
C_8	1	3	7	9	0.5739
C_9	1/3	1	5	7	0.2913
C_{10}	1/7	1/5	1	3	0.0903
C_{11}	1/9	1/7	1/3	1	0.0445

结果：CR=0.0585 <0.1，判断矩阵通过一致性检验。

3. 指标赋分与综合价值计算

根据本章对镇远—施秉—黄平段、福泉—贵定—龙里—贵阳段、平坝—安顺—普定—镇宁—关岭段、晴隆—普安—盘县段价值定性评估，依照价值评估指标表给区段赋分，并根据各指标的权重计算各分项的得分，最后相加，得出区段的综合价值得分。以平坝—安顺—普定—镇宁—关岭段为例进行计算。（见表5-14）

表5-14 平坝—安顺—普定—镇宁—关岭段综合价值评估

价值评估指标	指标权重	平坝—安顺—普定—镇宁—关岭段	
		赋分等级	分项得分
历史文化	0.3414	100	34.1429
科学艺术	0.0506	75	3.7972
自然生态	0.1861	75	13.9543
经济发展	0.1454	75	10.9044
遗产真实性	0.1141	75	8.5589
遗产完整性	0.0645	75	4.8367
遗产延续性	0.0146	75	1.0933
遗产的关联程度	0.0478	100	4.7814
遗产的丰富程度	0.0243	75	1.8202
遗产的可持续发展	0.0075	75	0.5640
公共文化服务设施	0.0037	50	0.1853
总分	84.6385		

三、各区段遗产资源综合价值评估对比

镇远—施秉—黄平段、福泉—贵定—龙里—贵阳段、晴隆—普安—盘县段综合价值评估，参照平坝—安顺—普定—镇宁—关岭段综合价值计算方法，最终得

出屯军遗产廊道各区段的综合价值分值。（见表 5-15）

表 5-15　屯军遗产廊道各区段的综合价值分值

遗产区段	镇远—黄平段	福泉—贵阳段	平坝—关岭段	晴隆—盘县
综合价值	83.6311	83.4431	84.6385	79.0136

根据以上各区段综合价值评估结果，发现平坝—安顺—普定—镇宁—关岭综合得分最高，说明这个区段自然条件较好、文化遗产较为集中、与屯军事件关联度大、旅游开发潜力较高，可优先引入遗产廊道保护概念加以保护。其他依次排序为镇远—施秉—黄平段、福泉—贵定—龙里—贵阳段、晴隆—普安—盘县段，有关部门可以在适当的时间，根据各区段价值定性评价结果对其进行分期、分级保护。

第五节　屯军遗产廊道的构建

明代滇黔屯军线路是中原文化向西南传播的重要廊道，其中经过的贵州安顺市西秀区、平坝区、普定县、镇宁布依族苗族自治县、关岭布依族苗族自治县等地沿线区域范围是军屯文化遗产最为集中的地区，承载着明代"调北征南""调北填南"政治、军事事件的历史文化信息。根据遗产廊道的选取标准和廊道遗产区域的价值取向，确定登录屯军遗产廊道的资源构成要素标准是以平坝卫（平坝区）、普定卫（安顺市）、安庄卫（镇宁县）为核心的滇黔古驿道交通线和两侧田坝区为轴线，优选出地域特色显著、与屯军文化相关联、空间聚集密度强、保护开发价值高、具有传统格局和历史风貌的古镇古村寨、历史建筑、传统民居、有较高级别的文物保护单位，以及历史文化遗产赖以生存的自然景观环境和特色鲜明的与这些文化空间相互依存的非物质文化遗产，同时考虑到在遗产廊道的宽度范围之内。

一、构建的指导思想及原则

由于文物古迹不可再生特点，保护和利用文物需要谨慎地遵循国家对文物"保护为主、抢救第一"，以及"有效保护、合理利用、加强管理"的指导思想，把保护放到首位。树立"尊重历史、保护优先"的理念，贯彻"区域统筹、政府主导、渐进更新"的保护方针。充分挖掘屯军沿线历史、人文内涵，提高历史文化遗产、自然文化遗产的保护意识，在全面、整体、科学的保护各类文化遗产的前提下，积极推进遗产的合理利用。

屯军文化遗产廊道的保护涉及不可移动文物及其文物环境（文物保护单位，历史文化名城、名镇、名村、历史文化街区、非物质文化遗产、自然环境等），是一项错综复杂、难度较大的工作。根据《威尼斯宪章》《关于原真性的奈良文件》《实施世界遗产公约操作指南》等一系列国际文件，以及《中华人民共和国文物保护法》《中华人民共和国文物保护法实施条例》和《风景名胜区条例》《中华人民共和国环境保护法》《中华人民共和国自然保护条例》等国内相关法律条文规定，构建屯军遗产廊道应遵循以下原则：

1. 最大限度保留真实历史信息的原则

早在 1964 年《威尼斯宪章》中就已经提出关于文化遗产保护的真实性问题，要求从时空两个维度对文化遗产进行最小干预，最大限度地保护遗产蕴含的真实性信息。经过六百余年的变迁和发展，屯军沿线的卫所，以及围绕着卫所的屯堡大部分成为现代的城镇驻地或村落。在日趋加速的城市化进程中，有许多已经面目全非。因此，在构建屯军遗产廊道时，要避免单纯追求遗产原有的物质形态，同时要考虑尊重历史延续和变迁信息的真实性，特别要反对伪造、恢复性重建古建筑、古街道等建设行为。

2. 完整保护文化遗产及其环境的原则

在践行真实性原则的基础上，屯军文化遗产廊道的构建还需要注重遗产的完整性。它包括两个方面，一方面指遗产自身结构和所处环境的完整性，另一方面则指文化遗产所承载的文化意义概念上的完整性。从空间上来说，自然和人文环境是文化遗产得以存在和延续的基础，没有任何文化遗产能够离开依托它生存的环境而单独存在。因此，构建屯军遗产廊道必须综合考虑屯军线路与沿线城镇、屯堡村寨无法分割的内在联系，考虑屯军历史事件带来的多元文化在非物质文化遗产领域中的体现，以及遗产与廊道内自然生态系统的平衡关系。总之它是一个有机的整体，需保护各类历史文化遗产的整体布局、历史风貌和空间尺度，而非其中单独的或单纯的某一项。

3. 与社会各领域协同发展的可持续性原则

屯军遗产廊道内的自然遗产、人文资源具有独特性和不可恢复性，它是历史留给后人的文化财富，我们有不可推卸的历史责任，必须使屯军遗产廊道上的珍贵文化遗产得以传承和延续。因此，在制定保护和利用规划时，必须贯彻可持续发展理念，平衡和兼顾当代与未来的利益，要与区域内的城镇、交通、旅游、环保等部门的规划协同起来，获得各个部门对遗产廊道建设的充分理解和支持，改变保护与发展的对立关系，保证在目标一致的前提下，赋予屯军文化遗产新的功能与意义，使其优势资源得到适当合理利用，并与广大民众的物质和精神需求相结合，促进社会、经济、文化的协调发展。

二、自然、人文地理优势

1. 罕见的自然生态景观

该区段遗产资源涉及的西秀区、平坝区、普定县、镇宁县、关岭县，从行政区划上主要隶属于安顺市（贵州省地级市），海拔 1200－1400 米，辐射率较低，属典型的高原型湿润亚热带季风气候，四季分明，雨量丰沛，空气湿润，负氧离子高，具有明显的山地气候特征。据统计，年平均气温 12.8℃ –16.2℃，年平均降水量 180-206 天，年平均相对湿度 79%-85%，是最适宜人类居住的避寒避暑理想之地。市域内的山原地貌多以岩溶丘陵为主，其间包括山地、丘陵，以及附属于山地与丘陵之中的山间盆地及局部的河谷平原，是贵州喀斯特地貌发育最富集、最典型、最成熟的地区，这里河谷暗流纵横交错，森林湖泊星落棋布，分布着 100 多个瀑布、1000 多个地表溶洞，拥有世界上最大的瀑布群——黄果树大瀑布；世界上最多、最集中的水旱溶洞——龙宫；世界上极其珍贵的晚三叠纪古生物化石群落——关岭海百合国家地质公园，以及国家级森林公园和其他省、市级风景名胜区，资源面积占全省境面积 10.26%，高于全国 1%、全省 4.2% 的平均水平。

2. 独特的历史人文景观

据相关文献记载，元朝建制以前，安顺境内居住着苗瑶、氐族、百越、百濮等民族。明洪武十四年(1381)安顺市域范围内经历了历史上最大的一次移民迁徙，来自江淮、中原一带的汉族军民被编制在滇黔省际驿道沿线及咽喉地段上的卫、所、屯、堡中，以平日耕种、战事出征的方式留在贵州。不仅猛增了安顺地区人口数量，而且使一个典型的夷多汉少的杂居地迅速转变为汉多夷少的地区。"屯田制"与"卫所制"的实施，使商旅、军队及其家属从此定居下来，带来了中原、江南的先进技术、知识文化、生活习俗，从而形成国内罕见的屯堡文化。屯堡文化之所以被称为明代历史的活化石，是因为六百多年以来，屯堡人始终坚守着一段物化的历史，从语言、服饰、建筑、饮食、信仰、娱乐方式无不延续着江南文化的血缘，但同时又部分吸纳了当地的异域文化，从而在贵州形成了独特的历史人文景观。

3. 最具开发潜力的地区

安顺地区是贵州历史上开发较早的区域，是古代贵州文化发祥地之一，也是近、现代贵州中西部地区政治、经济和文化中心。"黔之腹、滇之喉"的区位优势成就了它自古以来发达的交通，多元的文化和商业的繁荣。元代以前，安顺地区的地域名和建制因朝代的更迭始终没有纳入正轨。直到公元 1257 年（元蒙古宪宗七年），元廷在古代安顺的普里、普东置普定府，即《元史·地理志》载：普定路，本普里部，归附后改普定府。这是安顺建府最早的记载。公元 1303 年（大德七年）改普定府为普定路，隶属云南省曲靖宣慰司。公元 1381 年（明洪武十四年）复改普定路为普定府，并筑城。公元 1382 年（明洪武十五年），建普定卫。公元 1383 年（明洪武十六年），元习安州改为安顺州，治今西秀区旧州。公元 1385 年（明洪武十八年）府废，安顺州直属云南布政司。公元 1438 年（正统三年）改隶贵州都司、成化中，安顺州徙治普定卫城（今安顺城）。公元 1602 年（明万历三十年），升安顺州为安顺军民府。公元 1687 年（清康熙二十六年），改安顺军民府为安顺府，辖归化厅（今紫云县）、郎岱厅、镇宁州、永宁州、普定县、安平县、清镇县。[1]解放后安顺市的建制曾几经反复，2000 年 6 月终设地级市安顺市，下辖西秀区、平坝区、普定县、镇宁布依族苗族自治县、关岭布依族苗族自治县、紫云苗族布依族自治县二区四县。

总之，安顺市域自然、人文景观不仅面积大、类型多、品位高，而且分布相对集中、垄断性强，中心城市安顺不仅是国家最早确定的甲类旅游开放城市之一，2009 年再次被评为中国十大特色休闲城市，可见该区段保护、开发、利用条件

---

[1] 安顺市地方志编委会点校.《安顺府志》.贵阳：贵州人民出版社，2007 年 3 月.

极为优越。（见图 5-1）

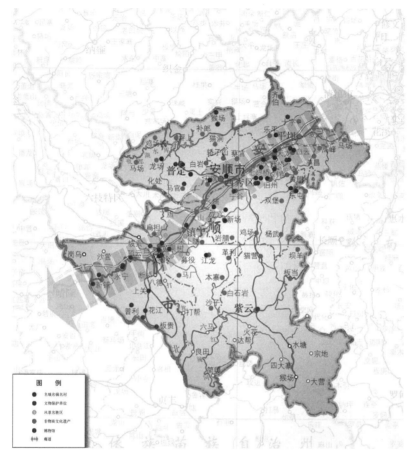

图 5-1　平坝—关岭段屯军遗产廊道空间资源构成要素示意图（自绘）

三、遗产资源开发利用现状

从 20 世纪 80 年代开始，以黄果树景区为核心的喀斯特自然风光旅游一直是安顺地区，乃至贵州旅游的品牌和龙头，在政府的引导和大力宣传下，旅游业发展取得了一定的社会、经济效益，但旅游品种显得十分单调。2001 年，以安顺东部七眼桥镇云山屯为代表的云峰八寨（云山屯、云山本寨、雷家屯、小山屯、汤关屯、张家庄、吴家屯、竹林寨）和平坝天龙屯堡古镇为首的屯堡村寨群落开始陆续得到开发。一时间屯堡文化吸引了众多的国内外游客，许多游客不远万里造访屯堡村寨，使安顺地区的旅游收入呈逐年上升的趋势。该区段是屯堡村寨分布最为集中、数量最多的地区，这些屯堡村寨是明初"调北征南"和随后"调北填南"历史事件的直接产物，是明清时期西南地区军事防御体系的重要节点和经济商贸中心。目前安顺地区可以明确为屯堡身份的村寨还有 300 个，主要分布在西秀区的鸡场镇、双堡镇、旧州镇、七眼桥镇、蔡官镇、轿子山镇；普定县马官镇和镇宁县丁旗镇、镇宁城关镇。这些城镇围绕着中心城区在外围呈环状布局，开发的空间和潜力还很大。同时，有 30 余处古镇、村镇近些年来陆续被公布为国家级、省级历史文化名镇名村和中国传统村落。自 2006 年贵州省第一届旅游产业发展大会在安顺召开以来，安顺市委、市政府高度重视旅游产业的发展，在相关政策、项目资金上积极争取支持，紧紧依托得天独厚的喀斯特溶洞瀑布群自然遗产和具有文化唯一性的和独特性的屯堡历史文化遗产进行全力打造，使旅游业发展取得翻天覆地的变化。截至目前，安顺黄果树大瀑布、龙宫风景区和云山屯、天龙古镇一线已成为贵州西部具有鲜明的品牌效应与品牌价值的自然风光、历史人文精品旅游线，来此观光、体验的国内外游客络绎不绝，特别"五一""十一"期间更是人满为患，旅游收入每年都在不断攀升。根据《安顺 2008–2014 年经济和社会发展统计公报》，2008 年，安顺市旅游总收入为 82.97 亿元，2012 年，"中国·贵州黄果树瀑布节"和"安顺油菜花旅游节"的成功举办，进一步繁荣安顺市旅游市场，到 2014 年，旅游总收入猛增至 203.72 亿元。

在利用文物古迹开展文化旅游方面，虽然安顺地区拥有多处国家级重点文物保护单位和上百处省、市、县级文物保护单位，但并没有把它们作为专门的旅游资源进行开发。除了云峰八寨、安顺府文庙、王若飞故居、关岭古生物化石群埋藏点外，其他文物节点几乎没有得到开发利用。近年来，在省委、省政府大力发展旅游大省、文化大省战略思想的指导下，相关部门重新普查、评估了一些古遗迹、古建筑、古墓葬、摹崖石刻等文物节点，并对具有开发潜力的遗产区域进行规划。如 2003 年编制的《安顺古城历史文化街区保护详细规划》、2008 年编制的《安顺历史文化名城保护规划》、2009 年编制的《安顺市城市总体规划（2009–2030）》、2010 年编制的《安顺市历史文化街区核心区修建性详细规划》、2011 年编制的《西秀区鲍屯历史文化名村保护规划》，以及 2015 年新一轮《安顺市城市总体规划（2016–2030）》等。规划对文物保护单位的建筑与院落、具有代表性的传统民居、街巷空间格局等都明确地划定了保护区划，包括核心保护区、建设控制区、风貌协调区；基本做到了发改、国土、规划、文化、环保、林业、交通等部门规划的融合，并提出了建筑保护整治模式、功能更新引导、旅游发展规划、分期实施策略，以及打造生态之城、绿色之城、休闲之城、开放之城和历史文化名城的发展理念等。

四、遗产廊道的布局和规划

20 世纪以来，在世界范围内文化遗产的保护理念不仅是遗产自身的保护，还包括了遗产的历史环境和自然环境，以及非物质文化遗产的保护。因此，屯军遗产廊道布局和规划需要从宏观到微观，从物质到非物质，全面地、多层次地进行考虑。市域空间层面包括：自然环境、文物古迹、古镇古村寨。中心城区空间层面包括：历史城区、历史文化街区、历史建筑与传统风貌建筑。

1. 目标定位

平坝—关岭段屯军沿线文化遗产并不是单个屯堡聚落区或屯田田坝区的累加，而是在一个共同主题或多个主题之下的有机整体，因而引入和借鉴国际社会遗产廊道的保护理念和经验，采用区域而非局部的观点，针对屯军沿线历史文化遗产的保护、生态环境的保护和区域经济的发展等多目标建立综合保护体系，充分发掘该区段历史文化资源和生态自然资源，突出其独具特色的传统格局和历史风貌、山水形胜、历史文化街区、历史地段和文物古迹的价值内涵，处理好文化遗产保护与社会经济发展的关系，通过构建屯军遗产廊道，加强对区域历史文化环境、重点历史地段和单个文物保护点，以及文化生存的生态环境的保护，整体性的保护和提升该区段的物质形态和文化内涵的品质，并结合该区域拟实现建成以"山水田园城市、绿色生态城市、宜居宜游城市、开放创新城市和历史文化名城"[1] 为内涵的总体目标，促进区域经济、社会、环境的可持续发展。

2. 廊道的走向、范围及宽度

平坝—关岭段屯军遗产廊道确定的走向大致为东西向，基本上与古代的滇黔省际驿道吻合，同时与今天的贵黄公路，即国道 G320 基本走向一致。另外南北走向的辅助廊道以及川黔驿道，和今天的省道 S209 、 S210 走向大致相同。范围涉及安顺市域的 2 区 2 县和 2 个管委会，即西秀区、平坝区、镇宁布依族苗族自

---

[1]　青岛市城市规划设计研究院、安顺市规划设计院.《安顺历史名城保护规划》, 2016 年 6 月.

治县、关岭布依族苗族自治县，以及黄果树风景名胜区、龙宫风景名胜区 2 个管委会。

　　遗产廊道资源要得到最大化的展示和合理利用，首先要确定廊道的宽度，它直接决定了廊道中遗产的保护与利用，是遗产廊道规划中的重要问题。而廊道的边界划分在学界一直未有较为标准的答案，通常以行政边界为范围，选择具有比较明显的地理要素的道路、水体、山脊和交通设施等，同时兼顾遗产的分布情况和廊道附近居民与廊道相互依存的关系。当然，遗产廊道的宽度并不是越宽越好，要避免一味追求遗产体量，过宽的遗产廊道资源分散，不利于集中保护和利用。根据对平坝—关岭屯军遗产廊道资源的选取，结合各类文化遗产点的分布，将各个资源要素累加，并加以分析，确定该遗产廊道的基本宽度大致为以滇黔古驿道交通线为轴心，向两侧自然区域各延伸 10 公里的范围。

　　3. 绿色廊道的规划和设计

　　绿色廊道是一种线性开放空间，通常顺着自然的山谷、河滨、风景线和人工走廊建立，其中设置有可供游人步行和骑行的游憩线和观光线，并将自然保护区、风景名胜区、生态公园、文化遗产点和居民聚居区连接起来。它起源于 20 世纪 60 年代的美国，最初用于连接多个公园之间的道路，成功案例是波士顿城市公园绿道的规划设计。随着国际社会对线性文化遗产的逐步重视，绿色廊道思想被引入到遗产线路的保护概念当中，与遗产区域保护的概念综合，最终形成线性文化遗产保护概念家族中的一员——遗产廊道。遗产廊道吸纳了绿色廊道的精华部分，在保护措施中，注重自然、经济、历史文化三者并举，并将历史文化内涵提到首位，同时强调经济价值和自然生态系统的平衡能力。[1] 故在构建屯军遗产廊道时，不可忽视绿色廊道的规划设计。

　　（1）跨区间绿色廊道设计

　　根据国内外构建绿色廊道的实践经验，不同的绿色廊道在功能、价值和作用上有所不同，比如 2010 年，我国广东省的《珠江三角洲绿道网总体规划纲要》就将绿色廊道划分为生态型、都市型、郊野型。尺度较大的跨区域绿色廊道在保护自然生态和促进区域之间的融合方面能发挥巨大的作用，尺度较小的城市绿色廊道则在居民游憩、休闲和社会文化等方面具有一定优势。目前，我国绿色廊道

---

[1] 王志芳、孙鹏《遗产廊道——一种较新的遗产保护方法》.《中国园林》，2001 年第 5 期 .

的尺度通常与遗产廊道的尺度相当，一般为中、小尺度，而在国际社会，构建区域尺度、国家尺度或洲际尺度的大型绿色廊道已经成为一种发展趋势。[1]这一趋势对于自然遗产和文化遗产具有完全意义上的整体保护意识，不仅联接各个区域自然生态保护系统，使自然界生物的多样性得到保护和恢复，也使被分割在各个区域的历史文化遗产得到整合性保护。《珠江三角洲绿道网总体规划纲要》首推我国第一例大尺度的绿色廊道：在珠三角地区 9 个城市中建成 6 条区域绿道，实现了跨区域、多个城市共同构建大尺度绿色廊道工程的梦想。这一案例对构建跨区域屯军遗产廊道中绿色廊道的规划设计有较大启发。

自然生态保护系统主要包括自然保护区、风景名胜区、地质公园和森林公园四大内容，平坝—关岭段自然生态保护系统涉及国家级、省级风景名胜区 4 个、森林公园 4 个、地质公园 1 个，此外还有省级以下的其他风景区、生态公园和人工打造公园。据此实际情况，结合当地的山形地貌特点，在保护原有环境特色的基础上，经过合理的人工改造，设计构建一个能联接区段内及区段外风景名胜区、地质公园和森林公园较大尺度的绿色廊道，使之跳出传统观念中小尺度较为单纯的绿色廊道概念，向跨区域尺度的自然景观保护过渡，并衔接起沿线其他中心城市的绿地网络，最终形成一个有机的自然、人文生态系统，对于提高该区段自然环境、历史文化的保护效益和可持续发展具有重要的意义。与此同时，沿这条绿色廊道，通过改造乡村道路，结合遗产区的特点，建成适宜观光车、自行车、步行的旅游慢行公路环线。根据安顺市城市总体规划，到 2030 年前，拟形成市域旅游的慢行系统，建成挑水河站—旧州—天龙，服务于屯堡文化旅游圈的屯堡文化线；安顺西站—龙宫—黄果树—许俄，服务于黄果树旅游圈的黄果树线；关岭古生物化石群—沿花江大峡谷—许俄，服务关岭的花江大峡谷线的四条旅游小火车线路；紫云—格凸河，服务紫云的格凸河线。[2]

（2）中心城市绿色廊道设计

近年来，越来越多的城市在规划设计中开始注重城市绿色廊道建设。多数城市中的绿色廊道都兼有保护城市生态环境、为当地居民提供游憩观赏、美学和教育，以及保护历史文化资源等综合功能，因此在规划设计时，应统筹兼顾，考虑

[1] 穆少杰等.《构建大尺度绿色廊道，保护区域生物多样性》.《生物多样性》,2014 年第 22 期.
[2] 安顺市人民政府、武汉华中科大城市设计规划研究院.《安顺市城市总体规（2016-2030）》, 2016 年 7 月.

如何将绿色廊道的建设与改善城市环境、提高居民生活质量和保护遗产资源方相结合，以充分发挥其功能。根据安顺主城区及其他城镇山水、湖泊、河流水系等自然资源的条件，在山与水之间、城区与城区之间，通过滨河湿地、生态公园、城中绿地等建立起中、小尺度绿色廊道，并串联起历史街区、历史地段和具有代表性的遗产节点，使良好的生态环境与丰富的人文资源有机融合。在布局上，一是主城区各类公园、绿地在空间分布上要均衡，要达到良好的服务半径和公园绿地覆盖率，为居民提供方便的、良好的休闲、游憩场所；二是在绿地系统的构架之下，将主城区内的山水资源、各类大型公园与街头游园、带状公园、附属绿地，以及历史文化节点、主要商业娱乐开放空间等通过绿色廊道连接起来；三是加大新增河道和改线河道，扩大现有的湖泊面积，净化水质，注意沿岸绿带的连续性，突出植物、植被与水体的关系，布置各类小型公共设施、休闲步道，为居民提供高品质的河滨慢行交通绿道；四是将主城区绿色廊道系统充分对接市域自然山体与水系，分别与屯堡文化区、天台山—九龙山生态保护区，黄果树—龙宫生态涵养区，普定生态农业发展区，斯拉河—乐平河生态抚育片区相连接，实现城市绿地网络与自然山水相联通，形成平坝—关岭段屯军遗产廊道完整的绿色廊道体系。

4. 解说宣传系统的构建

（1）管理机构和解说人员

美国遗产廊道的保护隶属于国家公园体系，从指定、规划到管理都有法律保障。遗产廊道主要的管理机构是一个联邦、州立或县级政府机构或非盈利组织，它负责为遗产廊道的各部分分配资金，并具体负责廊道的保护、解释计划、教育、娱乐建设等。[1]平坝—关岭段风景名胜和森林公园的管理机构主要有黄果树风景名胜区管理委员会、龙宫风景名胜区管理委员会、花江大峡谷风景名胜区管理处，以及九龙山森林公园管理处和关岭化石群国家地质公园管理处，其余省级、县级风景名胜区和深林公园暂无设置专门的管理机构。与美国相比，中国公园管理处，无论它是哪一个级别，在职责和权限方面显得十分零碎，统一管理受到很大制约。比如廊道内文化遗产的保护通常是由文物部门主要监管，古镇古村落主要由住建部门监管，森林公园多由林业部门监管，风景名胜区，甚至一些文化遗产区则由旅游局监管。没有组织成立一个以整体性保护概念为指导的监管机构，因而尚未

---

[1] 王志芳、孙鹏《遗产廊道——一种较新的遗产保护方法》.《中国园林》.2001 年第 5 期.

形成合力。目前，大多数解说、宣传、教育、娱乐建设工作归属于风景区的游客服务中心。我国的《旅游景区质量等级的划分与评定（修订稿）》下简称《修订稿》（GB/T17775 — 2003）中，游客服务中心被指定为"旅游景区设立的为游客提供信息、咨询、游程安排、讲解、教育、休息等旅游设施和服务功能的专门场所"，[1]通常解说人员都集中在此。《修订稿》还明确对解说人员（导游或遗产点工作人员）要求提出规定，如必须持证上岗，身高、形象达标，具备高中以上文化程度，其中大专以上不少于40%；普通话至少过甲等乙级，口齿清楚；语种基本上能满足游客需要；服务质量达到 GB/T 15971–1995 中的相关要求等。

　　解说服务是屯军遗产廊道建设中另一重要的话题，它的主旨是帮助公众正确理解遗产的价值（包括自然遗产和历史文化遗产），引导和提高公众保护文化遗产的自觉性与积极性。故解说人员的文化层次和服务意识十分重要，政府部门一方面要尽快成立一个能统筹与屯军遗产廊道保护工作相关的组织机构，监管和协调遗产廊道内历史文化古迹修缮、复原，对旅游资源的合理调配和使用，加强对解说人员在屯军历史内涵、文化遗产和自然遗产价值理解和保护理念，以及服务意识方面的业务培训；另一方面鼓励和吸纳公众参与公益解说，让更多的民众身体力行参与到保护屯军遗产廊道的行列中来，形成敬畏文化、对文化遗产有强大责任感的社会力量，使祖先留下的遗产在保护的前提下能合理得到开发利用，以增加屯军沿线地方财政收入，并提高当地居民社会认同感和生活质量，同时满足外来游客对文化旅游、回归自然的心理需求。

　　（2）解说宣传内容及手段

　　不同的遗产廊道和同一廊道不同的遗产区、遗产节点存在一定的差异，这就决定了解说的主题必须根据遗产自身的特点和历史、自然环境，在遗产廊道的主题背景下进行有层次地解说，其目的在于通过运用恰当的方式和手段，解读遗产廊道内遗产资源的内涵和历史重要性，以及与之相关的传说故事和非物质文化遗产等，让更多的人了解历史，了解当地的文化。平坝—关岭屯军遗产廊道解说宣传系统的定位是构建一个主题鲜明、历史脉络清晰、内容真实完整、解说主次分明、方式手段多样化的服务体系。建设内容是以屯军文化遗产保护宣传为核心，兼顾与之不可分割的生态环境保护为主旨，通过国际社会遗产保护先进理念，多渠道、

---

[1]　国家旅游局规划发展与财务司.《旅游景区质量等级的划分与评定（修订稿）》（GB/T17775 — 2003）.中国标准出版社.2003 年 2 月.

多功能地利用现代高科技手段，如数字多媒体、数字博物馆、VR 虚拟现实体验、现代语音导览、的运用等非人员解说手段，以及结合图片、文字介绍，组织娱乐活动等多种灵活互动形式的传统人员解说手段，按屯堡文化集中体验区、历史文化中心服务区、龙宫黄果树生态游憩区和三叠纪古生物群化石展示区内所拥有的历史文化古迹、山形水貌等文化景观和自然景观，全方位为公众、游客、当地居民提供历史还原回顾、遗产节点介绍、旅游参观线路、文物保护知识、宣传教育动态等方面的多语种的、高质量的解说服务，使受众者从宏观和微观的角度握整个遗产廊道的情况，在充分享受良好的休闲、游憩、文化空间的同时，提高遗产资源的社会和经济效益可持续性发展的意识，自觉接受尊重文化、尊重大自然，保护遗产资源的素质教育。

（3）标识系统的建设

指根据解说目标、展示内容制作的说明标牌，以及景区、遗产节点用于引导游客的交通信息、服务信息等的指引牌，包括遗产节点的解释、说明，游览线路的建议、换乘点导览、服务网点（ATM 机、超市、医疗救助、公厕等），以及餐饮和客栈、大型游乐设施的位置等。说明牌、指引牌应布置在城市门户、窗口地段及各类各风景名胜区，历史街区、历史地段、古镇古村落等显著的位置，详尽而充分，简洁而明了地给受众者提供真实、完整的信息，辅助屯军遗产廊道的宣传和展示。对于廊道内重要的遗产区要重点进行标识和介绍，特别是与屯军文化背景有直接关系的国家级重点文物保护单位、屯堡村寨、屯田的坝子和与屯堡文化相关联的非物质文化遗产。通过建立完整、详尽的标识系统，提高屯军遗产廊道文化资源感知度，展示名城古镇和传统村落的历史文化内涵，达到教育、启迪和管理受众者、参与者的作用。

五、遗产廊道资源的展示和利用

不同的遗产廊道具有不同的历史文化遗产主题内容，即便是在同一主题背景之下，不同地段的遗产资源也有所差别。因此，滇黔屯军遗产廊道也应该根据遗产实际情况和自身特点，划分出不同的主题段落，以利于辨识和利用。据此，我们将平坝—关岭段屯军遗产廊道在屯军主题文化之下，根据所在区域遗产资源的特点、保存现状，并充分考虑一些功能和展示利用因素，划分四个主题遗产区域，即屯堡文化集中体验区，历史文化中心服务区，龙宫、黄果树风景区名胜游

憩区，古生物群化石展示区。（见图5-2）

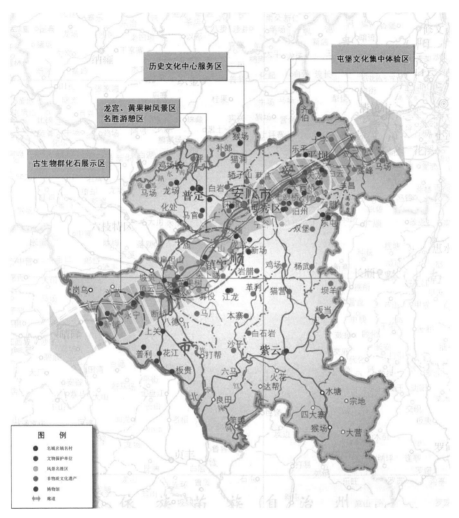

图5-2　四个主题遗产区域示意图（自绘）

1. 屯堡文化集中体验区

在安顺市西秀区的大部分地区、平坝县的西北地区、普定县南部地区以及镇宁县的北部地区，分布有一定地理跨度长、保存较为完好的屯堡文化区，还有与屯堡文化融为一体的喀斯特自然风光，以及与屯军文化主题有内在联系的历史建筑群或有地域传统特色的建筑。考虑到相对集中的遗产易于保护、利用，廊道功能的区位划分，以及需要凸显遗产区的主题和地域特色等因素，不得不在此区域暂时忽略普定县南部地区和镇宁县北部地区小面积的屯堡文化遗存，而划分出以西秀区、平坝区大西桥镇、七眼桥镇、旧州镇、天龙镇、白云镇为核心，整合周边宁谷镇、蔡官镇、乐平镇等在内的屯堡文化集中体验区。

　　该遗产区域是屯堡村寨实体最为密集的地区，大量保存着鲜明的地域文化特色和中原文化、江南文化的遗风。集中了拥有五龙寺、古道和城堡的云山屯；具有江南水乡风貌的天龙屯堡；地戏文化保存最完好的詹家屯；碉楼林立的本寨；至今仍在沿用古代水利工程的鲍家屯；木雕艺术之乡周官屯，以及屯堡第一村九溪。展示内容主要是以屯堡文化为核心的人文景观，如村寨的布局与民居营建，在选址和建筑上都具有极强的军事屯戍色彩，无论是沿"交通线"，还是"田坝区"的村寨均借用自然山形地貌，作为防御要素，同时利用石头建筑的寨墙、寨门等人工防御工事，以及以狭小迂回的街巷建筑布局来应对随时来犯之敌。在建筑风格上，大多数屯堡保留了江南小桥、流水的特点，再现了江南人家居住场景。民居沿袭了江南凹型院门的三合院、四合院，正房、厢房、围墙组成一门一户的庭院，基石、柱础、门楣、窗格等建筑构建以镂空的技艺雕刻人物、花草、鸟兽等精美繁复图案，体现了江南汉族移民建筑的典型特征。又如屯堡的妇女装束，至今仍然保留着朱元璋家乡汉族妇女大袖宽衣、长袍及膝的传统服饰，长发挽髻套马尾发网，插银质和玉石发簪，手饰银手镯，耳坠银质吊环，脚穿平底尖头高帮凤头绣鞋。再如农历正月和七月间，由屯堡人自编自演的"地戏"，它起源于明朝军队中的军傩，后掺杂部分地方傩戏的成分，形成贵州独特的戏剧文化。"地戏"用唱、念、做、打的艺术手法表现精忠报国的英雄主义题材、历史故事和神话传说，如《三国演义》《薛刚反唐》《精忠传》《五虎平西》等。六百年来，屯堡人坚守着来自家乡的傩舞和假面戏，一方面表达对乡土的怀恋之情，另一方面则借以演习武事，不使生疏。除此之外还有适合屯堡人军旅、易于储存的饮食，与中原汉文化一脉相通的宗教信仰和节日庆典等。因此，可依托和利用云峰八寨、天龙屯堡等核心地带的文化风貌，整合天台山、九龙山国家森林公园和宁谷天洛湾风景名胜区等旅游资源，形成集地戏、花灯戏表演，民居、服饰、手工艺技艺展示，美食、旅游产品交易为一体的屯堡文化体验区，使游客在领略屯堡文化风貌，感受六百余年厚重的历史文化同时，增加保护和参与保护屯堡文化遗产的意识。

2. 历史文化中心服务区

特指安顺市老城区所在地，范围为洪山湖路—塔山东路—塔山西路—西水路围合区域。该区域是安顺历史文化内涵最为重要的组成部分，代表着安顺上千年历史积淀所形成的文化底蕴，有着丰富的历史文化景观资源，现为安顺行政中心和具有传统特色的商贸区。历史城区内山水格局保存完整，中华东、西、南、北路构成的十字大街，继承了安顺老城的街道格局。另有保存较好，具有江南遗风、明清古韵，能够反映老城传统风貌的儒林路、蔡衙街、文庙巷、水洞街、炮台街、金匮街、黉学坝街、龙井巷八条历史传统街巷。散落其中的文庙、塔山、武庙、崇真寺、凤仪书院等众多的历史遗迹，仍保持着街区的历史风韵和活力。特别是全国重点文物保护单位安顺文庙，其牌坊、龙柱、小桥、院子，均为工艺精湛的石雕，大成殿前的透雕龙柱，堪称天下第一柱，至今是镇城之宝。而西秀山的石塔则为贵州最早的古塔，是安顺标志性建筑。据此，以历史脉络为底蕴，以具有传统特色的历史街区和巷道为载体，通过实施对历史街区、历史地段、传统民居、百年老店、历史建筑、各级文物保护单位等历史遗存及文化空间、非物质文化和与之不可割裂的自然环境的保护，建立公共历史文化服务重点地带，分别布局综合文化中心、游客服务接待中心、文化数字多媒体中心、各类专题性博物馆等，并充分考虑其带动作用、交通影响、开发时序等因素，引导其他高品质的大中型公共设施在此集聚，形成集文化设施、创意旅游一体的综合服务高地，打造国际休闲城市，吸引游客留驻城区，填补高端旅游产品的市场空白，为安顺主城区乃至更大的区域范围提供高质量的文化服务。

3. 龙宫、黄果树风景区名胜游憩区

本区域范围涉及镇宁布依族苗族自治县、关岭布依族苗族自治县两个行政区，以龙宫、黄果树两大风景名胜为核心，整合周边白马湖森林公园，首批"中国少数民族特色村寨"镇宁城关镇高荡村、黄果树镇石头寨村和白水镇滑石哨村，以及中国传统村落扁担山镇革老坟村等古村寨等自然资源和人文资源，设置一个集非竞技性的户外运动、娱乐、散步、游览等愉悦身心、放松心情的生态游憩区。

黄果树风景名胜区距安顺市45公里，位于镇宁县和关岭县交接处。开发于1977年，是中国第一批国家重点风景名胜区和首批国家评定的5A级风景名胜区之一。景区包括瀑布中心区、天星景区、石头寨景区、郎宫景区、灞陵河仿古景

区和滴水滩景区。其中心区的黄果树大瀑布是被为誉世界上最大的瀑布群，中国的第一大瀑布。附近有全国第一个布依族保护村滑石哨村和著名的蜡染之乡石头寨，两个村寨房屋建筑均为木石结构，布局井然有序，远远望去，清一色石头建筑错落有致，寨前寨后田坝、池塘簇拥，极富地方民族特色。龙宫位于安顺市南郊，距安顺市城区27公里，享有"中国第一水溶洞"之称，国家5A级重点风景名胜区，由龙宫中心景区、漩塘景区、仙人箐景区等组成，拥有中国最长的地下暗河溶洞、最大的洞中寺院和最大的洞中瀑布等高品质的喀斯特地质地貌景观资源。以龙宫、黄果树为中心的自然风景区，不仅风景秀丽，而且气候宜人，目前是贵州西部精品旅游线上的明珠和贵州旅游的品牌，每年来此观光旅游的国内外游客络绎不绝。故根据此区域资源的特点，将自然景观与人文景观有机结合起来，构建以休闲、度假、观光、疗养、吸氧为主题的生态游憩区具有绝对的优势和极高的可行性。

4. 三叠纪古生物群化石展示区

贵州关岭布依族苗族自治县境内拥有距今两亿两千万年前海生爬行动物、海百合等古生物化石资源，其埋藏数量之大、种类之繁多、保存之精美，为全球同期地层所罕见。除此之外，还有菊石、双壳、鹦鹉螺、腕足类、鱼类软体动物和古植物化石，具有极高的观赏和收藏价值。该区域以晚三叠纪古生物群化石埋藏地为核心，整合关岭新铺化石群国家地质公园、关岭花江大峡谷名胜风景区、红崖天书景区、关岭花江壁画群等，及以中国少数民族特色村寨断桥镇木城村为代表的民族村寨，建设成三叠纪海洋生物爬行类和海百合为主要内容的古生物群化石展示区，引导游客对古生物化石资源进行保护、开发的同时，利用现代数字多媒体、动漫游乐设施开发与古生物相关的游乐项目，实现旅游产业的创新组合，打造科研、科考、科普、教学实验、旅游观光、休闲娱乐的理想之地。

第六节　屯军遗产廊道的保护战略构想

明代滇黔屯军遗产廊道是对西南地区政治经济文化影响最为重要的线性文化遗产，完全具备国家遗产廊道的条件，而且能带动西南地区，特别是云贵地区的经济文化发展，对其保护不仅具有重要的历史意义，同时具有重要的现实意义。但如何进行保护，却又十分棘手。纵观文化遗产保护的方法，不外乎调查、研究、规划、保护、利用以及保障措施等几个途径，但对于以"屯军"为主题背景的遗产廊道，更需要在战略层面上解答其保护与利用的问题。故此，我们借鉴文化线路，特别是美国遗产廊道的保护方法，分别从宏观、中观、微观三个层次提出屯军遗产廊道保护的战略构想，以期对西南其他线性文化遗产的保护有所启发。更多操作性层面的内容，尚需进一步细致而深入的研究和实践。

一、宏观战略

宏观战略思维对线性文化遗产的保护不仅意义重大，而且也是必由之路，是世界文化遗产保护理念的新方向。《文化线路宪章》指出："鉴于直接决定文化线路存在的内在关系和特色文化资源的丰富与多样（诸如历史建筑、考古遗存、历史城镇、乡土建筑、无形遗产、工业和技术遗产、公共工程、文化和自然景观、运输工具和其他特殊知识与技能应用的实例），对文化线路遗产的研究和管理需要一个跨学科的思路，对科学假设进行调查和说明，并不断丰富相关历史、文化、技术和艺术知识。"[1] 因此，线性遗产的保护，包括遗产廊道的保护，必须在宏观战略上达成共识才能有效推动遗产的保护与可持续利用。离开宏观战略共识，保护永远只能是各自为政。

宏观战略共识主要包括：线性遗产的内涵和外延共识、遗产的价值共识、遗产资源的界定与技术标准共识、保护协调组织共识、利用统筹共识等。从国内外成功的保护经验来看，必须在以上这些方面统一共识才能促使大家共同遵守相关法规、宣言、章程、规划，才能实现文化遗产的整体性保护。但就目前我国的实际情况而言，由于条块分割的原因，地区之间、部门之间，甚至在同地区、同部门系统内部，也会因种种原因而不能达成共识。屯军遗产廊道涉及贵州、云南、四川等省，涉及州、县、区、乡镇，以及文化、文物、建设、土地、旅游、交通、环境等众多部门，涉及遗产保护、景区建设、文化传承、旅游发展、土地调整、交通统筹、环境保护、宣传推广等众多领域，必须具备强有力的宏观战略共识才能确保保护利用工作的有序、有效推进。

1. 廊道研究

---

[1]　丁援.《文化线路有形与无形之间》.南京：东南大学出版社，2011 年 5 月.转引国际古迹遗址理事会文化线路科学委员会.《文化线路宪章》.加拿大魁北克.国际古迹遗址理事会第十六届大会通过.

　　明代滇黔屯军遗产廊道对中国西南历史的重要性不言而喻，但作为本课题首次提出的新概念，其研究工作却远未像茶马古道、蜀道、川盐古道等线性文化遗产那样深入，目前的研究工作比较零散，而且大多数的研究还在于对历史史实的追溯，并未从线性文化遗产保护及利用的角度进行研究。作为尚未形成概念共识的线性文化遗产，其研究应重点做好几个方面：

　　一是历史研究。包括明代屯军历史事件的起因、经过及影响，明代滇黔卫所的建置及明清屯军遗产廊道沿线府州县建置沿革、城镇发展历史，西南古代交通及屯军遗产廊道的形成、变迁及交流等方面的深入研究，从大历史观的角度构建"明代滇黔屯军遗产廊道"的完整框架，厘清线性文化遗产的历史内涵与外延。

　　二是保护研究。在历史研究的基础上，按照文化遗产保护的基本理念，特别是线性文化遗产、文化线路、文化景观等理念，在法规体系、总体规划、管理统筹、区域合作等方面进行研究，在宏观上构建"明代滇黔屯军遗产廊道"的保护理论框架和保护管理体系。

　　三是资源调查。在基本弄清明代滇黔屯军遗产廊道的范围、主路、辅路、支路之后，由贵州、四川、云南三省共同开展明代滇黔屯军廊道文化遗存的调查，摸清与线路相关的各类文化遗产、自然遗产和景观资源，弄清资源的数量、类型与分布，对众多资源聚集的名村、名镇、名城进行研究，并关照与线路相关的非物质文化遗产，使文化遗产研究不仅仅拘泥于文物点，而且综合与之相关的文化传统以及历史环境，从点、线、面等层次构建文化遗产的宏大网络框架和资源清单。

　　四是利用研究。在基本构建线路的遗产框架之后，应积极提倡文化遗产的合理利用，从宏观层面加强线路利用的总体规划和统筹。重点加强文化遗产展示及价值阐释，线性文化遗产保护与博物馆体系建设、文化旅游、文创产业、体育休闲、旅游地产进行结合的方法、途径、保障措施的研究。

　　五是研究交流。定期或不定期开展"明代滇黔屯军遗产廊道"学术研究交流、研讨，采取宣言、倡议、规程等形式加强不同区域、不同部门、不同领域之间的横向联系，开办研究学术杂志和学术交流网站，促进研究工作的平衡发展，以达到形成遗产廊道保护共识之目的。

　　2. 法规建设

　　在美国，只要是国家核准公布的遗产廊道，一般都会有与之配套的政府法令，以支持遗产廊道的有效保护。如 2000 年 12 月，美国国会通过了伊利运河国家遗产廊道法案，使伊利运河的保护与管理工作逐渐形成了一套清晰的工作体系。因此，国家层面的法规对明代滇黔屯军遗产廊道而言尤显重要，可以从法规上明确保护对象、保护目的、保护与管理机制、保护与利用原则、保护与振兴战略规划、保护与利用罚则等内容，为线性文化遗产保护保驾护航。但因我国尚未形成国家遗产区域、遗产廊道等概念，故在跨区域的文化遗产保护上存在法律空白。

从线性遗产保护与管理工作的长效性而言，制定出台国家层面的专项法规显得十分重要。明代滇黔屯军遗产廊道是具备国家意义的重要线性遗产，应当先由云贵川三省联合出台宣言或分别出台地方性法规，条件成熟时，应争取国务院制订专项的法规。如国务院2006年颁布的《长城保护条例》，对长城的保护起到了重要的法规保障。

3. 机构建设

机构建设是线性文化遗产保护的根本保障之一。就机构设置而言，不外乎横向、纵向、纵横相错三种模式。横向即条块分割式，纵向即垂直管理式。有学者在研究了国外的文化线路管理模式后，认为传统的条块分割、分级管理机制不利于线性遗产保护，建议采取国家、地方和遗产地分级垂直管理的办法。即在国家层面建立管理委员会，成员由沿线各省（自治区）、地（市）的领导组成。委员会的主要职责是制定线路的保护法规、决策体制、保护措施等；协调保护和管理过程中重大问题；线路整体宣传策划和推广和资料管理，也包括资金方面的筹措问题。在地方层面，由沿线省（自治区）级政府或其派出机构负责，主要执行委员会制定的各种政策和保护策略，编制辖区内遗产点的总体保护规划及宣传推广、资料管理等工作。遗产地的管理机构则主要负责遗产地的日常管理、规划实施、遗产监测等工作。[1] 这种管理方式具有一定的积极意义和可操作性，在可能的情况下，屯军遗产廊道也应采用类似的管理机制。总之，针对我国当前的机构设置、相关法规及管理现状，我们认为，屯军遗产廊道的管理必须要有宏观层面的统一协调机制，这是统筹文化遗产跨多个区域保护规划的重要保障。在法规体系尚未制定、专门的机构尚未建立的情况下，综合协调工作可以由国家有关部门组成联合机构予以保障，也可以采取跨省区组织成立联合协调委员会进行综合协调工作，并由沿线各省区联合委托专家监督咨询机构或非政府组织负责屯军遗产廊道的保

---

[1]　周剑虹.《文化线路保护管理研究》.北京：科学出版社，2013年.

护与可持续利用、监督、咨询工作，以及对法规落实情况和规划实施情况进行评估。同时，专家监督咨询机构或非政府组织也要接受委托方、各利益相关者的考核、评鉴，不合格可进行调整或更换。目前，虽然滇黔屯军遗产廊道的机构建设还为时过早，但鉴于部分屯军线路已经被纳入茶马古道全国重点文物保护单位，思考统一协调机构的建设问题即可提上日程。

4. 战略规划

根据美国遗产廊道的经验和中国的实际情况，线性文化遗产的宏观战略规划分成两大类型，一是立足于整体线路的保护与管理规划，二是线路的空间战略规划。保护与管理规划作为长期性区域综合规划，整体性保护与管理规划要明确工作的目标、方向和管理组织架构，自下而上、分期分批、有层次地制定短期和长远规划，如廊道建设基础性工作，包括屯军遗产廊道的历史研究、资源调查，目的是了解线路的形成、变迁及交流等方面情况，弄清其范围、主路、辅路和支线，摸清与线路相关的各类文化遗产、自然遗产和景观资源及资源的数量、类型与分布，厘清它的历史内涵与外延，从大历史观的角度构建滇黔屯军遗产廊道完整框架。除明确目标与方法外，遗产廊道保护与管理规划还包括"历史文化资源保护""自然资源保护""慢行游憩系统的完善""解说系统的构建""市场与营销策略""管理体系"等方面，体系完备，战略性和整体性较强。同时，作为导则性的管理规划，它还为其他规划和工作留有充分的弹性空间。遗产廊道保护与管理规划与我国条块分割式的部门规划有明显区别，它更注意整合性、管理性、体验性和运营性。屯军遗产廊道应当借鉴遗产廊道的规划管理经验，在相关法规授权下制定保护管理规划，以打破部门规划的藩篱，从源头上形成规划统筹、多规统一的局面。

宏观空间战略规划类似于总体规划，其主要目的在于划定屯军遗产廊道各类资源的核心保护区、一般保护区、缓冲区和边界、空间控制要求；从宏观层面协调交通、电力等基础设施；制定土地调控及社会调控规划；制定生态治理、环境保护措施；综合考虑防灾减灾规划；统筹规划游客服务设施、安全保障设施；安排近期建设规划等。在编制时应与保护管理规划相统一，并与相关国家战略空间规划相衔接。空间规划中的保护区划、边界以及防灾减灾等相关规划要求应为强制性内容。

5. 运营统筹

运营是线性文化遗产保护与利用可持续发展的重要保证。宏观层面的运营主要解决运营体制机制、运营总体策划、运营资金投入管理等问题。

运营体制机制问题是线性文化遗产运营的根本问题，主要解决几个方面的问题。一是运营的法规准入政策。首先要认识到不同类型资源保护管理分属不同法规体系、不同部门、不同准则和技术要求的区别，运营工作必须考虑到这些差异，并在此基础上形成既符合相关法规、又能实际操作的运营准入政策。如文物古迹、非物质文化遗产、历史文化名城名镇名村、风景名胜资源、自然保护区、农业景观等均有不同管理要求，如何统筹协调是线性文化遗产运营首先要解决的问题。二是运营的基本准则。屯军遗产廊道资源大都是国家公共资源，其运营必须坚持公共性、公益性、文化性和教育性，并在此基础上兼顾经济效益和带动地方经济振兴。三是谁来运营，即谁是运营主体的问题。对于线性文化遗产这样巨型的跨区域文化遗产廊道，运营主体的多元化不可避免，但在总体上必须有运营主体的总体规划，既有国家公益性质的运营主体，又有龙头企业（如旅游、文化、体育、休闲等企业）的介入，甚至还要兼顾与线性文化遗产相关的集体、个人以及社区的利益。应当考虑运营主体进入综合协调管理委员会的可能性。四是运营机制的监督管理，即在线性文化遗产廊道内的运营活动和运营主体，应当受到线性文化遗产条例以及相关配套法规的监督，并有专业的第三方咨询评估机构来配合监督管理。

运营策划是线性文化遗产保持持续活力的重要保证。运营策划首先要解决资源配备和互补问题，即在空间上进行运营功能分区，确定不同区域的运营重点，避免同质化和相互竞争。二是要做好屯军遗产廊道运营主题的策划和产业发展规划，对不同的业态进行时间和空间上的分布，确定远期战略和近期实施目标。如旅游、文化、体育、休闲甚至农业产业的布点、配套，以及招商引资规划等。三是要做好经营性运营与公益性运营之间的统筹，以经营性运营来支撑公益性运营，形成双赢共管的良好生态。四是做好屯军遗产廊道的品牌推广战略，打造统一的文化形象。五是利用新媒体和互联网，做好屯军遗产廊道的宣传。

二、中观策略

宏观战略是线性文化遗产的整体性战略，中观策略着力解决连片区域或一定行政区域内的线性文化遗产保护问题。一般而言，"中观区域"大抵以省域为单位进行划分。据此，屯军遗产廊道涉及云南、贵州、四川三省。除此之外还有介于"中观"和"微观"之间的"中微观区域",如涉及多个县域或同一县域内的连片线性文化遗产,抑或文化遗产、自然景观集中成片类似于风景名胜区的区域,也一并列入中观战略考虑的范围。中观层面重点应解决地方法规和政策、区域规划、机构配置等问题。

1. 地方法规和政策

宏观战略的法规和政策从国家层面出发,而中观层面的法规和政策可以根据省域实际情况予以订立。省域是我国国家管理体制中承上启下的重要环节,也是能够出台地方性法规和政策的行政区域。因此,从省域层面加强线性文化遗产法规和政策制订,对于有效推进线性文化遗产保护,以及协调保护工作中相关部门和市州县各级政府的重要保障具有重要作用。总体上,省级层面的法规和政策重点解决几个问题:一是明确区域规划的地位(一般都是由省政府公布线性文化遗产区域规划);二是组建综合协调机构,并确保协调机构的权威性和延续性,常见做法是成立省领导牵头负责的领导小组,领导小组再下设办公到承担主体责任的部门;三是明确各部门的职责;四是对线性文化遗产的保护经费保障、技术保障、人员保障提出要求;五是对线性文化遗产旅游、运营及产业提出准入标准和管理要求,以确保遗产保护的公益性;六是明确线性文化遗产保护及利用的监督机制,确保法规和政策能够得到贯彻落实。

2. 区域规划

区域规划是线性文化遗产保护与利用的重要中观规划,其重点在于结合区域条件对宏观战略规划进行贯彻和细微调整,落实省级法规和政策的要求,同时对微观层面的规划进行引导。区域规划包括管理规划和空间规划两个范畴,其主要任务包括:

一是根据宏观保护与管理规划的要求,落实相关历史文化遗产资源、自然资源、慢行系统、价值解释系统和经济振兴的保护和管理规划。中观区域规划包括两个层次,即省域线性文化遗产保护管理规划和集中连片区域保护管理规划。有时为了管理工作的需要,也可以分段、分流域、分县域作为区域规划的范围。如镇远历史文化名城,就可以把名城范围内的历史文化资源、自然资源作为中观层面进行通盘考虑。

二是根据宏观空间规划的要求,明确省域或区域内线性文化遗产的保护对象,统筹区域空间、功能分区和景观节点,合理布局基础设施和服务设施。具体内容包括划定各相关资源的边界、保护区和缓冲区，并提出空间管制要求；明确区域环境保护、生态保护要求以及城乡发展空间限制；落实交通、水电、通信、网络、消防等基础设施建设布局；统筹考虑区域解释体系、展示路线布局；科学布局区域内的文化服务设施、旅游服务设施和安全保障设施。

3. 管理运营

应在省级层面建立协调管理机制，同时明确专业的技术咨询机构。协调管理机构负责对接宏观层面的管理要求以及省际间的交流合作，落实省域内的地方性法规和政策，整合各部门的管理力量实施区域规划。专业咨询机构应为非营利机构，主要做好省域内与线性文化遗产保护有关的技术支撑，对上落实协调管理机构的技术要求，对下指导微观层面的保护与利用工作，并对微观层面的保护利用进行专业评估。

中观层面的运营体制主要根据宏观保护管理规划的要求，结合区域的资源条件和人力财力条件，在社会公益性的基础上，兼顾市场的需要，开展适度的旅游及相关产业发展项目。有的运营项目可采取项目招标的形式，寻找经营主体，再由投资主体根据战略规划和区域规划进行项目布点，统一规划建设。

三、微观实践

屯军遗产廊道微观实践主要是解决独立资源点具体的保护利用问题。独立资源点包括文化遗产点、自然景观点以及专题博物馆、社区博物馆或其他资源点。微观层面的工作是屯军遗产廊道保护管理的基础。任何宏大的规划构想，离开微观支撑，都只能是设想。当然，微观策略必须服从宏观和中观战略的引导，都应当考虑到长远性和整体性。

1. 机构设置

屯军遗产廊道独立资源点的管理机构主要有三个层面：行政主管机构、专业管理机构和使用管理机构。三个层面有机统一、互为补充。行政主管机构是指在法律授权下、具备行政管理职能的行政部门。根据属地管理原则，一般每县有一个行政管理机构负责某一事项的管理，如县域内的文物由县文化局或县文物局管理。也存在一个部门牵头、多个部门共同管理某一事项的情形。如历史文化名城（镇、村）就由建设部门会同文物部门进行管理。专业管理机构类型就比较丰富了，如在遗产地设置的文物管理所、博物馆和研究中心，在自然保护区设立专管机构，一些专业协会、咨询机构及非营利专业机构等等。使用管理机构包括使用单位管理、产权人管理、委托管理人或运营机构管理等方式。目前，屯军遗产廊道资源点的管理以行政机构为主，应当加强培育专业管理机构，探索和完善使用单位管理方式。但任何管理机构都必须在法规允许和规划控制的基础上进行科学设置、明确责权，否则会造成管理机构的重叠、推诿。有些地方将文化遗产、自然遗产的保护交由旅游公司进行管理就是法规所不允许的。

2. 规划控制

微观层面的规划控制主要解决屯军遗产廊道资源点的保护管理、保护范围和建设控制地带管控、历史环境保护、环境整治、展示规划及土地调整、基础设施规划等问题。如文物保护单位一般应编制文物保护规划，历史文化名城（镇、村）应编制保护规划。但有时也会出现规划较多、较杂、无所适从的问题。如历史文化名村，可能涉及风景名胜区规划、名村保护规划、文物保护规划、旅游规划，甚至其他的一些专项规划。由于缺乏统一的上位规划的统筹，规划编制部门又不相互通气，各项规划自说自话，甚至有的相互冲突，规划多了反而失去控制。因此，规划应当强调多规合一和按强制性进行排序，对于资源保护型的规划排序应当在前并带有严格强制性，如土地利用保护规划、环境保护规划、文化资源保护规划（历史文化名城、名镇村、历史街区、文物保护单位、历史建筑）、生态功能区规划、防灾减灾规划应排在前，然后是城乡发展规划、基础设施规划，最后才是服务性质类的规划，如旅游规划。因此，对屯军遗产廊道而言，宏观层面的规划控制固然重要，但微观层面的规划更具有操作性，规划的制定必须要有强有力的法律支撑，一旦制定，就应当一以贯之执行。

与战略规划、区域规划相同，微观层面的规划仍然需解决两方面的问题：一是空间规划，二是保护管理规划。空间规划重点解决线性文化遗产资源点的保护范围（禁建区）、建设控制地带（限建区）划定；确保资源点的历史价值、艺术价值、科学价值、社会价值、文化价值、生态价值不受破坏的规划控制；确保资源点历史文化背景和生态、文化景观不受破坏的规划控制；确保资源点保护、管理及运营可持续发展的规划引导，如功能分区，交通（包括车行、慢行系统）、电力、通信、给水、排水等基础设施规划布置，保护、管理、展示及服务设施分布及建筑设计控制等；确保防灾减灾的规划控制，如水灾、火灾、地灾、地震等自然灾害的监测与应急措施、防治工程规划，人类活动影响控制等。保护管理规划重点解决保护管理机制、保护审批程序、保护资金筹措及使用、运营管理要求、解释系统构建、旅游项目规划、服务体系完善、应急管理预案以及专业咨询要求等问题。

3. 保护措施

应针对屯军遗产廊道不同类型资源，采取不同保护措施。

（1）文物古迹：狭义的文物古迹主要指经公布或登录的不可移动文物，包括古遗址、古墓葬、古建筑、石窟寺石刻和近现代重要史迹，广义的文物古迹还包括文化景观、工业遗产、历史建筑、世界文化遗产等。明代滇黔屯军遗产廊道上的文物古迹，其保护应依照《文物保护法》的规定和《中国文物古迹保护准则》的要求进行保护，坚持不改变文物原状、真实性和完整性的原则，坚持最小干预和使用恰当的保护技术，让研究工作贯穿保护始终，切实做好专业评估。主要的保护手段包括保养维护与监测、加固、修缮、保护性设施建设、迁移以及环境整治。

（2）历史文化名城名镇、名村（也包括历史文化街区、历史地段、传统村落等文化遗产）：历史文化名城（镇、村）反映了人类聚落发展、演变的历史，承载了文化的多样性，具有文物古迹价值，依照《文物保护法》《历史文化名城名镇名村保护条例》《中国文物古迹保护准则》的要求实施整体保护，保持传统格局、历史风貌和空间尺度，不得改变与其相互依存的自然景观和环境，传承与历史文化名城名镇名村密切相关的文化传统和非物质文化遗产，控制人口数量，改善基础设施、公共服务设施和居住环境。目前，对于明代滇黔屯军遗产廊道历史文化名城（镇、村）的保护，最重要的是保护其真实性，避免大拆大建、滥造假古董等建设性破坏和不按程序、不按原则实施的保护性破坏。同时也要避免过度依赖旅游造成城镇、村庄综合发展能力的缺失，以及由此造成的文化传统衰落和新生社会矛盾。

（3）风景名胜区：是指具有观赏、文化或者科学价值，自然景观、人文景观比较集中，环境优美，可供人们游览或者进行科学、文化活动的区域。[1]屯军遗产廊道空间范围之内有多处国家级、省级风景名胜区。风景名胜区应严格保护自然与文化遗产，保护原有景观特征和地方特色，维护生物多样性和生态良性循环，防止污染和其他公害；充实科教审美特征，加强地被和植物景观培育，

---

[1]　国务院令，第 474 号.《中华人民共和国风景名胜区管理暂行条例》第二条. 国务院第 149 次常务会议通过.2006 年 9 月 6 日.

应充分发挥景源的综合潜力，展现风景游览欣赏主体；配置必要的服务设施与措施，改善风景区运营管理机能，防止人工化、城市化、商业化倾向，促使风景区有度有序有节律地持续发展；应合理权衡风景环境、社会、经济三方面的综合效益，权衡风景区自身健全发展与社会需求之间关系，创造风景优美、设施方便、社会文明生、态环境良好景观形象和游赏魅力独特、人与自然协调发展的风景游憩境域。

（4）自然保护区：是指对有代表性的自然生态系统、珍稀濒危野生动植物物种的天然集中分布区、有特殊意义的自然遗迹等保护对象所在的陆地、陆地水体或者海域，依法划出一定面积予以特殊保护和管理的区域。[1]自然保护区保护相对较严，其保护区域一般分为核心区、缓冲区和实验区。自然保护区内保存完好的天然状态的生态系统以及珍稀、濒危动植物的集中分布地，应当划为核心区，禁止任何单位和个人进入，除按程序批准外，也不允许进入从事科学研究活动。核心区外围可以划定一定面积的缓冲区，只准科研人员进入从事科学研究观测活动。缓冲区外围划为实验区，可以进入从事科学试验、教学实习、参观考察、旅游以及驯化、繁殖珍稀、濒危野生动植物等活动。原批准建立自然保护区的人民政府认为必要时，可以在自然保护区的外围划定一定面积的外围保护地带。

（5）非物质文化遗产：与明代滇黔屯军遗产廊道相关的非物质文化遗产分两类，一类是与调北征南历史事件直接相关的非物质文化遗产，如屯堡地戏；第二类是与明代滇黔屯军遗产廊道人文遗存和自然遗存相关的非物质文化遗产，如镇远古城的赛龙舟。非物质文化遗产的保护不仅与线性文化遗产的保护息息相关，而且可能丰富线性文化遗产的内涵。非物质文化遗产保护需要政府的大力扶持和生产性保护的介入，但切忌为了吸引游客而进行低俗化、表演化的包装改造。一定是顺时而为、顺势而为。

4. 利用管理

（1）使用功能赋予：屯军遗产廊道的自然与文化遗产资源丰富多样，如何基于资源的现实状况和表现特征，赋予合适的使用功能是资源利用的重要工作。不管基于何种目的考虑，其使用功能的赋予都不能有损于资源点的可持续利用，而且尽量以社会效益优先，避免过度商业化、旅游化和短期效益的利用。自然保

---

[1]　国务院令，第167号《中华人民共和国自然保护区条例》第二条.1994年10月9日发布.2011年1月8日修订.

护区其首要目的是做好保护，其次再是开展合理的、适度的利用。文物古迹的利用，应根据文物古迹的价值、特征、保存状况、环境条件，综合考虑研究、展示、延续原有功能和赋予文物古迹适宜的当代功能的各种利用方式。如一些寺庙建筑，在保证遗产安全的前提下，也可开展适度的宗教活动，一些古道、桥梁仍然可以延续通行功能，一些民居建筑仍然可以发挥其居住功能，一些传统店铺仍然可以发挥其商业功能。一些文物建筑，如文庙、武庙、城隍庙等，可以展示其原来的功能，一些文物建筑也可开辟成陈列馆和专题博物馆，一些历史街区、古村、古镇也建设成露天博物馆或生态博物馆。

（2）解释系统构建：解释是展示线性文化遗产价值的重要途径。微观层面的解释系统需要在落实宏观、中观解释体系的基础上，针对自身特点对遗产价值进行细致而深入地解说和展示。解释系统包括屯军遗产廊道资源点的历史、科学、艺术、社会和文化价值，也包括事件、故事、人物的解说与展示。解释系统主要包括自然遗产和人文遗产的真实和完整展示，与屯军事件相关的主题博物馆、陈列馆的系统解释，也包括标识牌、说明牌、场景表演以及建立在移动客户端基础上的电子导视系统。

（3）利用项目策划：项目策划对文化遗产的可持续利用及其价值影响力的发挥具有重要作用。成功的项目策划一定是与线性文化遗产资源点的特点和条件相结合。目前，我国的旅游项目策划大多过于雷同，历史古镇"周庄化""丽江化""凤凰化"的现象非常严重，甚至有的项目为了吸引眼球而进入怪异化、低俗化、夸张化的"假大空"状态。项目策划缺乏创意和可持续性，旅游纪念品的抄袭之风盛行。对于屯军遗产廊道而言，项目策划的多样性和多元化非常重要，包括文化推广、教育启智、旅游参与、体育休闲、餐饮住宿等方面。

美国遗产廊道的项目策划就非常系统化，各种各样的活动让旅游者乐于参与其中。美国伊利运河国家遗产廊道设置了艺术、自行车、游船、皮划艇、步行项目、文化及遗产、船闸及运河构筑物、自然及野生动物、节日及事件参观等项目。同时，针对孩子能够参与的项目也是丰富多彩，如乘船旅行、自行车骑行、历史博物馆手工制作、钓鱼、游泳、徒步、自然学习等项目。在这里，孩子们可以看到激动人心的瀑布、湖泊、小径，到处有飞鸟的广阔湿地，不断提升孩子的好奇心。

（4）纪念产品开发：纪念产品开发是屯军遗产廊道合理利用和价值输出的重要手段。欧美、日本、韩国以及我国台湾地区的文化旅游纪念产品的开发已经积累了丰富的经验，各种新颖别致的文化纪念产品层出不穷，形成了充满活力的文化创意产业。目前，基于屯军遗产廊道历史文化价值的文化旅游纪念产品开发还处于比较低端的阶段，远未形成气候。应当鼓励屯军遗产廊道已开放的资源点管理机构、运营机构和博物馆加强开发，一方面从体制机制上保证创意设计人员的参与，另一方面加大人才培养力度和创意产品知识产权的保护。

（5）服务体系建设：服务体系建设是挺举遗产廊道可持续利用的基础性工作。服务体系包括基础设施、网络推介、游客服务等系统。交通设施是基础，要保证各个景点，能为游客提供开车、骑车、乘船、坐火车和地铁等交通方式的选择，并安排专人随时为游客派送旅游地图、旅游须知及指导手册。网络是服务体系建设的重要中介，可借鉴伊利运河网站经验，只要打开网站不仅可以了解到伊利运河的相关背景、保护管理、资源状况、项目设置，还可以下载地图、导游手册、保护与管理规划等资料，甚至还可以预订旅游计划，网上购票和预订酒店，并通过移动终端的 APP，轻松查阅相关信息和规划旅程。

第七节　本章小结

明代滇黔屯军遗产线路跨越了贵州、云南和四川等省区，沿线的遗产资源节点多，类型丰富，类别复杂。根据国际社会遗产保护领域普遍认同的遗产廊道选择标准和屯军线路自身的特征，特别是它所拥有的以屯堡、卫所文化为核心的鲜明的屯军主题文化，以及沿线高品质的具有丰富的旅游资源潜力的自然景观，是本书选择它作为西南地区线性文化遗产保护研究案例分析的主要原因。在借鉴国内外的研究成果和实践经验的基础上，对沿线遗产资源进行梳理，确定以滇黔屯军遗产线路贵州境内镇远至盘县路段为遗产廊道构建的目标，并将其自东向西顺延划分为四个主要区段。通过层次分析法对四个区段内资源的自身价值、存续现状和开发利用价值，进行分析判别，科学地给予定性、定量综合价值评估，最终筛选出平坝—安顺—普定—镇宁—关岭段为滇黔屯军遗产廊道的构建对象，并根据廊道内人文、自然景观的特点和遗产资源构成要素，在屯军主题文化的背景下，设计出服务于大众、游客、参与者和当地居民的屯堡文化集中体验区、历史文化中心服务区、龙宫、黄果树风景区名胜游憩区、古生物群化石展示区，其目的在于在保护文化遗产的前提下，合理利用遗产资源，将零散的遗产区域和自然景观串联起来，通过对历史文化遗产的解说和对自然风光的介绍，发展区域旅游业，增加地方财政收入，同时反哺于遗产的保护。

第六章　展望与结语

随着国家"一带一路"建设的持续推进和西南地区经济文化的持续发展，不管是西南地区线性文化遗产的研究，还是西南地区线性文化遗产的保护和利用，都将成为新的文化遗产关注热点。另一方面，随着旅游产业的发展和健康产业的兴起，以"国家步道"为重要内容的全民健身运动，以及以"绿道"建设为重要抓手的生态文明建设，都将为线性文化遗产的保护和利用带来新的机遇和挑战。本研究是打开了西南地区线性文化遗产保护的一扇窗口，未来将有更多研究者和践行者会把西南地区线性文化遗产的保护和研究进一步推向深入。

以往的线性文化遗产保护研究，主要集中于个案的历史文化研究或文化遗产资源调查，缺乏理论层面和战略层面的思考。通过前面的论述，我们已经对"廊道式"线性文化遗产保护的理念有了初步认识。在此，我们将对"廊道式"线性文化遗产的保护理论和保护策略进一步进行探讨，以期为其他类似的巨型文化遗产保护利用提供理论支撑。

第一节　西南地区线性文化遗产保护理论框架

线性文化遗产保护利用理论的构建，必然离不开三个关键词：区域、线性、遗产。"区域"即指线性文化遗产的跨区域特征，使它与一般文化遗产既有相同之处，又有保护方式、方法上的区别。"线性"是指它必须有线形、线型和线状的概念，不能片面和无原则地扩大其范围，成为主题不突出的泛文化遗产。"遗产"是指其文化价值的属性，即其历史的、科学的、艺术的，以及社会和文化价值应当得到妥善保护，并在基于保护为前提条件下对遗产进行合理利用和价值输出，使其产生应有的社会效益、文化效益和经济效益。线性文化遗产的保护是一个宏大的系统工程，既需要宏观层面的统筹兼顾，也需要微观层面的细致与深入，它不是简单"1+1 = 2"的叠加，而是"1+1 > 2"的整合，即整体价值远远大于各部分价值之合，这就是线性文化遗产的基本特性，而线性文化遗产的理论框架就应当为这一基本特性服务。

线性文化遗产保护理论的框架由保护理念、保护原则和保护方法构成。虽然同样适用于其他类型的文化遗产，但线性文化遗产的理论框架更有其特殊性和针对性。保护理念是线性文化遗产保护理论的基石，我们认为应当取欧洲"文化线路"和美国"遗产廊道"二者概念的优点，在线性文化遗产的辨析上借鉴文化线路的理念，在保护利用上采用遗产廊道的理念，将文化遗产资源、自然资源和景观资源在空间上进行有机整合，构建区线性文化遗产的廊道式网络。保护原则是开展线性文化遗产保护的基本要求，我们认为关于遗产保护的国际及国内通用原则均适用于西南地区线性文化遗产保护，真实性和完整性是总的基本原则。同时，遗产管理和利用的可持续性、公益性和整合性原则也非常重要。保护方法是为了实现保护目标选择的措施和路径。保护的终极目标是线性文化遗产资源的保护和价值的输出。

一、保护理念

我国线性文化遗产保护要走出自己的特色，离不开成熟的理论体系的支撑。理论体系中最核心的问题是采取什么理念来实施线性文化遗产的保护。《文化线路宪章》对于辨识线性文化遗产的真实性、完整性和关联性非常具有指导性，其也是申报世界文化遗产必须坚持的纲领性文件，但却不能很好地指导我国线性文化遗产保护的具体问题。在保护理念上，我国更急需成功的保护模式带来示范效应。通过前面的分析，特别是对欧洲文化线路及美国遗产廊道的研究，我们认为线性文化遗产的保护理念应当将文化线路和遗产廊道中好的做法结合起来，在科学保护与适度利用的同时，兼顾可持续发展与价值输出。

对此，我们提出线性文化遗产"廊道式"保护理念。廊道式保护与美国遗产廊道的理念比较接近，是指在线性文化遗产空间范围内功能相关、历史相关和空间相关的自然和文化遗产资源进行整合式保护和利用的理念。[1] 这一方面可以有效地对功能关联的文化遗产进行保护，另一方面也可以很好地解决在历史上和空间上关联的文化遗产、自然资源之间的整合，还可以从空间识别上为各种资源的

---

[1] 奚雪松.《实现整体保护与可持续利用的大运河遗产廊道构建概念、途径与设想》，北京：电子工业出版社，2012 年 12 月. 奚雪松研究提出大运河遗产廊道的构成要素包括功能相关、历史相关和空间相关三种类型.

保护划定边界和缓冲区域。严谨的保护可以使线性文化遗产有比较统一的主题，能够展示真实而完整的遗产，构建价值上的认同感。持续性的利用又使遗产的价值在灵活多样的旅游、骑行、徒步等项目中得到传播和升华。多层次多维度的参与模式又使得保护机制上更具有广泛性和可持续性，又可打破部门和领域的隔阂，使线性文化遗产的各种资源得到充分保护、展示和利用。

廊道式线性文化遗产保护理论渊源主要包括四个方面。

一是针对单体或成片遗址、建筑、建筑群的文物古迹保护理论。再巨型的线性文化遗产，也总是由不同的遗址、建筑、建筑群等基本单元所组成。对于遗址、建筑和建筑群的保护，国际上和我国都已经形成了相对成熟的保护理论。真实性、完整性、可逆性、最小干预、可识别等基本原则早已是遗产保护工作者耳熟能详的工作准则。国际化的理论主要集中阐述在联合国教科文组织、ICOMOS 等国际组织相关文件中。国内理论集中体现在《中国文物古迹保护准则》之中。

二是文化线路、遗产运河和线性景观的线性遗产保护理论。此部分理论主要为"文化线路"系的保护理论，其基本理念主要体现在 WHC《操作指南》、ICOMOS 专家的多次讨论及《文化线路宪章》（2008 年）、中国《关于文化线路遗产保护的无锡倡仪》（2009 年）里。另外，ICOMOS《遗产运河文件》（1994 年），欧盟《扩大"文化线路"的部分协议的规定》（2010 年）、《"欧洲文化线路"授予条件修订》（2013 年）等文件也包括了遗产运河、欧洲文化线路等基本理论。

三是与美国国家公园、历史路径、绿道、遗产区域一脉相承的遗产廊道保护理论。经过 100 多年的探索，美国国家公园的保护理论已经影响到世界多个国家，同时，与户外运动密切相关的历史路径、绿道等理念又促进了遗产区域、遗产廊道等概念的出现，形成了美国独具特色的自然与文化遗产保护理论。相关理论体现在《国家公园组织法》（1916 年）、《历史遗址和建筑法案》（1935 年）、《国家历史保护法》（1966 年）以及关于遗产区域、遗产廊道的相关管理要求里。

四是遗产利用理论。遗产旅游、可持续发展及社区参与是考量遗产保护水平的重要参考依据，其理论主要出自于 UNESCO、WHC 及 ICOMOS 一系列文件中，如 UNESCO 的《世界文化多样性宣言》（2001 年）、WHC 不同版本的《操作指南》、ICOMOS 的《国际文化旅游宪章》（1999 年）、《西安宣言》（2005 年）、《文化遗产阐释与展示宪章》（2008 年）等。不管是欧洲文化线路，还是美国遗产廊道，乃至其他国家的线性文化遗产保护，均十分重视利用遗产培养公众意识和进行价值输出。

上述四种理论渊源共同构成了"廊道式"线性文化遗产保护利用理论，分别适用于线性文化遗产的不同资源类型。在具体的保护与利用实践中，应当根据线性文化遗产的资源特色，将上述四种理论进行有机整合，形成针对性更强的保护理论框架。

二、保护原则

作为巨型文化遗产，线性文化遗产的保护仍然需要坚持文化遗产保护的基本原则，即真实性和完整性。同时，在文化遗产及其他资源的保护管理和利用上，还需坚持公益性、可持续性和整合性。真实性和完整性是线性文化遗产保护的根本，若不能坚持，就会对文化遗产的价值造成损失。公益性、可持续性和整合性是线性文化遗产保护的基本价值取向，是发挥遗产价值的根本途径。

1. 真实性原则 [1]

"真实性"原则孕育于 1964 年的《威尼斯宪章》，针对西方石构建筑提出。1979 年，联合国教科文组织世界遗产委员会明确了申请世界遗产必须符合真实性的标准，将真实性原则逐步推向世界。但由于各国文化遗产保护背景的不同，对于真实性的认识一直存在比较大的争议，尤其是在保护东方木构建筑遗产时，真实性往往缺乏引导性。1994 年 11 月 1 日至 6 日，由日本政府文化事务部与联合国教科文组织、国际文化财产保护与修复研究中心（ICCROM）及国际古迹遗址理事会（ICOMOS）共同举办的"与世界遗产公约相关的奈良真实性会议"通过的《奈良真实性文件》，是东西方就真实性原则达成一致意见的权威阐释。

《奈良真实性文件》提出了"形式与设计、材料与物质、用途与功能、传统与技术、地点与背景、精神与感情以及其他内在或外在因素"等 7 个评价因子，[2] 成为之后世界文化遗产申报、管理、监测当中关于真实性的最核心评价内容。2005 年，《会安草案——亚洲最佳保护范例》对真实性的具体内容进行了更为详细的论述。

2013 年版的《操作指南》仍延用了上述评价因子，明确提出"文化遗产类

---

[1] 真实性（authenticity）曾经被译为"原真性"，现逐步被"真实性"所替代。

[2] 日本奈良"与世界遗产公约相关的奈良真实性会议"，《奈良真实性文件》第 5 条，1994 年 11 月 1 日至 6 日．

别及其文化背景，如果遗产的文化价值（申报标准所认可的）的下列特征真实可信，则被认为具有真实性：外形和设计；材料和材质；用途和功能；传统，技术和管理体系；位置和环境；语言和其他形式的非物质遗产；精神和感觉；其他内外因素"。[1]比《奈良真实性文件》多了"语言和其他形式的非物质遗产"。

2015年版的《中国文物古迹保护准则》（下简称《准则》）指出"真实性：是指文物古迹本身的材料、工艺、设计及其环境和它所反映的历史、文化、社会等相关信息的真实性。对文物古迹的保护就是保护这些信息及其来源的真实性。与文物古迹相关的文化传统的延续同样也是对真实性的保护。"[2]强调"这一原则包含了物质遗产和非物质遗产两个方面。它不仅适用于作为历史见证的古代遗址、古建筑等类型的文物古迹，而且对仍然保持着原有功能的历史文化名城、名镇、名村以及文化景观等类型的文物古迹的保护具有指导意义"。[3]其实在《准则》当中的"不改变原状"、"使用恰当的保护技术"、"可逆"、"最低限度干预"等原则，都应属于实现"真实性"原则的措施和方法。

对于文化线路的真实性，《文化线路遗产宪章》提出"每一条文化线路都要满足真实性标准的要求。无论在自然还是文化环境中，真实地展现自身的价值，包括它的关键元素、物质和非物质的突出特点"。[4]

近年来，由于城镇化和工业化的持续推进，西南地区线性文化遗产正面临着前所未有的机遇和挑战。就线性文化遗产保护而言，不能因其大、因其广、因其复杂而放松对真实性的追求。必须对真实性有高度的认同，才能确保线性文化遗产的价值得到最为妥善的保护与利用。因此，线性文化遗产的各部分（物质及非物质）的登记、评估、研究、保护、规划、利用、展示，均应首先符合真实性原则，不能在丧失"信息来源的真实度或可信度"[5]的基础上进行所谓的开发、包装、异化或表面外、表演化。同时，也要避免保护工作中出现过度干预、不当修复、盲目重建等问题。这对线性遗产至关重要，没有独立点的真实性，就不会有整条线路的真实性。那种只注重史料查证而无实物例证的保护研究必须回到真实的现

---

[1] 《实施〈世界文化遗产公约〉操作指南》2013年版，"II.E完整性和/或真实性"章节．

[2] 国际古迹遗址理事会中国国家委员会．《中国文物古迹保护准则》，第二章：第10条．

[3] 国际古迹遗址理事会中国国家委员会．《中国文物古迹保护准则》，第二章：第10条阐释．

[4] 丁援．《文化线路有形与无形之间》转引，国际古迹遗址理事会文化线路科学委员会，《国际古迹遗址理事会文化线路章程》，本宪章目标第5条．南京：东南大学出版社，2011年．

[5] 《实施〈世界文化遗产公约〉操作指南》2013年版，"II.E完整性和/或真实性"章节．

实之中。那些拆真建假的一切行为都应当制止。

2. 完整性原则

顾名思义，"完整性"即是全部、全面地保护文化遗产的所有的价值。它至少包括两个方面的意思，一是对文化遗产构成要素和价值认识的完整性，包括范围的完整和文化关联的完整；二是针对这些构成要素和价值采取的科学、系统的保护，即需要从整体出发考虑文化遗产的保护。

"完整性"第一次被提出是在《威尼斯宪章》中的第十四条："古迹遗址必须成为专门照管对象，以保护其完整性，并确保用恰当的方式进行清理和开放。"[1]《操作指南》2013 年版第 88 条对完整性阐释为："完整性用来衡量自然和 / 或文化遗产及其特征的整体性和无缺憾性。因而，审查遗产完整性需要评估遗产符合以下特征的程度：（1）包括所有表现其突出的普遍价值的必要因素；（2）面积足够大，确保能完整地代表体现遗产价值的特色和过程；（3）受到发展的负面影响和 / 或被忽视。"[2]强调所有列入《世界遗产名录》的遗产必须满足完整性条件。可见完整性是世界文化遗产申报和保护的基本要求。

有学者认为从《威尼斯宪章》到《西安宣言》，完整性的原则不断得到发展，从最初只是为了确保纪念物的安全而保护其周边环境，到后来考虑到经济、社会等方面因素对遗产的影响，以及包含了目前有形与无形、历史与现在、人工与自然等多方面因素。[3]

2015 年新版《中国文物古迹保护准则》对完整性原则也提出了十分明确的要求，指出："文物古迹的保护是对其价值、价值载体及其环境等体现文物古迹价值的各个要素的完整保护。文物古迹在历史演化过程中形成的包括各个时代特征、具有价值的物质遗存都应得到尊重。""保护文物古迹的完整性的原则是指对所有体现文物古迹价值的要素进行保护。"[4]

对于文化线路的完整性，《文化线路遗产宪章》有着更为宏大的认识，要求

[1] 《国际古迹保护与修复宪章》第十四条，第二届威尼斯历史古迹建筑师及技师国际会议，1964 年 5 月.

[2] 《实施〈世界文化遗产公约〉操作指南》2013 年版，"II.E 完整性和 / 或真实性"章节.

[3] 张松、镇雪锋.《遗产保护完整性的评估因素及其社会价值》.《和谐城市规划——2007 中国城市规划年会论文集》，2007 年 3 月.

[4] 国际古迹遗址理事会中国国家委员会.《中国文物古迹保护准则》2015 年版，第四章总则：第 11 条.

给予文化线路"背景"更多的关注，强调背景环境是文化线路"不可分割的一部分"，并认为"文化线路完整性的确认，必须基于物质和非物质证据和因素的充分代表性，这些证据和因素证明该文化线路的整体意义和价值，确保一条文化线路的特征及历史进程的意义可以得到完整呈现"[1]，同时强调文化线路整体价值，大于单个部分相加的价值。

因此，对于线性文化遗产而言，完整性保护必须首先依赖于其辨识和评估上的系统和完整，即对线性文化遗产构成要素的完整性要进行科学而充分地区别与筛选，这是线性文化遗产保护的基础性工作。同时，针对线性文化遗产的单一而孤立的保护也是不可取的，必须从"总体构成""跨文化的整体意义""背景环境是不可分割的一部分""历史关系的动态功能"以及"非物质文化遗产和文化传统"等方面进行综合考量、整体保护。正如《文化线路遗产宪章》中所指出的那样："在尊重每个独立要素固有价值的同时，文化线路指出并强调要将每个独立存在的文化遗产作为一个整体组成部分来评估其价值。"[2]再则，对线性文化遗产的保护必须关注到时间和空间两个维度，完整地对文物古迹本体及周边环境进行有效保护。

3. 可持续原则

可持续原则既是文化遗产保护的基本理念，也是文化遗产价值利用的基本原则。早在1964年的《威尼斯宪章》开篇就饱含深情地提出："世世代代人民的历史古迹，饱含着过去岁月的信息留存至今，成为人们古老的活的见证。人们越来越意识到人类价值的统一性，并把古代遗迹看作共同的遗产，认识到为后代保护这些古迹的共同责任。将它们真实地、完整地传下去是我们的职责。"[3]明确了文化遗产保护之目的就是让它们能够健康地传下去。梁思成先生也提出文物保护"整旧如旧""延年益寿"等基本理念，也具备了可持续的重要思想。之后，文化遗产保护中提出的"可识别性""可逆性"原则也都是可持续原则的具体体现。

在人类历史中，各种文化对"可持续"都有较早的认识。但现代科学的"可

---

[1] 丁援.《文化线路有形与无形之间》转引，国际古迹遗址理事会文化线路科学委员会，《国际古迹遗址理事会文化线路章程》，本宪章目标第5条. 南京：东南大学出版社，2011年.

[2] 丁援.《文化线路有形与无形之间》转引，国际古迹遗址理事会文化线路科学委员会，《国际古迹遗址理事会文化线路章程》. 南京：东南大学出版社，2011年.

[3] 《国际古迹保护与修复宪章》第十四条，第二届威尼斯历史古迹建筑师及技师国际会议，1964年5月.

持续发展"思想最早出现在 20 世纪 70 年代，其目的在于反思和控制现代科技的无序发展给人类带来的环境危机。1987 年，世界环境与发展委员会（WCED）发表了报告《我们共同的未来》。这份报告正式使用了可持续发展概念，并对之做出了比较系统的阐述，产生了广泛的影响。该报告中，可持续发展被定义为："能满足当代人的需要，又不对后代人满足其需要的能力构成危害的发展。它包括两个重要概念：需要的概念，尤其是世界各国人们的基本需要，应将此放在特别优先的地位来考虑；限制的概念，技术状况和社会组织对环境满足眼前和将来需要的能力施加的限制。"[1] 可持续发展这一概念自 1972 年通过《公约》以来，普遍被国际社会全面接受，并对文化遗产的保护产生了较大影响。2013 年版的《操作指南》就明确指出保护、保存自然和文化遗产就是对可持续发展的巨大贡献，显然是强调文化遗产是促进可持续发展的重要资源。

2015 年版《中国文物古迹保护准则》进一步明确了文物古迹"利用应强调公益性和可持续性，避免过度利用"。对于文化遗产的利用，其中最常见的便是遗产旅游。如何让旅游得到可持续发展，1995 年"可持续旅游发展世界会议"通过的《可持续旅游发展宪章》提出 18 条指导性的原则和目标，要求"旅游发展必须建立在生态环境的承受能力之上，符合当地经济发展状况和社会道德规范。可持续发展，是对资源进行全面管理的指导性方法，目的是使各类资源免遭破坏，使自然和文化资源得到保护。""可持续旅游发展的实质，就是要求旅游与自然、文化和人类生存环境成为一个整体。"[2]《文化线路遗产宪章》也对文化线路"可持续利用——与旅游活动的关系"进行了阐释。

4. 整合性原则

整合性原则包括两方面的内涵：一是线性文化遗产文物、古城、古镇、古村、非物质文化遗产在保护及其利用体系上的整合，重点在于整合各区域、各级政府、各种组织及专业机构参与到文化遗产的保护工作中，拓展线性文化遗产登记、研究、规划、保护、利用、展示的方法途径；二是借鉴美国遗产廊道的保护模式，

---

[1] 俞博文.《绿色营销与可持续发展探析》.《当代经济》2016 年 2 月 10 日. 转引本东京第八次世界环境与发展委员会《我们共同的未来》."世界环境与发展委员会关于人类未来的报告"1987 年 2 月.

[2] 郭来喜.《中国生态旅游——可持续旅游的基石》.《地理科学进展》. 1997 年 12 月，转引《可持续旅游发展宪章》，1995 年.

将文化遗产与特色城市、风景名胜区、自然保护区、其他重要景观资源的整合，将遗产保护与文化旅游、体育休闲、文化创意、互联网等产业进行整合，促进和提升文化遗产的活力。

对于线性文化遗产规划，特别是大型的、跨区域的线性文化遗产整体保护规划，中国目前还没有制定出统一的规划标准。或许分段的保护规划已经在计划以内，但缺乏站在遗产所涉及的整个片区或国家层面的高度统筹规划。因此整合性原则显得十分重要，树立区域性整体保护思想，在文化遗产覆盖范围内的省、市、县、区相关部门和机构的相互协调、配合下由国家层面来制定一个单独的、具有针对性的保护条令或可持续性发展的战略规划，因地制宜地根据规划制定和落实保护措施。

5. 公益性原则

文化遗产是不可再生的重要资源，也是展现国家或区域文化特征的基础性资源。文化遗产的利用，价值取向十分关键。世界各国都将公益性作为文化遗产保护，尤其是利用的重要原则。公益性原则有两个层面，一是国家利益，二是公众利益。1972 年《保护世界自然与文化遗产公约》中明确提出了"本公约缔约国应通过一切适当手段，特别是教育和宣传计划，努力增强本国人民对本公约第一条和第二条中确定的文化和自然遗产的赞赏和尊重"[1] 的要求，其核心思想仍是文化遗产应当发挥教化育人的作用。此外 1999 年 ICOMOS《国际文化旅游宪章——重要文化古迹遗址旅游管理原则和指南》、2008 年 ICOMOS《文化遗产阐释与展示宪章》、2013 年版《操作指南》等，都从不同的角度明确了文化遗产阐释和展示的目的，提出保护文化遗产要培养公众意识，鼓励公众参与遗产保护，加强世界遗产在社会生活中的作用。可见，公益性原则是国际文化遗产保护的基本价值取向，世界各国都十分关注文化遗产的文化认同价值和教育意义。如欧洲文化线路理念形成的重要原因是展现欧洲记忆、历史和遗产的多样性，这就免不了从地区和国家利益、公众利益层面来实施文化遗产保护，其最终目的是培养公众对欧洲文化和价值观的认同。

我国对文化遗产的保护利用也一直坚持公益优先的原则，并通过《文物保护法》《风景名胜区条例》等法规进行约束。《文物保护法》提出国有不可移动文

---

[1] 世界遗产委员会.《保护世界文化和自然遗产公约》第二十七条，第 1 款. 1972 年 10 月，联合国教育、科学及文化组织巴黎第十七届大会通过.

物除了建博物馆、保管所或辟为参观游览场所外，其他利用方式均需按程序进行审批；《风景名胜区条例》提出风景名胜区管理机构不得从事以营利为目的的经营活动，不得将规划、管理和监督等行政管理职能委托给企业或者个人行使；《中国文物古迹保护准则》也提出文物古迹作为社会公共财富，应当通过必要的程序保证其利用的公平性和社会效益的优先性。以上条令和准则都是对公益性的强调，但由于保护经费投入不足、地方经济发展诉求强烈等原因，我国一些文化遗产地成为地方政府经济增长的"重要支柱"，其利用严重偏离了文化遗产公益性原则，过度旅游化、商业化，有的甚至将国家资源交给企业进行经营，有的大肆造假，胡编乱造文化遗产的价值，对公众进行不健康的导向，对文化遗产造成了损害和影响。2016年3月，国务院下发《关于进一步加强文物工作的指导意见》提出"坚持公益属性"和"坚持服务大局"是文物工作的基本原则，强调"政府在文物保护中应发挥主导作用，公平对待国有和非国有博物馆，发挥文物的公共文化服务和社会教育功能，保障人民群众基化权益，拓宽人民群众参与渠道，共享文物保护利用成果"。[1] "始终把保护文物、传承优秀传统文化、建设共有精神家园作为文物工作服务大局的出发点和落脚点，统筹协调文物保护与经济发展、城乡建设、民生改善的关系，充分发挥文物资源传承文明、教育人民、服务社会、推动发展的作用。"[2] 这是我国关于文化遗产保护公益性的重要宣言。

三、保护方法

线性文化遗产时间跨度长，空间范围广，类型多样，较其他文化遗产保护难度相对更大。就保护方法而言，与其他文化遗产有诸多共同之处。除此之外，线性文化遗产应重点处理好静态与动态、局部与整体、有形与无形、本体与外延、保护与利用、地方管理与区域合作等辩证关系。

1. 静态与动态

所谓静态保护，即是对构成线性文化遗产的遗址、墓葬、建筑、石刻、壁画等文物古迹，按照文物保护的原则，采取严格的原状保护。文物古迹是线性文化

---

[1] 世界遗产委员会.《保护世界文化和自然遗产公约》第二十七条，第1款. 1972年10月，联合国教育、科学及文化组织巴黎第十七届大会通过.

[2] 国务院《国务院关于进一步加强文物工作的指导意见》.〔2016〕17号文件. 2016年3月8日.

遗产最根本的核心和价值载体，必须得到妥善对待和长期保存，避免其历史信息的丧失是最重要的工作。当然，静态并非完全静止、固化，一些保护方法还应当考虑到其可逆性、可识别和最小干预，要为将来的保护留有余地。

所谓动态保护，即是针对线性文化遗产这样的大型遗产，单纯的静态保护是不可取也是不可能的。对于有的文化遗产，如仍在使用中的运河、村落和城镇，处在变化中的文化景观，如梯田，还有如文化遗产的自然背景和人文环境，由于其自然人文环境、景观形态会随着时间的推移而发生变化，因此，其保护必须具有动态的战略思维。

静态保护与动态保护并非非此即彼、相互割裂，而应当综合运用，针对不同的保护对象，采用相对侧重的保护方法。静态不是完全静止，动态也不能无原则地变化。

2. 局部与整体

线性文化遗产是由众多单体遗产构成的整体，因此，其保护必须处理好局部与整体的关系。线性文化遗产要在整体思维的指导下做好局部保护的工作，并在局部保护的基础上形成整体效果。局部即单体的保护，是线性文化遗产保护的根本基石，就好像项链上的单个珍珠，只有每个珍珠都是完整光亮的，整串珍珠才有更高的价值。但是，局部保护也必须要有整体思维，只见树木，不见森林，也是不可能保护好长长的线路的。

线性文化遗产的"局部"概念，除了文化遗产点外，还包括线路上的各类自然景观、博物馆、游客服务点、露营点、休息站、餐饮店、停靠点等景点和服务设施，它们与文化遗产点共同构成了线性文化遗产的"整体"。它们同样是保护工作不可忽略的单体。

线性文化遗产的局部和整体保护都要有各自的长远规划。对整体而言，是大尺度空间、大跨度时间的宏观战略规划，对局部而言，是单元性、区域性或时空都很小的总体或控制性规划。

3. 有形与无形

所谓有形与无形，是指线性文化遗产保护除了物质文化遗产保护，还要关注与线性文化遗产相关的非物质文化遗产保护。

物质文化遗产包括可移动文物和不可移动文物两部分。可移动文物是指与线性文化遗产相关的各个历史时期遗留下来的艺术品、工艺品，文献资料，以及具

313

有历史、艺术、科学价值的手稿和图书资料等；此外，还包括反映与线性文化遗产相关的各时代、各民族社会制度、社会生产、社会生活的代表性实物。可移动文物的保护可以以博物馆、陈列馆藏品，研究出版、开发文创产品等形式进行展示和利用，以发挥其鉴赏、教育的职能，不断拓展人类文化认知的领域。

不可移动文物是指与线性文化遗产相关的遗址、墓葬、建筑、建筑群、石窟寺石刻、壁画等文物遗存，也包括与线性文化遗产相关的标志物、纪念物和构筑物，还包括与线性文化遗产相关历史文化城镇、村落等聚落遗存，以及文化景观、农业遗产、工业遗产等新型遗产。不可移动文物除可以通过修缮展示其历史、科学、艺术和文化价值外，还可以开辟成博物馆、纪念馆等参观游览场所，也可与文化旅游、运动休闲、文化创意等产业相结合而进行可持续的合理利用。

非物质文化遗产是线性文化遗产中最具有活力的部分，也是传承线性文化遗产文化传统的核心内容。根据《中华人民共和国非物质文化遗产法》对非物质文化遗产的界定：指各族人民世代相传并视为其文化遗产组成部分的各种传统文化表现形式，以及与传统文化表现形式相关的实物和场所。如与屯军遗产廊道线性文化遗产相关的屯堡地戏、屯田农业生产技术、安顺屯堡人的生活习俗等。非物质文化遗产保护方法主要有展演、传习、记录以及生产性保护等，同时也有对非物质文化遗产进行提升的传承发展式的保护方法。

4. 本体及外延

本体及外延，是指除线性文化遗产物质与非物质文化遗产外，还应考虑到沿线空间关联的其他资源的保护，如城镇和乡村聚落，风景资源，重要事件发生地，重要节日、民俗或其他重要活动举办地等，其中以可供游赏的风景资源最为重要。

风景资源是指能引起审美与欣赏活动，可以作为风景游览对象和风景开发利用的事物与因素的总称，是构成风景环境的基本要素，是风景区产生环境效益、社会效益、经济效益的物质基础。风景资源主要分两大类，自然景源和人文景源。自然景源主要分天景、地景、水景和生境四种类。人文景源包括园景、建筑、胜迹、风物四种类。[1] 线性文化遗产具有空间跨度较大、呈线性和带状的特征，必然与沿线风景资源有着相互交叠的关系。有的风景资源是文化遗产的自然背景，有的风景资源是独立的自然景观。保护线性文化遗产，必须将这些风景资源进行通盘考

[1] 魏民.《试论风景名胜资源的价值》.《中国园林》，2003 年，第三期. 转引《风景名胜区保护规划规范》（GB5098 — 1999）.

虑和有效整合,使线性文化遗产的社会效益、文化效益和经济效益得到更好地发挥。

5. 保护与利用

保护与利用看似文化遗产保护工作的一对矛盾体,其实并不尽然。保护的目的是为了延续和更好发挥文化遗产的历史、科学、艺术、社会和文化价值,同时,合理的利用也可以促进保护。评判合理利用的标准在于是否适度、是否可持续、是否坚持公益和社会效益、是否对文化遗产的价值造成破坏和不良影响。

线性文化遗产应当提倡多种形式的利用方式,除参观旅游外,徒步、远足、求知、探险、户外、露营、自驾、骑行等都是可行的利用方式,同时,建设专题博物馆、露天博物馆、社区博物馆,举办戏剧演出、庙会、节日庆典等文化活动,开展文创产品和农特产品研发也是利用的一些方式。在利用规划中,宣传与形象识别对线性文化遗产的保护与利用举足轻重。良好的宣传及醒目的形象标识,可以在人们心目中形成持续而稳定的公众形象。圣地亚哥朝圣之路就十分注意宣传与形象识别问题,在宣传上不遗余力地使用书籍、网络、影视等媒体,让人们油然而生一种对宗教和对人生感悟的冲动。在标识形象上,贝壳形象在线路上随处可见,既是指路的标志,也是朝圣活动最醒目的标志。

6. 地方管理与区域合作

地方管理是保护线性文化遗产的基本保障,但区域甚至跨区域的合作却是线性文化遗产取得整体效果的最终出路。因此,线性文化遗产的保护必须提倡跨区域的合作。《文化线路宪章》甚至将跨区域合作上升到"建立国家和国际合作的平台"。区域合作最关键的是基础性共识。共识来源于对线性文化遗产的研究。跨区域的研究合作对于把握线性文化遗产的整体性具有重要意义,它使得不同区域的人们从更广阔的视角来认识线性文化遗产的整体价值。区域保护合作可以通过成立协调委员会、发表共同声明及宣言、召开轮值会议、开展区域资源调查、编制区域总体规划、保护研究交流等形式得以确认和巩固。区域保护合作必须有共同认可的章程和长效的工作机制。保护工作的属地性原则会对区域合作造成较大影响,因此,除了民间的合作交流外,政府间达成共识并为之而共同努力,消除歧见、战略互补、多方共赢才是区域合作的长久之道。当然,如果能将线性文化遗产保护与区域间的发展战略相契合,则必将起到事半功倍的效果。如丝绸之路、海上丝绸之路保护与"一带一路"国家战略布局的结合。西南地区线性文化遗产都应当采取区域合作的方式。

第二节　西南地区线性文化遗产可持续发展策略

线性文化遗产的保护是庞杂的系统工程。"廊道式"保护方式适用于绝大多数的线性文化遗产保护。但在实践中，线性文化遗产保护需要协调不同区域政府间、不同主管部门间、不同专业领域间大量的工作。如果没有法律上、政策上、机构上的战略统筹，这种巨型的文化遗产保护理论也只能是空中楼阁。长城保护、丝绸之路和大运河申遗等案例是我国为数不多的线性文化遗产保护实践，它们为线性文化遗产的保护战略提供了很好的研究案例，颇有借鉴之处。当然，由于不同区域、不同类型的线性文化遗产面临不同资源背景、人文背景和工作背景，线性文化遗产的保护战略也会有差异。在此，本研究以西南地区线性文化遗产作为研究对象，提出线性文化遗产保护的战略构想，也可部分移植于其他线性文化遗产的保护。

西南地区线性文化遗产分布范围广，历史跨度大，类型丰富。各种线性文化遗产相互交叉、重叠，形成了网络化、层次化的线性文化遗产群。特殊的地理自然环境和特定的经济社会环境，也无形中加大了西南地区线性文化遗产的保护难度。虽然与这些线性文化遗产相关的大部分文物古迹和文化传统已经被公布、登录为各级文物保护单位或非物质文化遗产，甚至各级风景名胜区，但总体上仍是各自为政，没有形成合力。通过前面章节的研究，特别是屯军遗产廊道保护案例的梳理，针对西南地区线性文化遗产的特点，我们分别从法规政策、操作实践和运营拓展三个层面提出战略构想。

一、法规政策层面

政策性层面是制定、出台相关政策，确保跨区域的大型线性文化遗产保护，形成各相关省（市）共同遵守、拥有共同目标统一保护行动的保障。因此，法规政策层面的引导事关线性文化遗产保护的成败。对此，我们提出如下战略构想。

一是加强法规建设。法规建设是西南地区线性文化遗产走向长效化的重要保证。首先，国家层面应当建立类似美国"国家遗产廊道"的立法保护机制，从法规上加强对国家线性文化遗产的保护。对于一些重要的国家级线性文化遗产，建议由国务院出台类似《长城保护条例》的专项保护法规；如茶马古道目前已经公布成为全国重点文物保护单位，但还没有将相关自然遗产、景观资源以及非物质文化遗产纳入廊道保护。因此，对于事关国家战略的线性文化遗产，应当上升为国家行为，由国务院进行公布并出台专项法规进行保护。其次，西南地区各省（市）应当联合或单省根据实际情况出台诸如"红军长征线路遗产保护条例""屯军廊道遗产保护管理办法""茶马古道文化遗产保护管理规定"等地方性专项法规和规范性文件，对跨省的区域级线性文化遗产保护提供法规保障；不管法规还是规范性文件，其核心在于线性文化遗产本体及周边环境的保护。因此，涉及线性文化遗产相关文物古迹、景区景点本体，以及相关核心区、缓冲区应作为法定保护对象，其保护、建设、利用均应履行必要的审批程序。当然，加大相关法规的执法力度十分重要，可以采取区域间交叉执法检查的方式进行监督，做到有法必依，执法必严，确保文化遗产本体及周边环境均得到有效保护。

二是强化政策引导。西南地区各省（市）各级政府以及相关文化遗产保护部门应当从政策层面上加强西南地区线性文化遗产研究的引导，通过政府会议、政府公报、研究论坛、新闻媒体等形式，对西南地区线性文化遗产的概念、分布、保护等进行广泛宣传，使线性文化遗产的概念逐渐深入人心。同时，通过课题招标、课题引导等形式，促进相关研究机构及研究人员广泛参与线性文化遗产的研究、调查与保护实践工作。应在茶马古道、西南驿道、川盐古道、屯军遗产廊道、红军长征西南之路等跨区域线性文化遗产的研究上，形成省际研究联盟，鼓励做好基础研究、保护理论和保护技术研究。

三是推动机构建设。西南地区各省（市）甚至包括广西、湖南等省区，联合组建"西南地区线性文化遗产保护研究所"，纳入事业编制管理，专业从事线性文化遗产研究工作。第二，各省（市）涉及西南地区线性文化遗产的市、州、县要建立相应的横向管理机构，加强线性文化遗产保护工作的协调，形成各部门联动、各行业参与的机制。第三，加强线性文化遗产遗存较集中的市、州、县遗产管理部门机构建设，增加专业编制，强化岗位职责，落实保护目标。第四，各省（市）从政策上引导高校、文化遗产研究机构及其他社会组织、个人加强西南线性文化遗产的研究。

四是深化省际联动。各省（市）联合建立"西南地区线性文化遗产管理委员会"，"委员会"的成员由沿线各省（市）及相关部门领导组成。同时，各省（市）建立"分委会"，"分委会"由省政府分管领导及相关部门领导，各市（州、地）、市（区、县）领导组成。"委员会"和"分委会"的主要职责包括：（1）法规、决策、措施等的制定；（2）重大问题的协调；（3）线路的策划、推广和宣传；（4）资金的筹措和监督管理；（5）资料、档案的总管。"委员会"设秘书处，定期召开会议，听取秘书处的工作汇报。"委员会""分委会"通过聘任和委托，组建"西南地区线性文化遗产保护监督专家委员会"，对各级政府线性文化遗产保护的行为和决策予以建议和监督。"专家委员会"有权独立进行评估并有义务接受四省（市）"委员会"或"分委会"以及各利益相关者的考核、评鉴。

五是制定战略规划。各省（市）联合制订"西南地区线性文化遗产保护与发展战略规划"或针对某一专项的线性文化遗产制定战略规划，如"红军长征线路保护战略规划""茶马古道保护与发展战略规划"等，将西南地区线性文化遗产的保护与"一带一路"、扶贫攻坚、区域协调发展等工作结合起来，统筹规划文化旅游、文化建设、文化扶贫、文化输出、社会发展等目标。战略规划应当纳入各省（市）国民经济与社会发展规划。通过规划配套落实相关政策措施和保障经费，从而在宏观层面构建良性循环的线性文化遗产保护与发展机制。

六是提供经费保障。各省（市）应将西南地区线性文化遗产的保护经费纳入各级财政预算，并将是否纳入财政预算作为政府目标考核的重要指标。西南地区各省（市）应在政策层面上对社会企业、事业、相关机构和个人等社会力量捐助线性文化遗产保护的行为予以鼓励，在社会荣誉、税收减免、适量的资源使用权等方面进行奖励。各省（市）应当从政策层面探索建立西南地区线性文化遗产保护基金的可能性，采取社会募集等方式筹措资金，建立广泛吸纳社会资金参与遗产保护机制。

二、操作实践层面

操作实践层面指从技术可实现的角度对线性文化遗产的保护和发展提出工作思路。其层次虽然低于法规政策层面，但对于线性文化遗产保护的可行性和实践却至关重要。

一是资源调查。在基本掌握西南地区各个线性文化遗产的范围、主路、辅路、支路之后，西南地区各省（市）应联合开展相关线性文化遗产沿线文物古迹、文化传统和非物质文化遗产的调查，摸清与线路相关的各类文化遗产、自然遗产和景观资源，弄清资源的数量、类型与分布。调查之后由各省（市）对相关清单进行公布，以确保它们得到有效保护。同时，出版相关调查成果，使全社会对线性文化遗产的认识得到大幅度提升。

二是编制规划。线性文化遗产涉及多区域、多部门、多领域，必须具备强有力的宏观战略和微观策略才能确保保护利用有序、有效地推进，因此，编制基于上述战略、策略的整体线路的保护管理规划和空间规划就显得十分重要。建议以区域为单位编制整条线性文化遗产保护管理区域规划；以省域为单位落实区域规划，编制省域线性文化遗产的保护管理和空间管控总体规划；以单个或连片文物古迹点、景区、景点编制具体的保护管理和空间管控制性规划，并在此基础上编制修建性详细规划。不管是区域规划、总体规划，还是控制性详细规划、修建性详细规划，均应纳入相关城乡规划、土地利用规划。

三是划定保护区划。西南地区各省（市）文化遗产保护主管部门应就相关线性文化遗产涉及的文物古迹点，城乡规划部门就相关线性文化遗产涉及的风景名胜区、景区景点等划定保护核心区、缓冲区，以确保线性文化遗产的遗产本体和周边环境得到妥善的保护。核心区、缓冲区可以通过政府单独公布，或者在编制区域规划、总体规划、控制性详细规划时予以划定。建议划定后的核心区、缓冲区经各省（市）人民政府批准后进行公布，以增强其权威性和法定效力。公布后的核心区和缓冲区，应由相关部门及时树立保护标志碑和界桩。

四是开展保护工作。保护工作是所有线性文化遗产保护的基础。应在资源调查和战略规划、总体规划、区域规划、控制性详细规划、修建性详细规划的基础上，开展线性文化遗产文物古迹、景区景点及非物质文化遗产的保护工作。保护工作应当按照《文物保护法》《城乡规划法》《历史文化名城名镇名村保护条例》《风景名胜区条例》等法规和《中国文物古迹保护准则》等技术要求编制相应保护设计方案，选择具备相应资质能力的队伍进行实施，实施过程中应培养和鼓励地方工匠和社区民居，使其能够参与到保护工作中。同时，应当加强城乡建设活动中涉及线性文化遗产的保护，使其能够得到"原地""真实"的保护，严格减少"搬迁保护"，特别是"拆旧建新""仿古重建"等建设性破坏行为。各级政府及相关部门应加强线性文化遗产保护的监管，将真实性、完整性作为保护工作成功与否的重要指标。监管和评估均应由有相应资质和能力的评估机构进行，评估结果应当向社会公布，接受社会监督。

五是积极申报国保和世界文化遗产。西南地区各省（市））应将申遗、申报工作作为推动地区文化遗产保护的重要抓手，联合将川盐入黔线路、滇黔屯军遗产廊道、红军长征西南之路等具有区域影响力的线性文化遗产申报为全国重点文物保护单位。同时借鉴丝绸之路、中国运河申报世界文化遗产的经验，在西南线性文化遗产中选取资源保存较好、遗产价值较高的线性文化遗产申报世界文化遗产，以提高西南地区线性文化遗产的影响力。

三、运营拓展层面

运营拓展是线性文化遗产合理利用和可持续发展的基础。但运营并非经营，我们反对将线性文化遗产以公司经营的方式进行运作，那样是违反可持续性和公益性原则的。在运营拓展层面提出如下构想。

一是加强遗产保护和利用方面的研究和学术交流。在相关遗产的价值得到深入研究并得到妥善保护之后，应积极提倡文化遗产的合理利用，从宏观层面加强线路利用的总体规划和统筹。重点加强文化遗产展示及价值阐释，线性文化遗产保护与博物馆体系建设、文化旅游、文创产业、体育休闲、旅游地产进行结合的方法、途径、保障措施的研究。同时，定期或不定期开展"西南地区线性文化遗产"或相关专题线路研究的学术交流，采取宣言、倡议、规程等形式加强不同区域、不同部门、不同领域之间的横向联系，开办研究学术杂志和学术交流网站，促进研究工作的平衡发展，形成线性文化遗产利用的共识。

二是探索合理利用的方法，并做好利用监管工作。应当采取功能延续或赋予新的功能、建设专题博物馆、开展适度文化旅游和休闲旅游等方式，对文物古迹、景区景点进行合理、适度利用。但不管基于何种目的考虑，都不能有损于线性文化遗产各类遗存的可持续利用，必须把对文物历史文化价值的阐释用于服务大众，把社会效益放在首位，并遵守相关法令条文规定和严格把握社会公德，避免过度商业化、旅游化和短期效益的利用。同时，应当加强对线性文化遗产公司化经营趋势的监管，以避免国有资源的流失，不能将遗产区、遗产地作为企业资产进行经营，特别是不能将国有文物保护单位、风景名胜区、历史文化名镇（村）及其管理机构整体交由企业管理。

三是加强运营统筹和运营策划。西南地区各省（市）应从区域实际出发，探索文化遗产公共性、公益性、文化性和教育性运营的准入机制，构建多元化运营主体的局面。但运营必须以相关法规、规划为依据，不得对文化遗产价值的各个方面造成不利影响或破坏。同时，做好线性文化遗产文物古迹、景区景点运营策划，解决整条线路资源配备、互补问题，合理规划运营功能分区，做好运营主题的策划和产业发展规划，统筹好文化推广、教育启智、旅游参与、体育休闲、餐饮住宿等经营性与公益性之间的关系，以经营性来支撑公益性，形成双赢共管的良好生态。做好线性论遗产的品牌推广和形象打造，充分利用新媒体和互联网加强运营项目的宣传。

四是加强解释系统构建和服务设施建设。首先对线性文化遗产各文物古迹、景区景点加强解释系统的构建，让自然遗产和人文遗产本体及环境得到真实、完整地展示，逐步构建完备的主题博物馆、陈列馆解释体系，完善标识牌、说明牌、场景表演以及建立在移动客户端基础上综合导视系统，使线性文化遗产的各种价值得到充分展示。其次，应当结合城乡建设和交通发展规划，加强各文物古迹、景区景点服务设施建设。服务设施既包括道路交通、游客服务、酒店、水电、网络、环卫等基础设施，也包括导览导视、专题网站、导游指南等服务设施。

五是加强文创产品开发，输出文化价值。西南地区各省（市）应从政策层面出台鼓励文创人员开发文创产品政策，然后推进以市场为导向，以输出文化价值为目的文物古迹、景区景点文创产品开发。文创产品开发应当摒弃传统旅游纪念品开发的模式，走差异化、个性化、设计感十足的高层次形式。为确保文创产品的知识产权得到保护，还应当从政策层面出台相应的法规，使文创真正走上可持续的发展之路。

第三节　结语与不足

一、研究收获

线性文化遗产比其他类型的文化遗产要显得复杂，因为它包罗了"线状""线型""线形"的文化景观、遗产运河、文化线路、遗产廊道等新型的文化遗产。其构成要素既有物质文化遗产，也有非物质文化遗产，其遗产对象既有传统的建筑、建筑群、遗址类文物古迹。本书对线性文化遗产的缘起、界定和判别等进行了解读，对国内外与线性文化遗产相关的线路遗产、遗产廊道、文化线路、文化景观等保护理念进行了深入研究和系统总结。同时，通过对文化遗产保护运动发展的回顾，指出了当前我国线性文化遗产保护存在的问题。研究中还特别关注了在中国"一带一路"建设背景下，线性文化遗产保护所面临的政治、经济、文化历史使命和挑战。

西南地区是中国线性文化遗产较为集中分布的区域，文化遗产保护观念和经济发展水平相对滞后，如何让研究既尊重现实，又具有一定的指导性和前瞻性，是我们必须面对和解决的问题。通过大量的资料查阅和田野调查，我们以"西南"的大视野，首次对西南地区线性文化遗产的类型、分布及现状进行了深入梳理，早至先秦，晚到明清甚至到民国时期，并结合西南地区的经济地理现实情况，提出了"廊道式"的线性文化遗产保护理念。

西南地区线性文化遗产历史时期是依托官方和民间的驿道、古道、水道、商道、军道而形成不可再生的宝贵遗产，它再现了线路给沿线地区人们带来生活方式、思维方式、价值观念、文学艺术、建筑服饰、信仰崇拜等方面的交流和融合。研究中我们对西南地区线性文化遗产的典型代表——蜀道、茶马古道、川盐入黔线路、明代滇黔屯军遗产廊道、红军长征之路的历史发展、资源现状、涉及区域、分布特点，以及生存状况进行了部分田野调查和资料汇总。通过研究，我们深刻地认识到交通发展对于民族地区的治理和稳定，统一国家的维系，文化的交融，经济的往来的重要性，也意识到西南地区线性文化遗产保护的任重道远。

如何科学、有效地评估与判别线性文化遗产的起止、范围、构成，特别是针对茶马古道、川盐入黔与红军长征之路上某些遗产节点和线路本身交叉和重叠现象，我们以"线路"为主，以"文化"为辅进行研究，尽量对线性文化遗产的内涵和外延进行界定，提出："同一条线路可适应于两种，甚至两种以上的不同分类法"；"无论哪一种划分得出的结论都是相对的和动态的，它仅仅是对线路表现出的主要信息负责"的观点。在线性文化遗产的价值评估上，尝试使用层次分析法，以剑门蜀道段、滇藏茶马古道段、仁岸线川盐入黔水陆结合段、明代滇黔屯军线路贵州境内路段、红军长征贵州境内路段为样本，对蜀道、茶马古道、川盐入黔线路、明代滇黔屯军、红军长征之路进行了综合性定量评估。

最后，我们以构建滇黔屯军遗产廊道作为案例，采用"廊道式理念"对线性文化遗产保护和开发问题进行深入研究。认为遗产廊道的保护与利用除了廊道本身的遗产价值外，还应重视保护资源的多样性、组织管理的公开性、经济活动的可持续性、功能利用的全面性和利益相关者的参与性，并从宏观、中观、微观三个层次探索了屯军遗产廊道保护的战略构想，形成"廊道式"线性文化遗产保护的基本理念。最终，我们总结了研究过程中的所得，提出西南地区线性文化遗产保护理论框架和可持续发展策略。

二、不足之处

虽然本书中有许多开创性的探索研究，但是由于线性文化遗产概念的复杂性和西南地区线性文化遗产的丰富性，使本次研究不可能兼顾无遗，着实也存在一些不足和遗憾。比较突出的是西南地区线性文化遗产的涵盖面还不够全面，重点仅放在了蜀道、茶马古道、川盐入黔线路、明代滇黔屯军廊线路、红军长征之路上，对其他遗产线路关注还不够，对"线状""线型"和"线性"遗产的区别与联系缺乏实证分析，需要在将来的研究中进一步加以完善，以确保西南地区线性文化遗产概念的严密性。其次是对西南地区线性文化遗产资源的全面性把握还不够，虽然我们在研究过程中查阅了大量的历史、地理、文化资料，进行了大量的田野调查，也调阅了文化部门、文物部门、住建部门、旅游部门大量非物质文化遗产保护、文物保护、历史文化名城名镇名村保护、风景名胜区保护的法律、法规、文件、通知等资料，但由于西南地区线性文化遗产的资源过于庞杂，特别是非物质文化遗产部分，不可能对每条线路的资源状况、保护现状、利用情况、服务设施配套等无一遗漏进行收集、整理，只能选择较高级别的文物保护单位、历史文化名城名镇名村、非物质文化遗产、风景名胜区等进行分析研究，故对线性文化遗产整体性评判存有缺憾。

西南地区线性文化遗产的保护是一个庞大而复杂的工程，研究工作或许万里长征才刚刚起步，希望今后能有更多的人参与进来，为线性文化遗产保护概念在西南，乃至中国其他地区所具有的理论和实际意义尽绵薄之力。

主要参考文献

一、公约、法律、法规、文件

[1] 联合国教科文组织.《保护世界文化和自然遗产公约》.联合国教科文组织第十七届巴黎会议通过，1972 年 11 月 16 日.

[2] 国际古迹遗址理事会.《实施 < 世界遗产公约 > 操作指南》.2003 年 3 月.

[3]《关于原真性的奈良文件》. 日本奈良"与世界遗产公约相关的奈良真实性会议"代表起草.1994 年 11 月 1 至 6 日.

[4] 国际古迹遗址理事会.《文化线路宪章》.加拿大魁北克国际古迹遗址理事会第十六届大会通过，2008 年 10 月 4 日.

[5] 全国人民代表大会常务委员会.《中华人民共和国文物保护法》第五届全国人民代表大会常务委员会第二十五次会议通过，1982 年 11 月 19 日，2015 年第四次修正版.

[6] 全国人民代表大会常务委员会.《中华人民共和国非物质文化遗产法》中华人民共和国第十一届全国人民代表大会常务委员会第十九次会议通过，2011 年 2 月 25 日.

[7] 国际古迹遗址理事会中国国家委员会.《中国文物古迹保护准则》，2015 年修订版.北京：文物出版社，2015 年 10 月.

[8] 国务院.《中华人民共和国文物保护法实施条例》第 377 号,国务院第八次常务会议通过，2003 年 5 月 13 日.

[9] 国务院.《历史文化名城名镇名村保护条例》第 524 号,国务院第三次常务会议通过,2008 年 4 月 2 日.

[10] 国务院.《长城保护条例》第 476 号,国务院第 150 次常务会议通过，2006 年 9 月 20 日.

[11] 国务院.《关于加强文化遗产保护的通知》国发〔2005〕42 号，2005 年 12 月 22 日.

[12] 文化部.《大运河遗产保护管理办法》第 54 号，2012 年 8 月 14 日.

[13] 国家文物局.关于印发《大运河遗产第二阶段保护规划编制要求》的通知》，文物保函〔2009〕1293 号.

[14]西安市人民政府.《西安市丝绸之路历史文化遗产保护管理办法》.第53次常务会议通过.2008年8月25日.

[15]《关于保护产马古道文化遗产的普洱共识》."中国文化遗产保护普洱论坛茶马古道遗产保护",2010年6月.

[16]国家发展改革委、外交部、商务部.《推动共建丝绸之路经济带和21世纪海上丝绸之路的愿景与行动》,2015年3月28日.

[17]《西安宣言》.西安国际古迹遗址理事会第15届大会通过.2005年10月17日至21日.

[18]国务院第474号.《中华人民共和国风景名胜区管理暂行条例》第二条.国务院第149次常务会议通过.2006年9月6日.

[19]国务院第167号.《中华人民共和国自然保护区条例》第二条.1994年10月9日发布.2011年1月8日修订.

[20]国务院第17号《国务院关于进一步加强文物工作的指导意见》.2016年3月8日.

二、汇编、文献、专著、论文

[1]彭跃辉编译.《世界文化遗产保护管理法律文件选编》.北京:文物出版社,2014年3月.

[2]国家文物局法制处.《国际保护文化遗产法律文件选编》.北京:紫禁城出版社,1993年8月.

[3]张松.《城市文化遗产保护国际宪章与国内法规选编》.上海:同济大学出版社,2007年1月.

[4](西汉)司马迁.《史记·西南夷列传》卷一百十六第五十六.《史记·货殖列传》卷一百二十九,第六十九.北京:中华书局.1959年.

[5](北魏)郦道元.《水经注》.北京:商务印书馆,1933年5月.

[6](西晋)陈寿.《三国志·蜀志·黄李吕马王张传》卷43第十三.北京:中华书局,2005年.

[7](晋)常璩.《华阳国志》:《蜀志》、《南中志》卷三、四.上海:商务印书馆.1939年.

[8](唐)樊绰撰.向达原校.木芹补注.《云南志补注》卷一,《云南界内途程第一》.昆明:云南人民出版社,1995年12月.

[9](唐)樊绰撰.《蛮书·南蛮疆界接连诸蛮夷国名》卷十.北京:中华书局.1962年.

[10](唐)樊绰.《蛮书·山川江源》卷二,第二.北京:中华书局.1962年.

[11](唐)陈子昂.《全唐文》卷211,《上蜀川军事》.北京:中华书局.1983年11月.

[12](唐)魏徵.《隋书》卷24《志·食货》第19.北京:中华书局,2000年1月.

[13]（宋）欧阳修.《新唐书·杨贵妃》卷七十六. 北京：中华书局，1975 年.

[14]（宋）王溥.《唐会要·昆弥国》卷九十八. 北京：中华书局.1955 年 6 月.

[15]（宋）祝穆编.《宋本方舆胜览》卷六十六. 上海：上海古籍出版社，2012 年 11 月.

[16]（元）马端临.《文献通考》卷十五，《征榷》. 北京：中华书局 1986 年 9 月.

[17]（宋）李心传.《建炎以来朝野杂记》甲集，卷十四，《蜀盐》.北京：中华书局 1956 年 7 月.

[18]《明实录·大明太祖高皇帝》卷一百四十二，北京：中华书局影印版.

[19]（明）郭子章.《黔记·大事记·考释》.贵阳：贵州人民出版社，2013 年 1 月.

[20]（明）张缙彦.《菉居封事·马政疏第二设重臣》卷二.郑州：中州古籍出版社，1987 年 3 月.

[21]（明）宋濂.《元史》卷三十五，《本纪》第 35，文宗四.北京：中华书局.1976 年 4 月.

[22]（明）虞怀忠、郭棐等《万历四川总志》卷二十五，《经略》上，盐课.济南：齐鲁书社，1996 年 8 月.

[23]（明）王士性著，张新民点校.《黔南丛书·黔志》第 9 辑.贵阳：贵州人民出版社.2010 年 12 月.

[24]（明）郭子章著.《黔记·舆图志一》.贵阳：贵州人民出版社.2014 年 8 月.

[25]（清）丁宝桢等.《四川盐法志》卷十，《转运五·贵州边岸》.上海：上海古籍出版社，1995 年.

[26]（清）谷应泰.《明史·纪事本末》卷二十. 北京：中华书局，1985 年

[27]（清）张廷玉.《明史·列传》卷二百四，《贵州土司》、卷八《食货志·盐法》.北京：中华书局.1974 年 4 月.

[28]（清）赵尔巽.《清史稿》卷一百二十四，《食货志五·载茶法》.北京：中华书局，1976 年 7 月.

[29]（清）檀萃.《滇海虞衡志》卷十一. 北京：中华书局，1985 年.

[30]（清）罗绕典撰：道光《黔南职方记略》.清光绪三十一年（公元 1905 年）贵阳文通书局重刻本.

[31]向达.《蛮书校注》卷一，《云南界内途程第一》.北京：中华书局.1962 年.

[32]周去非.《岭外代答·禽兽·蛮马》卷九.北京：中华书局.1993 年.

[33]王云五.《明会典》卷三十三，《课程》二，《盐法》二.北京：商务印书馆.民国二十五年 9 月.

[34]任可澄，杨恩元民国《贵州通志·前事志》卷三、"鄂尔泰陈奏两省事宜".贵阳文

通书局铅印本，民国三十七年.

[35] 逯钦立《先秦汉魏晋南北朝诗·晋诗·左思》卷七，第七三一. 北京：中华书局，1983 年.

[36]《续修四库全书》编纂委员会编.《续修四库全书》. 上海：上海古籍出版社，2002 年 4 月.

[37]《太祖洪武实录》卷 70，洪武四年十二月丙申.《明实录·贵州资料辑录》. 贵阳：贵州人民出版社.1983 年.

[38]《清圣祖实录 3》. 康熙二十六年六月丁未朔. 台北：台湾华文书局，1983 年.

[39] 中研院历史语言研究所.《明实录》:《洪武实录》卷二百九;《大明太祖高皇帝》卷 142 北京：中华书局.2016 年 1 月.

[40] 周振鹤主编，郭红、靳润成著，《中国行政区划通史·明代卷》，上海：复旦大学出版社，2007 年 8 月.

[41] 贵州省文史研究館点校《贵州通志·前事志》第二册卷八. 贵阳：贵州人民出版社，1987 年.

[42] 贵州省地方志编纂委员会编.《贵州省志·商业志》. 贵阳：贵州人民出版社. 1990 年 11 月.

[43]《贵州通史编委会》.《贵州通史》. 北京：当代中国出版社，2003 年 1 月.

[44] 安顺市地方志编委会点校.《安顺府志》. 贵阳：贵州人民出版社，2007 年 3 月.

[45] 国家文物局主编.《中国文物地图集》四川分册（上、中、下）. 北京：文物出版社 2009 年 9 月.

[46] 国家文物局主编.《中国文物地图集》云南分册. 昆明：云南科技出版社 2001 年 3 月.

[47]（日）关荣吉著；吴风声译.《文化社会学》. 中日文化协会,1941 年 11 月.

[48] 威廉·哈维烂.《文化人类学》. 上海：上海社会科学院出版,2002 年.

[49] 王子今.《交通与古代社会》. 西安：陕西人民出版社，1993 年 9 月.

[50] 李孝聪.《中国区域历史地理》. 北京：北京大学出版社，2004 年 10 月.

[51] 方国瑜.《中国西南历史地理考释》. 北京：中华书局，1987 年 10 月.

[52] 方铁.《西南通史》. 郑州：中州古籍出版社，2003 年 3 月.

[53] 云南省社会科学院历史研究所编.《中国西南文化研究》. 昆明：云南民族出版社，1996 年 9 月.

[54] 蓝勇.《西南历史地理文化》. 重庆：西南师范大学出版社，1997 年 3 月.

[55] 单霁翔.《从"文物保护"走向"文化遗产保护"》. 天津：天津大学出版社，2008 年 6 月.

[56]王景惠、阮仪三、王林《历史文化名城保护理论与规划》.上海: 同济大学出版社,2004年.

[57]李如生.《美国国家公园管理体制》.北京: 中国建筑工业出版社,2005年.

[58]阮仪三.《历史环境保护的理论与实践》.上海: 上海科技技术出版社,2000年.

[59]陈耀华.《中国自然文化遗产的价值体系及其保护利用》. 北京: 北京大学出版社,2014年2月.

[60]丁援.《文化线路有形与无形之间》.南京: 东南大学出版社,2011年5月.

[61]周剑虹.《文化线路保护管理研究》.北京: 科学出版社,2013年7月.

[62]俞孔坚,李迪华等.《京杭大运河国家遗产与生态廊道》.北京: 北京大学出版社,2012年3月.

[63]奚雪松《实现整体保护与可持续利用的大运河遗产廊道构建概念、途径与设想》,北京: 电子工业出版社,2012年12月.

[64]李之勤、阎守诚、胡戟.《蜀道话古》.西安: 西北大学出版社.1986年3月.

[65]蒙文通.《巴蜀古代试论》.成都: 四川人民出版社.1981年.

[66]木霁弘.《茶马古道上的民族文化》.昆明: 云南民族出版社,2003年6月.

[67]国家文物局、云南文物局.《茶马古道文化遗产保护论文集》.昆明: 云南科技出版社.2011年3月.

[68]达仓宗巴·班觉桑布,陈庆英译《汉藏史集》.西藏: 西藏人民出版社,1986年.

[69]成崇德、张世明.《清代西藏开发研究》.北京: 燕山出版社,1996年.

[70]贾大泉.《川茶输藏的历史作用》.四川省社会科学院历史研究所编《四川藏学论文集》.北京: 中国藏学出版社,1993年.

[71]黄奋生.《藏族史略》.北京: 民族出版社,1985年.

[72]四川省地方志编纂委员会编纂.《四川省志·盐业志》.成都: 四川科学技术出版社,1995年3月.

[73]何向东,习光辉等校注.清光绪《新修潼州府志》卷十二,《食货志》二,盐法.成都: 巴蜀书社2007年1月.

[74]赵逵.《川盐古道——文化线路视野中的聚落与建筑》.南京: 东南大学出版社.2008年10月.

[75]自贡市盐业博物馆等.《川盐古道与区域发展论文集》."川盐古道与区域发展"学术研讨会",2014年10月.

[76]中共赤水市宣传部编.《川盐入黔仁岸赤水》（内部资料）,2007年10月.

[77] 思南土家学研究会编 .《乌江盐油古道》（内部资料），2010 年 8 月 .

[78] 杨仁体 .《永岸盐业运销简况》《毕节文史资料选辑·黔西北地区川盐运销史料》第 6 辑，1988 年 7 月 .

[79] 中国民主建国会贵州省委员会、贵州省工商业联合会 .《贵州省工商史料汇编》，1985 年 1 月 .

[80] 林振翰 .《川盐纪要》，"创办官运以后之盐务" . 上海：商务印书馆印 .1919 年 .

[81] 中国文化遗产研究院、贵州省文物保护研究中心 . 《贵州省镇远青龙洞文物保护规划》. 2008 年 7 月 .

[82] 青岛市城市规划设计研究院、安顺市规划设计院 .《安顺历史名城保护规划》，2016 年 6 月 .

[83] 安顺市人民政府、武汉华中科大城市设计规划研究院 .《安顺市城市总体规（2016-2030）》，2016 年 7 月 .

[84] 费侃如编著 .《中国工农红军第一方面军长征史事日志》. 贵阳：贵州人民出版社，1999 年 9 月 .

[85] 毛泽东 .《毛泽东选集》一卷 . 北京：人民出版社，1969 年 9 月 .

[86] 国家旅游局规划发展与财务司 .《旅游景区质量等级的划分与评定（修订稿）》（GB/T17775 — 2003）. 北京：中国标准出版社 .2003 年 2 月 .

[87] 孙秋云，周浪 .《文化社会学的内涵、发展与研究再审视》.《中南民族大学学报（人文社会科学版）》,2016 年第 4 期 .

[88] 朱麟飞 .《文化研究与文化社会学想象力的拓展》.《浙江工商大学学报》,2016 年第 5 期 .

[89] 李宏松 .《当下中国文化遗产保护原则面临的挑战及对策之刍议》.《中国文化遗产》，2016 年第 1 期 .

[90] 吕舟 .《中国文化遗产保护三十年》.《建筑学报》，2008 年第 12 期 .

[91] 陈淳、顾伊 .《文化遗产保护的国际视野》.《复旦学报（社会科学版）》,2003 年第 4 期 .

[92] 邢启坤 .《我国世界文化遗产的合理利用及可持续发展模式探讨》.《世界遗产论坛》，2009 年第 10 期 .

[93] 杜晓帆 .《世界遗产的发展趋势及思考》.《人文天下》，2015 年第 7 期 .

[94] 刘红，苏荣誉 .《不可移动文物的分析框架》.《中国文物科学研究》，2008 年第 1 期 .

[95] 阮仪三 .《刹住重建、新建古建（构）筑物之风》.《群言》.2002 年第 12 期 .

[96] 陈志华 .《介绍几份关于文物建筑和历史性城市保护的国际性文件（一）》.《世界建筑》，

1989 年第 2 期.

[97] 单霁翔.《大型线性文化遗产保护初论：突破与压力》.《南方文物》，2006 年第 3 期.

[98] 邹统钎．万志勇等.《中国线性文化遗产开发与保护模式初探》.《世界遗产》，2010 年第 4 期.

[99] 俞孔坚 奚雪松.《中国国家线性文化遗产网络构建》.《人文地理》，2009 年第 3 期.

[100] 孙华.《"线状遗产""线性遗产""文化线路"关系说》.《世界遗产》，2015 年第 3 期.

[101] 王金伟 韩宾娜.《线性文化遗产旅游发展潜力评价及实证研究》.《云南师范大学学报》，2008 年第 5 期.

[102] 崔卫华，胡玉坤，《我国大型线状文化遗产的研究态势——基于核心期刊的统计分析》.《城市发展研究》，2015 年第 7 期.

[103] 王吉美、李飞.《国内外线性遗产文献综述》.《东南文化》，2016 年第 1 期.

[104] 陶犁，王立国.国《外线性文化遗产发展历程及研究进展评析》.《思想战线》，2013 年第 3 期.

[105] 于海燕.《国内外线性文化遗产旅游开发研究进展评述》.《旅游纵览》，2015 年第 10 期.

[106] 刘庆余.《国外线性文化遗产保护与利用经验借鉴》.《东南文化》，2013 年.

[107] 李林.《"文化线路"对我国文化遗产保护的启示》.《江西社会科学》，2008 年第 4 期.

[108] 刘娅.《线性文化遗产的保护和开发规划研究——以美国摩门先锋国家历史游步道为例》.《旅游论坛》，2012 年第 3 期.

[109] 彭兆荣.《线路遗产简谱与"一带一路"战略》.《人文杂志》，2015 年第 8 期.

[110] 贾蒙.《中国线性文化遗产判别及分类》.北京大学博士论文，2007 年.

[112] 吕舟.《文化线路构建文化遗产保护网络》.《中国文物科学研究》，2006 年第 1 期.

[113] 孙华.《文化线路成为年度关键词》.《中华遗产》，2007 年第 1 期.

[114] 李伟，俞孔坚.《世界文化遗产保护的新动向——文化线路》.《城市问题》，2005 年第 4 期.

[115] 韩宾娜.《"文化线路"的启示与古都旅游》.《中国古都文化与现代旅游发展研讨会论文集》.杭州：中国古都协会，2005 年.

[116] 王建波，阮仪三.《作为遗产类型的文化线路———< 文化线路宪 > 章解读》.《城市规划学刊》，2009 年第 4 期.

[117] 姚雅欣，李小青.《"文化线路"的多维度内涵》.《文物世界》，2006 年第 1 期.

[118] 刘小方.《文化线路辨析》.《桂林旅游高等专科学校学报》, 2006 年第 5 期.

[119] 杨浩祥.《欧洲文化线路展示与利用初探》.《建筑与文化》, 2015 年第 4 期.

[120] 王志芳 孙 鹏.《遗产廊道——种较新的遗产保护方法》.《中国园林》, 2001 年第 5 期.

[121] 奚雪松.《构建遗产廊道线性文化遗产的整体化保护》.《世界遗产》, 2013 年第 6 期.

[122] 王肖宇 陈伯超.《美国国家遗产廊道的保护——以黑石河峡谷为例》.《世界建筑》, 2007 年 7 月.

[123] 穆少杰等.《构建大尺度绿色廊道, 保护区域生物多样性》.《生物多样性》, 2014 年第 22 期.

[124] 龚道德, 袁晓园, 张青萍.《美国运河国家遗产廊道模式运作机理剖析及其对我国大型线性文化遗产保护与发展的启示》.《城市发展研究》.2016 年第 1 期.

[125] 李伟, 俞孔坚, 李迪华.《遗产廊道与大运河整体保护的理论框架》.《城市问题》, 2004 年第 1 期.

[126] 舒展.《圣地亚哥朝圣之路考察》.中国美术学院博士论文,2009 年.

[127] 朱强、李伟.《遗产区域：一种大尺度文化景观保护的新方法》.《中国人口·资源与环境》, 2007 年第 1 期.

[128] 丁援.《文化景观的德国解读及对中国的启示》.《中国名城》, 2015 年第 4 期.

[129] 李和平, 肖竞.《我国文化景观的类型及其构成要素分析》.《中国园林杂志》, 2009 年第 2 期.

[130] 罗哲文.《万历长城的历史兴衰和辉煌再创》.《新湘评论》, 2010 年第 3 期.

[131] 李长城.《长城文物保护实践的回顾与思考》.《中国文物科学研究》,2015 年 12 月.

[132] 周方.《丝绸之路经济带建设中历史文化遗产的法治保障研究》,《西北大学学报 (哲学社会科学版)》2015 年第 2 期.

[133] 童明康.《丝绸之路：走向世界遗产的历史旅途》.《建筑与文化》, 2007 年第 12 期.

[134] 彭雯.《中国丝绸之路首批 22 处申遗名单公布》,《中国艺术报》2013 年 3 月 15 日.

[135] 蓝勇.《南方丝绸之路线问题的探索》.《成都大学学报（社科版）》, 1994 年第 3 期.

[136] 方铁.《简论西南丝绸之路》.《长安大学学报》, 2015 年第 3 期.

[137] 罗二虎.《汉晋时期的中国"西南丝绸之路"》.《四川大学学报》, 2000 年第 1 期.

[138] 吴焯.《西南丝绸之路研究的认识误区》.《历史研究》, 1999 年第 1 期.

[139] 俞孔坚, 李迪华, 李伟《京杭大运河的完全价值观》.《地理科学进展》, 2008 年第 2 期.

[140] 陈怡.《大运河作为文化线路的认识与分析》.《东南文化》, 2010 年第 1 期.

[141]《大运河保护和申遗 2009 工作报告》.《中国文物报》，2010 年 5 月 2 日.

[142] 崔建利.《2014 年中国大运河研究综述》.《中国史研究动态》，2015 年第 5 期.

[143] 万书磊，于杭鑫.《京杭运河：一条流动中的千年文化长河》.《科学 24 小时》，2009 年第 4 期.

[144] 管彦波.《西南史上的古道交通考释》.《贵州民族研究》，2000 年第 2 期.

[145] 陈炜.《西南地区汉传佛教文化遗产资源调查研究》.《宗教研究》，2014 年第 4 期.

[146] 吴晓秋.《滇黔古代交通要道考》.《贵州大学学报（社会科学版）》，2011 年第 5 期.

[147] 王子今.《秦人的蜀道经营》.《咸阳师范学院学报》.2012 年 1 月. 第 27 卷第 1 期.

[148] 王子今.《蜀道文化线路的历史学认知》.《宝鸡文理学院学报（社会科学版）》，2012 年第 5 期.

[149] 林向.《蜀道文化线路的保护与申遗中的几个问题》.《地方文化研究辑刊》，2012 年. 第 10 期.

[150] 付文军.《论剑门蜀道文化线路的保护》（上）(下).《中国名城》，2009. 第 12 期.

[151] 刘煜.《剑门蜀道的保护模式审视》.《中国文化遗产》，2010 年. 第 6 期.

[152] 陈韵羽.《古蜀道基于线性文化遗产的"三位一体"保护模式再探——以剑门蜀道为中心》.《中华文化论坛》，2014 年. 第 2 期.

[153] 翟峰.《联合申遗：开发古蜀道文化》.《西部大开发》，2010 年第 5 期.

[154] 樊莉娜.《蜀道交通线路的形成因素》.《文物世界》，2014 年第 4 期.

[155] 马强.《蜀道历史军事地理论略》.《成都大学学报（社科版）》，1999 年第 4 期.

[156] 黄家祥、于春等.《蜀道广元段考古调查简报》.《四川文物》，2012 年第 3 期.

[157] 黄盛璋.《川陕交通的历史发展》.《地理学报》，1957 年第 4 期.

[158] 木霁弘，彭丽丽.《茶马古道的文化特征》.《大观周刊》，2006 年第 8 期.

[159] 孙华.《"茶马古道"文化线路的几个问题》.《四川文物》，2012 年第 1 期.

[160] 余剑明.《云南茶马古道文化线路的现状与保护》.《中国文化遗产》.2010 年. 第 4 期.

[161] 王丽萍.《滇藏茶马古道：文化遗产廊道视野下的考察》.《西南民族大学学报·人文社科版》2010 年第 7 期.

[162] 木基元的《茶马古道与线性文化遗产的保护》.《民族文化与文化创意产业研究论丛》，2011 年.

[163] 杨福泉.《茶马古道研究和文化保护的几个问题》.《中国社会科学报》，2014 年 12 月 5 日. 第 676 期.

[164] 许凡.《茶马古道保护规划的必要性与可行性》.《中国文物科学研究》,2013 年第 3 期.

[165] 朱普选.《藏汉茶马贸易与交通古道历史变迁的环境透视》.《西藏民族学院学报》,1997 年第 3 期.

[166] 庄春辉.《阿坝州"茶马古道"形成的缘由及其保护利用路径》.《西藏艺术研究》,2010 年第 4 期.

[167] 张新科,樊凯,李芳菊.《浅谈云南茶马古道沿途历史文化遗产的保护:以云南剑川县沙溪寺登街为例》.《殷都学刊》,2009 年第 2 期.

[168] 幸岭,蒋素梅,王丽萍.《论旅游开发中滇藏茶马古道的保护格局:以滇西北核心段为研究对象》.《经济问题探索》,2014 年第 7 期.

[169] 黄玉琴、许凡.《空间信息技术在茶马古道遗产保护管理中的应用初探》.《中国文物科学研究》,2014 年第 4 期.

[170] 李炎、艾佳.《"茶馬古道"遗产保护中的文化品牌建设》.《中国文化遗产》,2011 年第 5 期.

[171] 罗仕伟.《试论茶马古道的旅游开发价值》.《重庆社会科学》,2004 年第 1 期.[]叶永新.《关于"茶马古道"旅游资源开发的思考》.《学术探索》,2005 年第 4 期.

[172] 喇明英、徐学书.《四川茶马古道路网系统及其文化与旅游价值探讨》.《社会科学研究》,2011 年第 4 期.

[173] 李飞,马继刚.《我国廊道遗产保护与旅游开发研究——以滇、藏、川茶马古道为例》.《西南民族大学学报.人文社科版》,2016 年第 2 期.

[174] 周重林等.《茶马古道的范围与走向》.《中华文化遗产》.2010 年第 4 期.

[175] 况腊生.《古代茶马贸易制度》,《理论界》,2008 年第 4 期.

[176] 张永国.《茶马古道与茶马贸易的历史与价值》.《西藏大学学报》(汉文版),2006 年第 2 期.

[177] 刘小方.《世界遗产视野下的茶马古道旅游开发——兼论茶马古道的世界遗产价值》.《旅游论坛》,2009 年第 2 期.

[178] 童瑞雪,傅玥.《线性文化遗产保护与利用的初步探索——以"茶马古道"雅安段为例》.《中华文化论坛》,2016 年第 7 期.

[179] 刘大邦,王香丽.《线性文化遗产概念下的茶马古道保护与开发策略思考:以思茅茶马古道为例》.《城市建设理论研究》,2013 年第 15 期.

[180] 杨雪松、赵逵等.《"川盐古道"文化线路的特征解析》.《华中建筑》,2008 年第

26 卷第 10 期．

[181] 邓军．《川盐古道文化遗产现状与保护研究》．《四川理工学院学报》社会科学版，2015 年．第 5 期．

[182] 李夏薇、邓军．《文化线路保护与大众传播研究——以自贡盐业博物馆对川盐古道的保护与传播为例》．《盐业史研究》，2015 年第 4 期．

[183] 王鸿儒等．《五尺道：见证秦朝对云贵高原的开发》．《中国民族报》．2010 年 8 月 27 日．

[184] 李小波．《川东古代盐业开发针对行政区划和城市分布的影响》．《长江流域资源与环境》，2000 年第 3 期．

[185] 刘彦群．《川滇黔古盐道与旅游开发研究》．《盐业史研究》，2005 年第 4 期．

[186] 裴恒涛．《川盐入黔与赤水河流域的社会互动》．《四川理工大学学报（社会科学版）》，2012 年第 3 期．

[187] 邹晓辛，吕廷涛．《丁宝桢与清末贵州盐政》．《盐史研究》，1989 年第 2 期．

[188] 王果．《清代川盐销黔与贵州的开发》．《盐业史研究》，1992 年第 2 期．

[189] 罗进，魏登云．《仁岸川盐入黔路线及其作用研究》．《安徽农业科学》，2012 年第 5 期．

[190] 徐华．《永岸盐业与春秋祠关系初考》．《盐业史研究》，2010 年第 1 期．

[191] 冯健，赵微．《川南黔北名酒区的历史成因和特征考》．《西南大学学报（人文社会科学版）》，2008 年第 6 期．

[192] 戴志刚．《长征（四渡赤水）线路保护与申遗》．"第二届中国红军节．四渡赤水论坛纪实"．《世界遗产》，2012 年第 3 期．

[193] 吴启权．《红军长征在四川》．《中国民兵》，2016 年第 9 期．

[194] 蒋娇龙．《长征申遗与爱国主义精神》．《中华文化论坛》，2012 年第 7 期．

[195] 江从延．《明代的卫所与大理的古城》，《大理文化》2012 年第 4 期．

[196] 陈曦．《清朝对明代云南卫所屯田的处置》．《云南民族大学学报》．2006 年 7 月，第 23 卷．第 4 期．

[197] 顾诚．《卫所制度在清代的变革》．《北京师范大学学报》，1988 年第 2 期．转引《清圣祖实录 1：自顺 治十八年正月至康熙十三年十一月》，台湾华文书局．

[198] 韩昭庆．《清初贵州政区的改制及影响(1644—1735 年)》《历史地理》，2008 年第 23 辑．

[199] 史继忠．《驿道提升贵州战略地位》．《当代贵州》，2011 年第 10 期．

[200] 古永继．《元明清时贵州地区的外来移民》．《贵州民族研究》，2003 第 1 期．

[201] 何伟福．《清代贵州境内的外省商贾》．《贵州社会科学》，2005 年第 5 期．

[202] 唐莉.《试论明朝贵州卫所的特点》.《民族史研究》,2013 年.

[203] 杨志强.《文化建构、认同与"古苗疆走廊"》.《贵州大学学报（社会科学版）》,2012 年第 6 期.

[204] 梁洁.《安顺屯堡文化遗产廊道空间构建研究》.华中科技大学博士论文,2012 年 5 月.

[205] 杜佳、华晨等《黔中喀斯特山区屯堡聚落空间特征研究》《建筑学报》,2016 年第 5 期.

[206] 陶金、张莎玮.《国内文化遗产价值的定量和定价评估方法研究综述》.《建筑论坛》,2014 年第 4 期.

[207] 张松、镇雪锋.《遗产保护完整性的评估因素及其社会价值》.《和谐城市规划——2007 中国城市规划年会论文集》,2007 年 3 月.

[208] 司马云杰.《文化价值论——关于文化建构价值意识的学说》.太原：山西人民出版社，2003 年.

[209] 张笑楠.《突出普遍价值评估与遗产构成分析方法研究——以大运河为例》.《文物保护与考古科学》,2009 年.

[210] 刘豹等.《层次分析法——规划决策的工具》.《系统工程》,1982 年第 2 期.

[211] 赵勇、张捷等.《历史文化村镇保护评价体系及方法研究——以中国首批历史文化名镇（村）为例》.《地理科学》,2006 年第 8 期.

[212] 佟玉权，韩福文.《工业遗产的旅游价值评估》.《商业研究》,2010 年第 1 期.

[213] 郭来喜.《中国生态旅游——可持续旅游的基石》,《地理科学进展》,1997 年第 12 期.

[214] 俞博文.《绿色营销与可持续发展探析》,《当代经济》,2016 年 2 月 10 日.

[215] 魏民.《试论风景名胜资源的价值》.《中国园林》,2003 年，第 3 期.

三、网站、外文资料

[1]http://www.gkstk.com/article/1422688498007.html.

[2]CIIC. The ICOMOS Charter on Culture Route[EB/OL].http://interna-tional. icomos. org/quebec2008/charters/ cultural_routes. 2008-10-04.

[3]CIIC.Reports of Experre. Madrid,Spain, 1994[EB/OL]. [2007-05-08]. http://www. international.icomos.org.

[4]Sauer, Carl. The Morphology of Landscape[J].University of California Publications in Geography. 1925, 2(2): 19-53.

[5]Duncan J S. The super-organic in American cultural geography ［ J ］.Annals

of the Association of American Geographers，1980，70(2):181 — 198.

[6]Cheryl S. Preserving Cultural Landscapes: A Design Issue[EB/OL].2003.

http://www.nps.gov/nero/princeton/landscape.htm.

[7]Taylor,Ken.Landscape and Memory:Cultural Landscapes,Intangible Values and Some Thoughts on Asia[C/OL].16th ICOMOS General Assembly and International Symposium:Finding the spirit of place– between the tangible and the intangible, Canada, Quebec, 2008. [2015-07-23].

http://openarchive.icomos.org/139/1/77-wrVW-272.pdf.

[8]Flink C A, Searns R M. Greenways: a Guide to Planning, Design, and Development[M]. Washington:Island Press,1993.1-365.

[9]http://conventions.coe.int/Treaty/EN/Summaries/Html/199.htm.

[10]http://www.shanzhuang.gov.cn/news/index.php?c=show&id=288.

[11]http://www.saintjamesway.eu/

[12]http://www.mofcom.gov.cn/article/resume/n/201504/20150400929655.shtml.

[13]http://www.zgjmg.com/pois/official_web/news/detail?id=428.

[14]http://cnews.chinadaily.com.cn/2015-01/13/content_19305800.htm..

后 记

是世界上无论哪一个国家、地区的线性遗产都是特定历史时期和特殊条件下形成的时代产物，它们以线路为载体，曾经为人类文明的进步和社会历史的发展做出过巨大贡献，对沿线区域范围内的政治、经济、文化产生了重大而深远的影响。线路延伸到哪里，交流对话就延伸到哪里，遗产节点就如珍珠般散落在沿线。本书的研究就是要以线性文化遗产保护概念作为针线，将散落珍珠一样的遗产节点串联起来，对其进行分类和整体评估，而不是将其限制在某个区域范围，或孤立地对某个单体文物进行保护研究。除了文化遗存外，甚至关注遗产生存的自然生态环境和由此产生的非物质文化遗产，为跨区域合作保护机制的建立提供依据和支撑。

西南地区是中国线性遗产最集中和类型最复杂的地区，茶马古道、南方丝绸之路、滇缅公路、滇越铁路、蜀道、川盐入黔线路、明代滇黔屯军线路（有专家也称之为"苗疆走廊"），还有徐霞客旅游线路、红军长征西南之路、抗战大西南迁徙之路、晴隆二十四道拐抗战公路等。它们从历史时期的民间通道、驿道基础上演变而来，交织于西南地区的崇山峻岭之间，形成了遍布西南各地的文化线路、遗产廊道、线路遗产、线形遗产、文化景观等线性文化遗产网络。要对这些纷繁复杂的线路和沿线的遗产资源进行专业性的调查、梳理、评估，最后提出可操作性、可持续行较强的保护措施，并落到实处并不是件容易的事情。研究团队成员绝大多数来自文博系统，因为都有很深的文博情结，所以愿意走到一起投身于文化遗产资源的保护研究中，为跨区域、跨部门编制各类与文化遗产保护相衔接的规划提供科学依据。如何保护和合理利用一个国家或一个地区的文化遗产，早在 20 世纪中叶，欧美一些国家已经开始关注，并探索出了适合于本国或本地区保护和利用线性文化遗产的路子，而中国才刚刚起步，更不用说西南地区了。我们深知保护研究的内容不仅仅是文化遗产资源的本身，还在于如何借鉴国外先进的保护经验，尤其是美国廊道遗产的实践经验。从 2013 年到 2015 年之间，研究团队分组对西南地区具有代表性的遗产线路作了大量的田野调查，并整理成调查报告，供后期研究使用。这个过程非常艰难，因为遗产线路是跨区域的，研究理念是整体保护的概念，对线路沿线文化遗产资源的现状本省基本可以把控，跨省际难免就有疏漏。为此，我们从第二、第三次大量的文物普查文献和资料中去筛查、辨识与线路有关的不可移动文物节点，分组沿着线路部分徒步调查，走访、座谈、访问沿线的保护单位、文保人员和居民，在第一手资料的基础上深入思考确定研究框架。研究对于我和团队成员是漫长的，因为敬畏文化，忐忑自己知识的局限性，害怕把持不住研究的深度和广度。初期，15 次推翻大纲，12 次头脑风暴讨论会，忘不了面红耳赤的争论、忘不了田野调查中相互的关心。研究中既有分工又有合作，是集体智慧的体现。全书由我统筹并主持撰写，执笔第一章至第五章主要内容；贵州省博物馆馆长、副研究馆员陈顺祥执笔第六章、第二章第二节、第五章第二节；贵州省文物保护研究所副所长、研究馆员娄清执笔第三章第二节之四、第三章第五节；贵州师范大学国际旅游文化学院院长殷红梅教授执笔第二章第四节；贵州省博物馆研究馆员（退休）唐文员执笔第三章第二节之五；贵州省博物馆研究馆员（退休）胡进执笔第三章第二节之三；贵州师范大学国际旅游文化学院副教授张全晓执笔第三章第二节之二。

我要特别感谢这个研究小组的所有成员，既有我文博界的战友，又有我高校的同事。在研究的过程中，我钦佩他们作为文化遗产守护者敢于担当历史的使命，敬仰他们作为学科带头人坚持学术的严谨，他们当是我一生的良师益友。此外，我还要感谢各地、州、县、市文旅、规划、水利、交通等部门为本研究提供的支持和帮助，在此一并致谢。

限于我们的学识和精力，书中难免有疏漏和缺陷，不妥之处敬请指正。

吴晓秋

2018 年 3 月 15 日

图书在版编目（ＣＩＰ）数据

不断拓展的保护视野：西南地区线性文化遗产保护研究／吴晓秋，
陈顺祥，娄清著．－－ 杭州：浙江大学出版社，2018.9
ISBN 978-7-308-18628-5

Ⅰ．①不… Ⅱ．①吴… ②陈… ③娄… Ⅲ．①文化遗产－
保护－研究－西南地区 Ⅳ．① G127.7

中国版本图书馆 CIP 数据核字 (2018) 第 213112 号

不断拓展的保护视野
——西南地区线性文化遗产保护研究

吴晓秋　陈顺祥　娄　清　著

责任编辑	冯社宁
责任校对	董雯兰
封面设计	周　灵
出版发行	浙江大学出版社
	（杭州市天目山路 148 号　邮政编码 310007）
	（网址：http://www.zjupress.com）
排　　版	杭州中大图文设计有限公司
印　　刷	浙江新华数码印务有限公司
开　　本	710mm×1000mm　1/16
印　　张	22
字　　数	368 千
版 印 次	2018 年 9 月第 1 版　2018 年 9 月第 1 次印刷
书　　号	ISBN 978-7-308-18628-5
定　　价	50.00 元